JAMES REDFIELD EN CAROL ADRIENNE

HET CELESTIJNSE
WERKBOEK BIJ
HET TIENDE INZICHT

1997 – Forum – Amsterdam

Oorspronkelijke titel: The Tenth Insight, Holding the Vision,
An Experiential Guide
Oorspronkelijke uitgever: Warner Books, New York
Nederlandse vertaling: Jacqueline Moonen
Met medewerking van Kaja van Grieken
Omslagontwerp: Pieter van Delft, ADM International bv, Amsterdam
Omslagillustratie: Kinuko Y. Craft

ISBN 90-225-2250-4

This edition published by Agreement with Warner Books Inc. NY.

Wij dragen dit boek op aan jullie allen – die de Visie vasthouden

Inhoud

Deel II
Mysterie

DEEL IV
In het duister

DEEL V

Juist handelen

10. Transformatie in werk en zaken ● 269

11

11. Groepsactie op het niveau van het Tiende Inzicht • 305

12. Nieuwe visies in beroep en werk • 334

Dankbetuiging

Het boek ontstond in feite vanzelf, doordat voortdurend precies op het juiste moment de juiste telefoontjes binnenkwamen. Hartelijk dank aan alle mensen wier ideeën in dit boek voorkomen! Als voorbeelden van een nieuwe manier van denken en samenleven zijn we met name het Institute of Noetic Sciences erkentelijk voor hun steun bij ons onderzoek en het Center for Ecoliteracy voor al hun inspiratie. De volgende personen willen we afzonderlijk bedanken voor hun inzet en adviezen: Larry Leigon voor zijn uiteenzetting over de schaduw en het soort veranderingen dat zich in het zakenleven voordoet; Elmer Schettler, omdat hij ons deelgenoot maakte van zijn ideeën over deze weg; Dona Hale, therapeute en medium, voor haar hulp met betrekking tot vorige levens en de dynamiek van energie; Kevin Ryerson voor de inwijdingsreis; Kathryn Leighton voor alle jaren van steun die de weg hebben gebaand voor dit boek; Sherrin Bennett, een bedrijfsconsulente, voor haar hulp bij het zoeken naar de patronen in dit boek; Ann Buzenberg, redactrice van *The Celestine Journal,* voor haar grote inzet; Dr. Henry Wesselman die met ons van gedachten wisselde over wetenschap en spiritualiteit; Dr. Selma Lewis voor haar diepgaand onderzoek op het gebied van de psychologie; Paula Pagano, die fantastisch veldwerk verrichtte; Penney Peirce voor haar gulle bijdragen; Fadel Behmann, die ons precies op het juiste moment op het werk van professor Kyriacos Markides wees; Bonnie Colleen van KEST en David Sersta van de Toronto Learning Annex voor hun hulp bij het uitdragen van transformerende ideeën; en ook Dr. Marilyn Rossner en Pater John Rossner uit Montreal; Dr. Patrick Tribble; Johnathan Katz; Gilberto Munguia; Russell E. DiCarlo; Jack Coates; en Elizabeth Kibbey (jullie weten wel waarom!).
Tot slot willen we onze redactrice Joann Davis bedanken, die het mogelijk heeft gemaakt dat deze boeken werden geschreven, evenals Harvey-Jane Kowal, die van het manuscript een boek maakte.
En Candice Fuhrman voor alles.

Inleiding

De bedoeling van dit boek is achtergrondinformatie en aanvullende ideeën te verschaffen die de uitgangspunten van het Tiende Inzicht ondersteunen. Als het waar is dat de inzichten zoals ze in de *Celestijnse* boeken zijn beschreven, archetypisch van aard en daarmee logische stappen zijn in onze psychische groei, dan bestaat onze opdracht eruit er zoveel mogelijk bekendheid aan te geven en naar beste kunnen een bijdrage te leveren aan een eerlijk gesprek over spiritualiteit zoals die op dit moment wordt ervaren.

Als je dit boek leest, zul je zien dat er overal in de wereld al een rijke en uiteenlopende dialoog gaande is over het spirituele leven. De dialoog zelf brengt deze bewustwording tot stand – daar er moed voor nodig is om ervaringen met elkaar te delen. In de nadagen van de twintigste eeuw en het tweede millennium ontdekken we niet zozeer nieuwe dingen (hoewel dat ook gebeurt), dan wel dat we ervaringen die we ooit van de hand wezen of voor lief namen serieus gaan nemen. Het sleutelwoord is natuurlijk moed – de moed om ervaringen uit te wisselen – want zoals in het Tiende Inzicht wordt verondersteld, bevinden we ons op een zeer belangrijk punt in de geschiedenis.

Vanuit het oude Newtoniaanse wereldbeeld – dat was gebaseerd op het idee dat het universum één grote machine is die op een mechanische manier werkt (ontdaan van alle wonderen) – ontwikkelt zich nu geleidelijk aan een nieuw wereldbeeld waarin plaats is voor het empirische bewijs dat de wereld veel meer is dan dat. We beginnen het universum te zien als een intelligente, spirituele plek waar mensen in bewustzijn kunnen groeien, zich door intuïtie en een magische samenloop van omstandigheden geleid voelen, en zich de persoonlijke waarheid herinneren dat ze zijn geboren om een bijdrage te leveren aan de samenleving.

Moed is de sleutel tot deze bewustwording, want we moeten eerst geloven dat we deze ervaringen zullen ontdekken en kunnen herhalen. Als de betekenis van de eerste negen inzichten is dat we onszelf niet meer in de weg staan en meegaan op de transcendente stroom waarin ons trillingsgetal toeneemt en ons leven zich verder ontwikkelt, gaat het Tiende Inzicht over de kracht van heilig voornemen dat het hele proces versterkt. We moeten de Visie vasthouden, meegaan op de kracht van geloof en visualisatie, wat in feite bidden is. Met andere woorden, het is niet genoeg om ons alleen 'mee te laten voeren' op de stroom van synchrone gebeurtenissen, hoewel dat op de eerste plaats komt. We moeten ook 's morgens opstaan met het voornemen en de verwachting dat die synchrone gebeurtenissen zich zullen voordoen. Dit werkboek is zo ingedeeld dat het de discussie van deze en andere vraagstukken bevordert. Opnieuw stellen we ons vertrouwen in het belang van de dialoog zelf. Diep in onszelf weten we dat er een spirituele transformatie gaande is. Het beeld van deze nieuwe wereldvisie begint nu pas volledig te ontluiken en komt tevoorschijn naarmate individuen en kleine groepen hun eigen conclusies trekken, met anderen van gedachten wisselen over wat ze zien, nieuwe informatie verzamelen en hun zienswijzen steeds nauwgezetter bijstellen. Dat is de spirituele dialoog die ten grondslag ligt aan een nieuwe consensus over de werkelijkheid.

En die zal pas volledig zijn als jij erbij betrokken bent.

James Redfield
Carol Adrienne

18

'We hebben hoop in ons, of we hebben geen hoop in ons; hoop behoort tot de dimensie van de ziel, en staat eigenlijk los van hoe wij de wereld zien of hoe wij de situatie waarin wij ons bevinden inschatten. Hoop is geen voorspelling. Het is een houding van de geest, een houding van het hart; ze overstijgt de wereld die we onmiddellijk ervaren en vindt haar grondslag ergens voorbij die wereld...'

Václav Havel

DEEL I
DE DREMPEL

1

Het grote geheel

Adelaar
Geest

Het Tiende Inzicht heeft te maken met het begrijpen van deze hele toestand – het waarnemen van geheimzinnige toevalligheden, het groeiende spirituele bewustzijn op Aarde, het verdwijnen van het Negende Inzicht – en dat alles vanuit het hogere perspectief van de andere dimensie. Zo kunnen we gaan begrijpen waarom deze transformatie plaatsvindt en er beter aan meewerken.

Het Tiende Inzicht.[1]

DE VISIE *OPEN* HOUDEN

Van figuren zoals Jezus Christus, Mohammed en Gautama Boeddha is het alom bekend dat zij de Wereldvisie wisten vast te houden. Ze doorstaan elke vergelijking met glans en weten zich op grond van hun ervaring en deskundigheid verzekerd van hun positie.

Dit boek is geschreven voor de rest van ons.

Nog niet zo lang geleden stak een man in een Celestijnse werkgroep zijn hand op en zei: 'Ik vraag me werkelijk af hoe ik deze informatie in de echte wereld kan toepassen. Ik heb allerlei workshops bezocht en veel mensen gesproken. Iedereen is erg enthousiast, maar hoe kan ik dat enthousiasme wakker houden in het leven van alledag? Hoe blijf ik bij dat gevoel?' Hij vervolgde: 'Ik ben het beu om te praten over mezelf. Ik wil verder en me meer inzetten voor de wereld. Hoe doe ik dat?' Deze man verwoordde de vraag die ieder van ons zichzelf stelt en die jij naar alle waarschijnlijkheid jezelf ook hebt gesteld. Wij mensen *moeten* ons dat afvragen, willen we ons kunnen openstellen voor een nieuwe Wereldvisie die een levensvatbare toekomst mogelijk maakt. Het is belangrijk onszelf de vraag te stellen: 'Hoe kan ik een positieve bijdrage leveren aan de wereld?' want we moeten onmiddellijk tot actie overgaan om te voorkomen dat we in de afgrond storten. Maar het standpunt dat met die vraag samengaat is gebaseerd op dezelfde principes die aanvankelijk onze problemen veroorzaakten. Het probleem wordt nog steeds benaderd in termen van *uiterlijk* handelen. Maar eerst moet ieder voor zich in zichzelf aan het werk – niet door *anderen* te redden, maar door de manier waarop *wij* de wereld zien te transformeren, en de geheimen te ontsluieren van onbekende wijsheden en hulpbronnen – in andere dimensies in de uiterlijke werkelijkheid en in onze innerlijke werkelijkheid. Als we eenmaal werken op dit meerdimensionale niveau, hebben we ons tegelijkertijd afgestemd op het doel van de evolutie om onze fysieke 'echte' wereld spiritueel te maken. Dan zijn we begonnen aan een vloeiender proces, waarvan wij ons op dit punt nauwelijks een voorstelling kunnen maken. Hoe doen we dat?

STADIA VAN BEWUSTZIJN

Het Tiende Inzicht is, evenals de andere negen inzichten zoals beschreven in *De Celestijnse belofte* van James Redfield, een stadium van bewustzijn. Als je *De Celestijnse belofte* hebt gelezen, heeft het je misschien verbaasd dat de meeste van die inzichten niet nieuw voor je waren – dat je ze op de een of andere manier al kende, maar ze even vergeten was. Die ervaring herinnert je eraan dat je inderdaad in dit leven bent gekomen met het doel een bijdrage te leveren aan de overgang naar een volgende bewustzijnsfase.

Op het niveau van het Tiende Inzicht ben je ook in staat iets of heel veel te herkennen uit de oude eeuwige wijsheid die we hierna zullen bespreken. Op dit niveau van denken/voelen/ intuïtie kunnen we zeggen: 'Ja, ik voel dat deze ideeën in mijn leven werkzaam zijn.' Het is alsof ze zich *via jou* manifesteren.

Dit besef spoort je aan tot een reactie, net zoals bij de man die de vraag stelde. Wat nu? We zijn gewend actie te ondernemen, ons universum te beheersen – althans dat proberen we – en resultaat te zien. Maar tot nu toe hebben we ons alleen gericht op de *wereld buiten ons,* we hebben niet gewerkt aan onze *binnenwereld, waar het bewustzijn regeert.* Om die omslag te kunnen maken, moeten we onze oude methoden en meningen *ontmantelen.* Dat is waar het bij de paradigmaverandering om gaat. Kunnen we onze gedachtenwereld afbreken en deconditioneren, onze oogkleppen afdoen en het licht snel genoeg binnenlaten om onszelf en onze aarde te redden? Dat is de vraag waarover we wakker liggen.

De beurt is nu aan ons – gewone mensen, op weg naar de toekomst. We kunnen een bijdrage leveren door veranderingen aan te brengen of meer lief te hebben. Maar hoeveel we ook leren, groeien, en ons inzicht in wat mogelijk is veranderen, er is meer. Er wordt ook door krachten van buitenaf op ons ingewerkt. Die krachten buiten ons zijn bijvoorbeeld de ecologische rampen die ons met vrees vervullen. Zij dwingen ons aandacht te schenken aan de gevolgen van al ons handelen.

De andere krachten die ons collectieve en individuele denken beinvloeden, zouden wel eens wezens in de spirituele dimensie kunnen zijn die onze vooruitgang gadeslaan en die zich zorgen beginnen te maken over ons welzijn. Klinkt dat onheilspellend? Niet echt. De spirituele dimensie, die bestaat buiten de zintuiglijke wereld, verschijnt aan individuen en de mensheid als geheel

… Ons leven speelt zich af rond gebed en handelen. Ons werk is een uitvloeisel van ons bidden, onze eenwording met God in alles wat we doen, en door ons werk… voeden we onze eenwording met God, zodat gebed en handelen en handelen en gebed voortdurend in elkaar overstromen.

Lucinda Vardey, *Mother Teresa: A Simple Path*

om ons wakker te schudden uit de verslaving van zelfgenoegzaamheid, angst, ontkenning en hebzucht die ons gevangen houdt in een toestand waarin we psychisch en spiritueel slecht functioneren. Deze andere dimensie wil heel graag dat de aarde de prachtige, onvoorstelbaar rijke bron van liefde, leven en leren blijft die ze altijd is geweest. Tot nu toe waren slechts weinigen onder ons zich bewust van de onzichtbare grens tussen deze bestaanswerelden. Op dit punt in de evolutie, nu het overleven van de aarde en alle levenssoorten die haar bevolken op het spel staat, wordt het tijd om de sluier op te lichten. Het wordt tijd om de strijdkrachten te mobiliseren. Maar laten we niet op ons verhaal vooruit lopen.

Geen recept, alleen het proces

De meeste mensen in het Westen willen voor hun levensreis een kaart, instructies, de garantie 'niet goed, geld terug'. Naarmate ons inzicht dat het leven een zich ontvouwend proces is groeit, beginnen we in te zien dat er geen recept bestaat voor succes, dat we alleen maar goed aandacht moeten schenken aan de energiepatronen die ons bezielen en van informatie voorzien.

De bezielende energie van onze geest verlicht de weg en *we krijgen inderdaad hulp van onze vrienden*. Als er al een formule bestaat, is die het inzicht dat verlangen en wil de mechanismen zijn die ons helpen ons doel richting te geven. Geloof, of rustig luisteren naar welke deuren opengaan, is onontbeerlijk op deze weg. Vertrouwen is de *zekere verwachting* dat onze voornemens en wensen worden verhoord. Volgens de wet van geven en ontvangen verlenen we diensten en ontvangen we energie.

In de taal van de inzichten 'stellen we vragen en volgen we onze intuïtie.' We zouden het nog eenvoudiger kunnen zeggen: ons leven volgt de stroom van onze gedachten.

Stel dat

Stel dat iemand tegen je zou zeggen dat je al op de goede weg bent? Dat je al deel uitmaakt van een continuüm van bewuste energie dat zich volgens een bepaald plan ontvouwt? Stel dat je ervan overtuigd zou zijn dat je niet alleen bent – niet in overdrachtelijke zin, maar letterlijk niet alleen? Stel dat je weet dat toeval niet bestaat en dat er overal om je heen belangrijke informatie beschikbaar is, die je misschien wel of misschien niet herkent? Hoe zou je leven eruit zien als je wist dat je niet zou ophouden te bestaan nadat je bij je dood je huidige lichaam achter je zou laten?

Hoe zou je je voelen als je door een niet te ontkennen persoonlijke ervaring had ontdekt dat mensen slechts één niveau van bewustzijn vormen in een universum van intelligente, bewuste wezens dat uit vele lagen bestaat? Doodsbang? Nederig? Enthousiast? Diep verbonden met een bron waarvan je het bestaan was vergeten? Dat zeggen mensen te voelen die een bijna-doodervaring hebben gehad, contact hadden met een dierbare overledene, met engelen, heiligen en ogenschijnlijk buitenaardse wezens.

Het Tiende Inzicht is dat niveau van bewustzijn waarbij we beseffen dat we niet alleen zijn en evenmin het middelpunt van het universum vormen. Het is het niveau van bewustzijn waarop we weten: 'Ik ben hier gekomen om iets te doen. Ik herinner het me nu. Ik heb een doel.' Misschien is het doel nog ongrijpbaar, net als iets dat op het puntje van je tong ligt en je niet te binnen wil schieten. Maar op dit niveau van inzicht is deze vage herinnering voldoende om synchrone gebeurtenissen aan te wakkeren die de volgende persoon, de volgende boodschap op je weg brengen.

Misschien heb je nog geen uitzonderlijke ervaring gehad met de spirituele wereld, of contact beleefd met je zielengroep. Misschien is je zoon of dochter niet uit de lucht geplukt, terwijl ze van een rots in de Grand Canyon viel, op weg naar een zekere dood. Joan Wester Anderson, schrijfster van twee boeken over engelen en wonderen, beschreef de ervaring van een moeder wier dochter met vrienden ging kamperen. Op een avond had ze het voorgevoel dat haar dochter in moeilijkheden verkeerde en ze hoorde zichzelf zeggen: 'Lieve God, stuur onmiddellijk hulp!' Toen het meisje thuiskwam, bleek dat ze van een rots was gevallen en was blijven hangen aan een richel *die kleiner was dan haar voet*, waarna ze armen om zich heen voelde die haar naar boven trokken. Misschien heb je alleen maar gelezen over bijna-doodervaringen, waarbij iemand een tunnel van licht binnenging, stralende wezens zag en zo'n onvoorstelbare liefde ervoer dat hij of zij wilde blijven en het aardse leven achter zich wilde laten.

Ook al heb je die contacten buiten onze dimensie niet zelf ervaren, om je heen zijn honderdduizenden, zoniet miljoenen medemensen die

---

Theoretici van dit moment, zoals de Britse fysicus D. Bohm, die zeer veel heeft gewerkt met de implicaties van het theorema van Bell, hebben de veronderstelling ontwikkeld dat er een 'onzichtbaar gebied' is dat het totaal van de realiteit bijeenhoudt, een gebied dat beschikt over de eigenschap te weten wat overal tegelijkertijd plaatsvindt... dat het onzichtbare gebied sterk doet denken aan de intelligentie die ten grondslag ligt aan het DNA, en dat beide in hun gedrag veel overeenkomst vertonen met de geest. Een eigenschap van de geest is om al onze ideeën op hun plaats te houden, in een stil reservoir, bij wijze van spreken, waar ze nauwkeurig zijn ingedeeld in concepten en categorieën.

Dr. Deepak Chopra, *Quantumgenezing: de wondere intelligentie van het lichaam.*

---

precies dat soort ontmoetingen met andere bestaansniveaus hebben gehad. Omdat je deel uitmaakt van wat de bioloog Rupert Sheldrake het morfogenetische veld noemt, betekent dat dat *je deel uitmaakt van het proces.*

Het is nu zover dat we moeten leren meer oog te krijgen voor de verbijsterende informatie waarmee wij in deze tijd worden overspoeld. Het is goed dat we verbijsterd raken. Waarom? Omdat verbijstering leidt tot een andere kijk op wat wij altijd hebben beschouwd als een rotsvaste werkelijkheid. Het is nu zover dat we ons tot het uiterste moeten inspannen om te bevatten wat deze informatie kan betekenen voor de overleving en de evolutie van het menselijk ras.

Wij slaan een brug tussen de oude manier van denken en het Vijfde, Negende en Tiende Inzicht – waarbij het gaat om veranderingen in de manier waarop we met onszelf en anderen omgaan, én om veranderingen in de manier waarop we communiceren met de *andere dimensies.* De antwoorden die we proberen te vinden op *vragen van alledag* staan niet los van het zoeken naar een verklaring voor gebeurtenissen die ons rechtlijnige denken tarten. De genezing die nodig is voor de aarde, hangt af van ons vermogen ons open te stellen voor het feitelijke bestaan van het hiernamaals of de spirituele bestaansniveaus die al met ons in contact zijn, *en te begrijpen dat die dimensies verweven zijn met ons eigen bewustzijn.* Daarom zullen we het antwoord op de vraag wat we met ons leven aan moeten en hoe we de aarde kunnen dienen, vinden door onze intuïtie en toevalligheden serieus te nemen, waardoor we de zaken op een andere manier gaan bekijken.

De evolutie volgt een patroon waarbij elke ontwikkeling een hogere functie dient... De neocortex [van de hersenen] heeft zo'n grote capaciteit, dat slechts een klein deel ervan nodig is om de primitievere functies te moduleren of veranderen, en waar het om gaat is: waarvoor dienen die andere hypothetische 90 procent?... De bedoeling van de natuur is dat we na onze puberteit het proces ontdekken en er één mee worden. Door dat na te streven zullen we de rest van onze neurologische structuur activeren en integreren, zullen we in evenwicht komen en onze bestemming in de evolutie bereiken. Dr. B. Ramamurthi, voorzitter van het International Congress of Neurosurgery, stelt dat het ongebruikte deel van onze hersenen bestemd is voor het ontdekken van een 'innerlijk universum'.

Joseph Chilton Pearce, *Evolution's End.*

Misschien klinkt dit je wel veel te onpraktisch en raar in de oren! Maar je hoeft niet verder te lezen. Stop het boek bij je afgedankte spullen of geef het aan iemand die je ook raar vindt. Maar als je besluit door te lezen, zullen we proberen je mee te nemen op een imaginaire reis, waarbij gebruik wordt gemaakt van eenvoudige menselijke verhalen die hopelijk gedachten, gevoelens en ingevingen losmaken waar je wat mee kunt. In feite zijn we allemaal samen op deze ontdekkingsreis. Het Tiende Inzicht herinnert ons eraan dat we van nu af aan met anderen moeten samenwerken om onze gezamenlijke intelligentie/ intuïtie te verhogen, zodat de rups van de mensheid zich kan ontpoppen tot een vlinder.

Blijf je intuïtieve voelhoorns uitsteken, daar je leraren, boeken en synchrone gebeurtenissen tegenkomt die op dit moment in je leven van belang zijn voor jou. Blijf je oor met heel je hart en heel je geest te luisteren leggen aan het sleutelgat van de spirituele dimensie. Bedenk dat dit geen lineaire weg meer zal zijn. Misschien moet je alleen maar loslaten en iets onmogelijks ervaren, voordat je de sleutel van de deur naar het volgende niveau vindt. We moedigen je ten zeerste aan de informatie die je krijgt niet klakkeloos te accepteren. Maar zet jezelf ook niet vast door anderen iets te willen bewijzen of 'wetenschappelijk' bewijs te verlangen. Dit deel van onze reis verloopt niet volgens de oude 'wetten'. Jij hebt als doel niet vast te lopen in zwart-wit denken of in wat 'echt of niet echt' is (in tegenstelling tot waarheid, die op de een of andere manier altijd *waar* aanvoelt). Maar vraag jezelf af of deze gebeurtenis of dit idee ertoe leidt dat je liefdevoller, energieker, ruimhartiger en opener in het leven komt te staan. Dat is de waarheid achter je beleving. Geef niet je denken, maar je vaste denkpatronen op. We gaan niet op de sentimentele toer. Dit heeft alles te maken met liefde – alleen liefde.

HET GEBEURT NU

Dit boek is tot stand gekomen volgens precies dezelfde principes die erin beschreven worden. Een stortvloed aan synchrone gebeurtenissen op precies het juiste moment heeft veel mensen in staat gesteld dit boek te 'schrijven'. Als ik een hoofdstuk aan het schrijven was, belde er altijd iemand op met informatie die precies paste bij het onderwerp van dat hoofdstuk. We ontdekten ook dat mensen op deze weg op mysterieuze wijze met elkaar verbonden zijn. Op een dag belden we bijvoorbeeld met twee verschillende mensen. Met Cindy Spring spraken we over Wijsheidskringen en met Richard Miles over nieuwe paradigma's in de gezondheidszorg. Hun namen hadden we doorgekregen van totaal verschillende mensen. In de loop van die week ontdekten we dat ze allebei in Oakland, Californië, woonden en buren waren van elkaar en elkaar verteld hadden over het gesprek! Overal om ons heen is informatie. Carol Adrienne hield in Montreal twee lezingen voor de *Conference for the Restoration of The Heaven and Earth Connection* [conferentie voor herstel van de verbinding tussen hemel en aarde – vert.] – overigens hetzelfde onderwerp als het Tiende Inzicht, dat nog niet bekend was op het moment dat zij vorig jaar voor de lezing werd gevraagd. Tijdens de conferentie bracht Dr. Myrin Borysenko twee vragen ter sprake waarop Carol in Californië, voordat ze naar de conferentie vertrok, het antwoord had gezocht. Tijdens een informeel gesprek bij de lunch verschafte Kevin Ryerson, het bekende medium, informatie over heilige plaatsen die in hoofdstuk 3 ter sprake komen. Carol ontmoette daar ook iemand die haar een week later een kopie stuurde van een artikel over Kyriacos C. Markides. Dat was voor haar aanleiding diens boek *Riding with the Lion,* (dat iedereen zou moeten lezen) te kopen. De stelling in het boek van professor Markides vertoont verbluffende overeenkomsten met het Tiende Inzicht. Zijn beschrijvingen van de oosters-orthodoxe mystieke ervaring is een uitstekend en opwindend hulpmiddel dat ons recht naar de kern van het geheim voert en ons eveneens herinnert aan de belangrijke bijdragen die asceten leveren aan het vasthouden van de Wereldvisie.

Tijdens een andere toevallige en vruchtbare ontmoeting die voorbestemd leek, ontmoette Carol Elizabeth Jenkins, oprichtster van de Wiraqocha Foundation for the Preservation of Indigenous Wisdom [Wiraqocha Stichting tot Behoud van Inheemse Wijsheid – vert.]. Tijdens een gesprek over de overeenkomsten in de manier waarop ze in hun werk terecht waren gekomen, vertelde Elizabeth Carol over een boek dat ze had gelezen en dat ging over het idee van werelddienaren en zielengroepen. Bovendien vertelde ze iets over de Peruaanse voorspellingen van de Q'ero-indianen uit Peru, die nog steeds helemaal leven volgens de tradities van de oude Inca's. Als een stuk uit een gigantische puzzel die opeens in elkaar begint te vallen, wordt er ook volgens de overlevering van dit volk uit de Andes voorspeld dat er precies in deze tijd een transformatie zal plaatsvinden van het derde naar het vierde niveau van bewustzijn.

Mensen die zich meer bewust zijn geworden van 'toevalligheden' of

die op zoek zijn naar de diepere zin van alles, krijgen steeds meer met 'toeval' te maken. In iedere workshop die we geven, vragen we: 'Wie van jullie heeft een toename in synchroniciteit ervaren?' en tachtig procent of meer van de mensen steekt hun hand op. Als we ervaringen met andere mensen uitwisselen, krijgen we het gevoel: 'Hé, misschien maak ik inderdaad deel uit van *de kritische massa van energiebewustzijn die in het Eerste Inzicht ter sprake komt.*
Waar het ons hier om gaat is dat het 'Celestijnse' proces en de 'Celestijnse' principes niet iets theoretisch zijn. Als je je bewust wordt van de principes en vertrouwen hebt in het proces waardoor ze in je eigen leven werkzaam zijn, gebeuren er wonderlijke dingen. En ze zijn wel degelijk werkzaam in jouw leven. Onze bedoeling is je te vertellen waar je op moet letten. We willen je aanmoedigen je open te stellen voor deze mysterieuze reis, zodat hij zich via jou kan manifesteren.

HELPERS EN TOEVALLIGHEDEN

Er bestaat een wereldwijde gemeenschap van mensen die onopvallend werken aan mondiale eenheid en dienstbaarheid aan het plan voor de aarde – een plan waar niemand van ons zich een volledige voorstelling van kan maken. Deze mensen herkennen elkaar intuïtief in het dagelijks leven – in een vliegtuig, op het sportveld, in boekhandels en café's, tijdens lezingen, muziekuitvoeringen, etentjes, bijeenkomsten, workshops – zelfs bij de tandarts, de kapper, de acupuncturist of op een feestje van het werk. We kennen die ervaring allemaal. Er gaat een soort vonk over, een elektrische lading, als je iets zegt dat je na aan het hart ligt en de ander lijkt te voelen wat je bedoelt. Opeens is er sprake van een verstandhouding en wil je iets vertellen over waar je voor leeft, begin je ideeën uit te wisselen en heb je het gevoel dat deze persoon misschien wel in dezelfde richting gaat als jij. Lijkt dit zich steeds vaker voor te doen in je leven?
Waar ter wereld je ook bent, je zult iemand die tot jouw groep behoort herkennen. Het gesprek zal vrijwel moeiteloos verlopen, alsof de ander vlak daarvoor nog over dezelfde onderwerpen heeft nagedacht – alsof jullie gesprek al maanden geleden is begonnen en je het zoëven weer hebt opgepakt. Je zult in staat zijn elkaar vrijwel onmiddellijk van advies te dienen, zelfs als je uit een totaal andere discipline komt. Je kunt elkaar boeken, artikelen, of nieuwe methoden aanreiken die jullie helpen bij wat je probeert tot stand te brengen. Bij het afscheid

31

voel je je alletwee heel energiek en je zult enthousiast zijn over het contact dat je hebt gelegd. De wetenschap dat iemand anders, misschien wel een volslagen onbekende, je visie begrijpt en bij wie jouw ideeën weerklank vinden, zal je de daaropvolgende dagen of weken met hoop en kracht vervullen.

EEN ANDER STUK VAN DE PUZZEL

Meer lol en avontuur in je leven? Je sporen nalaten? Dat zien we wel zitten. Maar velen van ons hebben niet zo'n duidelijk beeld van wat we willen, afgezien van misschien de loterij winnen, 'anderen helpen' of 'ons inzetten voor de vrede'. Daarnaast hebben we misschien het gevoel dat onze baan bij lange na niet het zinvolle werk is dat we zo graag zouden doen en we weten niet goed wat we anders moeten proberen.

Velen van ons geloven al dat toeval niet bestaat. Tegelijkertijd kunnen we het gevoel hebben dat we de synchrone gebeurtenissen in ons leven niet begrijpen, of niet weten hoe we ervoor moeten zorgen dat ze blijven optreden. In deze gemoedstoestand verkeert de hoofdpersoon in *Het Tiende Inzicht* als hij op zoek gaat naar zijn vroegere vriendin Charlene. Hij begint te beseffen dat er nog een stukje aan de puzzel ontbreekt, het Tiende Inzicht, dat ons helpt op langere termijn volgens de andere negen inzichten te leven.

Om te beginnen neemt gedurende de tienertijd, vanaf ongeveer het elfde jaar, een idealistisch beeld van het leven in intensiteit toe. Op de tweede plaats komt ergens rond het veertiende of vijftiende jaar de grote verwachting opzetten dat 'er iets ontzagwekkends moet gaan gebeuren'. Op de derde plaats ervaren jongvolwassenen een geheime, unieke grootheid in zichzelf die tot uitdrukking probeert te komen. Als ze daar uitdrukking aan willen geven, wijzen ze op het hart, een belangrijke aanwijzing in dit geheel... de behoefte in hen aan een nieuw toekomstperspectief. Een behoefte die hen voortdrijft, zoals de wil die een peuter aan de dag legt.

Joseph Chilton Pearce, *Evolution's End.*

VALKUILEN – JE OVERMAND VOELEN

De veranderingen in de wereld zijn niet bij te houden. Veranderingen waar vroeger duizenden jaren voor nodig waren, vinden nu plaats in enkele tientallen jaren of minder. Deze versnelling, die zich op alle niveaus, bij alle culturen en in alle disciplines voordoet, veroorzaakt enorme verschuivingen, vernieuwingen en reacties. Onze reactie op nieuwe en verdwijnende systemen varieert van opwinding en enthousiasme tot angst en wanhoop. We worden opgeschrikt door nieuwsberichten of persoonlijke ervaringen met ecologische en maatschappelijke problemen en overwegen in actie te komen. Maar meestal doen we niets. Naarmate het tempo oploopt, proberen we ons zo goed en zo kwaad mogelijk aan te passen en zijn we bang dat we het niet kunnen bijhouden of dat we de toekomst niet meer in de hand hebben. We zijn overmand door ons huidige tempo, ons werk en andere verantwoordelijkheden en kunnen alleen maar hopen dat 'iemand' iets doet. Belemmeringen om tot actie over te gaan – zoals tijd, geld, verplichtingen ten aanzien van het gezin – kunnen ook dienen als *rechtvaardiging* om alles bij het oude te laten. De werkelijke oorzaak van de verlamming kan wanhoop zijn, een gevoel van machteloosheid ten overstaan van deze immense taak.

POLARISATIE VAN HET DENKEN – EEN STAR STANDPUNT INNEMEN OF OPEN BLIJVEN

Afhankelijk van wat je deze week is overkomen, zie je de toekomst pessimistisch dan wel optimistisch tegemoet. De pessimistische kijk houdt in dat het snel bergafwaarts gaat met de wereld, dat we in economisch, politiek en ecologisch opzicht in groot gevaar verkeren en dat hierin in de nabije toekomst geen ommekeer te verwachten valt. De optimistische kijk houdt in dat de wereld inderdaad een geweldige overgang doormaakt, maar dat de mensheid, als ze zich laat leiden door gezond verstand en intuïtie, een goede kans maakt om te komen met nieuwe oplossingen voor ogenschijnlijk onoplosbare problemen. Op persoonlijk niveau kunnen we hinken op deze twee toekomstvisies. De ene dag voelen we ons verloren, onzeker, bang en koesteren we geen enkele hoop dat we invloed kunnen uitoefenen op omstandigheden waarop we geen greep lijken te hebben. Een dag later leeft onze hoop ineens op, voelen we ons geïnspireerd, bezield, onbevreesd, ruimhartig, mededogend en toegewijd aan de spirituele weg.

Die schommelingen in houding en gemoedstoestand kunnen heel goed afkomstig zijn uit het collectieve denken dat heen en weer beweegt tussen twee polen, *terwijl de overgang naar een nieuwe Wereldvisie plaatsvindt.*

Door de polarisatie tussen optimisme en pessimisme ontstaat een kruising van wegen – en dat betekent dat de mensheid voor een keuze staat. Als je kunt kiezen ben je niet machteloos.

KEUZES GEBASEERD OP ANGST OF LIEFDE

Soms moeten we instorten voordat we weer overeind kunnen krabbelen. En omdat het griezelig is om in te storten, kan angst onze visie vertroebelen. We kunnen alle mogelijke redenen bedenken waarom de samenleving uit de hand loopt en snel bergafwaarts gaat, en dat *standpunt* tegenover onszelf en elkaar verdedigen. De angst wordt de blokkade (en een rechtvaardiging om niets te doen) die ons zegt: 'Wat heeft het voor zin? Ik kan toch niets doen.'

Als we onze situatie vanuit een breder perspectief bezien, blijkt dat de balans helemaal is doorgeslagen naar een materialistische manier van denken en leven. De westerse samenleving heeft inderdaad de weg van extreem materialisme bergafwaarts gevolgd.

Misschien… paste dat in het totale wereldplan.

Extreem materialisme werkt als katalysator, het dwingt ons op zoek te gaan naar een spiritueel evenwicht. Als we de zin van de huidige omstandigheden zien, kunnen we misschien iets van de angst loslaten en ons afstemmen op onze oorspronkelijke visie. Of zoals de socioloog Paul Ray het zegt: 'Onze grootste fout zou kunnen zijn dat we het pessimisme van onze tijd serieus nemen en toegeven aan de angst en het cynisme waarvan de media doordrongen zijn. Want dan gaan we echt in een catastrofe geloven: "De zaken gaan steeds slechter en er is niets aan te doen." '[2]

Het belangrijkste uit het Tiende Inzicht is het besef dat als gedachten de werkelijkheid scheppen, wij onze aandacht gericht moeten houden op een positieve uitkomst zoals wij die graag zien.

HET GOEDE NIEUWS

We staan niet alleen. Volgens een onderzoek door Paul H. Ray zijn er 44 miljoen Amerikanen (hij noemt ze 'culturele creatievelingen' wier fundamentele waarden en voorkeuren mede vormgeven aan een nieuwe Wereldvisie. Ray beschrijft de drie belangrijkste Amerikaanse bevolkingsgroepen in deze tijd als:[3]

- *Traditionalisten* – 29 procent van de bevolking, of 56 miljoen mensen, die de kleine stad en de religieuze levensstijl van het vroege Amerika weer terug willen.

- *Modernisten* – 47 procent van de bevolking, of 88 miljoen mensen, die hun wortels hebben in de 'stedelijke middenstand, de moderne staat, het leger, of die banden hebben met wetenschappers, technologen, en intellectuelen.' Binnen deze groep hebben de conservatieven 'de neiging de levensstijl van de jaren 20 of 50 te idealiseren, terwijl de progressieven-tot- gematigden geneigd zijn de filosofie van de jaren 50 en 60 te idealiseren en meer openstaan voor nieuwe ideeën.'[4]

- *Culturele creatievelingen* – 24 procent van de bevolking of 44 miljoen mensen, die affiniteit hebben met de New Age-beweging, de humanistische en transpersoonlijke psychologie, de ecologische beweging en de vrouwenbeweging. Uit het onderzoek van Ray blijkt dat ongeveer 20 miljoen of 10,6 procent van deze groep zich serieus bezighoudt met spiritualiteit, zelfverwerkelijking en het behoud van de aarde. Ze behoren hoofdzakelijk tot de hogere middenklasse en vrouwen vormen met 67 procent de meerderheid, tegenover mannen 33 procent. De andere 24 miljoen of 13 procent behoren overwegend tot de middenklasse. Ze zijn bijzonder geïnteresseerd in het milieu en maatschappelijke belangen vanuit een werelds standpunt. Ze zijn over het algemeen slechts matig geïnteresseerd in spiritualiteit en persoonlijke ontwikkeling. Deze nieuwe integrale samenleving is redelijk evenwichtig verdeeld over alle delen van het land.

Empirisch bewijs uit onderzoeken over de transformatie van het bewustzijn zoals dat van Ray en anderen lijkt te wijzen op een groeiend verlangen bij veel mensen om het persoonlijke en spirituele in de maatschappij en de politiek te integreren. Een opiniepeiling van Maclean/CBS News in 1995 toonde aan dat 82 procent van de Canadezen zichzelf 'enigszins of heel erg spiritueel' vond. En nog interessanter is dat bijna de helft van de ondervraagden zei dat hun leven in de afgelopen paar jaar spiritueler was geworden. Mensen lezen boeken over inheemse en esoterische spirituele tradities, vormen studiegroepen en beoefenen oude rituelen. Het mysterie van het leven wenkt ons. We beginnen ons te *herinneren* dat we *uit vrije keuze en om iets te volbrengen* naar de aarde zijn gekomen. Het valt ons meer dan ooit op dat ogenschijnlijke toevalligheden een diepere betekenis hebben en ons doelgericht verder leiden.

SYNERGIE

Boeken en leraren zijn een belangrijke steun. Nog boeiender zijn ervaringen uit de eerste hand. Hoe stroomt de energie in jouw leven? Is er sprake van een machtsstrijd die duidt op de behoefte te groeien? Op het niveau van het Zevende, Achtste, Negende en Tiende Inzicht kom je intuïtief meer op één lijn met anderen, doordat je je aangetrokken voelt tot bepaalde mensen die op jouw golflengte lijken te zitten.

Velen van ons ervaren ook contact met de *spirituele dimensie* – hoewel we hier misschien niet met anderen over spreken. We herkennen de dagelijkse inspiratie en ingevingen die ons verder leiden.

IEDER INDIVIDU IS EEN DOORGEEFLUIK VOOR HET EVOLUTIEPROCES

Wij zijn handen, hart en gedachten van het evolutieproces. Als hoeders van de levenskracht is het noodzakelijk om vast te houden aan ons oorspronkelijk voornemen: hoe ons leven zou verlopen en hoe we een bijdrage aan de wereld wilden leveren. Velen van ons zijn vergeten dat we met dromen ter wereld zijn gekomen. Als we ons 'in het luchtledige' bevinden en er niets lijkt te *gebeuren,* moeten we ons herinneren dat de vlaktes noodzakelijk zijn voor integratie, reflectie en het afstemmen op onze visie.

Het Tiende Inzicht begint met de suggestie dat we ons geloof in een zinvol universum moeten versterken door visualisatie. Maar wat moeten we visualiseren? Het leven stelt ons voortdurend voor een keuze waarop we onze aandacht en ons voornemen moeten richten. Hoe kiezen we? Terwijl er energie door ons heenstroomt, worden we door verschillende mensen en situaties aangetrokken. Hoe blijven we op het goede spoor? We krijgen allerlei ingevingen, en een samenloop van omstandigheden geeft een nieuwe weg aan, of we krijgen zomaar iets aangeboden. Wat moeten we doen met wat we ontvangen? Er bestaat geen eenduidig recept of eenduidig antwoord. Maar je kunt je wel afvragen: 'Wat wil ik?' 'Wat weerhoudt mij ervan dat te doen?' Vergeet niet je ideaal voor ogen te houden en je dan open te stellen voor de aanwijzingen die het universum je geeft. Als je jezelf voortdurend voorhoudt: 'Dit werkt niet voor mij.' 'Het leven is stom en saai,' help je het universum niet om jou tot steun te zijn! Onze overtuigingen zijn het verhaal dat we onszelf voorhouden en dat verhaal verschijnt uiteindelijk op de voorpagina van ons leven.

WAAR GAAT HET VERHAAL OVER?

Het vasthouden van de Wereldvisie wordt een abstract idee, tenzij we betekenis hechten aan wat zich in ons dagelijks leven afspeelt. Als we ons alleen richten op de *prozaïsche* gebeurtenissen in de wereld, ontgaan ons de diepere boodschappen. Maak er een gewoonte van te kijken naar de les, het grotere verband in de wereld. Als je bijvoorbeeld last hebt van de rommel op een leeg perceel naast je huis, waaraan ontbreekt het dan in je omgeving? Wat gebeurt er wel? Wat is het grote geheel?

> Iedere handeling of zelfs iedere gedachte veroorzaakt een terugkoppeling tussen onze handeling en het ervaringsveld waaruit we putten... Voldoende deelname door voldoende mensen over een periode die lang genoeg is, kan elk gevolg van zo'n veld stabiliseren door het te transformeren van het persoonlijke naar het maatschappelijke naar het mensheidsomvattende en ten slotte universele – van onze fysiek-fijnstoffelijke interacties naar fijnstoffelijk-causale structuren, maar dat vraagt een enorme hoeveelheid parallelle of gelijksoortige inspanning op een breed maatschappelijk niveau.
>
> **Joseph Chilton Pearce, *Evolution's End.***

Om betekenis te vinden in dagelijkse bezigheden, verbinden we de gewone wereld met de diepere, verborgen, wereld van symbolen. Door verhalen ontdekken we onze plaats in de wereld. Het maakt niet uit of het een gedicht van een kind, een mythisch epos, of een politierapport over een moord is. Verhalen beschrijven de spirituele principes volgens welke de mensheid leeft en zich ontwikkelt. We moedigen je daarom aan samen met ons dit kennisgebied te betreden. Laat dit boek een brug zijn tussen het dagelijkse leven en de Wereldvisie. Je kunt dit doen door je eigen opmerkzaamheid, vragen en waarnemingen toe te voegen aan de verhalen in dit boek. Begin de verhalen in je eigen leven en in het leven van de mensen die je op je weg ontmoet *op te merken*. De verhalen en ideeën in dit boek zijn bedoeld om je eigen *herinnering* aan de ware betekenis van jouw aanwezigheid in dit aardse leven, op te wekken. Als we echt *aanwezig* zijn in onze wereld moeten we reageren. Als we reageren zijn we niet langer verlamd – kunnen we zien welke keuzes we hebben, kunnen we verantwoordelijkheid nemen. Dan maakt het uit wat we doen.

Je beschrijft zelf je reis, je levensverhaal. Al schrijvende schep je tevens een stuk van het verhaal van de wereld.

Elmer Schettler, een sojakweker uit Iowa, beschrijft de nieuwe houding die hij in zijn leven ontwikkelt als volgt: 'Ik ben altijd een doener geweest. Maar de laatste paar jaar ben ik steeds meer in contact gekomen met mijn spirituele kant. Ik begin de wereld echt te zien als mysterieus en boeiend, in plaats van als een plek waar je alleen maar probeert dingen voor elkaar te krijgen.' Elmers gezichtspunt toont een transformatie van moeizame inspanning naar oog hebben voor wat zich wil manifesteren. Hij zegt: 'Voor mij heeft het leven te maken met een zich ontvouwen, niet met harder werken. Ik laat die oude calvinistische ethiek steeds meer los. Ik wil meer tot interactie komen met het universum en open staan voor wat het voor mij in petto heeft. Ik moet mezelf daaraan herinneren op dagen dat de zaken niet zo lopen als ik zou willen, als ik me erger aan mensen op wie ik vertrouw en die hun werk niet doen – dan vraag ik mezelf af: "Waarom heb ik het gevoel dat ik dit moet oplossen? Wat is het uiteindelijke doel van mijn werk? Wat is de ware betekenis van wat er gebeurt?" Dan adem ik wat dieper in en uit, ontspan me en maak weer contact met mijn innerlijk. Daardoor kan ik even afstand nemen. Ik herinner mezelf eraan dat ik niet harder wil gaan werken, of het gevoel wil krijgen dat ik op alles een antwoord moet hebben. Ik herinner mezelf eraan dat mijn leven zich ontvouwt. Ik zoek naar iets waarvan ik kan genieten – een zonsondergang, wolken, een foto van mijn gezin, en koester dat deel van mezelf. Soms, als ik hulp nodig heb bij een bepaald probleem, schrijf ik het op, stop het in mijn zak en laat het los. Ik let door de dag heen op kleine dingen waarin ik de bevestiging kan vinden dat ik op de goede weg ben. Net zoals van de week bij de fitness. Ik wilde een lijstje maken van dingen die ik moest doen. Ik had wel papier maar geen pen. Ik keek bij de lopende band en daar had iemand een pen laten liggen. Gewoon iets heel kleins, maar het gaf me een blij gevoel.'

ANGST KOMT VOORT UIT EEN GEVOEL VAN AFGESCHEIDEN ZIJN EN MACHTELOOSHEID

In het Westen zijn de meesten van ons opgegroeid met het idee dat de wereld bestaat uit omstandigheden buiten ons om, die ons naar willekeur overkomen. We brengen problemen bijvoorbeeld onder in categorieën – zoals werkloosheid, misdaad, vervuiling

Omdat je zoekt, verandert je weg.

of oorlog. We geloven dat die feiten hun uitwerking op ons hebben en omdat het ons aan visie ontbreekt, voelen we ons afgescheiden en machteloos. Teneinde het *gevoel* te krijgen dat we alles weer onder controle hebben, negeren of ontkennen we het feit dat er problemen bestaan, of we kiezen partij. Alsof we die gebeurtenissen een halt kunnen toeroepen door er de 'juiste' mening op na te houden. Om energie te voelen van gelijkgestemde mensen, en om de ogenschijnlijke chaos te vereenvoudigen, nemen we een eenzijdig standpunt in. We zeggen bijvoorbeeld dat we progressief of conservatief zijn, omdat we sterk het gevoel hebben dat de waarheid zich beperkt tot *één stellingname.* In onze poging onze eigen angst de baas te worden, zijn we geneigd iemand of iets tot vijand te bombarderen en als schuldige aan te wijzen. Als je alle prostituees, alle delinquente tieners, alle politici op één hoop gooit, zien we ze niet meer als mens. Als we iemand niet meer als mens zien, is er weinig reden om die persoon te zien als een ziel die misschien in nood verkeert en hulp en liefde nodig heeft. In de politiek neemt men deze houding aan om een zondebok voor een bepaald probleem aan te wijzen en zichzelf als redder in de nood op te werpen. Aan dit gedrag ligt de overtuiging ten grondslag dat de wereld een strijdperk is, dat het leven iets is dat we naar onze hand moeten zetten, onder controle moeten houden en waar we beslag op moeten leggen, en dat iemand anders krijgt wat ons toekomt als wij er niet voor vechten. Stel dat we een zondagmiddag doorbrengen met een groep mensen met wie we normaal gesproken totaal niets te maken hebben. Stel dat we alleen maar met elkaar praten en zouden luisteren naar elkaars levensverhalen.

Wij zullen onze kinderen geleidelijk moeten leren wat intuïtie is – dat zij een plek in zichzelf hebben waarop ze kunnen vertrouwen als ze beslissingen moeten nemen. (Natuurlijk kan het zijn dat als ze eenmaal zover zijn, wij van *hen* leren. We zouden met hen kunnen praten over machtsspelletjes, waardoor het hele gezin begint te groeien en inzicht krijgt in de gewoonten waartoe het vervallen is.

Volgens de psycholoog Walter Mischel, die in de jaren zestig verbonden was aan de universiteit van Stanford en onderzoek deed op een peuterspeelzaal, is het vermogen voor beloning achteraf een van de meest sprekende graadmeters voor hoe goed een kind het als volwassene zal doen. Daniel Goleman, auteur van *Emotionele Intelligentie*, zegt: 'In deze tijd lijkt de structuur van onze maatschappij met steeds grotere snelheid uiteen te vallen en vreten egoïsme, geweld en geestelijke armoede het goede van onze gemeenschap aan. [...]: het vermogen om impulsen te beheersen

> De socioloog Fred Polak toonde in zijn onderzoek naar 1500 jaar Europese geschiedenis, *The Image of the Future,* aan dat als een hele samenleving een zeer pessimistische kijk heeft op de toekomst, dat beeld een voorspelling zal worden die zichzelf vervult. De feitelijke voorspellingen over achteruitgang hoeven niet juist te zijn of uit te komen: het ziekelijke gedrag dat erdoor in gang wordt gezet, kan voldoende zijn om zo'n achteruitgang tot stand te brengen. Het is een ziekte die voortkomt uit overtuigingen. En ook het tegenovergestelde is waar. Als een samenleving een positief beeld heeft van de toekomst, hoeft dat beeld niet juist te zijn. Maar investeren in nieuwe mogelijkheden en de bereidheid om aan een betere maatschappij te werken, zijn voldoende om tot een goede manier van leven, zoniet de beste manier van leven te komen.
>
> **Paul H. Ray, *The Rise of the Integral Culture.***

vormt de basis van wil en karakter. Evenzeer is altruïsme geworteld in empathie, het vermogen om emoties in anderen te duiden; waar geen gevoel bestaat voor de noden of wanhoop van anderen, is geen warmte. En als er twee morele houdingen zijn waar deze tijd behoefte aan heeft, dan zijn het vooral zelfbeheersing en compassie.'[5] In de komende decennia zullen de ontwikkeling van het vermogen om impulsen te beheersen, mededogen, gevoeligheid, persoonlijke verantwoordelijkheid en spirituele verbinding belangrijker zijn dan alle technologische vooruitgang die we tot nu toe hebben gemaakt. Zonder die eigenschappen zijn we overgeleverd aan de genade van onze technologie. We hebben onze kinderen al een automatische geweer in handen gegeven.

40

Stel je eens voor dat je, voordat je in het lichaam afdaalde – voor je geboorte – werd geïnstrueerd door liefdevolle mentoren en wijze gidsen. Je kunt je het gesprek ongeveer als volgt voorstellen: 'Goed, als je eraan toe bent weer een lichaam aan te nemen, zie je dan ook ouders daar beneden die jou in staat zullen stellen de les te leren waaraan je wilt werken?

Als je eenmaal daar beneden in je lichaam bent, vergeet dan niet te letten op wegwijzers! Je zult niet meer te verwerken krijgen dan je aankunt, en als iemand van jullie extra taken wil, moet je het nu zeggen! Onthoud dat je moet leren zoveel mogelijk liefdevolle energie om je heen op te bouwen en afgestemd te blijven op de spirituele bron. Er zullen perioden zijn dat je je verloren en verdrietig voelt, maar vergeet niet om hulp te vragen en luister goed naar je innerlijke "weten". Je hebt alles wat je nodig hebt om je voortdurend aan je spirituele aard te herinneren, zodat alles wat je doet daarvan doordrongen kan zijn. Vergeet niet dat je heel veel andere mensen zult ontmoeten die op weg zijn en alleen om het leuk te maken, zien ze er heel anders uit dan je zou verwachten, maar ze zullen je de kans geven om te laten zien tot hoeveel liefde je in staat bent. Het zal zo nu en dan moeilijk zijn, maar je staat er niet alleen voor. Houd contact. Schrijf als je kunt. Als je iets nodig hebt, vraag je het gewoon! Tot ziens dan maar. O, en vergeet niet dat je verantwoordelijkheid moet afleggen voor al je daden, hoe klein ze ook zijn. Je zult het beter begrijpen wanneer je hier terugkeert.'

De Wereldvisie

Het is je misschien opgevallen dat veel van wat je hebt gelezen in *De Celestijnse belofte, Het Celestijnse werkboek,* en *Het Tiende Inzicht* in jou weerklank vindt. Dat komt omdat de ontluikende Wereldvisie veel gemeen heeft met wat de filosoof en schrijver Aldous Huxley de 'eeuwige wijsheid' noemde. De afgelopen vijfduizend jaar hebben zowel in de oosterse als in de westerse filosofie bepaalde fundamentele waarheden voortdurend de weg verlicht.

De Wereldvisie die is gebaseerd op deze basisprincipes, bevindt zich *in ons*. De Wereldvisie komen we ook tegen in de overtuigingen van alle culturen over wat er mogelijk is. Deze visie manifesteert zich afhankelijk van hoe we ons leven verkiezen te leven. Het is geen *uiterlijk* doel dat we ergens in de toekomst moeten bereiken, maar een kracht waaraan we houvast en informatie ontlenen en die echt voor ons bestaat door de waarden die we van binnen voelen. De Wereldvisie is dat wat belangrijk is voor ons. Het is niet een *regel*, een manier van doen, of een recept om tot een bepaald resultaat met vastomschreven politieke, economische

Houd moed! Wat de meesten van ons niet weten is dat we reizen temidden van een enorm gezelschap van bondgenoten: een grotere groep creatieve mensen die positievere ideeën, waarden en trends aanhangen dan er in enige vorige renaissance-periode ooit zijn geweest. En ze kunnen waarschijnlijk worden aangezet tot altruïstisch handelen ten behoeve van onze toekomst.

Paul H. Ray, *The Rise of the Integral Culture.*

of culturele resultaten te komen. De Wereldvisie kan beter worden beschouwd als een *proces* dat vreedzame coëxistentie, evenwicht en overvloed oplevert en dat de verschillen tussen soorten, volkeren, culturen, talen, godsdiensten en filosofieën respecteert, en in ere houdt. Hieronder volgen de belangrijkste punten uit de eeuwige wijsheid die onze evolutie vorm heeft gegeven en nog steeds vorm geeft.

1. Het bewustzijn is causaal

Het energieveld waarin we leven en van waaruit we met ons voornemen scheppen, is bewustzijn. Het is zowel de schepper als het ongeschapene, of zoals Deepak Chopra het noemt, het veld van pure potentialiteit. *Jouw houding schept de Wereldvisie.* Stel je jezelf voor als een druppel in een emmer water – een heel grote emmer water. Terwijl je er ingaat om een verbinding aan te gaan met je ingevingen (spirituele aanwijzingen), vormen je bewuste gedachten kleine golfjes. Jouw manier van zijn wekt veranderingen op bij je gezin, je vrienden, buren en collega's. De golfjes beginnen zich uit te breiden naar de mensen die jou politiek vertegenwoordigen, gaan samen met heel veel andere golfjes, die in de richting gaan van de wereldleiders. *Als een kritische massa van menselijk bewustzijn de visie van deze heelheid eenmaal vat, ontvouwt deze grote Wereldvisie, de* Visie, *zich op natuurlijke wijze.*

42

2. Wij zijn ondergedompeld in een veld van energie. Wij zwemmen in God

Wij bestaan uit dezelfde goddelijke creatieve energie als God. Godsdiensten noemen deze spirituele energie onze eeuwige Christus- of Boedda-aard. De materiële wereld ontspringt aan deze zee van energie via onze collectieve overtuigingen en gedachten. Door de eeuwen heen hebben leraren ons geleerd dat wij en alle andere levensvormen onderling afhankelijk zijn van elkaar en dat iedere vorm een belangrijk aandeel heeft in het grote geheel. De principes van de aloude wijsheid, gebaseerd op patronen en relaties, vormen een groots voertuig voor Gods plan met het universum.

> Ik ben er heilig van overtuigd dat we allemaal samen op zoek moeten gaan naar een nieuwe spiritualiteit. Dit nieuwe concept moet los van de bestaande godsdiensten worden uitgewerkt, zodanig dat alle mensen van goede wil zich erin kunnen vinden. We hebben behoefte aan een nieuw concept, een spiritualiteit voor leken. We zouden dit concept moeten ontwikkelen met behulp van wetenschappers. Het zou ertoe kunnen leiden dat we iets vestigen waarnaar we allemaal op zoek zijn – een niet-kerkelijke ethiek.
>
> de Dalai-Lama in *Violence and Compassion: Conversations with the Dalai Lama*, door Jean-Claude Carrière.

3. Het universum heeft een doel

Bijna niets gebeurt toevallig. Een vrouw die zich afvroeg of ze door moest gaan met schrijven, beschreef in *The Celestine Journal* een belangrijk keerpunt dat bij haar het gevoel opriep dat goddelijke krachten daar de hand in hadden gehad. Ze had het boek van Ray Bradbury *Zen in the Art of Writing: Releasing the Creative Genius Within You* gelezen. 'Dat ontroerde me zo dat ik een enthousiaste brief schreef aan meneer Bradbury om hem te bedanken voor zijn inspiratie en aanmoediging om te schrijven. Kort nadat ik de brief op de post had gedaan, signeerde Ray Bradbury zijn boek in onze plaatselijke boekhandel. Vijf klanten zouden in aanmerking komen voor een etentje met hem. Zodra ik de aankondiging zag, wist ik dat ik een van de gelukkigen zou zijn… Op de dag van de trekking werd mijn naam als laatste getrokken!... Ik had de kans om uitgebreid met hem te praten. Nu weet ik dat ik door moet gaan met schrijven. Het universum zorgt op een prachtige manier voor ons, als we het gewoon maar toelaten.'[6]

4. Liefde is de hoogste vorm van energie

De eeuwige wijsheid onderkent dat de mensheid op aarde is om spiritueel te groeien door het vermogen tot liefde te vergroten. Een vrouw zei: 'Ik heb geleerd aandacht te schenken aan de toevalligheden die zich in mijn leven voordoen en te luisteren naar de gedachten die overdag en in mijn dromen door mij heengaan. Ik heb ook geleerd zelfs de kleinste, ogenschijnlijk totaal onbelangrijke menselijke interactie op waarde te schatten.'[7] Deze liefde is geen sentimenteel gevoel waarmee de werkelijkheid wordt verdoezeld. *Het is een uitvloeisel van iemands staat van bewustzijn wanneer die persoon verbonden is met de universele energie – de golflengte van liefde.*

5. We hebben vele levens om lief te hebben

Onlosmakelijk verbonden met de eeuwige wijsheid is het idee van reïncarnatie en de gelegenheid die we daardoor krijgen om vele levens en uiteindelijk het hele scala aan menselijk potentieel te ervaren. Het leven is inderdaad vaak kort. We hebben inderdaad dit ene leven om te leven – volledig. We brengen bepaalde neigingen en gaven met ons mee om nieuwe doelstellingen te kunnen verwezenlijken. Als je het doel van dit leven hebt vervuld, zul je het achter je laten. En het is inderdaad meer dan waarschijnlijk dat je de kans krijgt het een volgende keer anders te doen.

6. Keuzes hebben consequenties
– de wet van oorzaak en gevolg of karma

Als kind leren we om van een hete verwarming af te blijven. Net zoals we weten dat handelingen in ons dagelijks leven gevolgen hebben, leren we ook dat in overeenstemming met de wet van oorzaak en gevolg handelingen uit vorige levens gevolgen creëren die *we wellicht pas ervaren in een volgend leven.* In het Oosten wordt dit karma genoemd; in het Westen spreekt men van gerechtigheid of 'hebt uw naasten lief gelijk uzelf'. Karma is een natuurlijke universele wet en we zeggen: 'Wat je zaait zul je oogsten' en: 'Je krijgt wat je geeft.'

7. Andere dimensies bestaan echt

Het is onze taak ons bewust te worden van de manier waarop we onszelf afgescheiden houden en te onderkennen dat we één zijn met de bron die we God noemen. Volgens het oude wereldbeeld werd het materiële bestaan als de enige 'werkelijkheid' beschouwd, louter omdat het zich onder onze ogen afspeelt. Volgens professor Markides is een van de fundamentele uitgangspunten betreffende het universum het bestaan van andere dimensies. Hij zegt in *Riding with the Lion:* 'Er bestaan andere werelden die onze eigen wereld doordringen.

Een paar dagen later vroegen de gidsen mij te mediteren op 'de ziel van de mens en zijn plaats in het hiernamaals'. Ze zeiden uitdrukkelijk dat het belangrijk was, omdat het de overgangsperiode die we dood noemen minder saai zou maken, en een snellere vooruitgang in het volgende niveau mogelijk zou maken. 'Hoe sneller we aardse zielen kunnen veranderen in getransfigureerde geesten,' schreven de gidsen, 'hoe sneller we vooruitgang zullen boeken in de richting van een samensmelten van het geheel. Misschien begrijp je dit nu nog niet helemaal, maar naarmate je vorderingen maakt met mediteren, kunnen we je door een serie gedaanteverwisselingen heen leiden die het doel waarvoor we werken zal onthullen.'

Ruth Montgomery, A Search for Truth.

Die werelden zijn gelaagd – dat wil zeggen dat ze zich op een hiërarchische wijze tot elkaar verhouden. De wereld van de vijf zintuigen bevindt zich onderaan deze spirituele totempaal. Die lagen bevinden zich, objectief gezien, niet alleen ergens buiten ons in de natuur, maar maken ook deel uit van de structuur van het menselijk bewustzijn zelf.'[8]

8. Dualiteit

In de spirituele dimensie bestaat geen dualiteit. Er is één bron – God – en die bron is één en al goedheid. Er bestaat geen tweede, gelijkwaardige bron van kwaad. Maar op het aardse niveau zitten we gevangen in dualiteit – paren van tegenstellingen zoals goed en kwaad, licht en donker, mannelijk en vrouwelijk, nieuw en oud. Door naar het aardse vlak te komen, hebben we onszelf afgescheiden van die ene bron. Ons doel is ons opnieuw bewust te worden van die bron en er opnieuw een verbinding mee te maken.

De eeuwige wijsheid herinnert ons eraan dat we in onze dualistische aard een individu zijn, en toch deel uitmaken van één mensheid. Ons lichaam leeft en sterft na verloop van tijd, maar ons bewustzijn is eeuwig. Tijdens ons leven op aarde moeten we de tegenstellingen het hoofd bieden en keuzes maken. Het leven dwingt ons te kiezen, uitdrukking te geven aan onszelf en de dualiteit te ervaren. Het kwaad in de wereld is recht evenredig aan de mate waarin een mens kiest tegen liefde, mededogen en dienstbaarheid.

OVERZICHT VAN HET TIENDE INZICHT

Net als bij de eeuwige wijsheid vormt het Tiende Inzicht de context waarbinnen *alle* inzichten kunnen worden toegepast.

DE BELANGRIJKSTE IDEEËN VAN DE

EERSTE NEGEN INZICHTEN

VAN DE CELESTIJNSE BELOFTE:

- Wij maken momenteel een versnelde transformatie door van de manier waarop wij onze wereld zien.
- Wij zien spiritueel groeien door liefdevol te handelen en niet alleen te overleven in een materialistische wereld als het doel van ons leven. *De enige manier waarop we individueel en collectief echt vooruitgang kunnen boeken, is ons volledig openstellen voor wie we zijn, te vertrouwen op onze intuïtie en anderen te helpen in plaats van onze eigen belangen voorop te stellen.*
- We beseffen dat we een goddelijk wezen zijn dat zich tijdelijk in een fysiek lichaam bevindt.
- We staan in contact met de spirituele dimensie in de vorm van intuïtief weten, synchroniciteit, bovennatuurlijke gebeurtenissen en wonderbaarlijke genezingen.

- De meesten van ons hebben ervoor gekozen hier te zijn en we kiezen die omstandigheden die het karakter van onze ziel versterken en bijdragen aan het vasthouden van de Wereldvisie.
- We kunnen leren onze energie op een hoog peil te houden, in plaats van ons te verliezen in een vruchteloze machtsstrijd.

DE BELANGRIJKSTE IDEEËN

VAN HET TIENDE INZICHT:

- Er komen in de spirituele dimensie naast ons niveau van bewustzijn nog andere niveaus van bewustzijn voor.
- We hadden een Geboortevisie toen we in dit leven kwamen.
- We beginnen ons collectief bewust te worden van de Wereldvisie die door onze zielengroepen is vastgehouden.
- We beginnen te beseffen dat we worden begeleid door de spirituele wereld of het engelenrijk.
- We zijn zeer nauw verbonden met mensen met wie we een relatie hebben en sommige van de mensen die we op een keerpunt in ons leven ontmoeten.
- We werken aan het spiritueler maken van de fysieke wereld.
- We beginnen ons gezamenlijk te herinneren dat de Wereldvisie is gebaseerd op de wezenlijke bestanddelen van de eeuwenoude wijsheid.
- We leren een ingeving vast te houden en erop te vertrouwen dat ze ons naar het volgende punt op onze weg leidt.
- Dat wat we willen bestaat eerst in onze gedachten en ons hart; door dat voornemen vast te houden wordt het werkelijkheid.
- Als we bij onze dood het lichaam verlaten, zullen alle episoden in ons leven de revue passeren. We zullen duidelijk kunnen zien (en voelen) hoeveel liefde we in elke ontmoeting aan anderen hebben kunnen geven.
- Het uiteindelijke doel van de mensheid is de materiële en spirituele dimensie met elkaar te verbinden.

47

Stel je het Tiende Inzicht voor als onderdeel van een school voor wijsheid, waarin je helemaal zelf je studiepakket kunt samenstellen. Veel van dit materiaal is je misschien al bekend, maar door de verhalen van gewone mensen te lezen, ga je je wellicht nog meer herinneren. Ons enige doel is je innerlijke weten te stimuleren.

Ten behoeve van de linkerhersenhelft zullen we principes uiteenzetten. Ten behoeve van de rechterhersenhelft zullen we verhalen vertellen. De thema's die we behandelen zijn: 1) vorige levens; 2) zielengroepen (die onze herinneringen aan vorige levens vasthouden en ons energie sturen); 3) Geboortevisies; 4) het levensoverzicht in het Hiernamaals (het vaststellen van hoe succesvol we waren in het ons herinneren en volbrengen van onze Geboortevisie op aarde); 5) de Wereldvisie (de verbinding van de spirituele en fysieke wereld door ons van beide werelden bewust te worden); en 6) verhalen van voortrekkers.

> Het is heel natuurlijk om je tegen veranderingen te verzetten. Soms worden we heen en weer geslingerd: we vertrouwen een tijdje op het proces en twijfelen vervolgens aan onszelf en het spirituele gezichtspunt. We nemen weer onze toevlucht tot alles willen beheersen en houden het vertrouwde vast, ook al werkt het niet zo goed. Velen van ons vragen zich nog steeds af: 'Ik weet dat ik een spirituele bestemming heb, maar wat kan ik *vandaag* doen?'

JE PLEK VINDEN

Het beeld in *Het Tiende Inzicht* over *alleen de vallei ingaan,* staat voor het idee dat ieder van ons naar binnen moet keren en moet luisteren naar ingevingen en relevante boodschappen die via anderen tot ons komen. Het is belangrijk te bedenken dat het vinden van je plek een doorgaand proces is. Op je levensreis reageer je voortdurend op de volgende situatie, werk je de volgende hindernis door. Er bestaat geen eindpunt waarop je kunt zeggen: 'Nu ben ik er.' Door te kiezen voor het leven in plaats van voor angst, vervul je een van de belangrijkste aspecten van je eigen levensdoel.

Zoals we hierna zullen zien, moeten we onszelf bevrijden van onze verslaving aan wonden en mislukkingen uit het verleden. Terwijl we in het nu blijven, groeien we door te vragen om leiding over waar we heen moeten en wat we moeten doen. We richten onze aandacht op onze voornemens en laten het universum de weg vrijmaken.

WAARUIT BESTAAT JE TAAK?

Volgens zakengoeroe en schrijver Peter Drucker, is de eerste stap op de weg naar succes jezelf de vraag te stellen: 'Waaruit bestaat mijn taak?' of 'Waar ben ik eigenlijk mee bezig?' Als je die vraag niet kunt beantwoorden, verspil je waarschijnlijk negentig procent van je tijd aan dingen die jouw taak en ook jouw zaak niet zijn.

Een informatieloket zijn

Een vrouw met een middelgroot postorderbedrijf dat is gespecialiseerd in spirituele artikelen, zei: 'Ik ben net een informatieloket. Ik wil iets leveren waarvan ik weet dat het waardevol is en iemand verder helpt op zijn weg. Ik voel dat ik een katalysator ben en ik zie dat dit in alle banen die ik in de loop der jaren heb gehad zo is geweest.' Ze vervolgde: 'Veel van mijn invoelingsvermogen en inzichten leerde ik tijdens en na de moeilijke jaren waarin ik dronk, een auto-ongeluk had, gevolgd door een lange periode van revalidatie. In die tijd verzette ik me heftig tegen nieuwe informatie, maar na een paar keer een valse start te hebben gemaakt, kwam mijn herstel uiteindelijk op gang. Nu verkoop ik cassettes, boeken, en andere spirituele artikelen. Het betekent heel veel voor me om te kunnen zeggen: "Hé, ik heb hier iets dat je wel eens heel leuk zou kunnen vinden." Dan laat ik het los. Voor mij is het duidelijk dat ik alleen maar het product lever. Wat de ander ermee doet moet hij zelf weten.'

> Het menselijk ras boekt alleen vooruitgang als we allemaal opstijgen naar het gemeenschappelijke doel van verlichting en volmaaktheid. Daarom moeten we, als we zelf snel vorderingen willen maken, ons best doen ervoor te zorgen dat anderen, met dezelfde belangen, ook alle mogelijkheden krijgen om vooruit te komen.
> **Ruth Montgomery, *A World Beyond.***

Door voor onszelf vast te stellen 'wat onze taak en onze zaak is' kunnen we onszelf aan Gods adressenbestand toevoegen, zodat wanneer hij/zij een informatieloket nodig heeft, hij/zij weet op wie hij/zij een beroep kan doen.

Het belangrijke behouden

Een vrouw die leiding geeft aan een stichting en veel reist, maakt in het buitenland foto's van ceremoniën bij exotische volkeren. Ze zegt: 'Ik zie het als mijn taak dingen die belangrijk zijn te behouden. Ik doe dit op verschillende manieren zowel in het werk voor de stichting als in het fotograferen. Het is voor mij een belangrijke drijfveer.'

Orkesten dirigeren

Iemand anders, die een fabriek leidt, lid is van een schoolbestuur en hoofd van twee beroepsorganisaties, zei: 'Mijn werk bestaat uit het dirigeren van orkesten. Ik bevind mij vaak in de rol van leider, omdat ik heel goed aanvoel hoe zaken soepel kunnen lopen als de juiste mensen samenwerken. Ik wil graag helpen het beste te halen uit ongeacht welke groep waarin ik mij bevind en ik geniet van die uitdaging, zelfs als er sprake is van chaos.'

> Een renaissance komt tot stand als men zijn gedachtewereld openstelt voor andere werelden en buitengewone ideeën en zich een onstuimig nieuw akkoord vormt.
> **Graham Dunstan Martin, Shadows in the Cave.**

Mensen verrassen door ergens een onverwachte draai aan te geven

Een technisch schrijver en trainer van een juniorenteam, merkte na enig nadenken op: 'Ik luister en combineer zaken. Ik ben altijd op zoek naar manieren om dingen gemakkelijker te maken, maar ik vind het ook heerlijk mensen te verrassen door ergens een onverwachte draai aan te geven. Anderen vinden mijn werk misschien saai, maar ik ga graag helemaal op in een project om er orde in aan te brengen – om het vervolgens aan iemand te laten zien!'

Anderen een fijn moment bezorgen

Een man die zware machines bedient en geweldig kan dansen is een goed voorbeeld van evenwicht tussen werken en spelen. Een paar keer per week doet hij aan salsa-dansen en hij staat in zijn woonplaats bekend als iemand die heel vrolijk, filosofisch, ruimhartig en humoristisch is. Na even te hebben nagedacht begonnen hij en zijn partner te lachen en zij zei: 'Weet je wat jouw taak is? Jij bezorgt anderen een fijn moment!'

ZELFSTUDIE

Oefening: voornemen

's Morgens, of wanneer je voor een heel belangrijke beslissing of ontmoeting staat, schrijf je je voornemen op een kaartje. Keer even naar binnen.

Eerste stap–het beeld duidelijk maken
- *De wereld stilzetten.* Neem even de tijd om je gedachten tot rust te brengen. Sluit de ogen en keer naar binnen.
- *Word rustig en verzamel energie.* Volg gedurende één of twee minuten het ritme van je ademhaling.
- *Maak het beeld duidelijk.* Stel jezelf de vraag: 'Welke verwachtingen heb ik omtrent deze gebeurtenis, dit probleem of deze beslissing?'
- *Laad het beeld op.* Schrijf alle *positieve* of hoopvolle verwachtingen op die je te binnen schieten.
- *Vraag.* Nu schrijf je alle *vragen* op die je hebt. Bijvoorbeeld: 'Moet ik met Jo trouwen?' of: 'Hoe kan ik mijn voorstel vandaag het beste presenteren?' of: 'Moet ik dit huis wel kopen?'

Tweede stap–het doel scheppen en loslaten
- *Voornemen.* Formuleer nu je vraag in positieve zin, alsof *de gewenste uitkomst al vaststaat.*De eerste vraag hierboven zou je bijvoorbeeld in de tegenwoordige tijd kunnen zetten. Concentreer je daarbij op de gewenste uitkomst die aan de vraag ten grondslag ligt door te schrijven: 'Ik ben gelukkig getrouwd met de juiste persoon!' of: 'Mijn voorstel heeft de volmaakte om-

51

standigheden geschapen voor de volgende stap in mijn groei,' of: 'Ik woon in een huis dat op dit moment perfect is voor mij.'

- *Loslaten.* Voel hoe je nu even alle eventuele gevoelens van twijfel loslaat. Laat los en vertrouw erop dat het universum zich om de details zal bekommeren. Voel hoe je alle specifieke verwachtingen loslaat in het vertrouwen dat de goddelijke wijsheid werkt aan het grotere goed waarvan jij je misschien nog niet bewust bent.

Derde stap–opmerken wat het universum je aanraadt te doen

- *Ontvangen.* Word je meer bewust van de subtiele tekenen of boodschappen ten aanzien van de richting die je door de dag heen moet volgen.
- *Opladen.* Concentreer je op je voornemen en stel je voor dat je datgene hebt wat je wenst.

Vierde stap–Dankbaarheid maakt dat je open blijft

- *Zeg dank.* Steeds als er een geschenk op je weg komt, al is het nog zo klein – bijvoorbeeld wanneer iemand in de tram voor je opstaat, je een kwartje vindt, of iemand tegen je lacht – zeg je innerlijk een dankgebedje op. Dankbaarheid draagt ertoe bij dat je voornemen opgeladen blijft met energie.

Ons voorstel is dat je een dagboek bijhoudt om je voornemens op te schrijven en te activeren. Het helpt ook om synchrone gebeurtenissen op te sporen en te kijken welke betekenis ze hebben. Aangezien synchrone gebeurtenissen vaak in clusters optreden, zul je veel aan een dagboek hebben als je met het Tiende Inzicht werkt.

GROEPSSTUDIE

Richtlijnen

- Kom op tijd en vertrek weer op tijd, zeker als de bijeenkomsten bij iemand thuis plaatsvinden.
- Een groepsleider is niet nodig of gewenst. Iemand kan wel aanbieden om aantekeningen te maken, op te schrijven wat er gedaan moet worden, of op de tijd te letten.

- Laat iedereen uitspreken. Geef hem of haar je volledige aandacht.
- Stuur iedere spreker liefdevolle energie en zie de innerlijke schoonheid van zijn of haar ziel.
- Spreek en luister vanuit je hart.
- Roddel niet en vel geen oordeel.
- Praat buiten de groep niet over de groepsleden en het leven dat ze leiden.
- Groepsmeditatie over ongeacht welk onderwerp kan heel vruchtbaar zijn. Bespreek met elkaar welke boodschappen je hebt ontvangen.
- Als er een machtsstrijd de kop opsteekt, wees dan oprecht, vriendelijk en geduldig, maar standvastig. Probeer elkaar geen verwijten te maken.
- Mediteer vaak op het herinneren van elkaars Geboortevisie.

Dialogen

Ga boeken en tijdschriften lezen over onderwerpen die je wereldbeeld verbreden, zoals reïncarnatie, ontmoetingen met buitenaardse wezens, engelen, en de genezende kracht van gebed. Vat hetgeen je hebt gelezen voor de groep samen en wissel van gedachten over deze ideeën.
Je kunt een gesprek hebben over een van de onderstaande onderwerpen. Bepaal welk onderwerp de deelnemers het meest aanspreekt. Kies een onderwerp uit en schrijf gedurende ongeveer vijf minuten je gevoelens hierover op. Daarna kun je om de beurt voorlezen wat je hebt opgeschreven. Nadat iedereen de kans heeft gehad zijn of haar gedachten voor te lezen, kan er een algemeen gesprek volgen.

Mogelijke onderwerpen

Als je een kind van vijf je levensverhaal moest vertellen, waarop zou je dan de nadruk leggen?
Wie is een bron van inspiratie voor jou geweest? Waarom? Hoe?
Wanneer voel je je machteloos? Wat zou je daaraan kunnen veranderen?
In welk opzicht bevind je je op een drempel? Welke deur staat op het punt open te gaan?

Wat lijkt tot nu toe zinvol te zijn geweest in je leven?
Wat vind je van reïncarnatie?
Wat zou je in de gemeenschap waarin je leeft willen veranderen?

2

Hoe de eerste negen inzichten je voorbereiden op het tiende

Kraai
Wet

'Ieder van ons [kan], zodra we aan de slag gaan om wat zich in het verleden heeft afgespeeld op te helderen, bepaalde vragen onderkennen [...] die te maken hebben met onze carrière, onze relaties, waar we het beste kunnen wonen, [...] En dan, als we ons daarvan bewust blijven, [...] kunnen intuïtieve gevoelens, ingevingen ons voorzien van indrukken over hoe het verder moet, wat ons te doen staat, met wie we zouden moeten praten teneinde een antwoord te vinden.'

Het Tiende Inzicht.[1]

DE EERSTE NEGEN INZICHTEN LEIDEN TOT HET TIENDE INZICHT

Om je een basis te verschaffen voor hoe het Tiende Inzicht ons naar een nieuw bewustzijnsniveau brengt, geven we hier een kort overzicht van de eerste negen inzichten. Als je de principes al goed beheerst, kun je dit hoofdstuk overslaan.

1. Kritische massa

Er vindt in de menselijke samenleving een nieuw spiritueel ontwaken plaats, een ontwaken dat wordt teweeggebracht door een doorslaggevende hoeveelheid individuen die hun leven ervaren als een spirituele ontplooiing, een ontwikkelingsreis waarin we worden geleid door geheimzinnige toevalligheden.

2. Het langere nu

Dit ontwaken staat voor het scheppen van een nieuw, vollediger wereldbeeld, dat een vijfhonderd jaar oude preoccupatie met wereldse zaken en comfort vervangt. Hoewel de ontwikkeling van de technologie een belangrijke stap was, ons ontwaken voor de toevalligheden in het leven stelt ons open voor de ware bedoeling van het menselijk leven op deze planeet en de ware aard van ons universum.

3. Een kwestie van energie

We ervaren nu dat we niet in een materieel universum leven, maar in een universum van dynamische energie. Al wat bestaat is een gewijd energieveld dat we kunnen voelen en intuïtief kunnen waarnemen. Bovendien kunnen wij, mensen, onze energie projecteren door onze aandacht in de gewenste richting te laten gaan ('de energie stroomt naar waar de aandacht heengaat'), waarbij we andere energiesystemen beïnvloeden en het tempo waarmee de toevalligheden in ons leven voorkomen verhogen.

4. De strijd om de macht

Maar al te vaak sluiten mensen zich af van de hogere bron van deze energie en voelen zich daardoor zwak en onzeker. Om energie te verwerven zijn we geneigd anderen te manipuleren of hen te dwingen ons aandacht en dus energie te geven. Wanneer wij anderen op die manier succesvol overheersen, voelen wij ons sterker, maar zij blijven verzwakt achter en vechten vaak terug. Het wedijveren om schaarse menselijke energie is de oorzaak van alle conflicten tussen mensen.

5. De boodschap van de mystici

Onzekerheid en geweld komen ten einde wanneer we een intieme verbinding ervaren met de goddelijke energie in ons binnenste, een verbinding die door mystici uit alle tradities genoemd wordt. Een gevoel van lichtheid, opwaartse kracht en een aanhoudend gevoel van liefde is de maatstaf voor deze verbinding. Als aan die maatstaf wordt voldaan, is de verbinding echt. Zoniet, dan doet men maar alsof.

6. Het verleden ophelderen

Hoe meer we verbonden blijven, des te meer we ons er direct bewust van worden wanneer we de verbinding kwijtraken, meestal wanneer we onder spanning staan. Op die momenten wordt onze eigen specifieke manier om energie bij anderen weg te halen zichtbaar. Zodra onze manipulaties eenmaal tot ons eigen bewustzijn zijn doorgedrongen, wordt onze verbinding stabieler en dan kunnen we ons eigen groeipad in dit leven ontdekken, én onze spirituele levensopdracht, de persoonlijke manier waarop we een bijdrage aan de wereld kunnen leveren.

7. Je in de stroom begeven

Het kennen van onze eigen levensopdracht versterkt de stroom van geheimzinnige toevalligheden die ons naar onze bestemming leidt. We beginnen met een vraag, dan krijgen we dromen, dagdromen, spontane ingevingen die ons naar het antwoord leiden, waarin gewoonlijk synchroon wordt voorzien door de wijsheid van een andere mens.

8. Intermenselijke ethiek

We kunnen de frequentie van het 'toeval als gids' doen toenemen door iedereen die in ons leven komt op een hoger plan te zien. We moeten ervoor uitkijken onze innerlijke verbondenheid niet te verliezen in romantische relaties. Anderen op een hoger plan zien is vooral effectief in groepen, waarin elk lid de energie van alle anderen kan voelen. Bij kinderen is dit buitengewoon belangrijk voor hun eerste gevoel van zekerheid en voor hun groei. Door de schoonheid in elk gezicht te zien, verheffen we anderen tot hun meest wijze zelf en vergroten we de kans een synchroon bericht te horen te krijgen.

9. De ontluikende beschaving

Terwijl wij ons allen ontwikkelen naar de optimale voltooiing van onze spirituele levensopdracht, zullen de technologische middelen voor ons voortbestaan volkomen geautomatiseerd worden, aangezien de mensen zich niet langer daarop maar op het synchrone groeiproces concentreren. Een dergelijke ontwikkeling voert de mensheid naar steeds hogere energieniveaus, waardoor uiteindelijk ons lichaam transformeert tot een spirituele vorm, en de huidige bestaansdimensie verenigd wordt met de dimensie van het hiernamaals, waarmee de cyclus van geboorte en dood ten einde komt.

Vragen over de negen inzichten

Als we de wereldvisie willen vasthouden, moeten we natuurlijk goed in staat zijn de leiding die we ontvangen te volgen. Misschien herken je iets in onderstaande vragen die zoveel mensen zichzelf hebben gesteld.

'Er is steeds vaker sprake van een samenloop van omstandigheden in mijn leven, maar hoe weet ik wat de betekenis ervan is? Ik weet niet altijd goed wat ik ermee moet.'

Zoals de hoofdpersoon in *Het Tiende Inzicht* zegt: 'De waarheid was, natuurlijk, dat delen van de belofte me nog steeds ontgingen. Zeker, het vermogen om me te verbinden met een spirituele kracht in mijn binnenste had ik vast kunnen houden… Meer dan ooit was ik me bewust van intuïtieve gedachten, dromen en de lichtende gloed van een ruimte of een landschap. Maar tegelijkertijd was het feit dat er maar sporadisch toevalligheden optraden een probleem geworden… Ik kon me bijvoorbeeld volkomen opladen met energie… en kreeg dan meestal een heldere ingeving over wat ik kon doen… maar als ik daar naar handelde, gebeurde er maar al te vaak niets van enig belang. Er kwam geen boodschap, er gebeurde niets toevalligs… Maar even zo vaak kon het gebeuren dat mijn initiatief, hoe ik ook mijn best deed er energie in te steken, volkomen van de hand werd gewezen, of, en dat was nog erger, enthousiast werd ontvangen om daarna alleen maar mis te lopen en ten slotte te eindigen in een stortvloed van onvoorziene irritaties en emoties… maar ik had me gerealiseerd dat ik iets miste als het erom ging op de lange termijn volgens de inzichten te leven… Het was duidelijk dat ik een vitaal onderdeel van de kennis vergeten was… of misschien nog niet ontdekt had.'[2]

Samenloop van omstandigheden of geheugenflits?

Een samenloop van omstandigheden wekt meestal een gevoel van opwinding en geheimzinnigheid op. Waarom? Misschien omdat hij de
herinnering aan wat we met ons leven van plan waren in ons wakker
roept. Vanuit spiritueel oogpunt bezien heeft alles een reden. Daarom
betekent die verhoogde staat van bewustzijn die je ervaart als twee of
meer gebeurtenissen op een onverwachte manier samenvallen, dat er
een onbewuste betekenis in die gebeurtenissen schuilt. Ook al ben je
niet in staat onmiddellijk de zin van zo'n gebeurtenis te zien, wil dat
niet zeggen dat die er niet is. Op een dag kijk je misschien terug op
deze gebeurtenis en zie je dat ze een keerpunt in je leven markeerde,
of je overtuigingen grondig veranderde. Een musicus uit Louisiana
had bijvoorbeeld, nadat hij in *De Celestijnse belofte* het verhaal over
beheersingsdrama's (ook machtsspelletjes genoemd) had gelezen, besloten dat hij minder afstandelijk wilde worden. Hij belde een esoterische boekhandel om te informeren naar werkgroepen in zijn omgeving. De eigenaar vertelde hem dat er op dat moment geen was, en
stelde hem een yogagroep voor. De musicus besloot daar op in te gaan
en vertelde ons: 'Yoga was precies wat ik nodig had om in contact met
mijn lichaam te komen. Het is op dit moment zelfs beter voor me dan
een werkgroep, want die is vermoedelijk mentaler en dat is eigenlijk
altijd het probleem geweest. Ik sta er versteld van hoeveel opener ik
ben geworden sinds ik deze nieuwe stap heb gezet.' Zijn voornemen
om te werken aan wat hij ervoer als een blokkade, heeft ertoe geleid
dat hij zijn leven totaal anders is gaan ervaren.

Synchrone gebeurtenissen als versterking

Soms doet zich een synchrone gebeurtenis voor om je te laten weten
dat je op de goede weg bent. Een moeder en dochter uit Californië
reisden bijvoorbeeld naar Vancouver om een workshop neurolinguïs-
tisch programmeren te volgen. Tijdens de eerste lezing zaten ze vlak
achter twee andere vrouwen en knoopten een gesprek aan. Het bleek
dat ook zij moeder en dochter waren. Bovendien hadden de moeders
dezelfde voornaam, en de moeder uit Vancouver had tot voor kort in
hetzelfde flatgebouw gewoond als de dochter uit Californië. Aangezien verder contact tussen hen uitbleef, beschouwden de moeder en
dochter uit Californië deze synchrone gebeurtenis als een teken dat ze
er goed aan hadden gedaan zich in te schrijven voor de workshop, daar

de samenloop van omstandigheden te maken had met *plaats* (beide vrouwen woonden eens op hetzelfde adres).

Synchroniciteit onthult een innerlijk proces

Als je duidelijk om informatie vraagt, zal de hoeveelheid synchrone gebeurtenissen toenemen. Dokter Alvin Stenzel van het Bethesda ziekenhuis in Maryland schreef ons het volgende: 'Als de leerling er klaar voor is, zal de leraar verschijnen... terwijl ik aan mijn nieuwste boek werkte – een gids voor middelbare scholieren over studiekeuze en de voorbereiding op de periode daarna – bereikte ik een punt waarop ik moeite had een concept te vinden aan de hand waarvan ik mijn eigen opvattingen zou kunnen illustreren. Ik ging er een week tussenuit en las in die tijd een van mijn kerstcadeautjes, *Zorg voor de ziel* van Thomas Moore... waarin ik precies vond wat ik nodig had! Toen ik eenmaal had onderkend wat ik nodig had en mezelf had opengesteld voor het antwoord, verscheen de leraar!'[3]

Een samenloop van omstandigheden is afkomstig van een spirituele kracht die ons voorttrekt en hij heeft altijd betrekking op een van de inzichten waaraan we werken. Als we bijvoorbeeld bij het Eerste Inzicht zijn, zullen de toevalligheden ons bewijzen dat de transformatie gaande is. Als we bij het Tweede Inzicht zijn, zullen we voorbeelden krijgen van hoe we onze oude vooroordelen beginnen te doorzien. Als we bij het Derde zijn, krijgen we inzicht in hoe energie stroomt. Er komen mensen in ons leven die bekend zijn met de kwesties die momenteel voor ons actueel zijn. Dus door synchrone gebeurtenissen krijgen we meer inzicht. Naarmate we het Zesde Inzicht, dat ons zicht verschaft op ons

> We kunnen dus stellen dat het collectieve onbewuste een veld van psychische energie is, waarvan de geactiveerde punten de archetypen zijn, en dat veld heeft een geordend aspect dat wordt beheerst door de eigenfrequentie van het Zelf... het Zelf is een eeuwig proces van voortdurende vernieuwing... we kunnen psychische processen beschouwen als energetische processen die zelfs onderhevig zijn aan bepaalde wetmatigheden.
>
> **Marie-Louise von Franz, *On Divination and Synchronicity*. [Vertaling JM -in het Nederlands verschenen onder de titel *Over voorspellen en synchroniciteit*]**

eigen voorgeslacht, naderen, worden de synchrone gebeurtenissen duidelijker. Ze geven onze persoonlijke richting aan en werpen een helder licht op de vraag die voor ons het belangrijkste is. Als we ons duidelijker bewust zijn van welke bijdrage we hier kwamen leveren, neemt de hoeveelheid synchrone gebeurtenissen enorm toe. Vergeet ook niet dat we de inzichten opnieuw doormaken naarmate we alle informatie integreren.

'Hoe kan ik meer informatie halen uit de samenloop van omstandigheden?'

Als zich een samenloop van omstandigheden voordoet, probeer er dan aan te denken de betrokkene(n) energie te geven, zodat zij jou gemakkelijker een boodschap kunnen geven. Je kunt zelfs recht op je doel afgaan en als het kan, zeggen: 'Ik wil echt graag weten waarom we elkaar nu ontmoeten. Misschien heb je wel een boodschap voor mij!' Je kunt dat zeggen met humor en de ander laten blijken dat je echt contact wilt.

Na afloop neem je even de tijd om na te gaan wat de meest opvallende elementen van de gebeurtenis zijn. Vraag jezelf af: 'Welke vraag speelt er voor mij de laatste tijd?' 'Wat heeft de laatste tijd mijn nieuwsgierigheid gewekt?' 'Waarom heb ik deze persoon op dit moment ontmoet als ik denk aan die vraag?' Schrijf het voorval en eventuele betekenissen die je eraan toekent (zelfs als het nogal vergezocht lijkt) in je dagboek op en no-

> Chinezen vragen zich niet af wat de oorzaak van iets is... ze hebben geen lineair idee van tijd... Ze vragen zich af: 'Wat wil graag samen met iets anders gebeuren?'... dan onderzoeken ze dergelijke bundelingen van innerlijke en uiterlijke gebeurtenissen... bepaalde gebeurtenissen vertonen de neiging samen te gaan... Westerlingen beginnen zich geleidelijk aan te realiseren dat bepaalde dingen in feite de neiging vertonen gelijktijdig te gebeuren; het is niet alleen fantasie, gebeurtenissen vertonen een duidelijk aanwijsbare neiging om samen te gaan. Voor zover we dat kunnen zien, heeft het te maken met de archetypen; als zich in het collectieve onbewuste namelijk een beeld van een bepaald archetype heeft gevormd, vertonen bepaalde gebeurtenissen de neiging samen te vallen.
> **Marie-Louise von Franz,** *Over voorspellen en synchroniciteit*

61

teer de datum. Stel je open voor intuïtieve boodschappen door wille-keurige gedachten de vrije loop te laten en alles wat in je opkomt op te schrijven nu de energie van de gebeurtenis nog krachtig is. Het kan zijn dat je na enkele dagen of maanden de betekenis van de informatie beter begrijpt.

Een andere manier om informatie uit een samenloop van omstandig-heden te halen is door te doen alsof het een droom was. Welke beteke-nis zou je eraan geven als het een droom was?

'Hoe kan ik mijn nieuwe inzichten in mijn werk of gezin toepassen?'

Het spreekt vanzelf dat er geen recept bestaat voor de toepassing van de inzichten dat door iedereen en in iedere situatie gebruikt kan wor-den. Maar je kunt beginnen met te kijken naar de onderliggende bete-kenis van de relatie met je collega's en familieleden. Veel mensen heb-ben gemerkt dat zij, door zich eenvoudig bewust te worden van de machtsspelletjes die ze speelden, de overstap hebben gemaakt van on-bewust *reageren* naar de bewuste vrijheid om nieuwe keuzes te ma-ken.

'Hoe komt het dat mijn vrouw (man) niet gegrepen wordt door deze ideeën? Moet ik proberen het uit te leggen, of ben ik deze relatie gewoon aan het ontgroeien?'

Hoe vaak voelen we ons niet teleurgesteld, omdat iemand die veel voor ons betekent onze nieuwe belangstelling niet deelt? Het gebeurt vaak dat veranderingen in bewustzijn onvermijdelijk leiden tot veran-deringen in relaties die waren gebaseerd op oude vooronderstellin-gen. Als je partner bijvoorbeeld beseft dat jij een nieuwe richting in-slaat, kan hij of zij op verschillende manieren reageren. Misschien kan het haar niets schelen, misschien is ze geïnteresseerd, of misschien is ze bang dat je niet meer van haar zult houden als ze niet met die nieu-we ideeën meegaat. De angst om afgewezen of verlaten te worden kan de behoefte opwekken aandacht te trekken, of je doen en laten be-heersen.

Ook als je geen partner hebt, stellen nieuwe niveaus van bewustzijn je onmiddellijk op de proef. Iemand die ons bijvoorbeeld heel na is, zal verbaal of non-verbaal uitdrukking geven aan *onze eigen innerlijke twijfels* ten aanzien van de nieuwe stap die we nemen of de nieuwe kijk die wij erop na houden. Dus wees daar op bedacht als een vriend, ouder of partner kritiek uitoefent op je nieuwe beslissing of idee. Verwoorden zij kleine sprankjes twijfel over je eigen inzicht die jij zelf nog niet hebt opgelost? Ga na of je je de laatste tijd meer dan anders terugtrekt of op een afstand houdt, in de veronderstelling dat je partner niet is geïnteresseerd in de weg die jij volgt. Wees bereid eerlijk te vertellen hoe belangrijk het voor je is aan je spiritualiteit te werken, erover te lezen en te schrijven. Volg je weg met toewijding en laat je daden, je groeiende mededogen en liefdevolle energie een voorbeeld zijn voor anderen, zonder te proberen hen ervan te overtuigen jouw weg te volgen. Iedereen ontwikkelt zich op zijn of haar eigen tempo en hoezeer je ook wilt dat anderen met je meegaan, ze moeten daarin hun eigen tempo en behoeften volgen. Vel geen overhaast oordeel over je relatie, maar onderzoek je gevoelens eerst met een mentor of professionele hulpverlener in wie je vertrouwen hebt. Verlies in je haast naar verlichting niet je gevoel voor humor uit het oog!

> Je plant een zaadje in mensen, en het nestelt zich in een diepe onderlaag van hun geest. Op den duur begint het te groeien en dan dringt het plotseling door tot het bewuste, en raken die mensen jaren later geïnteresseerd in dat soort zaken, omdat ze zelf, als reactie op die ideeën, veranderd zijn.
>
> Een paradigmaverandering – Thomas Kuhn heeft er uitgebreid over gesproken – is niet zozeer louter een intellectuele verandering van mening. Het is het ervaren van een diepgaande omschakeling… Dus dit werk om paradigma's op elkaar aan te sluiten en informatie onder de aandacht van anderen te brengen, in de hoop dat zij daardoor van mening zullen veranderen, vraagt heel veel tijd. Het gebeurt niet van de ene dag op de andere.
>
> **Dr. Beverly Rubik in *Towards a New World View* van Russell E. DiCarlo.**

Mijn baas is een bullebak! Hoe kan ik met hem omgaan zonder mijn baan te verliezen?'

Allemaal ontmoeten we wel eens moeilijke mensen die prikkelbaar zijn of waardoor we ons bedreigd voelen. Frances werkte voor een grillige, dominante baas die van haar verwachtte dat ze, als hij een gil gaf, onmiddellijk voor hem klaarstond. Hoewel er ook dingen waren die ze leuk vond in haar werk, had ze altijd het gevoel dat ze zich op de rand van chaos bevond. Ze kreeg nauwelijks de kans iets af te maken, of hij vroeg haar alweer iets anders te doen. Toen Frances naging welke invloed haar ouders op haar hadden gehad, zag ze snel het verband tussen haar vader en haar huidige baas. Ze was altijd bang geweest voor haar vader en had voor hem gekropen als hij zijn stem verhief en veeleisend was. Ze begon te zien dat ze op haar werk een soortgelijke sfeer had geschapen. 'Ik denk dat ik het gevoel had dat het normaal was dat iemand de baas over mij speelde en tegen me tekeer ging,' zei ze, 'want het voelde "vertrouwd".' Frances vroeg zich af: 'Waarom doet deze situatie zich op dit moment in mijn leven voor?' Hoewel ze zich daarvan pas later volledig bewust werd, begon ze te spelen met de gedachte dat ze misschien wel een dominante baas had om haar te laten zien op welk gebied ze innerlijk moest groeien. Om creatiever werk te kunnen gaan doen, zou ze moeten leren een beetje assertiever te zijn en meer zelfvertrouwen te hebben. Maar eerst moest ze een aantal nieuwe stappen zetten.

Hoewel ze duidelijk een heel eenvoudig baantje had op het kantoor, begon ze geleidelijk aan grenzen te stellen aan wat ze van haar baas zou accepteren. Op een middag, toen het rustiger was dan anders, vroeg ze of ze hem even kon spreken. Met het hart in de keel liet ze hem weten dat ze het gevoel had dat ze niet optimaal functioneerde. Hij vroeg haar waarom ze dat dacht en ze zei: 'Ik ben bang voor u.' Ze vertelde dat hij haar ongeveer een minuut lang zat op te nemen en toen vervolgde ze: 'Ik functioneer niet goed als mensen tegen me schreeuwen. Ik werk hier graag en ik wil me flexibel opstellen om u zo goed mogelijk te helpen. Maar... u moet me bijvoorbeeld even de tijd gunnen om van de ene klus op de andere over te schakelen. Ik wil hier werken zonder bang te hoeven zijn dat u om de haverklap tegen me tekeer gaat!' Haar oprechtheid maakte de weg vrij voor een kort, maar hartelijk gesprek tussen hen. Ze vertelde dat ze het kantoor verliet met een gigantische golf van energie, omdat ze op een rustige maar vastberaden manier voor zichzelf was opgekomen. Ze werkte er nog enkele maanden en toen deed zich, zonder dat ze er iets voor hoefde te doen, de kans op een nieuwe baan voor die ze nog leuker vond, met een baas die heel gemakkelijk in de omgang was. Frances leerde dat ze geen genoegen hoefde te nemen met een pijnlijke situatie, alleen omdat die zo vertrouwd aanvoelde. Ze besefte dat het voorval een perfecte gelegenheid was geweest deze innerlijke onopgeloste kwestie met haar vader uit te werken. Een tijdje later besefte ze ook dat het egoïstische gedrag van haar baas op een overduidelijke manier liet zien dat ze de neiging had zich te richten op de behoeften van anderen, alsof die *belangrijker waren* dan de hare. 'Door alleen maar die neiging op te merken – me vastbijten in het plezieren van anderen, omdat ik bang was dat ze me zouden afwijzen – is mijn leven volkomen veranderd! Ik voel me zo opgelucht.' Later kwam ze er met behulp van een therapeut achter dat ze haar eigen behoefte aan aandacht op haar baas geprojecteerd had.

Meestal biedt een moeilijke situatie ons de kans te zien waar we vastzitten of waar onze angst zit, zodat we de juiste nieuwe stappen kunnen nemen. Het kan een gelegenheid zijn een oude wond te genezen of een onbewust gedragspatroon bloot te leggen, op te komen voor onszelf, een droom waar te maken, of iets heel belangrijks te leren dat we nodig hebben op onze verdere reis. Als we de les eenmaal hebben geleerd, zorgt het leven er wel voor dat we verder gaan.

'Als ik geloof dat ik mijn eigen werkelijkheid schep, hoe komt het dan dat er niets verandert?'

Energie volgt gedachten. Als je het gewenste doel niet bereikt, zijn er vier dingen die je jezelf kunt afvragen om de oorzaak daarvan te doorgronden.

Om te beginnen, geloof je echt dat je het nieuwe doel kunt bereiken of verdient? Ben je er onbewust van overtuigd dat je, ongeacht wat je doet, nooit krijgt wat je wilt? (Arme ik) Vraag jezelf af: 'Hoe maak ik mezelf wijs dat ik mijn doel niet verdien?' Vertel je bijvoorbeeld als je iets wilt dat veel geld kost, aan iedereen dat je je dit of dat niet kunt veroorloven? Blijf je maar doorzagen over hoeveel schuld je al hebt? Je diepgewortelde *ongeloof* kan je voornemen om je nieuwe doel aan te trekken wel eens teniet doen.

Ten tweede, durf je op je intuïtie te vertrouwen en nieuwe stappen te zetten of risico's te nemen die je op weg helpen om je doel te bereiken? Ten derde, is dit het juiste moment om het doel te realiseren? Wil je te snel resultaat zien en ben je niet bereid alle stappen te volgen die nodig zijn om het doel te verwerkelijken?

Tot slot, vertelt je intuïtie je dat het doel wat je wenst in jouw belang is en het beste is voor jou? Als het resultaat dat je wenst op zich laat wachten, welke boodschap kan daar dan voor jou in zitten?

Sommige mensen hebben ontdekt dat het werkt als zij hun doel een paar weken lang iedere dag vijftien keer opschrijven om er dan de rest van de dag niet meer aan te denken – en God ervoor te laten zorgen. Als we onze eigen werkelijkheid* willen scheppen, is het heel belangrijk dat we over vrijwel al onze psychische energie kunnen beschikken en die op ons positieve voornemen richten. Als onze energie terugvloeit naar het verleden om oude wonden en mislukkingen te voeden, beschikken we over onvoldoende psychische energie om de gewenste toekomst te scheppen. Als we blijven hangen in alle negatieve zaken die ons zijn overkomen, zijn onze gedachten voedsel voor negatieve scheppingen. We blijven ons het slachtoffer van ons verleden voelen. Natuurlijk is het niet de bedoeling dat je die gebeurtenissen ontkent of dat je niet de tijd neemt om die zaken op een goede manier te verwerken. Maar als we onszelf hoofdzakelijk identificeren met wat we achter ons hebben of waaronder we hebben geleden, is ons vermogen om verder te gaan beperkt. Een uitstekende beschrijving van dit proces vind je op een cassettebandje van de intuïtieve arts en schrijfster Caroline Myss met de titel: *Waarom mensen niet beter worden.*[4].

> Vraag om zegeningen alsof je het vanzelfsprekend vindt dat ze je worden gegeven, want daarin schuilt de betekenis van geloven.
>
> Probeer te ontdekken wat Hij met je voor heeft. Voel Zijn aanwezigheid en wees er dan zeker van dat wat je ook vraagt een zo goed mogelijk doel dient en niet een egoïstische gril is. Bedenk dat het gebed zinloos is als het iemand anders kwaad berokkent of jou boven je rivalen of vrienden plaatst. Vraag of niet jouw, maar Gods wil mag geschieden en bid dan alsof je verwacht dat het gebed ogenblikkelijk wordt verhoord.'
> **Ruth Montgomery, *A World Beyond*.**

'Hoe kan ik mijn huidige situatie beter begrijpen, zodat ik verder kan?'

Aangezien we weten dat alles een doel heeft, is het goed te kijken naar de zin van je huidige situatie. Wat levert het 'niet verder gaan' op? Wat staat er tegenover? Een man schreef ons: 'Ik had een baan aangenomen die me eigenlijk helemaal niet beviel, maar ik had het geld nodig. Ik bleef maar denken: "Wat doe ik in deze baan? Ik vind zelfs de meeste mensen hier niet aardig." Nadat hij zijn gedachten had laten gaan over het Eerste Inzicht – dat ons laat weten dat het leven een mysterie is – zei hij: 'Ik besloot mijn huidige situatie te benaderen alsof het een raadsel was dat ik wilde doorgronden. Het gaf me echt een andere kijk op waarom ik daar iedere dag weer kwam opdraven (afgezien van mijn salaris, natuurlijk). Ik begon met mensen te praten en voorzichtig te zoeken naar de boodschap die ze misschien voor mij hadden. Die benadering maakte dat ik totaal anders tegenover deze baan kwam te staan en het werk veel draaglijker werd. Ik begon in te zien dat veel mensen daar op een of andere wijze een droom of ideaal hadden opgegeven. Door in deze baan, die ik verafschuwde, te blijven, hoefde ik niet te kijken naar het feit dat ik eigenlijk niet langer acteur wilde zijn die er overdag een baan bij had. Het werk weerhield me ervan opnieuw voor mezelf de balans op te maken, omdat dat mij het gevoel zou geven dat ik totaal geen houvast had.' Uiteindelijk ging hij terug naar Indiana om zijn opleiding af te maken, in de hoop uiteindelijk een baan als docent drama te vinden.

Om vooruit te kunnen, moet je eerst volledig je huidige situatie accepteren en oog hebben voor de positieve bedoeling ervan. Wees bedacht op synchrone gebeurtenissen die duiden op nieuwe mogelijkheden (of zelfs maar *zinspelen* op nieuwe mogelijkheden). Straal liefdevolle energie uit en vertrouw erop dat het universum je precies geeft wat je op dit moment nodig hebt. Bedenk ook dat hoe meer je je tegen iets verzet, hoe meer je het in stand houdt.

'*Hoe kan ik deze ideeën toepassen, zodat ik meer betrokken raak bij de genezing van de aarde?*'

Je bent al deel van de kritische massa van mensen die zijn afgestemd op de mogelijkheden om de aarde te genezen. Streef gedurende de tijd die je op aarde doorbrengt vurig je doel na, neem je voor te ontdekken wie je werkelijk bent en maak gebruik van je talenten. Als je het gevoel hebt dat je niet meer met de stroom meegaat, geef je dan over aan de hogere orde van de universele intelligentie. Het is aan jou om na te gaan waar je bent gestationeerd, en wanneer dat nodig is tot handelen over te gaan. In Californië kwam bijvoorbeeld laatst in het nieuws hoe enkele ouders met een laag inkomen door hun vastberadenheid niet alleen een betere toekomst schiepen voor hun eigen kinderen, maar ook met nieuwe ideeën kwamen om rassenscheiding op scholen op te heffen. Tien jaar geleden scheidde een snelweg op het schiereiland van San Francisco twee schooldistricten – één met alleen zwarte kin-

deren en één met alleen blanke kinderen. Margaret Tinsley, een Amerikaanse van Afrikaanse afkomst, was niet bereid genoegen te nemen met een school voor haar kinderen die zeer slechte vooruitzichten voor de toekomst bood. 'Ik geloofde er ook niet in,' zei ze, 'dat een vrijwel volledig zwarte school mijn kinderen goed op de toekomst zou voorbereiden.'[5] Samen met andere ouders spande ze een rechtszaak aan die leidde tot een uniek programma, waarin het niet verplicht, maar wel mogelijk is dat schoolkinderen buiten hun eigen district naar school kunnen. Vanaf de kleuterschool tot de tweede klas, voordat ze hebben geleerd kinderen die er anders uitzien te wantrouwen, komen ze in contact met diverse rassen en culturen. 'Door het Tinsley-besluit kunnen jonge kinderen met verschillende culturele achtergronden elkaar op betrekkelijk jonge leeftijd leren kennen,' zei Jack Robertson, een van de advocaten die optrad namens de eisers. 'Kinderen worden niet met een vooroordeel geboren. Dat wordt hun aangeleerd.'
Kijk naar jouw plaats in het leven. Wat moet daar gebeuren? Wat raakt je echt? Hoe kun je een groter doel dan alleen dat van jezelf dienen? We hebben het Tinsley-besluit niet te danken aan een overheidsinitiatief, maar aan een dappere moeder met een vooruitziende blik.

'Zijn er methodes waardoor ik de effectiviteit van mijn goede bedoelingen kan vergroten?'

Jazeker. Baseer je bij gedachten aan de toekomst niet langer op het verleden!
Voordat je 's morgens opstaat, vraag je jezelf af: 'Wat is de meest dringende vraag voor vandaag?' Stel dat je een besluit moet nemen over een medische behandeling en je weet niet wat je moet doen. Als je bang bent een vergissing te begaan, onzeker bent over de keuzes die je moet maken, probeer dan je *vraag* te formuleren als een *bevestiging van het resultaat dat je wenst*. Formuleer je vraag positief: 'Iedere keuze die ik maak, brengt me volledige gezondheid en gemoedsrust.'
Maak er een gewoonte van, voordat je de deur uitgaat, je een voorstelling te maken van hoe je wilt dat de dag verloopt. Als je dankbaarheid toont, open je kanalen waarlangs meer goede dingen kunnen komen. Steeds als je iets tot stand brengt of succes hebt, bevestig je dat. Op die manier voed je jezelf en het collectieve veld met positieve energie.
Een open houding vol vertrouwen leidt tot overvloed. Overtuigingen van anderen hebben ook invloed op ons. Hoe simpel het ook klinkt,

het is heel nuttig om vriendschap te sluiten met mensen die positief en optimistisch zijn. Breng niet te veel tijd door met sombere, pessimistische mensen.

Doe oude rommel van de hand. Kijk naar je huis en je werkomgeving. Wat kun je loslaten? Wat ben je ontgroeid? Ruim oude zaken uit je fysieke, emotionele en financiële energieveld op. Geef weg wat je niet nodig hebt of wat geen betekenis meer voor je heeft. Richt ergens in huis een gewijd hoekje in om je eraan te herinneren dat je wilt groeien en een nuttige bijdrage wilt leveren. Zet er foto's neer van voorbeelden of leermeesters en wat dingen van de aarde – bloemen, stenen, schelpen, vruchten.

> Mijn hoop is gevestigd op mensen die wakker zijn en de moed en de overtuiging hebben om te kijken hoeveel anderen zij wakker kunnen maken. Als dat gebeurt zal er sprake zijn van een renaissance. Luister naar leiders die ons aanmoedigen betere mensen te worden, niet naar leiders die inspelen op onze angst. Ik zie twee mogelijkheden. Of we glijden heel snel af naar het ergst denkbare scenario, of de droom van een nieuwe renaissance wordt werkelijkheid. Aan ons de keuze.
>
> **Larry Dossey, M.D. in *Towards a New World View* van Russell E. DiCarlo.**

Honderden onderzoeken en persoonlijke verhalen tonen aan dat bidden helpt, en tijd of afstand te boven gaat. Maar soms weten we niet waarvoor we moeten bidden. Als een dierbaar iemand ziek is, willen we dat hij of zij helemaal beter wordt. Dr. Larry Dossey beschrijft onderzoeken waaruit blijkt, dat bidden om een zo positief mogelijke uitkomst voor iemand heel goed werkt. Liefdevolle energie sturen om de volmaakte uitkomst te bevorderen, helpt alle betrokkenen. Op die manier bid je dat een hogere spirituele wijsheid het hoogste goed zal verschaffen.

In *Healing Words,* een boek over het in praktijk brengen van goede bedoelingen, schrijft Dr. Larry Dossey: 'Hoe meer we die gebeurtenissen proberen te sturen en beheersen, hoe meer ze ons lijken te ontglippen. Het geheim zit hem, zo te zien, in *niet* proberen en *niet* doen, de wereld toe te staan via onze intuïtie *haar* wijsheid, niet de onze, te manifesteren… Hoewel bidden op afstand effect heeft, kunnen we niet altijd iets 'laten gebeuren' door het bewust te willen of door voor een speciale uitkomst te bidden… we kunnen bidden ook zien als een uitnodiging, een respectvol verzoek aan de wereld om zich op welwillende wijze te manifesteren.'[6]

'Ik weet dat ik een opdracht heb, maar hoe kan ik me daarvan beter bewust worden?'

Hoewel we het ingewikkelder proberen voor te stellen, bestaat onze opdracht als ziel in ontwikkeling uit het vervolmaken van ons vermogen lief te hebben. Over het algemeen houden we er ten aanzien van onze 'levensopdracht' de onderstaande vier ideeën op na. Ten eerste: dat deze opdracht of het doel in ons leven ergens buiten ons bestaat en wacht op ontdekking. Ten tweede: dat ons levensdoel een specifiek te benoemen beroep of bezigheid is. Ten derde: dat ons leven pas echt begint als we dit eenmaal hebben gevonden. Ten vierde: dat we waarschijnlijk onszelf moeten veranderen om dit doel te vinden of waard te zijn. Als wij over deze specifieke bezigheid in onzekerheid verkeren, zijn we geneigd te zeggen: 'Ik ben zo in de war. Ik weet niet wat mijn opdracht is. Ik weet niet waar ik goed in ben.'

Dit zoeken staat voor het verlangen ons ons oorspronkelijk voornemen of onze Geboortevisie te herinneren. In hoofdstuk 7 zullen we verder ingaan op dit proces van zingeving. Maar laten we nu kijken naar de algemene ideeën die we hierboven hebben genoemd en ze omvormen tot praktische stappen, waarmee je nu op je Geboortevisie kunt afstemmen.

1. Motivatie van binnenuit

Om te beginnen is je opdracht in jou aanwezig in de vorm van je natuurlijke aanleg, verlangens, en drijfveren. Kijk naar wat je graag doet. Welke bezigheden schenken je vreugde en voldoening? Waar kon je als kind uren achtereen mee bezig zijn?

Schrijf gewoon voor de lol alle dingen op die je als kind deed of waar je nu plezier in hebt. Stel dat je graag kruiswoordraadsels oplost. Nu gaan we een stapje verder. Vraag je af waarom je het zo heerlijk vindt om kruiswoordraadsels op te lossen, dat je er uren op een dag mee bezig kunt zijn? Misschien doe je het graag omdat je dan alleen bent in een rustige omgeving, en alle tijd hebt om na te denken en de woorden in het woordenboek op te zoeken. Misschien heb je een uitzonderlijk goed geheugen of slaag je er op onverklaarbare wijze altijd weer in het juiste woord te vinden. Misschien verschaft het je bijna zinnelijk genot om het laatste woord in te vullen. Al die 'kleine genoegens' zijn motiverende factoren die deze activiteit voor jou *wezenlijk* de moeite waard maken.

Schrijf alle interesses en talenten die je hebt op en *kijk waarom ze je zo aanspreken*. De reden waarom je iets doet is de motiverende kracht van jouw unieke persoonlijkheid. Als je bent afgestemd op die *motivatie* leef je een deel van je levensdoel. Misschien wil je van het oplossen van kruiswoordraadsels niet je broodwinning maken, maar de aard van die bezigheid geeft aan waartoe je je innerlijk voelt aangetrokken. Daarom bevindt je levensdoel zich *in* jou. Houd goed in de gaten waartoe je je voelt aangetrokken.

2. *Het zoeken naar en leven in overeenstemming met je levensdoel is een proces, niet een eindresultaat*

Het tweede idee is dat het levensdoel een vastomlijnde bezigheid is. De meesten van ons denken dat ons doel zich aandient in de vorm van een loopbaan, zoals piloot, makelaar, mondhygiënist, onderdirecteur van de afdeling marketing, maatschappelijk werker of binnenhuisarchitect. Sta eens stil bij het idee dat je misschien hier bent om te leren meer mededogen te tonen met alle levende wezens. Misschien moet je één specifiek kind begeleiden, een bedrijfstak opzetten, de rots in de branding zijn voor je familie. Het besef dat je levensdoel zich gedurende je hele levensloop openbaart, stelt je hart open om alles wat op jouw weg komt te accepteren als een deel van je levensdoel, niet alleen dat wat je doet om in je levensonderhoud te voorzien.

3. *Niet afwachten*

Het heeft weinig zin te veronderstellen dat zolang je je levensdoel niet hebt gevonden, je leven nog niet echt is begonnen of onbelangrijk is. Het nu is het enige moment dat je tot je beschikking hebt, waarin je het leven volledig kunt aangrijpen en erdoor geraakt kunt worden. Geen enkel abstract idee van succes of kundigheid kan het onvoorstelbare scala aan ervaringen dat elke dag je brengt, vervangen. Sta open voor de zin en de betekenis van de dagelijkse gebeurtenissen en vertrouw erop dat je precies bent waar je moet zijn. Laat de strijd en verwarring over het zoeken naar je doel los, maar houd het voornemen dat het zich aan jou zal openbaren vast. Je overgeven aan de tijdsindeling van het leven en volledig genieten van het nu, kan het meest bevrijdende zijn dat je ooit zult doen.

4. Je bent een zelfregulerend organisme

Jouw levensdoel ontvouwt zich echt wel. Het heeft geen zin jezelf voor te houden dat er iets mis is, of dat je jezelf moet veranderen om je bestemming te kunnen vinden. Je beschikt over innerlijke leiding die op dit moment in jou werkzaam is. Het verlangen van je ziel om deel uit te maken van de wereld, zal voor jou de juiste mogelijkheden aantrekken, zodat het doel zich kan ontvouwen. Het is aan jou om: 1) alert te blijven op je innerlijke energiestroom; 2) aandacht te schenken aan de dingen die vanzelf gaan; 3) doen wat je moet doen; 4) erop te vertrouwen dat je wordt voorzien van wat nodig is om te doen wat je moet doen. Een roos vraagt zich niet af of ze de functies van een roos kan vervullen. Een bever probeert niet een uil te zijn.

De boeddhistische leraar Jack Kornfield verwoordt het in *A path With Heart* als volgt: 'In veel spirituele tradities bestaat er maar één belangrijke vraag, en die luidt: Wie ben ik? Als we die vraag gaan beantwoorden, komen er allerlei beelden en idealen in ons op – de negatieve beelden van onszelf die we willen veranderen en vervolmaken en de positieve beelden uit een of ander groots spiritueel potentieel – het gaat er op het spirituele pad niet zozeer om onszelf te veranderen, dan wel om het luisteren naar de grondslagen van ons wezen.'[7]

Pat Brady Waslenko uit Seattle, WA, schrijft aan *The Celestine Journal* (februari 1995): 'Soms zijn de resultaten van spirituele groei subtiel, zonder concrete, duidelijk zichtbare veranderingen die bevestigen dat we ons op de goede weg bevinden. Voor degenen onder ons wier zelfrespect beschadigd is, is het gemakkelijk te geloven dat we iets verkeerds doen of dat we het niet verdienen dat ons zomaar goede dingen overkomen in ons leven. In mijn leven gaan beloften langzaam en op een subtiel niveau in vervulling. De volgende twee technieken helpen me enorm mijn evolutieproces te blijven vervolgen: 1) ik herinner mezelf eraan dat zolang ik volledig bereid ben Gods wil te doen, al mijn handelingen heilig zijn. Hier ligt mijn verantwoordelijkheid, meer nog dan bij de resultaten; 2) ik kijk altijd terug op de week en maak op vrijdagavond een lijst van alle synchrone gebeurtenissen die ik heb meegemaakt. Zonder deze bewuste inspanning zouden veel geschenken onopgemerkt blijven.[8]

ZELFSTUDIE EN GROEPSSTUDIE

Vooruitgang of problemen met de negen inzichten

Neem de tijd om stil te staan bij veranderingen in je leven sinds je *De Celestijnse belofte, Het Celestijnse werkboek, Het Tiende Inzicht,* of een ander boek dat veel invloed op je heeft gehad hebt gelezen. Als je in een groep werkt kies je een van de onderstaande vragen uit. Laat de deelnemers ongeveer vijf minuten lang hun gedachten opschrijven en vervolgens om beurten vertellen wat ze hebben opgeschreven *zonder commentaar.* Geef elke spreker je volledige aandacht en stuur liefdevolle energie terwijl je aandachtig luistert naar gedachten die een ingeving bij je oproepen. Nadat iedereen zijn of haar zegje heeft kunnen doen, begin je aan een algemene discussie.

Vooruitgang
- Welke inzichten hebben de grootste verandering in je leven teweeggebracht? Wat is er gebeurd?
- In welk opzicht ga je anders om met je echtgenoot, kinderen, vrienden, familie, of collega's? Wees concreet.
- Schrijf elk van de volgende kwaliteiten (of andere kwaliteiten die je wilt onderzoeken) op kaartjes. (Misschien dat iemand de kaartjes van te voren wil maken.)

invoelings-	toewijding	liefde
vermogen	vergeving	spel
vastberadenheid	overgave	loslaten
leiderschap	avontuur	succes
samenwerking	evenwicht	vreugde
visie	kruising	fantasie
vriendelijkheid	controle	verantwoorde-
eerlijkheid	vertrouwen	lijkheid
bemiddeling	overvloed	concentratie
creativiteit	transformatie	harmonie
schoonheid	inspiratie	wijsheid

Laat ze rondgaan met de blanco kant boven, zodat de mensen de woorden niet kunnen zien. Neem er per persoon één of twee uit, en gebruik vervolgens dat woord om te beschrijven hoe je die kwaliteit de laatste tijd hebt getoond of ervaren.
- Schrijf drie bezigheden op waar je als kind echt van genoot. Wat doe je tegenwoordig dat daar op lijkt?

- Schrijf op hoe je ideale leven eruit zou zien – Waar zou je willen wonen? Wat voor werk zie je jezelf doen? Wat voor mensen zijn er bij je? Als tien het ideaal voorstelt, welk cijfer zou je jezelf dan geven, hoe dicht zit je bij je ideaal? Verzamel met elkaar ideeën over welke stap of stappen je kunt nemen om dichter bij je ideale leven te komen (één persoon tegelijk).
- Schrijf drie dingen op waarover je onbeschaamd kunt opscheppen! Houd je niet in, laat horen hoe geweldig je bent.

Raadsels

- Welke inzichten begrijp je het minst? Waarom? Bespreek die vragen in de groep.
- Neem een van de meest brandende vragen die je hebt over de inzichten en schrijf die op een kaartje. Sluit je ogen en stel je voor dat er in de komende paar dagen een duidelijke boodschap doorkomt die je inzicht zal vergroten.

DEEL II
MYSTERIE

3

Intuïtie – je een beeld vormen van het pad

Lynx
Geheimen

'Ik kon me bijvoorbeeld volkomen opladen met energie, me bewust worden van de meest brandende vraag die op dat moment in mijn leven speelde, en kreeg dan meestal een heldere ingeving over wat ik kon doen of waar ik heen moest om het antwoord te vinden – maar als ik daar dan naar handelde, gebeurde er maar al te vaak niets van enig belang… Het was duidelijk dat ik een vitaal onderdeel van de kennis vergeten was… of misschien nog niet ontdekt had.

Het Tiende Inzicht.[1]

LEREN JE INTUÏTIE SERIEUS TE NEMEN

Als de telefoon gaat, nemen we de hoorn op en krijgen we een boodschap. Als onze intuïtie belt, 'antwoorden' we door haar serieus te nemen. Een belangrijk principe van *Het Tiende Inzicht* is dat wij om onze Geboortevisie te kunnen uitdragen, *onze intuïtie moeten vasthouden.*

De hoofdpersoon in *Het Tiende Inzicht* herinnert zich van de negen inzichten dat 'men ingevingen ervaart als vluchtige, intuïtieve gevoelens of vage voorgevoelens. Maar naarmate we vertrouwder raken met dat verschijnsel, kunnen we de aard van die ingevingen beter gaan begrijpen… Hier in de vallei is hetzelfde aan de hand. Je kreeg een mentaal beeld van een mogelijke gebeurtenis – dat je de watervallen zou vinden en iemand zou ontmoeten – en je was in staat ernaar te leven, waardoor je het toeval teweegbracht dat je de locatie werkelijk

77

zou ontdekken en mij zou tegenkomen. Als je het beeld van je afgeschud zou hebben, of het vertrouwen had verloren dat je de watervallen zou vinden, zou je de synchroniciteit zijn misgelopen en was er nog steeds niets interessants gebeurd. Maar je nam het beeld serieus; je *hield het vast* in je gedachten.'[2]

Naarmate onze bestemming zich ontplooit en wij ons *door onze bestemming ontplooien,* moeten we vluchtige ingevingen niet alleen herkennen, maar ook vol vertrouwen vasthouden. Ingevingen zijn *gidsen* die ons aanwijzingen verschaffen over hoe we een moeilijke of nieuwe situatie moeten aanpakken. Ze laten ons soms een glimp van een opwindende mogelijkheid zien, die ons aanspoort op onze eigen weg. Een ingeving kan de vorm aannemen van een gedetailleerd beeld, een droom die overdag of 's nachts steeds terugkeert of een eenvoudig 'weten'. Een vrouw vertelde ons het volgende: 'Op een dag wist ik dat ik weg moest uit Santa Fe, Nieuw Mexico en weer naar Californië moest verhuizen. Ergens in mij zei een stemmetje: "Het wordt tijd dat je weer gaat studeren." Maar ik had geen flauw idee wat.' Ze gaf gehoor aan haar intuïtie en verhuisde weer naar Californië. De ene synchrone gebeurtenis volgde op de andere en ze werd geleid naar een opleiding die pas met een nieuw studieprogramma in transpersoonlijke psychologie was gestart. 'Zodra ik erover hoorde, wist ik dat dat precies was waarnaar ik zonder het te weten op zoek was geweest!'

Zo schreef Sandra Fry uit Wayne, PA naar *The Celestine Journal* welk geschenk haar te beurt viel door een visioen te volgen. 'De eerste keer dat er zomaar een beeld verscheen, overkwam me toen ik werd gemasseerd... ik heb geleerd daarop te vertrouwen. Ik was volop bezig mijn verleden te onderzoeken, en ondertussen vroeg ik het universum om een mystieke ervaring die me zou helpen het nieuwe wezen in mezelf te ontdekken. Die keer kreeg ik beelden van een kapel en een klok, waarvan ik wist dat ze zich ergens in het zuidwesten bevonden... in die zelfde periode hoorde ik dat The American Massage Therapy Association een najaarsconventie hield in Albuquerque... die ik bezocht. Maar de bergen die ik vanuit mijn hotelkamer kon zien, oefenden zo'n aantrekkingskracht op mij uit dat ik in de auto stapte om ze te gaan verkennen. Ik wachtte op het juiste moment... onderweg bezocht ik musea over de Indiaanse cultuur en geschiedenis, en toen zei een man me dat ik het Turquoise Pad de bergen in moest volgen. De zandweg die hij me wees bracht me in Cerrillos, een oud mijnwerkersdorp diep in de bergen. Daar vond ik de kapel uit mijn visioen.' In de kapel ontving ze de innerlijke boodschap die luidde: 'Word je toekomstige zelf.' Sandra vervolgt: 'Ik heb echt het gevoel dat ik nu bij het

Zevende Inzicht ben, waar ik me probeer af te stemmen op de stroom, hard werk om in het hier en nu te zijn en de dingen laat gebeuren… mijn ervaring in de kapel gaf me het gevoel dat voor mij de cirkel rond was, dat een groot deel van mijn werk is volbracht. Daardoor kon ik mijn verleden als mijn leermeester gaan zien… Voordat ik naar Nieuw Mexico vertrok, had ik een proces doorgemaakt van loslaten/transformeren… loslaten/transformeren. In de kapel stelde de universele geest mij in staat een moment stil te staan, de eenheid met God te voelen, echt te weten dat… innerlijk en uiterlijk hetzelfde zijn. Ik voelde me één met mijn bron. Dat moment was een geschenk waar ik me altijd weer opnieuw op kan afstemmen.'[3]

Gevoelens, dagdromen en fantasie worden vaak beschouwd als tijdverspilling of onwerkelijkheid. Niets is minder waar. Verbeeldingskracht is de sleutel tot het werken met je geest en stelt ons in staat de spirituele wereld binnen te gaan waardoor we toegang krijgen tot oude kennis. Verbeeldingskracht is het vermogen de hogere bedoeling achter de dingen te zien en voorspellingen te doen.

Zijn onze gevoelens en ingevingen net zo goed te vertrouwen als onze fysieke zintuigen, kloppen ze altijd? Op het moment dat we deze vraag opschreven, ging de telefoon. Het was Blair Steelman die ergens anders voor belde, maar een boodschap leek te hebben over de juistheid van ingevingen. Blair is voormalig luchtmachtpiloot en zakenman en geeft momenteel workshops over mythologie en persoonlijk functioneren in Miami, Florida. Hij zei dat hij ooit van iemand het volgende verhaal had gehoord, dat hij nu gebruikt om te beschrijven wat intuïtie is. 'Op het eind van de film *Dokter Zjivago,* heeft kameraad generaal een gesprek met een meisje. Hij

---

Ernest Hilgard van de universiteit van Stanford doet al jarenlang onderzoek naar een raadselachtig aspect van onze persoonlijkheid dat hij de "verborgen waarnemer" noemt. Ongeacht onze bewustzijnstoestand – of we nu slapen, onder narcose of hypnose zijn, of verdoofd – een ander aspect van het zelf is altijd alert en zich op een intelligente manier bewust van alles wat er gebeurt en reageert daarop… De verborgen waarnemer legt een emotieloze, afstandelijke intelligentie aan de dag en is sterker en samenhangender dan ons ego… Het lijkt mij dat we ongeveer tot ons zevende jaar één zijn met deze verborgen waarnemer, waarna ons intellect zich begint te vormen en er een splitsing optreedt.
Joseph Chilton Pearce, *Evolution's End.*

---

vraagt haar hoe ze midden in de revolutie haar vader kwijtraakte. Ze zei tegen hem "O, er waren veel mensen op de been en er heerste grote paniek, waardoor we elkaar kwijtraakten." Opnieuw stelt hij haar de vraag: "Hoe kwam het precies dat je je vader kwijtraakte?" Ze wil geen antwoord geven op die vraag, maar hij stelt hem nog eens, en uiteindelijk zegt ze: "Mijn vader liet mijn hand los." Kameraad generaal zegt: "Maar dat probeer ik je nu net te vertellen. Dat hij niet je echte vader was. Dokter Zjivago is je echte vader en hij zou je hand nooit hebben losgelaten."' Blair zegt dat hij zijn studenten voorhoudt dat 'Ieder van ons een "vader" of "ouder" in zich heeft die nooit onze hand zal loslaten, ongeacht de situatie waarin we ons bevinden. De vader of ouder is de rustige, bescheiden stem van onze intuïtie. Die zal ons nooit in de steek laten, ongeacht wat er in ons leven gebeurt.' En hoe komt het dat we het spoor bijster raken? 'Dat komt,' zegt Blair, 'omdat we ons vastklampen aan onze onechte vader, de vader van onze zintuigen, ons ego. We klampen ons vast aan de positie, de vorm en de rol die we in ons leven vervullen en die allemaal onderdoen voor wie we werkelijk zijn.'

Hoe toets je een ingeving? 'Ik kijk naar de resultaten,' zegt Blair. 'Als ik een idee krijg en ernaar handel, en het roept alleen maar weerstand op, betekent dat voor mij dat ik waarschijnlijk met iets bezig ben waarvan ik *denk* dat ik het nodig heb. Dan is het niet wat ik echt moet doen. Als ik bijvoorbeeld iets nastreef alleen vanwege het geld, raak ik in de problemen. Als ik goed bij mezelf blijf en de dingen doe die in overeenstemming zijn met mezelf, is geld nooit een probleem. Ik houd me voor mezelf te zijn. Vervolgens vertrouw ik erop dat alles wat ik nodig heb om dat mogelijk te maken wel komt.' Blair herinnert ons eraan dat de natuurlijke volgorde om een ideaal of een droom te manifesteren is: 1) zijn; 2)doen; en 3) hebben. 'De meesten van ons hebben dat in omgekeerde volgorde geleerd: 1)hebben; 2)doen; 3)zijn.' Hij zegt: 'We willen een auto, een baan, een relatie, of wat ook. Dan proberen we erachter te komen wat we kunnen doen om dat te krijgen. We kijken naar opwindende banen en vervolgens proberen we daar onze identiteit aan te ontlenen.' Vroeg of laat loopt dat spaak. Als je je ware zelf vindt en daarbij blijft, kan het niet verkeerd gaan.

Vertrouwen

Als we toevalligheden ervaren als *zinvol,* beschikken we over een *innerlijk weten* dat verder gaat dan eenvoudig een theorie begrijpen. De directe persoonlijke ervaring versterkt ons vermogen om 'vertrouwen te hebben'. Vertrouwen voelt dan aan als 'waakzame verwachting'. Door die gemoedstoestand nemen intuïtie en kansen vaak toe.

Geloof, vertrouwen, is het gevoel van zekerheid dat voortkomt uit de wetenschap hoe de dingen zouden moeten zijn. De voorouders weten dat, maar onder ons zijn er niet voldoende die die kennis bereikt hebben.

Het Tiende Inzicht.

In *Het Tiende Inzicht* zegt Wil: 'Kijk maar naar wat er al is voorgevallen. Je kwam hier, op zoek naar Charlene, en ontmoette David, die beweerde dat het Tiende een bredere interpretatie geeft van de spirituele renaissance die in de wereld plaatsvindt. Die interpretatie, dat inzicht, wordt bereikt door het begrijpen van onze relatie tot het Hiernamaals. Hij beweerde dat het Tiende Inzicht iets te maken heeft met het ophelderen van de aard van een ingeving, met het vasthouden van die ingeving in onze gedachtewereld en met het krijgen van een vollediger beeld van ons synchrone pad.

Later ontdekte je hoe je op die manier je ingevingen kon vasthouden en vond je mij bij de watervallen. Ik kon bevestigen dat het vasthouden van de ingeving – het mentale beeld dat we van onszelf hebben – ook de in het Hiernamaals gebruikte methode was en dat de mensheid zich met die andere dimensie op één lijn aan het stellen is. Kort daarna waren we Williams' Levensoverzicht aan het bekijken. We zagen dat hij er vreselijk onder leed dat hij zich iets wat hij had willen doen niet herinnerd had, namelijk dat hij zou samenkomen met een groep mensen die zou moeten helpen de Angst, die ons sprituele ontwaken bedreigt, aan te pakken. Hij beweert dat we die angst moeten doorzien en er iets aan moeten doen. Vervolgens raken we van elkaar gescheiden en loop jij tegen een journalist aan, Joel, die er een hele tijd voor uittrekt om je iets te verkondigen. En wat verkondigt hij dan wel? Een beangstigend beeld van de toekomst. In feite: de angst voor een volledige vernietiging van de beschaving.

Vervolgens loop je, uiteraard, een vrouw tegen het lijf wier hele leven aan genezing gewijd is. Ze maakt genezing mogelijk door mensen te helpen zich door hun angstblokkades heen te werken. Ze spoort hen aan zich dingen te herinneren, waardoor ze hen helpt uit te maken waarom ze op de wereld zijn. Die *herinnering* moet de sleutel zijn.'[4]

Dit fragment zegt ons dat we ons moeten concentreren op het resultaat dat we willen en vertrouwen moeten blijven stellen in dat beeld. Als we ons herinneren *waarom* we iets doen, blijven we, als we de moed verliezen of bang worden, in contact met het grotere beeld van onze oorspronkelijke visie.

Een prachtig voorbeeld hiervan is Marjorie Stern, die net als haar ouders en grootouders al haar

Ik denk dat de experimenten van Robert Jahn en Branda Dunn aan het Princeton Engineering Anomalies Research Laboratory, beslist belangrijk zijn. Ze hebben aangetoond dat mensen de getallen die a-select worden gegenereerd hoger of lager kunnen laten uitvallen, gewoon door te willen dat ze hoog, respectievelijk laag zijn.

Het is een van de uitzonderingen op de traditionele wetenschappelijke visie over 'hoe de dingen zijn' en die we gewoon niet kunnen verklaren vanuit het oude denkkader. Hun informatie is een echte uitdaging aan het heersende paradigma.

Zij hebben aangetoond dat mentaal voornemen willekeurige fysieke systemen kan beïnvloeden, ongeacht of het om een mechanisch, elektronisch, of radioactief systeem gaat.

Dr. Beverly Rubik in *Towards a New World View* van Russell E. DiCarlo.

hele leven in San Francisco woont en zich altijd heeft ingezet voor de bibliotheek. In 1966, nadat ze al tien jaar als vrijwilligster geld had ingezameld en mensen had gewezen op de noodzaak van een nieuwe bibliotheek, schreef ze een brief aan mogelijke geldschieters waarin ze zei: 'Een zinvolle maatschappelijke verbetering kan niet van de ene op de andere dag worden bereikt. Het zal jaren van hard werken vragen... om onze droom, een nieuwe bibliotheek, te verwezenlijken.' Dertig jaar later zag Stern, inmiddels 80 jaar, de droom die ze met haar onvermoeibare inzet levend had gehouden, uitkomen met de opening van een nieuwe bibliotheek. Stern wist meer dan 33 miljoen dollar in te zamelen bij 17.000 schenkers – die ze allemaal persoonlijk bedankte. 'Zo is het leven. Dingen laten zich niet haasten... ik houd er een lange-termijnvisie op na. Dat heb je nodig,' zegt ze op haar eigen eenvoudige manier. 'Het is een gevecht, en je moet gewoon door blijven vechten. Maar je neemt geen genoegen met minder dan het beste.'[5]

Dromen

Als je je voornemen om je eigen idealen te verwezenlijken versterkt, stimuleer je het onbewuste om via dromen informatie door te geven. Bedenk dat het mysterie zich wil ontvouwen! Dromen geven je altijd een boodschap over je persoonlijke groei of laten je weten hoe je je beter tot de wereld kunt verhouden. Ze brengen je een inzicht dat nog niet in je bewustzijn is doorgedrongen.

Onderzoek naar dromen toont aan dat we ze kunnen onderverdelen in persoonlijke dromen en dromen die het collectieve onbewuste weerspiegelen. Tot de laatste groep behoren de visionaire dromen die grote leiders krijgen en die licht werpen op de patronen waarlangs de mensheid zich zal ontwikkelen. Naarmate een kritische massa mensen uit eigen ervaring kennis maakt met de spirituele wereld, zou wel eens bij een steeds grotere groep mensen informatie aan de oppervlakte kunnen komen via bovennatuurlijke dromen vol licht en archetypische symbolen. Om deze informatie te kunnen bevatten, zou het goed zijn ons meer te verdiepen in de volgende punten: 1) hoe kun je ervoor zorgen dat je droomt; 2) hoe kun je ervoor zorgen dat je je de droom de volgende ochtend beter herinnert; 3) hoe kun je terugkijken op de droom om er informatie aan te ontlenen; en 4) hoe moet je de droomsymbolen, die zijn gebaseerd op zowel persoonlijke als collectieve mythen, interpreteren.

PERSOONLIJKE DROMEN

Tijdens een gesprek met Joyce Petschek, schrijfster van drie boeken over dromen, *The Silver Bird, Silver Dreams,* en *Bedroom Chocolates,* vertelde ze ons over haar ervaringen met dromen – ze graaft in dromen om contact te maken met de boodschappen die ze brengen.

'Om te beginnen,' zei ze, 'heb je verschillende soorten dromen. De meest voorkomende zijn natuurlijk de persoonlijke dromen die een afspiegeling zijn van je eigen thema's, angsten, en relaties. Die dromen geven je nooit iets dat je niet aan kunt en de boodschappen komen als je eraan toe bent. Deze dromen helpen je je negatieve emoties uit de weg te ruimen en je persoonlijke energie te transformeren. Als je er geen acht op slaat, blijven ze terugkeren. Ze worden, als een sneeuwbal, steeds groter en leiden tot steeds meer angst. Het kunnen ook variaties zijn op dezelfde droom die vanuit verschillende hoeken wordt belicht. Deze terugkerende dromen worden meestal gevoed door onverwerkte trauma's uit de kinderjaren. Naarmate je de angst en negativiteit van die trauma's loslaat, kom je steeds meer in contact met je persoonlijke creativiteit.'

Dromen bestaan in je aura en komen via de slaaptoestand in je bewustzijn. We integreren de energie en de boodschap van de droom door hem te onderzoeken als we wakker zijn. Dat doen we door hem op te schrijven, beelden eruit te schilderen of tekenen, of de spirituele les die ze brengen toe te passen. Door met dromen te werken, breng je hun energie naar de dagelijkse werkelijkheid, waardoor de grens tussen de spirituele en fysieke dimensie vervaagt.

Allan Ishac uit New York schreef naar *The Celestine Journal*:[6] 'Een paar jaar geleden, toen ik mij tussen waken en slapen bevond, verscheen er op het zwarte scherm van mijn gesloten oogleden een boodschap. Er stond: '25 Plaatsen waar rust en vrede te vinden zijn in New York.' Hij schreef de zin op een stukje papier en vergat hem. Zo nu en dan dook de zin weer tussen zijn paperassen op. In die tijd was hij van plan om uit New York weg te gaan, omdat hij zich overmand voelde door het tempo, het lawaai, en de algemene spanning. Opeens drong het tot hem door dat de droom feitelijk betekende: 'Je leert anderen de lessen die je zelf het hardst nodig hebt.' Hij besefte dat de droom hem de titel verschafte voor een boek, en tijdens de weekends begon hij onderzoek te doen en te schrijven. Na een reeks van synchrone gebeurtenissen publiceerde hij uiteindelijk zijn boek, *New York's 50 best places to find peace and quiet*.

DROMEN HELDEREN ACTUELE SITUATIES OP

In *Het Tiende Inzicht* ziet Wil, terwijl hij zich in de spirituele energie van het Hiernamaals bevindt, de journalist Joel die een droom heeft – een droom die een van de fouten laat zien die Joel in een vorig leven heeft gemaakt. Hij verklaart de betekenis ervan door tegen de hoofdpersoon te zeggen, 'Ja, maar [de droom] geeft iets aan. Als we dromen gaan we zonder het te weten naar een bepaald slaapniveau en komen andere zielen ons te hulp. Vergeet niet wat de functie van dromen is: ze geven opheldering over hoe we de situaties die in ons leven spelen kunnen aanpakken. Het Zevende Inzicht beweert dat we dromen moeten interpreteren door de plot van de droom over de werkelijke situatie waar we in het leven voor staan heen te leggen.'[7]

COLLECTIEVE DROMEN

'Naarmate je je persoonlijke zelf overstijgt en meer oog krijgt voor het collectieve, verschijnt er een ander soort dromen,' zegt Petschek. 'Die dromen doen zich voor als je hebt geleerd je over te geven en met een positieve instelling het onverwachte kunt ontvangen. Het zijn dromen die meer over anderen gaan dan over onszelf, waarin sprake lijkt van voorkennis die desondanks relevant is voor het heden. Ze duiden op de bereidheid om informatie te ontvangen uit een onbekende bron, informatie die het leven van anderen zal beïnvloeden.' Petschek gaf ons het volgende voorbeeld: 'Ik werkte met een congreslid dat droomde van een lange conferentietafel met daarop een wit vel papier en een pen. In de droom hoorde hij een stem die zei "niet tekenen". Een paar maanden later zag hij deze scène terug tijdens een conferentie in IJsland waar dezelfde tafel met wit papier en pen in voorkwam, en vanwege de droom tekende hij de overeenkomst niet.' Een dergelijke voorspellende droom weerspiegelt de verbinding die je hebt met de collectieve energie. De informatie kan je tot op zekere hoogte persoonlijk raken, maar de boodschap heeft een bredere betekenis. 'Over het algemeen,' zegt Petschek, 'is je psyche, als je deze collectieve dromen begint te krijgen, dusdanig getransformeerd dat je net zo begaan bent met anderen als met jezelf.'

Velen die collectieve dromen hebben gehad, spreken van een goud of stralend wit licht. De herinnering aan die dromen is duidelijk en je vergeet ze je leven lang niet meer. Omdat ze iemand een breder perspectief bieden, dragen ze een diepe spirituele les in zich. 'Als je bereid bent je te laten leiden door je intuïtie, of op het randje te leven, zoals ik het noem,' zegt Petschek, 'zijn deze dromen soms de enige bevestiging van je levensweg in de ruimste zin. Als je je laat meevoeren door het onbekende, moet je vertrouwen op wat zich voordoet. Dan ontvouwt het leven zijn onzichtbare lessen waar je geen greep op hebt, maar waar je wel van kunt leren.'

NACHTSCHOOL

Mensen die met dromen werken noemen sommige dromen 'nachtschool'. Petschek herkent deze dromen aan bepaalde kenmerken. Ze zegt bijvoorbeeld: 'In nachtschool-dromen bevind je jezelf in een andere dimensie, in een zwevende, ronde ruimte met veel andere wezens, waarvan je sommige uit dit leven, andere uit een onbekende dimensie en andere levens herkent. De sfeer is altijd zowel vreemd als vertrouwd. Meestal geeft een bijzonder persoon langs telepathische weg les, net als in de klas. Ik heb in zo'n droom mensen ontmoet die ik ken en die ik later over mijn droom vertelde. Meestal reageerden ze met: "O, ja, ik was er ook en ik heb jou ook gezien." ' Het is haar opgevallen dat nachtschool-dromen zonder uitzondering plaatsvinden in een kristallen 'bol' en 'kristalhelder' zijn. Er heerst een stralend wit licht, de communicatie verloopt altijd telepathisch en ze zijn onvergetelijk. Een ander soort droomervaring heet parallel dromen, waarbij twee mensen los van elkaar dezelfde droom hebben, elkaar zien en hetzelfde droomlandschap vanuit een ander gezichtspunt ervaren.

TERUGKERENDE DROMEN

Dromen waarin sprake is van voorkennis kunnen ook terugkeren, waarmee ze duiden op een onbekende richting die zich voor de dromer opent, een potentieel psychisch patroon dat zich aandient. Een vrouw droomde van een Italiaans landschap in een stralend wit licht. Ze reisde twee jaar door Italië, voortdurend op zoek naar dit landschap. Pas toen ze het uiteindelijk 'opgaf', verscheen het in werkelijkheid. Ze kocht het stuk land en twee jaar later werd er tien minuten bij haar vandaan een belangrijk Tibetaans centrum geopend, waarbij ze nauw betrokken raakte.

VOORSPELLENDE DROMEN

Door de eeuwen heen zijn mensen gefascineerd geweest door voorspellende dromen. Veel mensen droomden bijvoorbeeld dat de *Titanic* zonk, of hebben dromen over vliegtuigongelukken. Dergelijke rampen bestaan in de aura van het collectieve onbewuste voordat zij zich in werkelijkheid manifesteren. Deze dromen komen onverwacht voor mensen die iets met dergelijke informatie zouden kunnen doen, maar in dit stadium van onze ontwikkeling zijn de meesten van ons waarschijnlijk niet kundig genoeg om de omvang van dergelijke gebeurtenissen te helpen terugdringen. Een van de redenen hiervoor is dat het geloof in ons vermogen om gebeurtenissen door 'gedachtenkracht' te veranderen nog niet sterk genoeg aanwezig is in het collectieve onderbewuste. Een andere reden is dat die voorspellende dromen individueel voorkomen en er geen centraal meldpunt bestaat waar dergelijke informatie kan worden nagetrokken. Was dat wel het geval, dan konden de gebeurtenissen worden voorkomen of bijgestuurd door er als groep energie naar toe te sturen.

Ook op persoonlijk niveau kan zich een droom over een catastrofe voordoen. Die indringende telepathische dromen worden gewoonlijk getekend door een gevoel van wanhoop en hebben betrekking op mogelijke problemen. Iemand zoekt hulp en stemt zich, net als met een radio, af op een ontvankelijk iemand die op psychisch niveau de boodschap ontvangt en hopelijk hulp biedt. Door de persoon in moeilijkheden in de droom telepathisch toe te spreken, duidelijke aanwijzingen te geven over wat te doen, kan een potentieel gevaar in de werkelijkheid worden afgewend. Een voorbeeld hiervan is het volgende verhaal: 'Ik droomde van een vriendin die zich op een schip bevond. Ik zag dat ze werd achtervolgd door een man die haar wilde wurgen. Ik kon haar angst voelen terwijl ze probeerde aan hem te ontsnappen. Ik begon haar in de droom aanwijzingen te geven: "Daar. Loop die gang uit. Ga naar links. De trap op." Telepathisch stelde ik haar voor een lege eetzaal binnen te gaan, de deur op slot te doen en daar te blijven tot de volgende ochtend. Einde van de droom. Toen mijn vriendin een paar weken later weer thuis was, vertelde ik haar over deze droom. Ze zei dat ze een baan had aangenomen als kok op een jacht en een van de matrozen boos op haar was geworden omdat ze een paar keer had geweigerd op zijn toenaderingspogingen in te gaan. Hij had inderdaad geprobeerd haar te wurgen en doodsbang had ze een lege eetzaal gevonden waarin ze zichzelf had opgesloten. We waren beiden stomverbaasd over deze synchrone gebeurtenis.'

Een vrouw die we Anastasia zullen noemen, schreef vanuit Toronto aan *The Celestine Journal*: 'Vrijdagavond rond 11 uur droomde ik dat Janet, een goede vriendin van mij, en ik verschrikkelijk veel lol hadden in wat een grote hotelkamer bleek te zijn... ons plezier werd plotseling verstoord door luid geklop op de deur. Terwijl Janet me verward aankeek, riep ze: "Wie is daar?" Ze hoorde de stem van een vroegere vriend die ze al heel lang niet meer had gezien. "Ga weg," zei ze. "Laat me met rust." Hij begon tegen de deur te schoppen en te slaan, ondertussen zo hard mogelijk schreeuwend. Doodsbang barricadeerden we de deur. Ik belde de bewakingsdienst. Einde van de droom. De volgende ochtend haalde ik Janet's dochter op, die me hetzelfde verhaal vertelde als in mijn droom. Zij en haar moeder zaten rond elf uur 's avonds televisie te kijken, toen er hard werd geklopt. Janet deed open en dezelfde oude vriend die in mijn droom was verschenen, stond voor de deur. Er gebeurden precies dezelfde dingen, toen ze de deur dichtdeed en tegen hem zei dat hij weg moest gaan. Nadat hij nog een paar keer tegen de deur had geschopt, vertrok hij. Janet en ik waren alletwee stomverbaasd dat ik erover droomde op het moment dat dit in haar huis gebeurde!'[8] Blijkbaar kan ons onbewuste zich, als we in extreme omstandigheden hulp nodig hebben, telepathisch wenden tot iemand die we echt vertrouwen. Uit dit soort dromen lijken we te kunnen opmaken dat onze psychische energie op een complexe manier onderling verweven is.

Naarmate je steeds meer de negatieve stemmen in je hoofd loslaat, kan het zijn dat er leermeesters in de droomtoestand verschijnen. Deze gidsen kunnen onverwacht of op verzoek in je dromen verschijnen, als je open staat voor hulp of informatie. Petschek gelooft dat mensen die zeggen dat ze niet dromen, zich meestal zo overbelast voelen, dat ze er geen informatie meer bij willen. Ze willen niet erg diep in hun leven graven, en het kan zijn dat ze de dromen blokkeren. Zo'n houding kan er ook toe leiden dat ze zich afsluiten voor subtiliteiten, intuïtieve boodschappen en de betekenis van het toeval.

EEN UITNODIGING TOT DROMEN

Petschek stelt de volgende werkwijze voor om informatie te vragen in je dromen. Ga in de 'koningshouding' liggen, dat wil zeggen op je rug, met de tenen over elkaar. Vorm vervolgens met je vingers boven je zonnevlecht een driehoek, sluit de ogen en luister rustig naar je ademhaling. Laat je mond een beetje open staan. Je geest wordt vanzelf rustig. Laat iedere gedachte die opkomt wegdrijven, zonder hem vast te houden of er een oordeel over te geven. Na enkele minuten, als je geest leeg lijkt, stel je in jezelf een korte vraag die je in een droom beantwoord wilt zien. Houd je vragen eenvoudig en kort, vraag om informatie die anderen niet lijken te kunnen bieden. Dergelijke verzoeken kunnen te maken hebben met zelfgenezing, een creatief project, richtlijnen voor het geven van leiding, enzovoort. Herhaal je vraag drie keer en val dan rustig in slaap.

Als je geen antwoord krijgt op je vraag, herhaal je ze hoogstens drie avonden achter elkaar. Als je dan nog steeds geen antwoord krijgt, laat je de vraag los. Je bent er nog niet aan toe een duidelijk antwoord te ontvangen.

HOE JE JE DE DROOM DE VOLGENDE OCHTEND KUNT HERINNEREN

Als je wakker wordt moet je erom denken de ogen gesloten te houden en op je rug te gaan liggen. Observeer de laatste droomscène die voor je geestesoog verschijnt, laat dan de voorlaatste scène boven komen, en die daarvoor, als een film die je van achter naar voor bekijkt. Laat zo scène voor scène op het filmdoek van je droom verschijnen en neem elke scène goed in je op. Als je helemaal wakker bent schrijf je die droomscènes op. Je zult tot je verrassing ontdekken dat er dan nog meer fragmenten uit de droom bovenkomen. Het helpt om je droom een titel te geven en je kunt ook alle *thema's* die in de droom voorkomen in de kantlijn vermelden.

SYMBOLEN EN BEROEMDE MENSEN

Een droom die is doordrongen van een stralend wit of gouden licht, betekent dat je je op een kruising bevindt en geeft aanwijzingen over de nieuwe weg die je moet inslaan. Hoe dieper de droom, hoe symbolischer de inhoud ervan. Ga met elk symbool aan de slag en vraag jezelf af: 'Wat is de essentie van dit symbool, wat heeft het mij te vertellen? In welk opzicht heeft het betrekking op mijn leven?' Je kunt er boeken over droomsymbolen op naslaan, maar vergeet niet dat het symbool een tweevoudige betekenis heeft: een collectieve mythische betekenis en een persoonlijke betekenis die alleen voor jou geldt. Als er een beroemdheid in je droom verschijnt, ga dan na wat je in die persoon bewondert en in hoeverre je dat in je eigen leven zou willen bereiken. Iedereen in je dromen vertegenwoordigt een aspect van jezelf dat zich aan jou bekend maakt.

DE DROOM TRANSFORMEREN

Als je een verontrustende droom krijgt, een die angstig maakt, geef je uitdrukking aan een angst die je op dat moment onder ogen kunt zien. Angstdromen bij volwassenen komen voort uit onopgeloste problemen uit de kindertijd, vaak onopgeloste problemen uit vorige levens die de emotionele ontwikkeling in je leven blokkeren. Door die angst uit de weg te ruimen zal niet alleen je zelfvertrouwen toenemen, maar ook je vermogen je horizon te verbreden.

's Morgens loop je de droom na om alle elementen ervan in je herinnering te brengen. Ben je ontvankelijk voor de boodschap of heb je weerstand? Als je liever een andere afloop had gezien, neem je de laatste scène en geef je er een einde aan dat je liever hebt. Stel dat je jezelf zag zakken voor een examen (een veel voorkomend thema overigens), zeg je meevoelend tegen jezelf: 'Ik ben zojuist met vlag en wimpel voor dat examen geslaagd! Ik heb het zelfs zo goed gemaakt dat ik als beste van de hele klas uit de bus ben gekomen en ik kreeg van iedereen, inclusief de leraar, applaus. Ik voel me te gek.' Verzin een schitterend einde aan je dromen! Let eens op hoe anders de dag verloopt als je dat doet. Als je jezelf op die manier toespreekt, krijg je vaak meer energie en word je minder gespannen (vooral als je je gevoel voor humor erbij bewaart!), en verloopt je hele dag veel soepeler. Vergeet niet dat innerlijk werk *vooraf gaat* aan je uiterlijke werkelijkheid. De dromen tonen al de kwaliteit van je innerlijke werkelijkheid die voorafgaat aan de ontwikkeling van je uiterlijke werkelijkheid. Deze eenvoudige technieken helpen je je negatieve gedachten uit de weg te ruimen en maken onbekende dimensies voor je toegankelijk.

HOE DROMEN WERKEN

Als je je droom de revue laat passeren, let dan eens op de keuzes die je in de droom hebt gemaakt. Een vrouw herinnerde zich bijvoorbeeld het volgende: 'Ik droomde dat ik in een onbekend huis wakker werd en dat ik bang was. Ik stond op, ging op onderzoek uit en ontdekte dat de voordeur open stond. Er bevond zich een man in de hal. Ik keek van buiten naar binnen en hij verdween links van mij door een deur in het huis. Ik ging weer naar binnen en was nu niet zo bang meer. Ik dwaalde wat rond en merkte dat ik dit huis met één woonlaag wel aantrekkelijk vond (normaal gesproken houd ik niet van deze stijl). In het achterste vertrek van dit huis was een jonge vrouw... ik zag haar en we praatten wat... toen zag ik dat de kat een half aangevreten, nauwelijks levend soort beest, een leguaan of een raar uitziende dinosaurus mee naar binnen had genomen. De jonge vrouw vond het helemaal niet walgelijk of zo, en wilde de troep op gaan ruimen. In plaats daarvan vraag ik haar meer te vertellen over een geweldige archeologische ontdekking van een oude cultuur, slechts een paar meter van onze achtertuin verwijderd. Er kwamen nog andere mensen... en ik kreeg meer te horen over deze cultuur en de leefwijze van die mensen. Het

soort huizen leek erop te wijzen dat de bewoners technisch waren ontwikkeld.' Terwijl ze het beeld van de ontdekking in zich opneemt en
kijkt naar de huizen, beseft de droomster dat de mensen die er duizenden jaren geleden woonden, dezelfde mensen waren die nu de restanten ontdekten – in hun huidige leven. Ze zegt in de droom: 'Maar die
mensen waren wijzelf!'

Wat is de onderliggende structuur van deze droom? Om te beginnen
weten we dat het een *collectieve* droom is, omdat hij zich afspeelt in
een duidelijk onbekende en onvergetelijke omgeving, levendig en intens is, en is vervuld van een wit licht. Er zijn geen persoonlijke verwij-
zingen naar het leven van de dromer. Dat het hier gaat om een collectieve droom, wordt ondersteund door de zin 'er kwamen nog andere
mensen', waaruit blijkt dat niet alleen de dromer geïnteresseerd zal
zijn in de ontdekkingen in de droom.

Het *onderwerp* van de droom wordt op twee manieren aangekondigd.
Allereerst brengt de poes (symbool voor oude, bovennatuurlijke
energie) iets uit het verleden in de eetkamer dat in de loop van de tijd
verminkt is (half aangevreten). De eetkamer staat symbool voor een
plek waar eten, spijsvertering, en uitwisseling tijdens gesprekken aan
tafel plaats vinden. Ten tweede, de dromer geeft aan dat het huis een
huis met één woonlaag was, wat erop duidt dat het een droom is met
één laag en dat er informatie in wordt verschaft.

De andere vrouw in de droom biedt aan de troep op te ruimen, maar in
plaats daarvan wil de droomster meer horen over de opgravingen. De
handeling verplaatst zich van de troep opruimen die de poes mee naar
binnen heeft genomen naar praten over de archeologische ontdekking, en toont dat de dromer kiest voor het informatieve stuk in de
droom.

De droom begint aan de voorkant van het huis, verplaatst zich naar de
achterkant, vervolgens naar het midden en uiteindelijk naar de achtertuin. De mannelijke indringer staat voor de mannelijke schaduw-
kant van de droomster, het mannelijke gezichtspunt dat logisch en
rationeel is. Het feit dat hij haar schaduw is, wekt de indruk dat een
lineaire, rationele benadering bij het zoeken naar de betekenis van de
droom minder van belang is dan een symbolische, intuïtieve benadering. De droomster moet zowel voor haar mannelijke als haar vrouwelijke kant zorgen en letten op wat er zowel in het heden als het verleden plaatsvindt (de voor- en de achterkant van het huis). De ontdekkingen vinden plaats in de achtertuin, de plek van privacy en rituelen. Eerst is er de voorkant, die staat voor het bekende, dan de
achterkant, die staat voor het onbekende.

Volgens Petschek bepaalt het eerste gedeelte van een droom de achtergrond waartegen de droom plaatsvindt, terwijl in het middelste gedeelte de creatieve actie gestalte krijgt en nieuwe informatie wordt verstrekt. Het einde van de droom vertelt wat de vermoedelijke afloop van deze energiestroom zal zijn. In deze droom kwamen vervolgens nog beelden voor van elegant afgewerkte artefacten, die waren gemaakt van een onbekend, amberachtig materiaal dat de droomster niet kon thuisbrengen. In de droom kreeg ze speelgoedpoppetjes en een topografische kaart uit deze oude cultuur. Je zou de speelgoedpoppetjes kunnen zien als een opdracht om met dit materiaal te spelen.

Een dergelijke collectieve droom, die zoveel gedetailleerde informatie verschaft, zal ongetwijfeld worden gevolgd door soortgelijke ontdekkingsthema's. In de laatste scène van deze droom ziet de droomster een man die een invloedrijke, oudere dame voor het oog van verslaggevers en fotografen een kus geeft. Ze ziet het geflits van de camera's. Deze scène geeft aan dat als de droomster haar inzicht in deze nieuwe ontdekkingen cultiveert, ze na verloop van tijd zal worden erkend en gewaardeerd. Deze laatste scène laat ook zien in welke richting het potentieel van de droom zich in de toekomst zal ontwikkelen. Voorafgaand aan deze droom had de droomster een artikel geschreven over reïncarnatie. Misschien weerspiegelt de boodschap in de droom – dat de mensen uit de oude beschaving ook de mensen uit het heden waren – via deze vrouw dat de mensheid in toenemende mate het idee van reïncarnatie accepteert.

DROMEN EN ZIELENGROEPEN

Het Tiende Inzicht suggereert dat er in de spirituele dimensie zielengroepen bestaan die een ander aspect van ons vertegenwoordigen. Er wordt gezegd dat die zielengroepen altijd bij ons in de buurt zijn. Ze wachten om ons energie te geven naarmate ons bewustzijn toeneemt, en *als we hulp vragen om een hoger doel te vervullen*. In het boek lijken de zielen in een groep vaak op elkaar *en op het groepslid dat een aards leven leidt*. Wil zegt: 'Als we dromen herenigen we ons met onze zielengroep. Daardoor wordt onze herinnering aan wat we in onze huidige levenssituatie werkelijk van plan waren, opgefrist. We zien een glimp van ons oorspronkelijke voornemen. En als we dan terugkomen op het fysieke vlak houden we die herinnering vast, hoewel ze soms in archetypische symbolen wordt weergegeven.'[9]

Hoewel de meesten van ons zich dergelijke ontmoetingen niet zullen herinneren, zouden we ons kunnen openstellen voor het idee dat we in onze dromen niet-fysieke steun ontvangen. Wellicht zijn de zielengroepen een andere manier om psychische energie te beschrijven. Jung beschouwde dromen als een stroom van gebeurtenissen, een aaneenschakeling van beelden die een bepaalde energiestroom voorstellen. De analytica Marie-Louise Von Franz stelt: 'Daarom is het einde van een droom zo belangrijk, omdat het laat zien waar de energiestroom op gericht is. Ik onthoud de laatste zin van een droom... en dan weet ik tot hoever de stroom van psychische energie gekomen is. We weten dan welke richting de levensstroom die aan het bewustzijn ten grondslag ligt, kiest. De openingszin van de droom is belangrijk, omdat hij de situatie aangeeft zoals die nu is, waar de dromer nu staat in deze wereld van verwarring. Dan volgt er een serie gebeurtenissen en de laatste zin geef aan in welke richting de energie stroomt.[10]

DIEREN, VOORTEKENEN EN SIGNALEN

Het vermogen om voortekenen en signalen te duiden, is van onschatbare waarde bij onze pogingen een positieve Wereldvisie vast te houden. Als wij in de war zijn, helpt een teken ons het malen in ons hoofd tot stilstand te brengen. Het helpt ons ons denken af te stemmen op de betekenis die we aan het teken geven. Als we eenmaal het gevoel hebben dat we de betekenis begrijpen, lijken we meer energie te krijgen. We hervinden een gevoel van zinvolheid en gaan verder.

Het dier dat verschijnt aan het begin van een reis of droom, zet de toon

In *Het Tiende Inzicht* begint de hoofdpersoon aandacht te schenken aan dieren die verschijnen op momenten waarop hij aanwijzingen of aanmoediging nodig heeft. Toen het bijvoorbeeld belangrijk was dat hij de situatie vanuit een hoger perspectief bekeek of een breder beeld kreeg, kwam er een adelaar naar hem toe. De adelaar staat van oudsher voor een verreikende blik, moed, onafhankelijkheid en spirituele beproevingen. Hij zag ook tientallen kraaien in een boom zitten en eromheen cirkelen. Kraaien, die de hoeders zijn van de spirituele wetten, waren een boodschap om zich open te stellen, zich de spirituele wetten te herinneren die zich aan de hoofdpersoon voordeden. Hoe vaak ben je niet opgeschrikt door het luide krassen van kraaien? De sjamaan en antropoloog Carlos Castaneda beschrijft vaak hoe zijn leraar Don Juan verschijnt in de gedaante van een kraai.

De havik was ook een belangrijk dier in *Het Tiende Inzicht*. David merkt op: 'haviken zijn waakzaam, oplettend, altijd alert op een volgend stukje informatie, de volgende boodschap. Hun aanwezigheid beduidt dat het op dat moment belangrijk is je waakzaamheid te verhogen. Ze zijn vaak een teken dat er een boodschapper nabij is.'[11]

Bij inheemse culturen en in de sjamanistische traditie zijn dieren bondgenoten die wijzen op veranderingen, aanwijzingen geven en geschenken aanbieden. Toen de hoofdpersoon niet wist hoe hij verder moest, bang was en aan de inzichten twijfelde, verscheen er een konijn in het struikgewas. Later in het boek was hij met behulp van David in staat te begrijpen wat dat betekende. Door zich te realiseren dat een konijn staat voor overvloed (vruchtbaarheid) en ook angst (prooi voor veel roofdieren), kon de hoofdpersoon zijn angst openlijk onderkennen (in plaats van erdoor verlamd te raken) en overstijgen, in de wetenschap dat er overvloed zou komen als het nodig was.

Dieren zijn aspecten van onszelf waarmee we in contact moeten komen

In traditionele initiatieriten symboliseert de komst van dieren vaak het levensdoel van de aspirant-ingewijde. Het verschijnen van dieren is een gebeurtenis van de hoogste orde. Von Franz zegt: 'In alle mythen en sprookjes die ik heb bestudeerd, ben ik nooit een geval tegengekomen waarin de held het niet wint als hij door dieren wordt geholpen.'[12] Ted Andrews, schrijver van *Animal-Speak: the spiritual & magical powers of creatures great & small,* schrijft: 'Ik heb in de meeste geschriften en mythologieën overal ter wereld wel iets gevonden over de geestkracht en het wezen van dieren, en de overtuiging dat de goddelijke krachten tot de mens spreken via de wereld van de natuur… Alle volkeren worden erdoor geraakt.'[13] Hij stelt dat wij, omdat wij alles wetenschappelijk benaderen, geneigd zijn de natuur te ontleden en de afzonderlijke elementen te bestuderen. We zijn het mysterie kwijtgeraakt en hebben onze wederzijdse verwantschap met onze collega's, de dieren, van de hand gewezen.

Het Tiende Inzicht herinnert ons aan de spirituele dimensie in onze fysieke leefomgeving en de rijke bron aan leiding die ons ter beschikking staat als we onze ogen ervoor willen openen. Andrews schrijft: 'We kunnen veel van de dierenwereld leren. Sommige dieren zijn expert in overleven en aanpassen. Er zijn tijden waarop ook wij die vaardigheden kunnen gebruiken. Sommige dieren krijgen nooit kanker. Zou het niet geweldig zijn om hun geheimen te leren kennen? Sommige dieren zijn fantastische voeders en beschermers. Sommige zijn enorm vruchtbaar en andere heel zachtmoedig... De dierenwereld toont ons het potentieel dat we kunnen ontwikkelen... Ieder dier is een poort naar de waarneembare wereld van de menselijke geest. Maar wat de meesten niet beseffen, is dat hun ideeën over dieren een afspiegeling zijn van de ideeën die ze over zichzelf hebben.'[14]

Andrews moedigt ons aan ons open te stellen voor de wereld van de natuur door de dieren, bomen en bloemen waarmee we ons nauw verwant voelen, te bestuderen. Door ons af te stemmen op deze rijkdom van het leven, stemmen wij ons direct af op levende archetypen – wezenlijke kwaliteiten die via ons tot leven komen. Hij zegt: 'Het dier wordt het symbool van een specifieke kracht van de onzichtbare, spirituele wereld die zich in ons eigen leven manifesteert.'[15] Ieder dier heeft zijn eigen specialiteit en een krachtige geest. Andrews en zijn vrouw voelen zich beiden sterk verwant met de wolf. Indianen noemen een dier waarmee je je sterk verwant voelt je 'totem'. Het totemdier wordt een gids voor het leven, helpt je door een crisis of overgangssituatie, en ook als je genezing nodig hebt. In zijn boek herinnert Andrews zich hoe hij op zijn verjaardag in de bossen van Ontario kampeerde en de hele nacht uit diverse richtingen het gehuil van wolven hoorde, ook al was dat in die tijd van het jaar ongebruikelijk. Op een andere tocht hadden hij en zijn vrouw al enkele dagen in de bossen gekampeerd in de overtuiging dat er een wolf zou verschijnen. 'Jaar in jaar uit brengen mensen een bezoek aan Superior, zonder dat ze contact hebben met een wolf, maar wij hadden het gevoel dat als de wolf echt ons totemdier was, we vertrouwen moesten hebben en het moesten proberen. Toen we ons teleurgesteld opmaakten om het gebied te verlaten, kwam er een prachtige wolf uit het bos tevoorschijn die ongeveer tien meter voor ons bleef staan. Hij draaide zich om en keek ons gedurende wat een eeuwigheid leek recht in de ogen. Toen stak hij over en volgde ons in de schaduw van de bomen, tot hij opnieuw in het bos verdween, ons opgetogen en dankbaar achterlatend.'[16]

Elmer Schettler, de sojakweker die we in hoofdstuk 1 citeerden, schreef ons onlangs over zijn ervaring met voortekenen en dat hij zich steeds meer bewust werd van de geschenken die dieren ons brengen.

'Ik heb gemerkt dat ik, als ik de zaken niet forceer, maar ze als het ware laat rijpen, altijd antwoord krijg. Ik heb twee fantastische vrienden, Tom en Judy Crowley. Tom en ik spreken elkaar regelmatig en op een dag belde hij me op om mij uit te nodigen voor Pasen. Ik vloog er met mijn vliegtuig heen en opeens zie ik dat ik drie keer het getal 119 op mijn navigatiesysteem heb staan. Richting 119, druk 119, en luchtsnelheid 119. Ik moest onmiddellijk denken aan iets dat me overkwam in 1983, toen ik het boek van Kushner, *When bad things happen to good people* had gelezen. Ik herinnerde me nog goed dat hij op pagina 119 zei dat als je bidt, God mensen naar je toe stuurt. Toen ik dat las, reisde ik met United, vluchtnummer 119 en was het 1.19 uur 's middags. Dus terwijl ik daar vlieg lopen de koude rillingen over mijn rug en gaat het door mij heen dat het een belangrijke dag moet zijn. Tom, Judy en ik gingen naar een paasdienst en de preek sloeg precies op dingen die mij bezig hielden. Na afloop reden we van het parkeerterrein af en Tom sloeg 'per ongeluk' rechts- in plaats van linksaf. Terwijl we omdraaiden, holde er een das over het pad. Je ziet nooit een das overdag! Judy zei onmiddellijk: 'We moeten de das opzoeken in het boek over totemdieren (dat ze van mij had gekregen)!' We zochten de das op en het klopte precies, want de boodschap had te maken met assertiviteit. Waar het op neer komt is dat als je bidt, God je boodschappen stuurt als je er maar oog voor hebt. Het universum praat voortdurend tegen ons. Toen ik thuis kwam, begon ik bewust 'dassenenergie' op te roepen om assertiever te worden – niet op een nare manier – maar assertief op die terreinen van mijn leven waar ik mijn stem moet laten horen. Een andere keer heb ik op een zaterdagochtend Tom aan de telefoon en komt er een kraai op mijn vensterbank zitten. Ik zeg dat tegen hem, maar we komen niet op het idee om de boodschap van de kraai op te zoeken. Judy wel, en de boodschap herinnerde ons eraan dat er een hogere orde van goed en fout bestaat dan die van de menselijke samenleving. Het ging over persoonlijke integriteit en uitkomen voor de waarheid. Door al die dingen vraag ik me af hoeveel dingen ik door de dag heen niet opmerk!'

Het kan zijn dat als ons trillingsniveau laag is, een dier in onze omgeving slechts zijn gebruikelijke ecologische functies vervult. Zoals David, de indiaan in *Het Tiende Inzicht* zegt: 'Als een sceptische bioloog dierlijk gedrag terugbrengt tot stompzinnig instinct, ziet hij de beperking die hij het dier zelf heeft opgelegd. Maar wanneer ons trillingsgetal verandert, worden de gedragingen van de dieren die zich aan ons vertonen steeds synchroner, mysterieuzer en instructiever.'[17]

Dan Miller uit Las Vegas, Nevada, schreef *The Celestine Journal* (november 1995) dat hij op een stukje grond bij een boerderij aan het werk was waar ook 80 of 90 bijenkorven stonden. De bijen vlogen meestal zoemend rond in de buurt van het huis en het water, maar vielen nooit iemand lastig. Terwijl hij voorovergebogen stond om onkruid te wieden, vlogen twee bijen tussen zijn handen door en wilden niet weggaan. Hij schrijft: 'Ik kwam overeind en riep uit: "Wat zullen we nou hebben!" Op dat moment hoorde ik een geweer afgaan. Een seconde later hoorde ik de kogel fluitend langskomen op de plek waar ik voorovergebogen had gestaan, nog geen dertig centimeter bij me vandaan. De bijen vlogen weg. Later besefte ik dat een van de oude knechten op de boerderij schadelijke dieren aan het afschieten was met een jachtgeweer. Ik heb de oude man nooit verteld dat hij me op een haar na had geraakt.'[18]

In de loop van de evolutie hebben we zelf dierlijke trekken ontwikkeld

Omdat de mens zich uit mysterieuze wateren heeft ontwikkeld van vis tot amfibie tot reptiel tot zoogdier, dragen wij de ervaringen van al die soorten in ons. Een compleet spiritueel bewustzijn omvat daarom de trillingen van het dieren-, mineralen- en plantenrijk – niet alleen die van de mensheid.

Paul MacLean, hoofd van het Laboratory of Brain Evolution and Behavior van het National Institute for Mental Health, ontwikkelde een drieledig model van de hersenen, gebaseerd op hun evolutie. In elk van deze drie delen liggen de fysiologische en gedragsmatrices van primitievere levensvormen opgeslagen. Jean Houston, directeur van de Foundation for Mind Research in Pomona, New York, schrijft in haar boek, *Meer mens:* 'Je zou het een soort evolutionaire caleidoscoop kunnen noemen die veroorzaakt wordt door het feit dat we naar de werkelijkheid kijken door de receptoren van drie heel verschillende mentaliteiten uit andere tijdperken en functies, waarbij bij de twee oudere "hersenen" het vermogen tot verbale communicatie ontbreekt... Zo zien we bijvoorbeeld dat het door routine en riten gedreven gedrag van reptielen en amfibieën zich vertaalt in de manier waarop wij als mens uitdrukking geven aan obsessief-dwangmatig gedrag... In onze middenhersenen verschaffen het strijdbare en voedende bestaan van zoogdieren, evenals hun uitgebreide voorbereiding op het paren en de voortplanting, de emotionele kracht voor de ontwikkeling van gezin, clan en de vroegste basis van de beschaving... alsook voor de neurochemische patronen die leiden tot oorlog, agressie, overheersing en vervreemding... En tot slot hebben we onze menselijke hersenen... Deels een berekenende computer, deels de basis voor paradox en een voertuig voor transcendentie, vormen ze dat aspect van onszelf dat ons lot bepaalt en tevens bepaalt of we ons als soort verder zullen ontwikkelen of zullen sterven.'[19] Als er in een droom of in de werkelijkheid een bepaald

> De ontdekking van het quantumgebied maakte het mogelijk de invloed van de zon, de maan en de zee tot diep in onszelf te volgen. Ik voer u daarheen in de hoop dat daar nog meer genezing, nog meer heling te vinden zal zijn. We weten dat de menselijke foetus zich ontwikkelt door zich de gedaanten van vis, amfibie en de vroege zoogdieren te herinneren en die na te bootsen. Quantumontdekkingen stellen ons in staat door te dringen tot in onze atomen, en ons het vroege universum zelf te herinneren.
>
> **Dr. Deepak Chopra,** *Quantumgenezing: de wondere intelligentie van het lichaam.*

dier verschijnt, betekent het dat we eraan toe zijn dit bewustzijn opnieuw in ons waakbewustzijn te integreren. Door ons bewust te worden van onze eigen gemeenschappelijke oorsprong en de relatie met andere soorten, moeten we wel tot het inzicht komen dat het noodzakelijk is deze rijke diversiteit aan vorm *en bewustzijn* waaruit wij zijn voortgekomen te bewaren. Zoals David in het boek zegt: 'We willen dat die dieren voortleven, niet alleen omdat ze deel uitmaken van een ecologisch evenwicht, maar omdat ze aspecten van onszelf vertegenwoordigen die we ons nog steeds proberen te herinneren.'[20]

ANDERE VOORTEKENEN

Wanneer wij om leiding vragen, lijken we alerter te worden. Het is belangrijk onszelf door de dag heen op te laden met sprankelende, verwachtingsvolle energie. Soms horen we iemand iets zeggen dat opeens betekenis krijgt. Temidden van een heleboel geroezemoes springt er opeens één enkel woord uit, of we horen een boodschap op de radio die een speciale betekenis heeft voor ons. Een man vertelde ons hoe hij onderweg was om muziekbanden bij een bar af te geven, maar de routebeschrijving vergeten was. Ergens bij het spoor vroeg hij zich af of hij links- of rechtsaf zou slaan, toen er op dat moment op de radio reclame werd gemaakt voor de bar die hij zocht. De omroeper zei: 'Denk erom, bij het spoor linksaf!' Dit toeval had zelfs nog een diepere betekenis. Nadat hij de banden had afgegeven, kwam hij iemand tegen die hem in staat stelde zijn ideaal, muziek maken met verschillende beroemde bands, te verwerkelijken.

Al eeuwenlang bestaat er een rijke traditie aan orakels. De *I Tjing*, het Boek der Veranderingen, is bijvoorbeeld zo'n orakel en zou wel eens het oudste boek op aarde kunnen zijn. Dit boek met wijsheden neemt alle patronen in het leven in acht, van de beweging van de sterren tot familierelaties, zakendoen, cycli in de landbouw en de afloop van oorlogen. Het legt verband tussen thema's uit de mythologie en praktische zaken van alledag en geeft juiste adviezen op basis van het werpen van munten of duizendbladstelen. De Zwitserse psycholoog Carl Jung raakte gefascineerd door de *I Tjing*, omdat hij het gevoel had dat de hexagrammen de archetypen van het collectieve onbewuste weerspiegelden. R.L. Wing, schrijver van *Het I Tjing Werkboek,* zegt: 'Jung zag de menselijke aard en de kosmische orde in het collectieve onbewuste met elkaar verbonden door symbolen die van invloed zijn op mensen uit elke tijd en elke cultuur… dit ritueel van het stoppen van de tijd (of van 'verandering' als u wilt,) met een bepaalde vraag in gedachten is een manier om uzelf en uw omstandigheden op één lijn te brengen tegen de achtergrond van alles wat zich in het universum ontvouwt.'[21]

Getallen zijn ook krachtige symbolen waaraan we betekenis kunnen ontlenen als we de tijd nemen hun eigenschappen te leren kennen. Oude spirituele leermeesters hebben ons geleerd dat elk getal intrinsieke kwaliteiten beschrijft die ons kunnen helpen ons af te stemmen op wat zich ontvouwt. Zelfs je huisnummer of nummer van je kantoor kunnen een verhaal vertellen. Een zeer succesvol verkoopster vertelde ons bijvoorbeeld dat een van de redenen waarom het goed voelde om een nieuw appartement te nemen was omdat de cijfers bij elkaar opgeteld tot drie leidden – wat altijd een geluksgetal voor haar was en ook het getal van overvloed, verbeeldingskracht en gezelligheid. We hebben ook talloze verhalen gehoord van mensen die herhaaldelijk een bepaald getal zien, bijvoorbeeld het getal 11-11, wat erop kan duiden dat iemand deel uitmaakt van een zielengroep die probeert een nieuwe opening naar de spirituele dimensie te bewerkstelligen.

Bijna alles wordt betekenisvol als we openstaan voor en alert zijn op intuïtieve boodschappen. Soms kun je aanwijzingen volgen die je naar iemand leiden voor wie je een boodschap hebt. Nancy Vittum uit Cupertino, Californië schreef bijvoorbeeld naar *The Celestine Journal:* 'Toen ik op een ochtend zat te schrijven, voelde ik heel sterk de aandrang om naar de videotheek te gaan en een video te huren. Er was geen enkele video die ik speciaal wilde zien, dus aanvankelijk negeerde ik de ingeving. Maar het gevoel bleef en dwong me vroeg te gaan, voordat alle goede video's weg waren.' Toen ze bij de videotheek kwam, liep ze iemand tegen het lijf met wie ze tien jaar daarvoor had gewerkt. Het bleek dat de vrouw zorgde voor haar ziekelijke moeder van 86 en Nancy had net vijfeneenhalf jaar lang tot aan hun dood voor haar ouders gezorgd. Nancy: 'De vrouw zei tegen me dat ze ervan overtuigd was dat het lot ons die ochtend bij elkaar had gebracht, omdat ze heel erg veel had gehad aan wat ik haar vertelde.'[22]

OPENINGEN NAAR ANDERE DIMENSIES

Alice in Wonderland deed het, evenals Indiana Jones, de Druïden en de oude Grieken. Sjamanen doen het nog steeds – dat wil zeggen dat ze via een gewijde plek in de levende aarde een andere dimensie betreden. Gewijde plaatsen. Het idee alleen al roept beelden op van winderige bergtoppen, huilende wolven, watervallen, grotten, betoverde bergdalen, profetische stenen en poorten naar de voorouders. God spreekt tot ons in het ruisen van de bomen, in gonzende, zonverwarmde rotsen, in zwijgende, eeuwenoude rotstekeningen, in de okerkleurige paden waarlangs jaren geleden duizenden blote voeten rustig of rennend de geestkracht tegemoet gingen – om in de geest te worden herboren. Lang voordat de gotische torenspitsen ons hart omhoog richtten, vonden mannen en vrouwen op bepaalde krachtplaatsen op aarde inspiratie in en contact met het goddelijke. Hoe vaak heb je het geluk gehad van een adembenemend uitzicht op een eindeloze zee van bomen, heb je op een plateau gestaan duizend meter boven alles uittorenend, de stille *aanwezigheid* in je opgenomen van een oud bos, of is je het zwijgen opgelegd door een woeste waterval die zich bulderend over granieten rotsblokken uitstortte. In ieder geval nooit genoeg. Niet half genoeg. Gewijde plaatsen behoeven geen uitleg, geen kaart, ze zijn. Je voelt het en wordt erdoor boven jezelf uitgetild.

Kevin Ryerson, een zeer begaafd medium, schrijver en spreker, die vooral bekend is vanwege zijn contact met de actrice en activiste Shirley MacLaine, heeft de bijzondere gave contact te kunnen maken met oude geesten. De laatste paar jaar heeft hij mensen in de geest van de aloude 'vision quest' begeleid op reizen naar gewijde plekken overal ter wereld, waardoor hij hen helpt binnen te treden in wat hij het persoonlijke droomlandschap noemt. Het doel van de vision quest, zo vertelde hij ons, is om het verleden op te lossen, de aspirant-ingewijde te helpen zich open te stellen voor inzicht in zijn of haar bestemming, de toekomst, en om de intelligentie van de voorouders te ervaren als een levende kracht.

In het roodgekleurde rotslandschap van Sedona, Arizona bevindt zich bijvoorbeeld een heilig ravijn dat bekend staat als Red Tank Draw. Het ravijn vormt met zijn natuurlijke wanden de ondergrond voor een serie petrogliefen (uitgehouwen afbeeldingen) en pictogliefen (geschilderde symbolen) aan zowel de linker- als de rechterkant. Als de aspirant-ingewijde het ravijn, dat zich op één lijn bevindt met de zon, doorloopt, legt hij een volledige sjamanistische reis af, die begint bij zonsopgang en eindigt bij zonsondergang. Het ravijn, dat volgens Ryerson is uitgekozen vanwege de afstemming op de vier windrichtingen, weerspiegelt en *bevat* voorouderlijke, archetypische kennis. Alleen al door het lezen van onderstaande beschrijving, kom je in contact met deze mythische ervaring.

Aan het begin van de reis zie je scheppingsbeelden van geboorte en onschuld. Die oerbeelden symboliseren de afscheiding van de geest van het lichaam tijdens de sjamanistische reis, maar zouden ook kunnen worden geïnterpreteerd als zijnde *jijzelf,* die zich afscheidt van je

> ... er leven nog slechts een handvol Hopi-indianen die al die plekken kennen. Net als hun broeders en zusters over de hele wereld die nog steeds de kracht van bepaalde plekken kunnen aanvoelen, zeggen deze wijze mannen en vrouwen dat de kracht van heilige plaatsen is gelegen in meer dan alleen zichtbare schoonheid. Ze onderkennen dat de geschiedenis een belangrijke rol speelt, maar volgens hen is de geestkracht van veel groter belang. Die geestkracht kan werken met mensen van alle rassen, maar alleen als iemand een heldere geest en een zuiver hart heeft... bepaalde plekken in de natuur hebben het vermogen mensen die er mentaal en/of fysiek rechtstreeks mee in contact komen, te helpen een veranderde bewustzijnstoestand te betreden die 'spiritueel' wordt genoemd.
>
> **James A. Swan,** *Sacred Places: How the Living Earth Seeks Our Friendship.*

101

eerste waarheid of onschuld. Het is het archetype van de wees, zegt Ryerson, en de inheemse variant op de verbanning uit het paradijs. Jij, de wees, wordt nu de zwerver, die op sjamanistische wijze wordt voorgesteld door trekkende dieren. De uitgehouwen afbeeldingen tonen duidelijk dieren die zich voortbewegen in samenhang met het Keltisch kruis, dat de vier windrichtingen en een heilige bestemming voorstelt – wat je zou kunnen noemen 'doelbewust rondtrekken' of op reis zijn. In dit stadium trek je rond temidden van de voorouders en levende mensen, op zoek naar een waarheid die eruitziet en aanvoelt zoals jijzelf, zodat je haar kunt herkennen.

Als jij, de aspirant-ingewijde, een waarheid ontdekt die relevant is voor wie je bent, krijg je nieuwe kracht en wordt je gevoel van bestemming hersteld en versterkt. (Wat een sterke overeenkomst met de toevallige samenloop van omstandigheden die ons inzicht verschaft en ons opnieuw in contact brengt met wat onze opdracht is!) Op dit punt, aldus Ryerson, wordt de aspirant-ingewijde de krijger. In deze nieuwe toestand van ontvankelijkheid ben je haast overgevoelig. Het kan zijn dat je probeert jouw waarheid te beschermen – een waarheid die geen bescherming nodig heeft. Dit stadium wordt voorgesteld door schildpadden (een archetypisch symbool voor afgeschermd zijn). De lijnen op het schild van de schildpad vormen een bepaald patroon, aan de hand waarvan een wijze man of vrouw voorspellingen kon doen en die je, nu je een krijger bent, profetische leiding verschaffen.

Je bent nu de krijger die wordt voorgesteld door de boogschutter met de gespannen boog. Je bevindt je nu op de plaats van de zeven pijlen, die staan voor de zeven chakra's, de oorsprong van materiële en spirituele energie. Dit zijn de psychische gebieden waaraan we ons karakter ontlenen en van waaruit we onze energie op de wereld loslaten. Je bevindt je nu diep in het ravijn op je missie. In archetypische zin ben je de held. Ryerson wijst erop dat volgens Joseph Campbell Star Wars de perfecte mythe van de held was. Stel je even de opwinding en intensiteit voor die je ervoer toen je met Luke Skywalker door het ravijnachtige binnenste van de Ster van de Dood vloog. Misschien herinner je je nog dat hij sprak over een ravijn thuis, waar hij hetzelfde staaltje had geleverd. In Red Tank Draw leg je de reis van de held af.

Als je de fase van de krijger doormaakt, ga je inzien dat het gezicht van de vijand op het jouwe lijkt – het is het stadium waarin je, op het psychologische vlak, alle afgewezen delen van jezelf die je in de schaduw hebt gestopt, opnieuw integreert. Dat moment of inzicht verleent je kracht en wijdt je in in de volgende fase van de reis, die van de genezer.

Je beseft dat je, als je pijn kunt toebrengen, ook pijn kunt genezen. De genezer wordt voorgesteld door de spiraal in de handpalm.

Het moeilijkste deel van de reis volgt als jij als genezer beseft dat je eigenlijk niet verschilt van de krijger die je ooit was. Genezen door slechts te proberen ziekte of pijn *uit te bannen* is nog steeds een proces van de ander bestrijden.

Tijdens een extatisch moment van genezing (verbinding) zie je plotseling de oorspronkelijke onschuld van de *ander*. Ryerson zegt van dit stadium: 'En bij het zien van die onschuld moet je een nieuwe norm van waarheid hanteren, de waarheid die alleen kan worden gesproken in aanwezigheid van een kind.'

Dit is tijdens de reis het punt van wedergeboorte. Op dit punt komen alle voorouders de nieuwe mens (jij) in het dorp verwelkomen. 'Op dit punt in het ravijn,' aldus Ryerson 'kom je letterlijk om de hoek en zie je de alchemistische sjabloon die alleen te vergelijken is met het moment in de film *2001*. Je ziet de zwartheid, de leegte, de obelisk die alles in zich op kan nemen – alle pijn, alle lijden, alle fouten, alle persoonlijke waarnemingen. Dit moment is als een slang die haar huid afwerpt. Dan maak je je geen zorgen meer over de toekomst. Je weet dat je in wording bent. En wat je wordt is een voorouder. Het archetype van de voorouder is dat hij is geïntegreerd in de geschiedenis, in zichzelf. Je beseft dat je leven, net als de petrogliefen, pas echt is als het als een verhaal wordt verteld.'

Aan het eind van de wandeling door het ravijn, kom je oog in oog te staan met een enorm rood rotsblok. Dit is een krachtplek, de enige plek in het ravijn waar alle beelden terugkeren als één samenhangend beeld. Dit is een heilige plek. Wat leert de reiziger? 'Je leert wat je moet weten,' zegt Ryerson. 'Mensen vertellen me dat ze na hun tocht duidelijke dromen krijgen. Ze hebben het gevoel dat ze meer leven. Ze nemen innerlijk besluiten ten aanzien van hun ouders, relaties en werk. De kennis en informatie in het ravijn leeft, en is van invloed op ons leven nu. De menselijke familie vormt een ononderbroken lijn. Wat van toepassing is op de voorouders is ook nu van toepassing op ons.'

James A. Swan schrijft in *Sacred Places: How the Living Earth Seeks our Friendship:* 'Over de hele wereld is het aardoppervlak bezaaid met plekken waarvan alleen de naam al diepe gevoelens in ons wakker roept: Palenque, de berg Omei, de berg Ararat, de Fujiberg, de grotten van Lascaux, het eiland Iona, Jeruzalem, Delphi, de Kilimanjaro, Mekka, de berg Sinai, de berg McKinley of "Denali", Chartres, de Grote Piramiden, Stonehenge, de Haleakalakrater, de berg Kailas, de Ganges, de berg Katahdin, Machu Picchu, Lourdes, Fatima, en de zonnetempel op Mesa Verde zijn enkele van de beroemdste...'[23] We kunnen ook een bezoek brengen aan het hedendaagse fenomeen van de graancirkels op de vlakte van Salisbury, dat ons logische denken op tilt zet maar een mysterieuze snaar raakt in onze ziel.

ZELFSTUDIE

Aandachtsmeditatie

Zoek een rustige plek op in huis waar je kunt mediteren. Indien mogelijk schep je op die plek een gewijde sfeer. Je kunt er een klein tafeltje neerzetten met bloemen of speciale voorwerpen die je eraan herinneren dat je graag je gedachten tot rust wilt kunnen brengen. Kies een vast tijdstip uit om te mediteren, bijvoorbeeld 's morgens voordat je de deur uitgaat of 's avonds voor of na het eten.
Ga rechtop zitten, zet de voeten op de vloer en leg de handen met de handpalmen naar boven losjes op je bovenbenen. Als je wilt kun je ook met gekruiste benen op een kussen gaan zitten, zodat je stevig contact hebt met de vloer. Om het begin van je meditatie aan te geven, sluit je de ogen, leg je de handpalmen tegen elkaar ter hoogte van de borst en maak je een lichte buiging met het hoofd. Leg de handen weer terug op de bovenbenen en adem uit, terwijl de ogen gesloten blijven of enigszins open, maar wel neergeslagen.
Observeer eenvoudig hoe je in- en uitademt. Als er gedachten in je opkomen, laat je ze gewoon door je heen gaan. Breng de aandacht opnieuw naar de ademhaling. Ook al dwaalt de geest weer af naar een gedachte, laat die gaan. Voel hoe de ademhaling door de neusgaten stroomt, de borst optilt en in de kamer uitstroomt. Laat jezelf met elke ademhaling zachter worden. Als je spanning in de spieren ervaart, laat je die los. Blijf de adem volgen en maak de geest, de zintuigen, de ademhaling zachter. Als je gedachten afdwalen merk je met aandacht op dat ze hun eigen weg gaan. Neem de gedachte waar als was het een voorwerp en geef haar een naam, bijvoorbeeld 'piekeren', 'verdriet', 'denken', 'koelte', en keer terug tot de ademhaling, ongeacht hoe lang je gedachten afgedwaald zijn geweest. Wees mild en aandachtig in je meditatie en keer altijd terug tot het ritme van de ademhaling. Om te beginnen blijf je tien minuten per dag zo zitten. Voer het geleidelijk aan op tot een half uur of een uur als je dat wilt. Beëindig de meditatie

door opnieuw het hoofd licht te buigen en de handpalmen bij elkaar te brengen. Deze buiging is niet alleen een teken van bereidheid om naar binnen te keren, maar is ook voor je ego het sein om even te ontspannen en ruimte te geven aan een hogere vorm van energie.

Het onmiddellijke effect van meditatie is dat het je in het nu brengt, je bewust maakt van waar je gedachten je naar toe brengen. Het stelt je ook in staat je rusteloze, bezige geest tot rust te brengen. Ook al blijven je gedachten tijdens de meditatie afdwalen, je zult merken dat je je na verloop van tijd bewuster wordt van je gevoelens en dat de frequentie en helderheid van je intuïtie is toegenomen.

Aandacht door de dag heen

Om je energie op te voeren en je geest leeg te maken, kun je zelfs onderweg in de tram, of op je werk tijdens de lunch vijf minuten de tijd nemen om rustig te zitten. Met de ogen neergeslagen maar niet gesloten, merk je de kwaliteit en de fysieke gevoelens die gepaard gaan met je ademhaling op. Deze eenvoudige handeling zal je helpen volledig in het hier en nu te komen.

Een andere manier om aandacht te be-

> Als novice in een boeddhistisch klooster leerde ik om me bewust te zijn van alles wat ik de hele dag door deed en al meer dan vijftig jaar breng ik dit in praktijk. Toen ik ermee begon dacht ik dat het alleen iets was voor beginnelingen, dat gevorderde mensen belangrijkere dingen deden, maar nu weet ik dat het beoefenen van aandacht iets voor iedereen is.
>
> **Thich Nhat Hanh,** *Love in Action.*

oefenen, is door in de loop van de dag vijf minuten te pauzeren om uit het raam te kijken, of gewoon rustig op je werkplek te zitten. Word je bewust van elk onderdeel van je omgeving, terwijl je liefdevolle energie uitademt in de ruimte om je heen.

Tijdens een workshop zei een man: 'Mijn geest is te rusteloos om te mediteren. Ik kan niet rustig genoeg worden om te mediteren.' De geest rustig maken voordat je mediteert, is net als het huis schoonmaken voordat de werkster komt. De eerste stap bij mediteren is het *voornemen* om te gaan zitten. Dan neem je de onrustige geest bij de hand en ga je ernaast zitten, terwijl je hem gadeslaat, zachter maakt en afstemt op het regelmatige ritme van de ademhaling.

Aandacht beoefenen als je in de auto zit

Als je de auto start om naar je werk te gaan of een boodschap te doen, maak er dan een gewoonte van om in het nu te zijn als je de sleutel omdraait. Word je ervan bewust dat je je gaat voegen bij een stroom van andere zielen die op hun eigen manier hun werk in de wereld doen. Terwijl je het verkeer ingaat, vergroot je je bewustzijn van de auto's, voetgangers, fietsers, of andere duidelijk aanwezige elementen. Blijf bij je voornemen om zo deskundig en liefdevol mogelijk als je kunt te rijden, in de wetenschap dat je deel uitmaakt van deze grote stroom van wezens die met jou verbonden zijn op een manier die je nog niet beseft. Stuur liefdevolle energie naar deze stroom van wezens waarvan jij een onderdeel bent.

Als het verkeer langzamer gaat dan je lief is, stel je jezelf voor dat je op je bestemming bent aangekomen, je goed voelt en ziet dat je bijna precies op tijd bent. Als je een nummerbord of een andere ogenschijnlijk speciale boodschap ziet, schrijf hem dan onmiddellijk op als je de plaats van bestemming hebt bereikt. Als de boodschap je een tijdje bijblijft, schrijf je er alles over op wat in je opkomt.

Actief je verbeeldingskracht gebruiken

Om je intuïtie te ontwikkelen kun je één keer per week of een paar keer per maand luisteren naar een cassette met geleide meditatie. Als je een ingeving of een beeld hebt gehad, versterk je het door het in je dagboek op te schrijven. Soms is het gemakkelijker gedachten op te schrijven dan ze te moeten onthouden. Om er vrij op te associëren, begin je met de ingeving en van daaruit ga je er een verhaal over vertellen. Laat je pen alles opschrijven wat in je opkomt. Pauzeer niet, verander niets, blijf gewoon schrijven tot je twee of drie kantjes vol hebt. Vervolgens kun je lezen wat er in je is opgekomen, of er een paar dagen later naar kijken.

Totemdieren

Totemdieren zijn jouw speciale dier. Het dier 'kiest' jou door in je dromen of in de natuur te verschijnen, of door tot je verbeelding te spreken via verhalen of afbeeldingen waartoe je je aangetrokken voelt. Als je je eigen totemdier probeert uit te kiezen, zul je een dier kiezen vanwege zijn exotische of luisterrijke 'imago' en dat wil zeggen dat je ego erbij betrokken is! Let op vogels of dieren die je tijdens wandelingen, rondom je huis, of als je gaat kamperen, ziet. Waar dacht je aan toen je het dier zag? Als je je ergens zorgen over maakt, welke boodschap zou het dan voor jou kunnen hebben?

Als je al een speciale band hebt met een dier, breng dan zijn energie dichterbij door in huis er een foto of beeldje van neer te zetten. Leer de eigenschappen van het dier kennen en stel je voor dat je ertegen praat als je voor een moeilijke beslissing staat. De relatie met het diermedicijn komt tot stand via je verbeeldingskracht. Je zou ook de *Medicijnkaarten* van Jamie Sams en David Carson kunnen kopen om de kenmerken van elke soort beter te leren kennen. Het boek van Ted Andrews, *Animal-Speak,* bevat een schat aan informatie en suggesties om met onze broeders de dieren te werken.

GROEPSSTUDIE

Visualisatie

Voor vrede op aarde (kan individueel of in een groep worden gedaan)

Als je graag een bijdrage wilt leveren aan de vrede in de wereld, maar als je geen idee hebt hoe je dat moet aanpakken, neem je je voor dagelijks of wekelijks tijdens de meditatie te visualiseren ten behoeve van 'vredeswerk'. Doe de aandachtsmeditatie totdat je je zacht en rustig voelt. Dan neem je jouw ideaalbeeld van hoe vrede eruit ziet in gedachten. Het kan een kring van mensen zijn die rondom een kampvuur zitten en elkaars hand vasthouden, mensen die elkaars hand vasthouden en continenten en zeeën omspannen, mensen die glimlachend op straat lopen, met elkaar praten en met liefde in hun hart en blik hun dagelijks werk doen. Het kan zijn dat je mensen van allerhande culturen bij elkaar ziet zitten die een gezonde, open discussie voeren over hun meningsverschillen. Als je eenmaal een voorstelling hebt gemaakt die je echt vervult met liefde en waar je energie van krijgt, roep je die ook in de loop van de dag buiten de meditatie vaak op. Ga uit van de verwachting dat je in de gelegenheid zult worden gesteld iets voor de vrede te doen.

Het visualiseren van een activiteit of maatschappelijke actie die je diep raakt, geeft heel veel kracht. Bedenk dat energie gedachten volgt en dat je datgene voedt waarop je je concentreert. Maak een krachtige visuele voorstelling van wat je het meest aanspreekt, of het nu gaat om het behoud van de regenwouden, thuisloze kinderen liefde geven en verzorgen, huizen en scholen bouwen, zieken verzorgen of mensen helpen met de irrigatie van hun land in de woestijn. Kies een gebied dat je het meest aanspreekt en stel je voor dat deze positieve actie plaats vindt. Verwacht dat zich een gelegenheid zal voordoen die dat soort werk voor jou dichterbij brengt.

Onderwerpen voor een groepsgesprek

● Hoe ga je om met twijfel en angst als je intuïtie je een nieuwe richting in lijkt te sturen?
● Welke dieren zijn op speciale momenten in je leven verschenen?

Intuïtie-oefening

1 Probeer om de beurt intuïtieve boodschappen van leden van de groep op te pikken. Deze oefening kan vijf tot tien minuten per persoon duren en is heel leuk. Eén persoon zit tegenover de rest van de groep met de ogen gesloten en *zwijgt*. Iedereen stemt zich af op de energie van deze persoon en vertelt dan welke informatie of beelden hij over deze persoon ontvangt. Iedereen zegt spontaan welke beelden in hem opkomen. Laat iemand alle informatie die over die persoon wordt ontvangen opschrijven. Als iedereen klaar is, vertelt de persoon in hoeverre de ontvangen informatie juist is.

2 Experimenteer met de *I Tjing* of een ander hulpmiddel dat je intuïtie kan versterken.

3 Laat iedereen een specifieke vraag opschrijven. Schud de vragen door elkaar en trek er één uit (het papiertje niet openvouwen of de vraag lezen). Leg het papiertje midden in de kamer. Laat iedereen de ogen sluiten en begin alle beelden of boodschappen die doorkomen op te pikken *zonder ze te censureren*. Spreek ze hardop uit en laat iemand die boodschappen opschrijven. Als iedereen klaar is, vouw je het papiertje open en kijk je in hoeverre de antwoorden van toepassing zijn!

108

Droomwerk

● Analyseer de inhoud van een droom. Verzeker je ervan dat iedereen mee wil doen, daar het analyseren van dromen vermoeiend of saai kan worden als sommige mensen er niet aan willen deelnemen. Probeer de boodschap te vinden die iets onthult *waarvan jij je op dit moment niet bewust bent.*

4

Ophelderen en uit de weg ruimen

Vlinder
Verandering

Ik [dacht] na over de vele keren dat ik me in een groep had bevonden waarvan sommige leden elkaar onmiddellijk mochten, terwijl andere, ogenschijnlijk zonder enige reden, direct iets tegen elkaar leken te hebben. Ik vroeg me af of de menselijke samenleving er momenteel aan toe was om de verre oorsprong van deze onbewuste reacties te kunnen zien.'

Het Tiende Inzicht.[1]

Volgens de inzichten kunnen we onszelf geen grotere dienst bewijzen dan door onszelf te vervullen met positieve, liefdevolle energie. Maar als we mee willen gaan op de stroom van het leven, moeten we ook ophouden energie te *verspillen* door steeds opnieuw en vruchteloos te proberen energie aan elkaar te onttrekken. Als we leeglopen kunnen we niet voldoende positieve energie verzamelen om het leven te scheppen dat ons voor ogen staat. We lopen leeg als we anderen toestaan ons leeg te zuigen en als we geen zicht hebben op de machtsspelletjes die we spelen.

We weten dat we ons overal druk om maken. We horen onszelf twintig keer per dag zeggen: 'Ik weet niet waar de tijd blijft.' 'Ik krijg al dit werk nooit af.' 'Ik kan me dat niet veroorloven.' 'Dat is veel te duur.' 'Je kunt op niemand rekenen,' of variaties op deze thema's. Het zijn allemaal manieren waarop we ongemerkt op een negatieve wijze energie verspillen. We weten dat we heel sterk reageren op sommige mensen, dat ze ons kwaad maken of een schuldgevoel bezorgen.

Als we het niveau van het Tiende Inzicht hebben bereikt, leidt onze Geboortevisie ons naar mensen die we moeten ontmoeten en werk dat we moeten doen. Ons werk is afgestemd op de Wereldvisie in de mate waarin we ons bewust zijn van het effect van ons handelen op anderen en waarin we actief naar manieren zoeken om de wereld voor iedereen beter te maken. Op dit niveau hebben we veel van onze vroegere problemen opgelost en hebben we onze pogingen greep te krijgen op anderen laten varen. Hoe komt het dan dat we nog steeds in situaties verzeild raken, waar anderen ons op de zenuwen werken? Je kunt beginnen met jezelf eraan te herinneren: 'Ik weet dat de buitenwereld een afspiegeling is van mijn innerlijke gesteldheid.' Vraag jezelf af: 'Ben ik verstrikt geraakt in mijn oude machtsspelletjes? Zie ik mezelf en de ander in het licht van een oude overtuiging omdat ik me bedreigd voel of bang ben? Welke ingevingen of synchroniciteiten heb ik de laatste tijd in de wind geslagen?' Als je innerlijk strijd met iemand levert, trek dan meer tijd uit om te mediteren. Kijk naar je dromen voor onthullende draaiboeken die je een nieuwe kijk geven op je huidige innerlijke toestand en pas die boodschap toe op het conflict met de ander.

Op het niveau van het Tiende Inzicht zijn we bereid de mogelijkheid te overwegen dat negatieve reacties op anderen het gevolg zijn van een relatie die we in een vorig leven met hen hebben gehad. In *Het Tiende Inzicht* wordt verondersteld dat die irrationele schuldgevoelens of irritaties – misschien zelfs wel angst voor verraad – overgebleven herinneringen kunnen zijn van niet opgeloste problemen die we met die persoon in een vorig leven hebben gehad. Natuurlijk kunnen we ook onverklaarbare *prettige* gevoelens ten opzichte van iemand hebben die wijzen op zeer positieve ervaringen met die ziel in vorige levens. Aangezien negatieve gevoelens ons meer last bezorgen en van invloed zijn op ons vermogen het doel in ons leven te verwezenlijken, zullen we in dit hoofdstuk kijken hoe we ons uit die draden of touwen van negatieve energie kunnen losmaken.

HET OPHELDEREN VAN MACHTSSPELLETJES DIE WE IN ONS *HUIDIGE* LEVEN HEBBEN GECREËERD

Volgens het Zesde Inzicht hebben we als kind een bepaalde manier van reageren ontwikkeld om de verbinding met onze ouders, van wie we voor ons overleven afhankelijk waren, in stand te houden. Dat gedrag kwam voort uit de manier waarop we tegen onze ouders aankeken. Als we hen zagen als angstig en overbezorgd, reageerden we zus. Als we hen zagen als kritisch en bemoeizuchtig, reageerden we zo.

Als we hen zagen als klagende slachtoffers, reageerden we weer anders. In de loop der tijd heeft die manier van reageren zich gevormd tot wat we machtsspelletjes noemen. *Het machtsaspect* wil zeggen dat we probeerden invloed uit te oefenen op de soms onzekere verbinding met de liefde en de aandacht van onze ouders – om ons ervan te verzekeren dat we zouden overleven. Zo leerden we macht en invloed uit te oefenen op onze omgeving op de enige manier die we in die fase van ons leven kenden. Het is een *spel* in de zin van toneelspel, omdat we als volwassenen dat zelfde gedrag steeds maar weer 'opvoeren' en gehinderd worden door deze achterhaalde manier van reageren.

Afhankelijk van onze aard zijn sommigen van ons gaan schreeuwen en in woede uitgebarsten om hun ouders te intimideren, zodat ze hun aandacht schonken – ze leerden greep op anderen te krijgen door zich als *bullebak* te gedragen. Sommigen overvielen hun ouders voortdurend met vragen of trokken aandacht door vervelend te doen, omdat de ouders afwezig of afstandelijk waren – we leerden een *ondervrager* te worden om hun aandacht te krijgen. Anderen hebben geprobeerd stiekem dingen te doen die niet mogen omdat hun ouders zich overal mee bemoeiden en kritisch waren – ze leerden zich *afstandelijk* en gereserveerd op te stellen. En ten slotte hebben sommigen van ons gejammerd en op de duim gezogen in een passieve reactie op een dreigende, intimiderende ouder – ze leerden te overleven door zich voor te doen als de hulpeloze *arme ik* die hun aandacht nodig heeft.

Als volwassene schieten we met deze machtsspelletjes niet alleen geen steek op en schenken ze ons geen voldoening, maar ze *blokkeren ook de synchrone gebeurtenissen die nieuwe mogelijkheden scheppen om onze Geboortevisie te ontwikkelen.* Kortom, als we ons niet bewust worden van deze reactiepatronen, zitten we vast. We kunnen bijvoorbeeld anderen proberen te intimideren, zodat ze ons geven wat we willen (geld, liefde, aandacht, erkenning, enzovoort) door agressief, veroordelend, dreigend of egoïstisch te zijn. Als *bullebak* zijn we bang dat we niet serieus worden genomen en dus willen we een mogelijke bedreiging van onze vrijheid of eigendunk voorkomen door anderen af te schrikken. De bullebak is zich vaak totaal niet bewust van zijn of haar ware behoeften en gevoelens.

Bullebakken zien de wereld als een strijdperk. Steeds als we handelen vanuit de behoefte alles onder controle te hebben, sluiten we ons gedeeltelijk of volledig af van hulp uit onverwachte hoek. Als de bullebak verwacht dat het leven een strijd is en dat anderen erop uit zijn hem zijn macht te ontnemen, zal hij dat soort situaties aantrekken. Energie volgt gedachten. De strijd die zich binnenin iemand afspeelt, zal zich buiten hem in de fysieke wereld manifesteren.

112

Als de belangrijkste manier van omgaan met anderen bestaat uit confrontatie en agressie, zal zo iemand niet in staat zijn een ideaal voor de wereld voor ogen te houden. Hij heeft het zo druk met het leveren van innerlijke strijd dat hij er niet toe komt anderen te helpen. Iedereen die in zijn leven de rol van bullebak speelt, voegt die mentaliteit van conflict/strijdperk toe aan het verenigd veld van bewustzijn – en houdt op die manier het oude wereldbeeld in stand.

Ondervragers proberen de omgeving te slim af te zijn. Dergelijke mensen zijn altijd op zoek naar de zwakke plek in de ander en proberen daar hun voordeel mee te doen. Ze ondermijnen de ideeën van anderen met retorische vragen die verdeeldheid zaaien en, in plaats van een eerlijke sfeer van geven en nemen, afstand scheppen. Een van hun geliefde opmerkingen is: 'Ik ben nu even de advocaat van de duivel.' Tegengas geven is natuurlijk gezond. Een eerlijke discussie is niet hetzelfde als het machtsspelletje van de ondervrager, want dat is een reactiepatroon met als doel energie aan de ander te onttrekken en een gevoel van controle te behouden. Als je bijvoorbeeld vaak zegt dat je de advocaat van de duivel bent, schep je afstand en stel je je tegendraads op. De ware drijfveer van iemand die voortdurend de advocaat van de duivel wil zijn, is dat hij of zij gezien wil worden als belangrijk, en zich op die manier wil verzekeren van voortdurende aandacht. Als zij een vraag stellen, moet jij antwoorden en word je onmiddellijk in de verdediging gedrongen. Hun eigen behoefte om gezien te worden werkt verlammend en schept verdeeldheid, en dat is niet echt bevorderlijk voor een positieve kijk op een onderneming of op de wereld. Innerlijk worden ze gedreven door de behoefte ideeën onderuit te halen, in plaats van open te staan voor de wijsheid van anderen. Op wereldniveau voedt dit machtsspel het idee van scheiding – 'wij' tegen 'zij' – wantrouwen en haat.

Afstandelijke mensen zien de wereld als bedreigend of verpletterend. Ze geven er de voorkeur aan zich terug te trekken en dragen er niet actief, met eigen verantwoordelijkheid toe bij de wereld vorm te geven. Ze nemen niet graag een standpunt in en zijn bang een fout te maken, te worden bekritiseerd of te worden gezien als zouden ze tekortschieten, dus doen ze weinig of niets om zich te laten gelden en mee te tellen. Dit gedrag schept ook scheiding en onttrekt op subtiele wijze energie aan anderen. Door zich afstandelijk op te stellen en zich af te sluiten, voelen deze mensen zich geïsoleerd, wantrouwend en daarin vervolgens gerechtvaardigd als dingen mislukken of slecht aflopen. Ze zien niet dat ze onbewust een mislukking hebben gecreëerd, omdat ze zich niet van harte hebben ingezet. Afstandelijke mensen zijn vaak verlegen of bang anderen hun gevoelens te tonen, omdat ze bang zijn (hun ouder was een ondervrager of bullebak) dat iemand hun behoeften of gevoelens niet serieus neemt. Het gevoel niet serieus te worden genomen is zoiets als een ontkenning van je bestaan oftewel de dood en werpt je terug op overlevingsgedrag.

Afstandelijke mensen zien anderen als een mogelijke indringer. Ze hebben uitgesproken ideeën over hoe de wereld een beter oord zou kunnen zijn, maar gaan niet tot actie over omdat ze niet de eerste stap willen zetten. Afstandelijke mensen zijn voorzichtig van aard en bezien de motieven van anderen met achterdocht, reden waarom ze niet openstaan voor onverwachte ontmoetingen. Op wereldniveau worden ze de 'onschuldige' of apathische omstander, in plaats van te handelen vanuit een gezonde reactie op de wereld.

De arme ik of het slachtoffer ziet de wereld als oneerlijk. Andere mensen of situaties zijn het probleem. Voor hen is de wereld een aantoonbare chaos, waartegen je jezelf tot elke prijs moet verdedigen. Je herkent de 'arme ik' in opmerkingen als: 'Er is toch niets aan te veranderen.' 'De rijken maken de dienst uit.' 'Ik heb nooit tijd voor mezelf.' 'Als de belasting er niet was, zou ik me geweldig voelen.' 'Jullie hebben me nooit gegeven waar ik om heb gevraagd.' 'Ik kom nooit verder.' Enzovoort, enzovoort. De arme ik ziet zichzelf als machteloos en komt in ieder gesprek onmiddellijk met zijn wonden en problemen op de proppen. Hij ontleent zijn identiteit aan de trauma's uit het verleden en onttrekt aandacht en energie aan anderen door zich voortdurend op negatieve zaken te concentreren. Zo verleidt hij anderen ertoe hem energie te geven.

In feite is heel onze samenleving gericht op het idee van slachtofferschap. Via de televisie kunnen we getuige zijn van vrijwel elke misdaad en tragedie. De informatie waarmee we door de media overspoeld worden, voedt het idee dat ook wij, als we niet heel, heel erg voorzichtig zijn, uiteindelijk worden doodgeschoten of uit elkaar gereten, ons huis of ons geld kwijtraken. De arme ik richt zijn aandacht op de angstige en negatieve aspecten van een Wereldvisie. Als alles toch bergafwaarts gaat is dat een goed excuus om met je armen over elkaar te blijven zitten.

De schrijfster, onderzoekster en intuïtief begaafde arts Caroline Myss, verwoordt onze verslaving aan de slachtoffermentaliteit heel mooi op een cassetteband met de titel, *'Why People Don't Heal.'* Myss geeft toe dat we van onze wonden een machtsmiddel maken en verslaafd raken aan de identiteit en de voorrechten die ze ons bieden. In een gewoon gesprek vertellen we anderen bijvoorbeeld altijd iets uit ons verleden. We laten mensen weten wat we hebben geleden, ongeacht of het gaat om misbruik in onze kinderjaren, incest, alcoholisme, de dood van een kind, of een ander verlies of ongeluk. Het is duidelijk dat als er iets negatiefs gebeurt, je steun en tijd nodig hebt om de gevolgen te kunnen verwerken. Na verloop van tijd vindt er genezing plaats en ga je verder. Maar als je de wond open houdt en al het andere in je leven in het licht van die wond ziet, dient hij als een excuus voor je gebrek aan succes.

> De allergrootste ramp in de geschiedenis is de scheiding van moeder en kind bij de geboorte. Deze ervaring van in de steek gelaten worden is de meest vernietigende gebeurtenis in ons leven, die ons emotioneel en psychisch verlamt. De moeder heeft vaak… een postnatale depressie, afgesneden van de verbinding die tot stand zou komen. Een tijdlang zal ze treuren, maar het treuren maakt plaats voor boosheid, hardheid, een schild waarmee ze een gapende wond bedekt die nooit geneest en waarvan de meeste vrouwen zich niet eens bewust zijn, aangezien ze die wond op de omgeving in het algemeen projecteren, waarbij maar al te vaak de ongelukkige baby het moet ontgelden.
> **Joseph Chilton Pearce, *Evolution's End.***

Myss gelooft dat we in wezen een deel van onze ziel in die vroege trauma's hebben achtergelaten en dat we ze blijven voeden omdat ze in onze ogen nog steeds oneerlijk zijn. De energie die we van mensen die naar onze verhalen luisteren krijgen, geeft ons kracht. Daarom kunnen of willen we die wonden uit het verleden niet loslaten. Natuurlijk hebben we allemaal een verleden en echte moeilijkheden meegemaakt waardoor we sterk zijn geworden. Maar als we die negatieve gebeurtenissen in het heden levend houden, *ondermijnen we de psychische energie waarmee we een nieuwe weg in kunnen slaan,* om onze Geboortevisie te vervullen.

Als we onze manier van kijken veranderen en beseffen dat die gebeurtenissen misschien een reden hadden, kunnen we het idee dat we echt door iets zijn gekwetst, loslaten. Myss zegt: 'Je zult jezelf bevrijd hebben van een verlammende visie… het gevolg daarvan is dat je opstijgt tot een hoger niveau van waarnemen… Vergeving is heel belangrijk, omdat je je wezen terughaalt uit gevoelens van schuld, excuses en zwakte, die allemaal gekoppeld zijn aan een idee van gerechtigheid op basis van 'oog om oog, tand om tand'.[2]

Als je anders tegen de zaken aankijkt, verandert je leven radicaal. Als je je niet langer wilt fixeren op hoe anderen je kwaad hebben gedaan,

treedt er een verandering op in je relaties. Myss zegt: 'Zodra je op-
houdt het slachtoffer te zijn, kun je niet meer met slachtoffers omgaan... want die zullen zeggen: "Jeetje, wat ben jij veranderd!" Ze
zullen er niet blij mee zijn, ze zullen het zien als verraad. Je zult sterk
genoeg moeten zijn om te laten zien dat je bent veranderd... want je
kunt niet al je werelden meenemen... Er zal sprake zijn van angst...
hoe zal mijn wereld eruitzien als ik gezond ben? Hoe is het om vanuit
mijn kracht een verbintenis aan te gaan?... Je deelt je wonden met
anderen uit eigenbelang: 1)je wilt macht over de ander; 2)het is je bedoeling controle over de ander uit te oefenen; en 3)je wilt een appeltje
voor de dorst, voor het geval je ooit hun steun nodig hebt, wat gelijk
staat aan manipuleren op de lange termijn.'[3]

VOORBEELD VAN HET MACHTSSPEL VAN
DE ARME IK/BULLEBAK

Een vrouw die we Jane zullen noemen, werd zich er, nadat ze in 1993
De Celestijnse Belofte had gelezen, van bewust hoeveel bullebakken
er in haar leven voor-
kwamen. Ze voelde
zich niet alleen leeg-
gezogen en kwaad
om 'hoe ze werd be-
handeld,' maar ook
schuldig en onzeker
dat ze niet genoeg
deed om het die
mensen naar de zin
te maken. 'Aange-
zien ik drie bullebak-
ken in mijn leven
had, moest ik het feit

> De macht die anderen bezitten is de macht die ik
> hun geef... Als ik de *ander* macht geef die de
> *ander* niet bezit, word ik toch met mijn eigen
> angst geconfronteerd, nietwaar? Mijn eigen
> macht is mijn tegenstander, mijn vijand gewor-
> den. Anderzijds, als de *ander* macht bezit, maar
> ik ervaar de macht van de *ander* niet, dan heeft
> hij geen macht – niet over mij.
> **Gerry Spence, *How to Argue and Win Every Time.***

onder ogen zien dat ik een reden had om ze aan te trekken. Het eerste
wat in mij opkwam was dat ze zoveel op mijn moeder leken. Ik denk
dat het zo pijnlijk moest worden om diep genoeg te kunnen gaan en
het patroon te herkennen. Ik was absoluut vastbesloten mijn machtsspelletjes te doorbreken.'
Jane belde onlangs om te vertellen welke vorderingen ze het laatste
half jaar heeft gemaakt. 'Ik voel me merkbaar anders nu,' zei ze. 'Ik sta
nu bijvoorbeeld heel anders tegenover mijn werk als makelaar. Een

half jaar geleden had ik het gevoel dat het werk niet bij me paste. Nu trek ik heel goede cliënten aan en vind ik het spannend om met hen te werken. Ik voel me creatiever en optimistischer, waardoor ik aardiger word. Ik voel me innerlijk meer ontspannen en heb niet meer dat oude paniekerige gevoel. Ik verdien weer geld, maar geld is niet het enige, want ik heb eerder financieel goed gedraaid en toen voelde ik evengoed vaak die paniek. Ik heb echt gewerkt aan die houding van 'arme ik' en heb het gevoel alsof ik een of ander deksel heb opgetild. Irritaties lopen gewoon niet meer zo hoog op als vroeger.' Wat is er gebeurd? vroegen we.

'Om te beginnen wist ik dat ik die mensen niet voor niets tegenkwam. Ik bleef me aangetrokken voelen tot moeilijke mensen. Dat ging heel gemakkelijk – het was bijna alsof ik gehypnotiseerd werd. Ik kan het niet uitleggen, maar ik wist dat ik een oud patroon uitspeelde,' zei Jane. 'Ten tweede begon ik te zien hoe het altijd tot een uitbarsting kwam als ik mijn eigen behoeften miskende en ze te veel opkropte. Dan vond ik die mensen veeleisend en egoïstisch, maar nam toch alle schuld op me en probeerde het anderen extra naar de zin te maken. Omdat ik zoveel opgekropte woede had, werd ik uiteindelijk een grotere bullebak dan zij. Ik denk dat ik het gevoel had dat ik niet sterk genoeg was me tegen hen te verweren tenzij ik vol woede zat, waardoor ik me sterker voelde. Ik cijferde mezelf zó weg dat ik uiteindelijk een grens moest trekken. Ik bereikte het punt waarop ik het gevoel had dat ik een automaat was. Ik liep helemaal leeg en vervolgens kwam het tot een uitbarsting. Na afloop voelde ik me dan schuldig. Ik had alleen maar oog voor anderen en hun problemen en vergat mijn eigen behoeften volledig. Mijn eerste stap was om de machtsspelletjes verstandelijk te doorzien. Ik riep ook de hulp in van een therapeut. Steeds als ik een van mijn bullebakken ontmoette, lette ik goed op hoe ik me voelde. Dan vroeg ik mezelf af: "Welke keuzes heb ik?" Ik probeerde verschillende mogelijkheden zoals: "ik moet nu een einde aan dit gesprek maken", of "de manier waarop je tegen me praat, bevalt me niet." In het begin, had ik na een telefoongesprek met zo iemand een gigantische klomp in mijn maag. Maar terwijl ik me goed bewust bleef van mijn voornemen het spel te doorbreken en in mijn kracht te blijven, zag ik dat ze werkelijk aardiger tegen me begonnen te doen. Als ze tegen me te keer gingen, liet ik het van me afglijden. Ik leerde meer afstand te bewaren. Ik hield mijn aandacht gericht op wat ik zelf nodig had, in plaats van me te richten op wat zij deden. Dat was mijn eerste grote verandering – "aan Jane denken".'

Jane vervolgde: 'Ik hield een dagboek bij waarin ik opschreef wat zij

117

hadden gezegd, wat ik had gezegd, hoe ik me voelde. Ik las het over en bleef mezelf afvragen, hoe kan ik er soepeler mee omgaan? Wat kan ik de volgende keer anders doen? Ik moest echt oefenen, want ik wist niet waar ik mee bezig was! Het was alsof ik op de automatische piloot vloog en totaal geen zicht had op de keuzemogelijkheden.'

De valstrik

In Jane's verhaal zitten een aantal elementen die in alle machtsspelletjes voorkomen. Om te beginnen herkende ze een steeds terugkerend patroon van bullebakken. Ze werd aangetrokken door moeilijke mensen en liep in de valstrik. De valstrik dient nu om alert te blijven, zodat ze deze oude gewoonte kan doorbreken.

De projectie van woede kleurde andere beslissingen

Vervolgens zag ze dat ze geen oog had gehad voor haar eigen pijn, terwijl ze al die tijd wel haar woede had opgekropt. Ze projecteerde de pijn en woede op haar werksituatie. Deze projectie van pijnlijke gevoelens overtuigde haar ervan dat zij niet geschikt was voor de makelaardij. Ten derde ontkende ze haar ware gevoelens en had ze alleen maar aandacht voor het gedrag van de ander, bijna alsof ze er zelf niet bij was. Ze voelde hoe ze leeg liep, waarop ze reageerde door boos te worden en zich vervolgens schuldig te voelen – en dat betekende natuurlijk dat ze heel veel energie stak in herhalingen en schuldgevoelens.

Opnieuw contact maken met het lichaam als bron van informatie

Toen bij Jane het besef groeide hoezeer ze verstrikt was geraakt in het machtsspel, begon ze het om te keren. Naarmate ze weer meer in contact kwam met de fysieke gewaarwordingen in haar nek en maag, was ze beter in staat *op het moment zelf* voor zichzelf op te komen en niet alleen na afloop als ze de ontmoeting nog eens de revue liet passeren. Ze begon te experimenteren met haar reacties en liet anderen weten dat ze het niet prettig vond als ze tegen haar schreeuwden of haar bekritiseerden. Het belangrijkste van alles was dat ze haar gevoelens en haar voornemen de beangstigende gevoelens door te werken niet

118

uit het oog verloor, in het vertrouwen dat dit voor haar tot bevrijdende keuzes zou leiden. Ze wist haar reactieve, regressieve behoefte om zich te verdedigen en alles onder controle te hebben, te overwinnen. Ze kreeg het gevoel dat ze voor zichzelf kon zorgen, zelfs als mensen probeerden energie aan haar te onttrekken.

Het besef dat anderen er niet voor zullen zorgen dat jouw leven beter verloopt

Toen Jane eenmaal inzag dat ze in deze moeilijke relaties haar innerlijke conflicten uitspeelde, begon ze heel duidelijk te zien dat iedere persoon op een diep niveau iets vertegenwoordigde waarvan zij *onbewust dacht dat ze het nodig had om te kunnen overleven.* 'Ik besefte dat ik helemaal vastzat aan iemand omdat ze een beroemdheid was. Ik was bang het contact met haar te verliezen, omdat het feit dat ze mijn cliënte was, mij ook bijzonder maakte. Een andere cliënt was verschrikkelijk rijk en had het helemaal gemaakt. Hij had een prachtig huis dat ik zelf ook heel mooi vond. Ik wilde graag dat hij me aardig vond en ik wilde een huis van vijf miljoen verkopen! Weer iemand anders was heel intelligent en bijzonder succesvol. Ze kon heel goed in het openbaar spreken en bleef goed bij zichzelf, iets waar het mij voor mijn gevoel aan ontbrak. Ik benijdde haar positie en hoopte dat ze me voor zou stellen aan andere mensen zoals zij. Dat is ook interessant, want toen ik eenmaal besefte hoe dat met haar zat, kreeg ik "toevallig" de kans deel te nemen aan een grote bijeenkomst, waar ik veel lof kreeg toegezwaaid voor het feit dat ik zo goed het woord kon voeren en omdat ik in staat was een groot publiek te boeien. Opeens had ik het gevoel dat ik contact maakte met mijn eigen bron van kracht en energie! Het was heel duidelijk voor me dat ik, als ik contact probeerde te maken met die drie mensen, energie kwijtraakte, niet kreeg.'

De energie die ze aan anderen gaf terughalen

In psychologische termen had Jane zich de eigenschappen die ze op deze mensen had geprojecteerd, weer eigen gemaakt. Ze kwam bij zichzelf en hoefde niet langer bullebakken aan te trekken om haar gebrek aan zelfrespect te genezen. Ze maakte zich ook los van de onderliggende overtuiging dat ze het moeilijke mensen naar de zin moest maken om te kunnen overleven, zoals ze in haar jeugd met haar moeder had gedaan.

119

Om in contact te blijven met haar eigen energie, doet Jane het volgende: 'Ik ga de natuur in, hardlopen op het strand. Ik mediteer. Ik sta open voor de schoonheid om me heen of luister naar muziek. Ik probeer gezond te eten. Ik heb echt geleerd niet te reageren op alle trucs die mijn cliënten uithalen. Ik weet wanneer ik nee moet zeggen, en dat ik goed moet oppassen dat ik niet te ver ga om het anderen naar de zin te maken, waardoor ik mezelf in de rol van slachtoffer manoeuvreer. Al is het soms nog zo moeilijk nee te zeggen, ik moet mijn grenzen in acht nemen. Ik geef prioriteit aan mijn ware behoeften en laat anderen in hun waarde, zonder te proberen hen te begrijpen of te veranderen. Als ik het gevoel heb dat ik leegloop, bedenk ik dat ik de keuze heb mijn gedrag te veranderen. Soms moet ik om mijn gemoedsrust te bewaren, mijn stem verheffen, maar het verschil is dat ik in mijn eigen energie blijf.'

Nu zegt Jane: 'Ik sta ervan te kijken hoe alles is veranderd. Ik dacht dat ik de makelaardij vaarwel zou zeggen, maar kreeg een baan aangeboden bij deze nieuwe zaak waar de dynamiek totaal anders is. Hier werken we allemaal samen. Het is leuk. Ik mag deze mensen graag. En weet je, nu ik erop terugkijk, besef ik dat ik er niet eens mijn best voor heb gedaan. Het lijkt wel of het gewoon vanzelf is gebeurd.' Onlangs had ze zitten lunchen met haar vriendin Patti en Patti's zus, Nadine. Nadine had sarcastisch de draak gestoken met Jane en Patti die het over aromatherapie en astrologie hadden en vond het maar 'new-age-flauwekul.' Patti begon boos te worden op Nadine, maar Jane zei dat ze de hele toestand opeens zo lachwekkend had gevonden, dat ze er hartelijk om moest lachen. Haar gelach werkte aanstekelijk en later bedankte Patti haar, omdat ze ervoor had gezorgd dat de sfeer vriendschappelijk was gebleven. Jane zei: 'Mensen kunnen je niet blijven aanvallen als je je eigen gevoel voor humor behoudt.'

Jane's vastberadenheid of voornemen om een pijnlijk patroon te veranderen, maakte dat ze het machtsspel *in* moest om het *door* te kunnen werken. Ze ging mensen niet uit de weg en ze veranderde niet van baan. Ze begon in te zien dat ze die bullebakken steeds aantrok, omdat ze dat patroon moest genezen. Ze bereikte dit door alle gebeurtenissen op te schrijven en oog te hebben voor de boodschappen in haar dromen. Ze hield ermee op zich schuldig te voelen om de problemen van anderen. Ze lette erop dat haar energieniveau niet te ver daalde en nam maatregelen om haar enthousiasme op peil te houden. Door haar voornemen de heelheid in zichzelf te zoeken, trok ze nieuwe positieve mogelijkheden aan en begon ze in te zien dat ze het in haar persoonlijke leven en werk zo slecht nog niet deed. Hoe pijnlijk het in het begin ook was, door haar bewustzijn en het emotionele werk dat ze verzette, bereikte ze een nieuw niveau van spirituele groei. 'Nu let ik op de waarschuwingstekens of rode vlaggen. Ik kan de bal op me af zien komen, net als bij voetbal, en ik zet gewoon een stap opzij. Ik zie een rode vlag als mensen te snel dichterbij komen en ik het gevoel heb dat ze me gaan beschuldigen, me nodig hebben, of al te agressief zijn. Ik voel het als ze iets van me willen. Ik zie ze als mensen die buiten zichzelf staan. Zo was ik vroeger ook – "buiten mezelf". Ik zie mezelf als een bewegend deel van het hele systeem en ik ben niet het middelpunt van het universum. Toen ik zo vastzat in mezelf, kon ik niet zien dat alle andere mensen ook midden in hun eigen werkelijkheid zaten. Zelfs als ze me op een voetstuk plaatsen en mijn ego zich gestreeld voelt, is er uiteindelijk sprake van een onevenwichtige relatie.'

> Je dingen bewust worden, je losmaken van je machtsspel, is in het begin altijd beangstigend, omdat eerst de dwangmatigheid moet worden opgeheven voordat er innerlijk een oplossing voor het gevoel van verlorenheid kan worden gevonden. Daarom is een *donkere nacht van de ziel* soms een opmaat voor een toename in bewustzijn en spirituele euforie.'
> **James Redfield, *Het Tiende Inzicht*.**

ZWAAR MATERIEEL, ZWARE ENERGIE

Jan E. uit Oklahoma vertelde hoe zij, door zich meer bewust te worden van de manier waarop mensen met energie omgaan, een nieuwe manier heeft gevonden om weerbarstige klanten aan te pakken. 'Wij verhuren opleggers voor het vervoer van zwaar materieel,' zei ze, 'en ik heb veel met mannen te maken. In deze mannenwereld lijkt het wel of mannen zich van nature agressief gedragen tegenover een vrouw. Ze worden strijdlustig. Vermoedelijk denken ze dat ze daardoor beter voor elkaar krijgen wat ze willen of nodig hebben. Ik kreeg er steeds meer last van. Sinds ik *De Celestijnse belofte* en *Het Celestijnse werkboek* heb gelezen, voel ik me niet meer het slachtoffer, maar zie ik waar mensen mee bezig zijn.

Het inzicht dat we de machtsspelletjes in onze kinderjaren ontwikkelen, heeft ertoe bijgedragen dat ik me niet meer zo bedreigd voel. Ik zie dat mensen het gewoon doen zoals ze het hebben geleerd. Sommi-

ge klanten gooien het op de arme ik: "Ojee, moet je een hele dag in rekening brengen?" enzovoort. Ik zie echt hoe ze proberen medelijden op te wekken en de situatie naar hun hand te zetten. Ik zie het zo duidelijk, dat ik er soms om moet lachen.'
Net als Jane, is ook Jan haar werk innerlijk en uiterlijk anders gaan ervaren. Ze heeft niemand geanalyseerd, ze heeft niemand bekeerd tot spiritualiteit, ze heeft niemand de schuld gegeven. *Ze kijkt gewoon anders tegen de situatie aan.* Ze neemt niet meer als vanzelfsprekend aan dat zij er de oorzaak van is dat mannen haar zo grof behandelen, en ook vecht ze niet om in haar eigen kracht te blijven. Door haar nieuwe bewustzijn komt zelfs haar gevoel voor humor tot bloei.

INNERLIJKE HARMONIE

Brian Finigan, een jazzmusicus uit New Orleans, schreef ons het volgende: 'De Celestijnse ideeën hebben mijn leven grondig veranderd. De toevalligheden doen zich in zo'n snel tempo voor dat ik ze in een dagboek noteer om ze bij te kunnen houden. Ik heb altijd de afstandelijke gespeeld, maar nu begin ik te beseffen dat hoe meer ik me openstel voor mensen, hoe meer toevalligheden zich voordoen, waardoor ik ontvankelijk blijf.
Ik ben mij zo afstandelijk gaan gedragen als reactie op mijn vader die een ondervrager was. Hij was uit Ierland geëmigreerd en heel praktisch ingesteld. Ik niet. Hij vond muziek niet praktisch. Hij haalde me er zelfs toe over muziek niet als hoofdvak te kiezen, en dat heeft me heel veel gekost. Hij praatte met feiten en logica op mij in en ik kon hem gewoon niet duidelijk maken wat ik voelde. Ik werd afstandelijk en zwijgzaam. Ik heb altijd geweten dat ik afstandelijk was en dat weerhield mij ervan grotere risico's te nemen en te groeien... ik droeg een masker – dat me in de weg stond mezelf te zijn en ik weet zeker dat het ook mijn creativiteit heeft belemmerd. Nu zie ik dat hoe meer ik me openstel voor mensen, hoe meer toevalligheden zich voordoen.'

ONDERVRAGERS AANTREKKEN

Anne, eigenaresse van twee bedrijven, vertelde dat ze op het moment dat ze over machtsspelletjes las, in een grote machtsstrijd verwikkeld was met haar zakelijke partner, Joanie. 'Er ging onmiddellijk een lichtje branden toen ik las over de dynamiek tussen de ondervrager en de afstandelijke. Ik zag hoe Joanie een ondervrager was. Ze lijkt altijd over mijn schouder mee te kijken en me te willen betrappen op de een of andere fout, of mijn manier van werken in twijfel te trekken. Ik ergerde me er flink aan en begon me af te vragen of ik wel geschikt was voor het zakenleven. Maar een nog belangrijkere boodschap die ik kreeg van de machtsspelletjes was dat ik mijzelf als de afstandelijke zag. Ik besefte onmiddellijk: "Hé, ik lok die ondervragende reactie van Joanie zelf uit!" Ik wist dat ik me tegenover haar afstandelijk had gedragen. Ik beantwoordde haar telefoontjes pas dagen later. Ik vertelde haar niet alles over onze cliënten. Ik haalde mijn energie bij haar weg, omdat ik vooral wilde dat ze me met rust liet. Ik zag toen dat ik door afstandelijk tegen haar te doen, bij haar het probleem van in de steek gelaten worden opriep. Ik kende haar achtergrond en herinnerde me dat zowel

---

HET SLOT: Hoe krijg je ze zover dat ze in ieder geval naar je luisteren? Hoe maak je ze open?

DE SLEUTEL: De sleutel is heel eenvoudig. Geef hun alle macht. Vertel de waarheid. Ben zoals je bent.

Als we ze maar zo ver kregen dat ze open staan voor onze argumenten! – want als de ander ons wil horen, zal het eenvoudigste argument winnen. Anderzijds, we kunnen met de knapste argumenten die een mens ooit heeft bedacht komen, maar als de ander ons niet wil horen, kunnen we net zo goed met de wolven in het bos gaan huilen.

Als je de ander de macht geeft onze argumenten te aanvaarden of te verwerpen, haal je bij de ander de angst weg, de angst die ons altijd het onderspit doet delven. Je kunt bijvoorbeeld tegen je echtgenoot zeggen: 'Ik heb genoeg van het werk. Ik ga volgende week op vakantie. Je ziet maar, òf je neemt vrij en gaat met me mee, òf ik ga alleen,' en in dat geval is de kans groot dat je alleen gaat.

Of je zegt: 'Liefje, ik ben echt moe en ik weet dat jij ook moe moet zijn. Als je een keer vrij kunt nemen, hoe eerder hoe liever, zou ik er graag even tussenuit gaan'… Door te kennen te geven dat de beslissing alleen bij hem ligt, nemen we een standpunt in waar we niet kunnen verliezen. Want als we de ander op die manier geen macht geven, zal hij altijd gesloten blijven en zich verweren tegen onze argumenten en zullen we altijd verliezen.

Gerry Spence, *How to Argue and Win Every Time.*

123

haar vader als haar moeder op een bepaald tijdstip uit haar leven waren verdwenen en dat ze nooit echt had geleerd iemand te vertrouwen. Ik besefte dat als ik vanwege mijn eigen onzekerheid de neiging had me terug te trekken en geheimzinnig te doen, zij vermoedelijk dacht dat ik haar buitensloot.

'Toen ik dat besefte, begon ik te kijken naar hoe mijn afstandelijke gedrag alle aspecten van mijn leven had beïnvloed. Er is bijvoorbeeld een moment in mijn leven geweest waarop ik vraagtekens had moeten plaatsen bij de beslissingen van mijn huisarts, maar het niet deed. Ik liet het voor wat het was. Mijn afstandelijkheid heeft me er ook van weerhouden met mijn zaak echt naar buiten te treden, en dat heeft gevolgen voor mijn financiële situatie. Om nog maar te zwijgen over mijn persoonlijke relaties!'

DE LAGERE EMOTIES UIT DE WEG RUIMEN

In alle machtsspelletjes hebben we te maken met lagere emoties. Welke zijn dat? Ongeacht of we een bullebak of een arme ik zijn, we ervaren allemaal negatieve emoties, zoals wrok, wantrouwen, cynisme, onzekerheid, hoogmoed, woede, jaloezie, of afgunst. Die gevoelens ontstaan uit de angst of de pijn die we ervaren als we het gevoel hebben dat we de controle over ons leven verliezen. Aangezien we op die negatieve emotionele gemoedstoestanden 'leeglopen' en ze ons belemmeren ons onze Geboortevisie te herinneren, hebben we er veel aan op te merken wanneer ze ons in hun greep hebben. Natuurlijk omvat een rijk, emotioneel leven *alle* gevoelens, omdat elk gevoel een boodschap heeft. Maar als we wegzakken in zware energie, leven we met oogkleppen op en scheppen we meer van de energie waarin ons denken is vastgelopen. Om een positieve Wereldvisie te kunnen scheppen, moeten we flexibel zijn en open staan voor veranderingen en lessen. Let er maar eens op hoe zwaar je je fysiek voelt als je weer eens te maken krijgt met een conflict of een misverstand.

HET VELD SCHOONSPOELEN

We kunnen ons energieveld schoonmaken door 1) onze machtsspelletjes op te merken; 2) oude reactieve keuzes te vervangen door creatieve oplossingen; en 3) ons verleden te vergeven en verder te gaan.

Barbara Brennan is lerares, genezeres, therapeute, schrijfster en wetenschapper en doet al twintig jaar lang onderzoek naar het menselijk energieveld. Ze wordt beschouwd als een van de meest kundige spirituele genezers en ziet het menselijk energieveld als een matrix waarop de cellen van het fysieke lichaam groeien. Volgens haar is ons energieveld onophoudelijk in beweging terwijl het voortdurend een instroom van informatie verwerkt. Onze houding en onze beslissingen scheppen veranderingen in de dynamiek van de energie. In een gesprek met Russell DiCarlo in *Towards a New World Vision,* zegt ze bijvoorbeeld: 'Als je jezelf vergeeft, gebeuren er prachtige dingen. Steeds als er iets is dat je niet van jezelf accepteert, ontstaat er een zekere spanning en stagneert de energie in het veld. Het is net als slijm bij een verkoudheid. Dus je schept in feite vervormingen in je eigen energiepatroon die te maken hebben met het feit dat je jezelf niet vergeeft. Die vervormingen leiden uiteindelijk tot ziekte. Als je jezelf vergeeft, maak je in feite de geblokkeerde energiestroom in je energieveld weer vrij, zodat het zichzelf schoon kan spoelen... Als je iemand niet kunt vergeven, zal zich een duidelijk patroon in je energieveld vormen. De buitenkant van je energieveld zal star en broos worden als je met die persoon contact hebt. Ook op andere manieren zul je je levensenergie niet naar die persoon laten uitstromen. Normaal gesproken stromen er brede banen van energie of linten van bioplasma tussen twee mensen als ze met elkaar contact hebben en er vindt tussen alle levende wezens een uitwisseling van levensenergie plaats... Maar als er geen sprake is van vergeving, blijft daar niets van over. Bij de ander loopt de zaak op dezelfde manier vast. Meestal is het iets dat van twee kanten komt.'[4]

HET ZUIVEREN VAN JE EIGEN ENERGIE
IS EEN DEEL VAN HET SPIRITUEEL MAKEN
VAN DE AARDSE DIMENSIE

Volgens het Derde Inzicht zijn we ondergedompeld in een veld van zuiver goddelijk bewustzijn (voordat het door menselijk bewustzijn vorm heeft gekregen). Iedere gedachte en beslissing heeft niet alleen invloed op ons persoonlijke energieveld, maar ook op de mensen met wie we karmisch verbonden zijn, en *zelfs op het universele energieveld op zich.* Als we zelf onze energie zuiveren, hebben we de spiritele en fysieke dimensie in onszelf dichter bij elkaar gebracht. Aangezien wij allemaal een goddelijke vonk in ons hebben, schept iedere zuivering meer liefdesenergie die de evolutie ten goede komt. Veel leermeesters hebben gezegd: 'Vrede in de wereld begint bij jezelf.'

DANKBAARHEID OPENT HET KANAAL VOOR TOEVALLIGHEDEN

Brennan zegt: 'Alle velden eindigen verschillend, dus iemand die veel liefde heeft, zal een zachtere en veerkrachtigere uitstraling hebben. Als gevolg daarvan kan zo iemand veel gemakkelijker met anderen contact maken.'[5] Gevoelens van dankbaarheid voorzien de diepere lagen van de goddelijke ziel, waarin de Geboortevisie zich bevindt, van energie. Brennan: 'De intense energie van het diepste wezen straalt naar buiten. Het is alsof zich een kanaal opent vanuit het diepste wezen en waar de energie in de hele wereld kan uitstromen. Dankbaarheid stemt de mens ook af op het universele energieveld... of op de morfogenetische velden van de hele aarde en de zonnestelsels. Ook dat is heel belangrijk, want daardoor raak je afgestemd op je eigen leven. Als je op die manier mee kunt gaan met de stroom en die plek in het leven kunt vinden, krijg je veel steun uit het hele universum.'[6]

> Dingen brengen elkaar niet teweeg en laten elkaar niet gebeuren zoals bij lineaire oorzakelijkheid; ze helpen elkaar te gebeuren door een gelegenheid, een plek, of een context te verschaffen, waardoor zij op hun beurt weer beïnvloed worden. Er is hier sprake van een wederkerigheid, een wisselwerking. Macht bestaat niet in een entiteit op zich, maar in de relatie tussen entiteiten.
>
> **Joanna Macy, *World as Lover, World as Self*.**

Ook al hebben velen van ons nog niet het stadium bereikt waarin we zelf deze energiestromen kunnen waarnemen, de persoonlijke ervaringen op dit gebied van pioniers zoals Myss en Brennan, om er slechts twee te noemen, dragen bij aan een toename van ons collectieve vermogen. Het bewijsmateriaal dat binnenstroomt uit opkomende gebieden als de bio-energetica kan in potentie rechtstreeks bijdragen aan het bevorderen van zoiets belangrijks als het oplossen van conflicten op wereldschaal. Stel je eens voor dat we naast andere onderhandelingstechnieken met dat bewustzijn, die manier van waarnemen en die houding aan vredesonderhandelingen zouden deelnemen! Onze gevoelens kleuren de wereld zoals een druppel rode verfstof water kleurt. Terwijl ieder individu meer liefde en oprechtheid aan de dag legt in persoonlijke relaties, beïnvloeden onze energieën het collectief. Zonder extra inspanning scheppen we vruchtbare voorwaarden waar anderen op in kunnen haken. Het is bijna hetzelfde als de bovengenoemde voorbeelden van Jane en Jan, die bemerkten dat toen hun innerlijke beleving eenmaal was veranderd en zij zich anders gingen gedragen, de uiterlijke omstandigheden in hun leven vrijwel automatisch veranderden. In plaats van op zoek te gaan naar een lineair recept (A+B=C) van 'hoe verander ik de wereld', kunnen we ertoe komen de omstandigheden in ons eigen leven te veranderen en dan bedacht te zijn op *welke gelegenheid zich voordoet om dienstbaar te kunnen zijn aan anderen*. Door de evolutie meer te zien als een proces dat dynamisch wordt aangedreven door de *relatie* tussen gebeurtenissen, ontdekkingen en beslissingen, zouden we begrijpen dat onze Geboortevisie en de Wereldvisie zich vanzelf ontvouwen als we eenmaal de weg hebben vrijgemaakt.

WEERSTAND

Daar zit je dan, je leest over de inzichten en je popelt van verlangen om veranderingen in je leven aan te brengen. Je hebt alle hoop dat je het doel in je leven zult vinden. Je wilt liefdevoller zijn en je niveau van spiritueel inzicht verhogen. De laatste tijd ben je je bewust geworden van bepaalde stappen die je zou kunnen zetten om positieve veranderingen in gang te zetten. Je hebt naar de oefeningen in dit boek of andere boeken gekeken. Ze leken hout te snijden.

Maar je bent er nog niet toe gekomen een van die nieuwe stappen te zetten.

Je hebt het gevoel dat je hebt gevraagd om aanwijzingen waardoor je kon loskomen uit een positie waarin je helemaal vastzat, maar tot je grote teleurstelling gebeurt er niets.

Welkom bij de weerstand. Weerstand is een dynamisch verschijnsel dat veel verschillende vermommingen kan aannemen. Stel, iemand die je heel goed kent wijst je op iets in je gedrag dat een probleem in jullie relatie veroorzaakt. Als je daardoor overstuur raakt, is de kans groot dat die ander de spijker op de kop heeft geslagen. Maar waarschijnlijk zeg je niet: 'Hartelijk bedankt dat je me daarop hebt gewezen. Ik ga er absoluut iets mee doen, want ik wil groeien en een zo goed mogelijk mens worden.' Nee, waarschijnlijk voel je je toch een ietsepietsje beledigd door de vrijpostige, arrogante, onterechte opmerkingen van die persoon. Of misschien word je wel boos over *alle* vrijpostige, arrogante opmerkingen die die persoon *ooit* naar jou toe heeft gemaakt. In de computer van je geest loop je elke onvergeeflijke opmerking na die je hebt weggeschreven, omdat je er nooit toe bent gekomen de ander eens en voor altijd duidelijk te maken hoe geweldig je bent ondanks zijn of haar kritische, vertroebelde blik. Dat is weerstand. Als je je onterecht tekortgedaan voelt en je kiest ervoor kwaad te worden, ben je er waarschijnlijk innerlijk van overtuigd dat rechtvaardigheid 'oog om oog, tand om tand' vereist. Dit soort reacties toont het onvermogen open te staan voor respons van anderen of op te merken wanneer dingen niet werken. Ze verstarren en ondermijnen je creatieve energie.

WEERSTAND KAN BETEKENEN DAT ER NET OM DE HOEK EEN VERANDERING LIGT TE WACHTEN

Een deelnemer aan een workshop in Boston over de Celestijnse inzichten zei: 'Ik heb ontdekt dat als ik me echt ergens tegen verzet, er beslist een kern van waarheid in zit. Ik heb ook gemerkt dat weerstand een teken is dat ik op het punt sta een grote verandering door te maken. Ik ben altijd een academisch type geweest,' zei hij, 'en deze spirituele ideeën zijn allemaal nieuw voor me. Maar als ik nu weerstand voel tegen iets nieuws, begin ik uit te kijken naar de verandering [in mijn leven] die altijd lijkt te volgen.

Zelfs als je *weet* dat je bepaalde dingen in je leven moet veranderen, kan het toch zijn dat je het niet doet. Vraag jezelf af wat je moet loslaten om die nieuwe stap te zetten. Beverly, een radiologe, vertelde ons dat ze er tijdens het lezen over de inzichten niet toe kon komen de oefening van de ouderanalyse in *Het Celestijnse werkboek* te doen, ook al had ze het idee dat het haar duidelijker zou kunnen maken waarom ze specifiek deze ouders had gekozen. De vraag in haar leven was of ze in het ziekenhuis moest blijven werken, of zich meer moest gaan toeleggen op het freelance schrijverschap. 'Ik besefte dat mijn weerstand om op een dergelijke manier naar mezelf te kijken zat in mijn angst om te kijken naar wie ik als kind was en naar wie ik nu ben. Het was moeilijk om op een neutrale manier over mijn ouders na te denken. Ik heb altijd gedacht dat ik de "verkeerde ouders" had. Ik ben boos omdat ze me veel te sterk hebben gevormd.'

Beverly's weerstand om die oefening te doen was een teken van een diepere behoefte om 'in het ongewisse' te blijven over haar ouders, omdat ze hen daardoor kon zien als de 'reden' waarom ze haar belangstelling voor het schrijven niet verder ontwikkelde. Ze ontdekte dat ze bang was dat ze te oud was om nog met schrijven te beginnen. Het was gemakkelijker te denken dat als haar ouders haar talent eerder hadden aangemoedigd, ze nu al verder zou zijn. Uiteindelijk ontdekte ze dat ze door haar strenge opvoeding een ongelooflijke zelfdiscipline had ontwikkeld en dat haar loopbaan in het ziekenhuis haar niet alleen een goed inkomen, maar ook een gevoel van zelfrespect had verschaft. Toen ze hier met een vriendin over sprak, opperde die vriendin dat ze de discipline en de capaciteiten om een studie medicijnen af te ronden, kon gebruiken om te gaan schrijven en haar werk te publiceren. 'In feite,' zei ze, 'geloof ik niet dat ik zoveel te zeggen had toen ik jong was. Nu wil ik heel graag schrijven over de veranderingen op medisch gebied en ik had deze ervaring nodig om geloofwaardig te zijn.'

ONTDEK WAT HET JE OPLEVERT OM TE BLIJVEN ZITTEN WAAR JE ZIT

Als je geen gehoor geeft aan een ingeving of een kans die je door een synchrone gebeurtenis wordt geboden, maak je duidelijk een keuze. Aan deze keuze ligt een andere, diepere angst of prioriteit ten grondslag die momenteel belangrijker is dan het nieuwe leven dat je zegt te willen. Stel jezelf de vraag, wat durf ik niet van mezelf onder ogen te zien. Wat levert mijn weerstand om te veranderen mij op. Wat levert het mij op om mezelf voortdurend zo te kleineren? Waarom pleit ik voor mijn beperkingen?
Het is heel zinnig om vervolgens te kijken naar mogelijke weerstanden die als een baken wijzen op beperkende overtuigingen. Zonder te oordelen zie je de weerstand als een plek waar je licht en mildheid naar toe moet brengen. Boeddhistische leraren geven je de raad te ademen naar de weerstand die je voelt en je voor te stellen hoe hij door je hart gaat. Stel je voor dat hij wordt opgelost en gereinigd terwijl hij door je liefdevolle, met licht vervulde hart stroomt.

HET UIT DE WEG RUIMEN VAN RESTGEVOELENS UIT
VORIGE LEVENS

We hebben gekeken hoe je energieblokkades kunt oplossen die hun wortels vinden in gebeurtenissen in het verleden van *dit* leven. Laten we nu ook eens kijken naar verbindingen met diepere lagen in onszelf. Waarom? In deze periode van grote overgang incarneren steeds meer groepen mensen tegelijkertijd om te werken aan het verwezenlijken van een positieve Wereldvisie. Het vermogen harmonieus samen te werken is niet alleen een enorm voordeel, maar ook noodzakelijk om positieve veranderingen te bewerkstelligen in het milieu en in onze cultuur. Omdat 'geen enkele groep haar volledige creatieve vermogen kan bereiken totdat ze bewust haar energie gezuiverd heeft en vervolgens versterkt[7],' moeten we bereid zijn in overweging te nemen dat we misschien werken aan kwesties die voorbij dit leven reiken. Inzicht op het niveau van het Tiende Inzicht biedt ons een breder perspectief dat reïncarnatie omvat, een gezichtspunt waarmee wij in onze cultuur niet vanouds bekend zijn.

Bijvoorbeeld, binnen de groep van zeven mensen uit het boek die proberen het energie-experiment in de vallei tegen te houden, lijken Curtis en David zonder aanwijsbare reden boos op Maya. Tijdens hun meditaties beginnen ze fragmenten van een gezamenlijk vorig leven te zien, waarin Maya een fout had gemaakt die leidde tot de dood van

> Het Achtste gaat erover hoe je anderen op een hoger plan kunt zien, hoe je hun energie kunt sturen door je te concentreren op hun schoonheid en de wijsheid van hun hogere zelf. Daardoor kan het energieniveau en de creativiteit van de groep drastisch toenemen, afhankelijk van het aantal deelnemers. Helaas ondervinden veel groepen problemen als ze elkaar op die manier op een hoger plan proberen te brengen, hoewel de betrokkenen er op andere momenten wel toe in staat zijn. Dat geldt vooral wanneer een groep arbeidsgericht is, een groep werknemers, bijvoorbeeld, of mensen die bij elkaar komen om een speciaal project op te zetten of zoiets. Dat komt doordat die mensen vaak al eerder bij elkaar zijn geweest, in een andere tijd, waardoor oude emoties uit vorige levens de kop opsteken en hun in de weg zitten.
>
> **James Redfield, *Het Tiende Inzicht*.**

Curtis en David. De negatieve gevoelens uit dat leven leefden in hun huidige incarnatie voort, waardoor ze opnieuw de kans kregen samen een doel te bereiken.

Het Tiende Inzicht herinnert ons eraan dat, al hebben we veel werk verzet ten aanzien van onze machtsspelletjes, het evengoed kan gebeuren dat anderen ons om onverklaarbare redenen op de zenuwen werken. Die ogenschijnlijk onredelijke gevoelens van vijandschap, schuld, schaamte, afgunst, woede, of jaloezie ten opzichte van iemand in een groep zouden hun oorzaak wel eens kunnen vinden in ervaringen uit vorige levens. In plaats van die gevoelens te negeren, kan het zinvol zijn te proberen je bewust te worden van de reden waarom je in een vorig leven bij elkaar was, wat je toen wilde bereiken en wat je dit keer anders zou kunnen doen. Hierbij volg je hetzelfde proces als wanneer je negatieve gevoelens en gedragingen in het heden opklaart. Nu kun je kijken naar die incarnaties waarvan de levenslessen van *toen* je zouden kunnen helpen in het leven dat je *nu* leidt. Heb geduld! De personen in het boek komen vrij snel tot dit besef om het idee duidelijk te maken. Als er sprake is van een belangrijk conflict dat de moeite van het oplossen waard is, en je hebt het al op een traditionele manier geprobeerd, is het misschien een goed idee te rade te gaan bij een regressietherapeut of een paragnost in wie je vertrouwen hebt. Zoals het geval is met alle professionele hulp: zorg ervoor dat je goede referenties hebt.

RESTGEVOELENS OF KLAPPEN UIT HET VERLEDEN

In *Een Ring van Licht* haalt de psycholoog Hans Ten Dam een sprekend voorbeeld aan van restgevoelens uit vorige levens. Lanfranco Davito, een Italiaanse politieagent, maakt het volgende in dit leven mee: '[Davito] verbleekt van angst als een onbekende op straat naar hem toekomt terwijl hij dienst doet. Op datzelfde moment herinnert hij zich een situatie waarin deze man hem tijdens een stamruzie met een knots doodslaat. Later komen allerlei andere herinneringen aan dit primitieve leven op.'[8] Dit soort pijnlijke herinneringen zijn precies de reden waarom we bij de geboorte met vergetelheid zijn gezegend. Meestal komen ze pas aan de oppervlakte als we emotioneel zo rijp zijn dat de herinneringen ons niet uit ons evenwicht zullen brengen. Maar een spontane herinnering of zelfs een vaag gevoel kan ons helpen de huidige relatie met iemand die we al uit een ander leven kennen – soms onder totaal andere omstandigheden – beter te begrijpen.

Hoewel het niet is aan te raden te proberen je een vorig leven te herinneren zonder goede professionele hulp, kan het je helpen te bedenken dat je in dit leven bent gekomen om verder te werken aan onopgeloste problemen en ook om je levensdoel te vervullen (waaronder beslist valt het afbetalen van karmische schulden door niet in dezelfde fouten te vervallen). De mensen die je ontmoet, hebben ermee ingestemd je te helpen die schuld te vereffenen.

Naarmate je je meer bewust wordt van je gevoelens op dit moment, kan je intuïtie je informatie verschaffen over gevoelens die ogenschijnlijk nergens op slaan. Je krijgt bijvoorbeeld een nieuwe zwager of schoonzus die je op het eerste gezicht niet mag. Of je moet in een project met iemand samenwerken aan wie je je op onverklaarbare wijze ergert. Als je je oorspronkelijke Geboortevisie wilt vervullen, is het goed te weten wat de achterliggende oorzaak van onverklaarbare gevoelens is.

In een groep die samen aan een project werkt, kan een lastig iemand een belangrijk onderliggende thema aan de oppervlakte brengen dat door de hele groep moet worden onderkend en onder ogen gezien. Groepen die werken vanuit het perspectief van het Tiende Inzicht, moeten weten hoe ze kunnen ophouden energie te steken in oude kwesties en zich *met liefde als overheersend gevoel* met het heden kun-

---

Voordat we aan het werk gaan, stemmen we ons altijd in stilte af op de deva's in onze tuin. We stemmen ons af op de deva's van bomen voordat we ze omhakken en we hebben ons met succes afgestemd op de deva's van insecten om te vragen of ze van de planten wilden blijven. Maar toen we ons probeerden af te stemmen op de deva of de geest van de herten om hun te vragen niet meer van onze tuin te eten, bemerkten we dat er dagen van meditatie voor nodig waren om met die deva in contact te komen. De herten waren door de vorige eigenaars van het land weggejaagd en het vertrouwen moest worden hersteld.

We bemerkten ook dat we ons niet op de natuur konden afstemmen als we niet op elkaar waren afgestemd. Dus eventuele conflicten moesten eerst worden opgelost. Vervolgens ontdekten we dat we de natuur niet konden beschouwen als slechts een klein stukje tuin dat door mensenhanden was gemaakt, maar de omgeving en de bossen bij onze afstemming moesten betrekken.

Corinne McLaughlin en Gordon Davidson,
Spiritual Politics.

---

nen bezighouden. Zoals het inzicht zegt: 'we [kunnen met het zuive-ringsproces] niet beginnen voordat we volkomen zijn teruggekeerd naar de liefde.'[9] Edgar Cayce, een groot genezer en medium, heeft er herhaalde-lijk met klem op ge-wezen dat we, als we de vijandschap met anderen niet oplos-sen, onszelf leven na leven aan hen bin-den, totdat ze is opgelost. Vijanden zowel als vrienden kunnen be-sluiten binnen één gezin te incarneren om karmische problemen uit te werken.

> Ik kijk naar Grijze Arend en vraag: Wat is de Sleutel? En met veel gevoel antwoordt hij: ZACHTMOEDIGHEID. Jouw wereld heeft be-hoefte aan ZACHTMOEDIGHEID.
> **Rosemary Altea,** *Stemmen van de overzijde.*

Soms komt er iemand in ons leven die een totaal ander trillingsgetal heeft dan wijzelf, zodat die persoon door het contact met ons kan wor-den genezen. In *Many Lives, Many Masters* schrijft Dr. Brian Weiss over informatie die tijdens regressies met zijn cliënte Catherine vanuit de hogere bewustzijnsniveaus doorkwam. Een van de boodschappen maakte duidelijk dat als we onszelf niet bevrijden van onze fouten en gebreken, we ze mee zullen nemen naar een volgend leven. Als we eenmaal besluiten dat we sterk genoeg zijn om de uiterlijke proble-men meester te worden, zullen we ze in het volgende leven niet meer hebben. Aangezien we incarneren met mensen die erin hebben toege-stemd ons te helpen van onze schulden af te komen, moeten we leren onze kennis met anderen te delen. De boodschap van het hogere we-zen was: 'We moeten ook leren niet alleen de mensen op te zoeken die hetzelfde trillingsgetal hebben als wij. Het is normaal dat je je voelt aangetrokken tot iemand die zich op hetzelfde niveau bevindt. Maar dat is verkeerd. Je moet ook de mensen opzoeken wier trillingsgetal afwijkt... ten opzichte van dat van jou. Het gaat erom die mensen te helpen.

We krijgen intuïtieve vermogens waaraan we gehoor moeten geven en waartegen we ons niet moeten proberen te verzetten. Mensen die zich ertegen verzetten, zullen in gevaar komen. We worden niet allemaal met dezelfde vermogens teruggestuurd. Sommigen van ons bezitten grotere vermogens dan anderen, omdat we die hebben vergaard uit andere levens. Daarom worden mensen niet allemaal hetzelfde ge-schapen. Maar uiteindelijk zullen we een punt bereiken waarop we allemaal gelijk zullen zijn.'[10]

Op een heel diep niveau beginnen we te beseffen dat we vermoedelijk zelf onze ouders en andere leden van het gezin hebben gekozen om een neiging in onze ziel aan bod te laten komen, waardoor we ons vermogen om lief te hebben kunnen verfijnen. In de volgende hoofdstukken zullen we zien dat het heel waarschijnlijk is dat onze ziel deze plek en specifieke ouders deels heeft gekozen om verkeerde neigingen, zoals anderen belachelijk maken, afweer, hoogmoed, een kritische houding, meerwaardigheidsgevoel, minderwaardigheidsgevoel, arrogantie, hebzucht, koppigheid, ongeduld, woede, wraak, de neiging tot oordelen, of zelfingenomenheid, te kunnen genezen. In veel spirituele leringen gaat men ervan uit dat een ziel met wie je verbonden bent, ermee heeft ingestemd dat deel uit te spelen waaraan jij moet werken. Dokter Weiss schreef bijvoorbeeld over een sessie met Catherine, waarin zij in een ander leven een liefdevolle man op een boerderij ziet die voor de paarden zorgt. Ze herkent hem als haar huidige grootvader. Ze zegt tegen Weiss: 'Hij was altijd heel goed voor ons. Hij hield van ons. Hij ging nooit tegen ons tekeer... Maar hij stierf.' Weiss antwoordt: 'Ja, maar je zult weer met hem samen zijn. Dat weet je.' En zij antwoordt: 'Ja. Ik ben eerder met hem samen geweest. Hij was niet zoals mijn vader. Ze zijn heel verschillend.' Weiss vraagt: 'Waarom houdt de een zoveel van jou en behandelt je zo goed, terwijl de ander zo heel anders is?' Waarop zij antwoordt: 'Omdat de een heeft geleerd. Hij heeft een schuld ingelost. Mijn vader heeft zijn schuld nog niet ingelost. Hij is teruggekomen... zonder inzicht. Hij zal

De natuur gebiedt, opnieuw, dat geen enkel wezen zich ontwikkelt zonder een stimulans van een ontwikkelde vorm van een dergelijk wezen. Alles wijst erop dat het ontwikkelde hart van de moeder het pasgeboren hart van het kind stimuleert, waarbij ze een dialoog activeert tussen het brein en het hart van het kind. Dan weet het pasgeboren kind dat alles goed is en dat de geboorte succesvol is verlopen... deze communicatie van hart tot hart activeert ook de overeenkomstige onstoffelijke geest in de moeder.

Door haar kind aan de linkerborst te leggen, waar het contact heeft met het hart, wordt er in de moeder een belangrijk blok van sluimerende onstoffelijke geest geactiveerd die specifieke verschuivingen in het functioneren van de hersenen en permanente veranderingen in het gedrag veroorzaken.'

Joseph Chilton Pearce, *Evolution's End.*

het over moeten doen.' Volgens haar moest haar vader leren zijn kinderen niet als zijn bezit te beschouwen maar als mensen om van te houden.[11]

ZELFSTUDIE OF GROEPSSTUDIE

De volgende oefeningen kun je alleen doen of gebruiken als basis voor een groepsgesprek. Als je in een groep werkt, kunt je één of meer onderwerpen uitkiezen en er vijf tot tien minuten over schrijven, hetzij thuis vóór de bijeenkomst, of aan het begin van de bijeenkomst. Aangezien deze onderwerpen vaak persoonlijk van aard zijn, is het heel belangrijk dat je zorgt voor een veilige, niet-bedreigende sfeer in de groep. Je zult bemerken dat je er veel aan hebt van anderen te horen hoe zij met hun onderwerpen omgaan.

Om beurten vertel je je gevoelens ten aanzien van de onderwerpen of lees je ze voor, zonder dat je door de groep wordt onderbroken. Als iedereen aan de beurt is geweest, praat je er met elkaar verder over of geef je elkaar positieve feedback. Let op wie er een boodschap voor je heeft in de manier waarop hij of zij met het onderwerp omgaat!

Nagaan hoe je voedsel geeft aan oude wonden

Schrijf drie tot vijf minuten lang alles op wat in je opkomt. *Als je in een groep werkt, hoef je niets te vertellen dat je niet wilt vertellen.*
1.	Beschrijf eventuele gevoelens, personen, of situaties waarover je je de laatste tijd druk maakt. Kun je zien hoe je zelf energie terugstuurt naar deze oude wond? Hoe vaak doe je dat? Ieder uur? Dagelijks? Zo nu en dan? Hoeveel procent van je psychische energie gebruik je om deze kwestie in leven te houden?
2.	Vertel je regelmatig aan anderen over misbruik in je kinderjaren, ziekten, verwondingen, karakterfouten, of andere negatieve dingen? Zie je hoe dat een poging is om je belangrijk te voelen? Verschaft het je op een subtiele manier macht?
3.	Waar zit je voor je gevoel vast in je leven? In je werk? In je relatie? In je gezinsleven? Welke stappen durf je niet te zetten? Hoeveel tijd besteed je aan het gevoel van verwarring? (Schrijf alleen je gevoelens op zonder te proberen iets op te lossen).
4.	Beschrijf heel nauwkeurig hoe je huidige conflict *hetzelfde soort spanning* veroorzaakt dat je kent uit je vroegste jeugd.

Leven met enthousiasme

1. Schrijf op wat je het liefst in je leven zou zien gebeuren.
2. Geef een heel gedetailleerd voorbeeld van dit verlangen.
3. Wat is het meest aangename en vervullende dat je morgen met je dag zou kunnen doen?
4. Doe je het ook? Zo niet, waarom niet? Wat staat je in de weg?
5. Wat voor houding blijkt uit je antwoord? Wiens stem is dat? De stem van je moeder, van je vader, van God?
6. Welke prioriteit blijkt uit de keuze voor wat je morgen wilt doen?
7. Wat doe je voor de lol?

Nagaan hoe je met machtsspelletjes omgaat

1. Welk machtsspelletje speel je meestal als je onder druk staat?
2. Beschrijf de manier waarop je ouders (of andere belangrijke verzorgers) meestal controle uitoefenen.
3. Met wat voor mensen heb je de grootste moeite? Wat voor gevoel geven zij je? Denk aan één of twee vrienden of collega's in het bijzonder en beschrijf de gevoelens die je in je lichaam waarneemt als je met hen in conflict bent.
4. Ben je in staat geweest 'het toneelstuk te benoemen' en heb je met die ander over je gevoelens kunnen praten? Wat gebeurde er? Als je er niet over hebt kunnen praten, waar ben je bang voor?
5. Stel je voor dat je een gesprek hebt met iemand met wie je in een machtsstrijd bent verwikkeld. Stel je voor dat je alletwee ontspannen bent en dat het gesprek plaatsvindt op een neutrale plek, zoals een café of een bank in het park. Schrijf op hoe je je gevoelens op een oprechte, *niet verwijtende* manier ter sprake kunt brengen.

Relaties nalopen om negatieve energie uit de weg te ruimen

Voordat je een moeilijke relatie in de buitenwereld aanpakt, is het een goed idee eerst bij jezelf te rade te gaan om negatieve energie uit de weg te ruimen.

Denk even rustig na over de volgende vragen om te zien waar je je vastklampt aan negatieve gevoelens ten aanzien van iemand anders. Die onopgeloste gevoelens zouden heel goed onbewuste energieblokkades in andere gebieden van je leven zoals creativiteit, financiën, of besluitvorming, kunnen veroorzaken. Houd pen en papier bij de hand om je *eerste indrukken* bij deze vragen op te schrijven.

Hoe zie je die persoon

- Sluit je ogen en vraag jezelf af: 'Wie brengt mij in mijn leven het meest van mijn stuk?' Zet de naam van die persoon bovenaan de bladzijde.
- 'Op wat voor manier onttrekt die persoon energie aan mij?' Beschrijf dit in één à twee zinnen.
- Beschrijf nu in vier of vijf woorden het gevoel dat deze persoon bij je opwekt. Is het geprikkeldheid, woede, wrok, of afgunst? Omcirkel het meest uitgesproken gevoel.
- Sluit opnieuw je ogen en stel je voor dat je bij deze persoon bent. Welke fysieke gewaarwordingen merk je op terwijl je hem of haar visualiseert, of wat herinner je je van de laatste keer dat je hem of haar zag? Voel je een verkramping in je borst, maag, keel of nek met betrekking tot deze persoon? Schrijf vier of vijf fysieke gewaarwordingen op in verband met deze persoon. Omcirkel de meest uitgesproken fysieke gewaarwording.
- Praat je met anderen over de voorvallen die je beleeft met deze persoon? Voel je je sarcastisch of cynisch ten aanzien van deze persoon?
- Schrijf vier of vijf woorden op die je ten aanzien van deze persoon hebt gebruikt, zoals stom, star, bang, gek, beledigend, intimiderend, slachtofferig, of slecht. Omcirkel de meest uitgesproken beschrijving die je ten aanzien van deze persoon hebt gebruikt. Hoe zou dat zelfde woord op jou van toepassing kunnen zijn, ook al is het maar een klein beetje?
- Werken jullie samen aan een project? Zo ja, schrijf de best denkbare afloop op en ook waarom die niet wordt gerealiseerd vanwege de relatie die je met deze persoon hebt.

Laat het verhaal zich ontvouwen

STAP EEN   Schrijf de naam van de persoon bovenaan een nieuwe pagina.

STAP TWEE   Schrijf de drie omcirkelde woorden die het sterkst je gevoel, fysieke gewaarwordingen en typering van die persoon beschrijven onder zijn of haar naam.

STAP DRIE Kies een van die woorden om je eerste zin te beginnen.

STAP VIER Begin te schrijven, waarbij je de andere twee woorden in je eerste paragraaf gebruikt. Schrijf drie minuten zonder te pauzeren en schrijf alles op wat in je opkomt, zolang je maar die drie omcirkelde woorden gebruikt.

STAP VIJF Denk na over de intuïtieve boodschappen die je tijdens het schrijven doorkrijgt. Door je innerlijke stemmen op papier tegen je te laten praten, kun je komen tot een groter inzicht van het proces waarin je je met de ander bevindt.

VOORBEELD
JOHN
prestatiegericht, kwaad, tergend

Tergen rijmt op verbergen. En als John in de buurt komt, wil ik me vaak verbergen. Hij is zo **prestatiegericht** dat ik het gevoel krijg dat ik niet genoeg doe. Dat ik hem niet kan bijhouden.

Hij maakt me **kwaad** als ik bij hem thuis kom en hij me niet eens vraagt wat ik doe. Het gaat alleen over hem, hem, hem. Hij doet zo sarcastisch over alles wat ik heb ontdekt, dat ik me bij hem een klein kind voel. En het gekke is dat ik veel beter ben in squash dan hij, met onze andere vrienden heb ik veel meer lol dan hij en ik heb een beter gevoel voor humor. Dus waarom gebruik ik dat niet!

Schrijf het verhaal opnieuw

● Je kunt in een paar zinnen opschrijven hoe je de relatie tot deze persoon graag zou zien. *Wat zou je het allerliefste zien gebeuren?* Schrijf je verwachtingen duidelijk en eenvoudig op. Sluit deze oefening af met een meditatie van één minuut waarin je visualiseert dat de ander zich met blijdschap *zijn oorspronkelijke voornemen of Geboortevisie herinnert*. Wees je ervan bewust dat jouw gedachten de energie tussen jullie beiden hebben veranderd.

Ik zie dat ik van nature ook prestatiegericht ben en dat ik het mezelf moeilijk maak door niet met dat schrijfproject te beginnen waar ik maar over blijf praten. Ik ben kwaad dat John zijn eigen bedrijf heeft opgebouwd en ik kan zien hoezeer hij daarin opgaat. Waarschijnlijk zou ik het niet veel anders doen. Ik word wel kwaad, maar ik laat John nooit echt mijn gevoelens zien. Ik neem aan dat hij mijn gedachten niet kan lezen.

Als ik een betere relatie met John wil hebben, moet ik niet zo afstandelijk zijn en hem alleen maar als een idioot zitten te veroordelen! De volgende keer als ik hem tegenkom, zal ik bereid zijn een tijdje naar zijn verhalen te luisteren, maar dan zal ik hem vragen of hij me wat feedback wil geven over waar ik mee bezig ben. Op die manier zal hij beseffen dat ik zijn mening op prijs stel en wil dat hij een tijdje naar mij luistert! Ik zal het hoe dan ook proberen en hem laten weten dat ik aan deze materie werk, zodat we vriendschappelijker met elkaar kunnen omgaan. Ik ben benieuwd wat hij daarvan zal zeggen!

GROEPSSTUDIE

Open kaart spelen

Als je eraan toe bent een obstakel in de groep door te werken, vraag je om hogere leiding. Vergeet niet dat je doel moet zijn een liefdevolle sfeer te scheppen. Een goede confrontatie wordt altijd gekenmerkt door zachtmoedigheid en mededogen.

Als je al hebt geprobeerd te werken met iemand in de groep die problemen veroorzaakt en er niet in bent geslaagd een harmonieuze oplossing te vinden, ga je bij je volgende stappen af op je intuïtie. In plaats van de groep uit elkaar te laten vallen, kan iedereen mediteren om te kijken of er iets anders is waarvan de groep zich bewust moet worden.

Wat kan helpen
- Wees bereid te overwegen dat je in vorige levens misschien al bij elkaar bent geweest. Naast het doel dat je misschien probeert te verwezenlijken, kun je ook bij elkaar zijn gekomen om resterende negatieve gevoelens uit andere levens op te lossen.

- Vergeet niet dat de ander hetzelfde is als jij en ook bemind, geaccepteerd en geholpen wil worden bij het vervullen van zijn of haar doel.
- Jezelf zien als het slachtoffer van iemand anders is een illusie. Bedenk dat je in de meeste dagelijkse situaties de mogelijkheid hebt om te kiezen.
- Het is de bedoeling dat je liefdevolle energie ervaart als je in de groep bent. Baad jezelf in het gevoel van liefde dat bestaat achter alle uiterlijke irritaties.

Technieken
- Voordat je op een bijeenkomst komt, visualiseer je alle leden van de groep, waarbij je je voor de geest haalt wat ze hier kwamen doen.
- Praat over wat er in de groep gebeurt. Leg de problemen op tafel.
- Bespreek oprecht de gevoelens die je hebt tegenover iemand die moeilijk doet, ongeacht hoe onbeholpen de poging is, maar maak de ander geen verwijten. Zeg hoe *hun gedrag op jou van invloed is.*
- Benoem het machtsspel dat volgens jou de groepsenergie beheerst. Als degene die het probleem veroorzaakt zich egocentrisch opstelt en de groep overheerst door onophoudelijk aan het woord te zijn en alles op zichzelf te betrekken, zou je kunnen zeggen: 'Wat mij betreft: ik raak echt geprikkeld als we proberen een gesprek te voeren en het erop uitdraait dat we jouw problemen bespreken. Dan krijg ik het gevoel dat we vastlopen.' Of misschien iets als: 'Ik weet niet of je beseft wat voor uitwerking je op deze groep hebt. Wat mij betreft: ik krijg behoefte om ermee te stoppen.' (Of: 'ik voel me leeglopen als jij in de buurt bent en ik weet niet waarom'). Vraag de betrokkene: 'Wat voel jij in deze groep? Wat valt jou op?'
- Blijf zo open mogelijk en probeer je niet te verdedigen of iets te *forceren.*
- Kijk of je de negatieve gevoelens kunt omzetten in een neutraal gevoel. Vraag het universum te zorgen voor de best mogelijke oplossing en probeer niet de afloop in de hand te houden.
- Blijf gericht op het heden.
- Misschien is het nodig voor de groep dat de betrokkene een tijdje buiten de groep om aan het werk gaat.

Dit effect is zelfs groter in groepen waar de onderlinge interactie op deze manier plaatsvindt, omdat terwijl iedereen elkaar energie stuurt, alle leden een nieuw niveau van wijsheid bereiken waarin over meer energie beschikt kan worden. Die grotere hoeveelheid energie wordt dan teruggestuurd naar alle anderen, wat versterkend werkt.

James Redfield, *Het Tiende Inzicht.*

DEEL III
HER-INNEREN

5

Genezen, transformeren en scheppen

Slang
Transformatie

Tegenwoordig weten we [...] dat de innerlijke houding van de patiënt van cruciaal belang is. Angst, spanning en de manier waarop we daarmee omgaan, zijn daarbij sleutelfactoren. Soms is de angst bewust, maar heel vaak onderdrukken we hem volkomen. Dat is de stoere machohouding: ontken het probleem, stop het maar weg, haal je draaiboek met heldendaden maar tevoorschijn. Als we die houding aannemen, blijft de angst onbewust aan ons knagen. Een positieve kijk op de dingen aannemen is heel belangrijk om gezond te blijven, maar we moeten er wel volkomen bewust mee bezig zijn. We moeten onze gezondheid met liefde benaderen, niet met flinkdoenerij, als we willen dat onze houding volledig effectief is. Ik ben ervan overtuigd dat onze onuitgesproken angsten blokkades of verkrampingen in de energiestroom van het lichaam veroorzaken, en het zijn die blokkades die uiteindelijk resulteren in problemen.

Het Tiende Inzicht.[1]

DE KRACHT VAN MENSELIJKE VERWACHTINGEN

In *Het Tiende Inzicht* vertelt Maya, een arts, iets over het genezen van fysieke problemen met behulp van visualisatietechnieken. Ze legt de hoofdpersoon uit dat genezing verloopt volgens dezelfde processen die we toepassen om ons leven te scheppen.

Ze zegt ook tegen hem: '...onze Geboortevisie [omvat] niet alleen datgene wat we individueel van plan waren in de fysieke dimensie, maar is [...] ook een bredere visie van wat de mensheid door de eeuwen heen beoogde, en bevat [...] details omtrent waar het van nu af naartoe moet en hoe we dat aan kunnen pakken. We moeten ons energieniveau verhogen en elkaar vertellen wat we bij onze geboorte van plan waren, dan zullen we het ons kunnen herinneren.'[2]

Maya wijst erop dat wanneer we ons herinneren waarvoor we op aarde zijn gekomen, het onze gezondheid ten goede komt. Als we in staat zijn ons te herinneren wat wij als mensheid geacht worden te doen – op het fysieke niveau een spiritueel leven leiden – zal het negatieve effect dat we op elkaar en op de natuur hebben, genezen worden. Zo boven, zo beneden.

TECHNIEKEN VOOR FYSIEKE GENEZING

Genezing via bio-energetica, waarbij men de oorzaak van ziekte en gezondheid zoekt in de 'innerlijke' dynamiek tussen lichaam en geest, is een gebied dat een zeer snelle ontwikkeling doormaakt. Het is zeker de moeite waard te onderzoeken welke aanvullende en alternatieve therapieën er voorhanden zijn. Ga daarbij zorgvuldig te werk en doe het in overleg met je huisarts.

In zijn boek *Healing Words* haalt Dr. Larry Dossey fascinerend bewijs aan van gedegen wetenschappelijk onderzoek waarin de genezende kracht van gebed wordt aangetoond. In wat hij de geneeskunst voor het derde era noemt, kunnen traditionele artsen niet langer dergelijke oude, maar voor ons nieuwe technieken als intuïtieve diagnose en 'therapeutic touch', ontkennen. Dossey onderkent in feite de diepe verbintenis tussen de *ziel* enerzijds en het lichaam/denken anderzijds, als een heel belangrijke, zo niet de allerbelangrijkste doorslaggevende factor voor de gezondheid. Hij beschrijft het vermogen dat wij in ons hebben om genezing te bevorderen met behulp van onze eigen fysieke, mentale, emotionele en spirituele middelen.

Hij gaat ook dieper in op hoe 'de bewustzijnstoestand van de een de fysieke voedingsbodem van de ander kan beïnvloeden.'[3] Hoewel we niet begrijpen hoe het werkt, komt er, als wij in gebed iemand genezende energie sturen, op de een of andere manier een verbinding tot stand met het energieveld van die persoon, waarin tijd of afstand geen rol speelt. We kunnen wel bidden voor het volledig herstel van iemand die ons dierbaar is, maar we weten niet echt wat werkelijk het beste is voor de ziel van degene die aan die ziekte lijdt. Soms verloopt het genezingsproces van iemand langzaam en gaat het gepaard met diepe inzichten. Het kan zelfs zijn dat de dood de juiste volgende stap is voor de lijdende ziel.

HET 'MOEDER TERESA-EFFECT'

Dossey haalt tientallen onderzoeken aan die de genezende kracht van liefde aantonen. In een van die onderzoeken ontdekte David McClelland, Ph.D. aan de Harvard Medical School, wat hij het 'Moeder Teresa-effect' noemde. Dossey schrijft: 'McClelland liet aan een groep studenten van Harvard een documentaire over Moeder Teresa zien, die liefdevol de zieken verzorgde, en mat voor en na het zien van de film het gehalte aan immunoglobuline (IgA) in hun speeksel. IgA is een antilichaam dat actief is tegen virusinfecties zoals verkoudheden. Het IgA-gehalte steeg aanzienlijk bij de personen die naar de film keken,

... karmische ervaringen worden vaak in verband gebracht met betekenisvolle synchrone gebeurtenissen. Iemand heeft bijvoorbeeld een moeilijke relatie met iemand anders en ervaart hoe hij in een vorig leven met die ander in een of ander gewelddadig conflict verwikkeld is geweest. Een van de twee is het slachtoffer en de ander de aanvaller. Als deze persoon dat incident volledig herbeleeft en ertoe kan komen de ander te vergeven, verandert zijn of haar houding ten opzichte van de ander in positieve richting. Dat is op zich indrukwekkend en interessant. Maar het bijzondere is, dat op precies hetzelfde moment de houding van de ander vaak ook radicaal verandert en zich bij hem ook een belangwekkende verandering voordoet in dezelfde richting. Dat kan gebeuren, zelfs als er tussen deze twee personen geen sprake was van een gebruikelijke communicatie of verbinding op wat voor manier ook.

Stan Grof, M.D. in *Towards a New World View* door Russell E. DiCarlo.

zelfs bij veel van hen die Moeder Teresa 'te heilig' of nep vonden. Om dit effect op een andere manier te testen, liet McClelland later de film voor wat hij was en vroeg zijn studenten eenvoudig om aan twee dingen te denken: momenten uit het verleden, waarbij zij het gevoel hadden dat iemand iemand anders heel veel van hen hield en voor hen zorgde, en een moment waarop zij van iemand anders hielden. McClelland zelf slaagde erin met die techniek verkoudheden de baas te worden.[4] Ander onderzoek toont aan dat een plezierig samenzijn met mensen die ons dierbaar zijn of aangename ontmoetingen met collega's, meerdere dagenlang een positieve uitwerking op het immuunstelsel hebben. Negatieve interacties verminderen daarentegen onze weerstand, maar de effecten daarvan zijn van minder lange duur.

> Als wetenschappers opeens een geneesmiddel zouden ontdekken dat even krachtig was als liefde, zou het worden aangekondigd als een doorbraak in de geneeskunde en zo snel mogelijk op de markt worden gebracht – met name als het zo weinig neveneffecten had en zo goedkoop was als liefde… Dit is geen sentimentele overdrijving. Uit een onderzoek naar tienduizend mannen met een hartkwaal bleek dat mannen die voor hun gevoel steun en liefde van hun vrouw kregen, 50 procent minder klaagden over pijn in de borst (angina pectoris).
> **Larry Dossey, M.D., *Healing Words*.**

DE BRUG NAAR GENEZING WORDT GEVORMD DOOR ZOWEL *SPIRITUELE* ALS *MATERIËLE ENERGIE*

Rosemary Altea is een internationaal bekend medium. Oorspronkelijk probeerde zij in haar werk een brug te slaan tussen de fysieke en de spirituele dimensie voor mensen die een dierbaar iemand hadden verloren. In haar boek *Stemmen van de overzijde* beschrijft ze honderden sessies waarin ze contact had met geesten, en persoonlijke informatie doorgaf voor de mensen die nog leefden en die daar heel veel baat bij hadden. Vanuit dit werk stichtte zij een organisatie voor genezing die is gevestigd in Engeland en patiënten over de hele wereld heeft. Een van de vele verhalen is de genezing van een zevenjarig meisje, Caroline, dat sinds haar tweede jaar haar rechterbeen niet meer had kunnen strekken. Een team van genezers werkte anderhalf jaar lang ononderbroken met haar. Altea schrijft: 'Ons team van healers en leerlinghealers werkte onder mijn leiding toegewijd en gestaag door; we gebruikten onze energie, in samenhang met die universele energie; we concentreerden ons zodat we goede kanalen waren om die helende energie door te laten… uiteindelijk wandelde ze toen, na een aantal maanden, op een avond het healing-centrum binnen, niet hinkend zoals gewoonlijk... [en] wisten we eindelijk dat het gelukt was.'[5]

LEVENSHOUDING EN GEZONDHEID

Nergens blijkt de ontluikende transformatie in het bewustzijn duidelijker dan in de nieuwe houding ten opzichte van gezondheid. Vanuit het oude wereldbeeld lieten we beslissingen over onze gezondheid over aan autoriteiten. Het is duidelijk dat we nog steeds afhankelijk zijn van medische autoriteiten, maar de relatie die we tot de hulpverleners in de gezondheidszorg hebben is aan het veranderen. We zijn minder geneigd hun mening als het enige antwoord te aanvaarden. Naarmate we meer te weten komen over gezonde manieren van leven, komen we erachter dat we zelf verantwoordelijk zijn voor onze gezondheid. We ontdekken dat er een breed scala aan disciplines beschikbaar is die met lichaam en geest als totaliteit werken, in plaats van

In de jaren zeventig werd aan de universiteit van Ohio onderzoek gedaan naar hartziekten, waarbij aan konijnen toxisch voer werd gegeven met een hoog cholesterolgehalte, met de bedoeling verstoppingen in het vaatstelsel teweeg te brengen, vergelijkbaar met de wijze waarop dergelijk voedsel het menselijk vaatstelsel beïnvloedt. De resultaten waren in overeenstemming met de verwachtingen voor alle groepen konijnen op één na, waar het aantal symptomen vreemd genoeg 60 procent lager lag. Niets in de lichamelijke conditie van de konijnen kon deze hoge tolerantie ten aanzien van het voer verklaren, totdat men ontdekte dat de student die deze groep verzorgde de konijnen graag aaide en knuffelde.
Voordat hij het voer gaf hield hij elk konijn even liefdevol in zijn armen; merkwaardig genoeg leek dit feit alleen de dieren in staat te stellen het toxische dieet te verdragen. Herhalingen van het experiment... gaven dezelfde resultaten te zien. Ook hier is het niet bekend welk mechanisme ten grondslag ligt aan een dergelijke immuniteit – het is een verbijsterende gedachte dat zich in de loop van de evolutie in de geest van konijnen een immuunrespons heeft ontwikkeld die kan worden geactiveerd door menselijk knuffelen.

Dr. Deepak Chopra, *Quantumgenezing: de wondere intelligentie van het lichaam.*

afzonderlijke symptomen 'te repareren'. Naarmate we ons de spirituele aard van ons wezen beter herinneren, begrijpen we dat we bestaan uit energie en kunnen we ons effectiever op *onze innerlijke houding* richten in plaats van *alleen* op zoek te gaan naar een autoriteit buiten ons of een medicijn om onze symptomen te genezen.

Bij deze paradigmaverandering voelen we ons allemaal in meer of mindere mate onder druk staan. Hoe we daarmee omgaan is een van de belangrijkste graadmeters voor de gezondheid in de toekomst en zal een belangrijke rol spelen in het vasthouden van de Wereldvisie.

Net zoals ons fysieke hart ons lichaam onderhoudt, onderhoudt de niet-plaatselijke onstoffelijke geest die het hart regeert op zijn beurt de afstemming op een universeel 'algemeen bewustzijn'. Dus we hebben zowel een fysiek hart als een hoger 'universeel hart' en het is opvallend hoezeer de mate waarin we toegang tot het laatstgenoemde hart hebben – zoals bij alle ontwikkelingen – is gebaseerd op de ontwikkeling van het eerstgenoemde hart.

Net zoals de onstoffelijke geest waaruit de hersenen putten, leidt tot specifieke vermogens, put het hart uit een hoogst ingewikkelde orde en de wereld van de onstoffelijke algeest. Die hogere ordes zijn naar de mens toe niet vastomlijnd, maar hebben een algemene en gunstige invloed op de werking van het complex van hersenen-geest-lichaam.

Joseph Chilton Pearce, *Evolution's End.*

Stress is dodelijk als we geloven dat we weinig of geen controle over de omstandigheden hebben, bijvoorbeeld in een starre werkomgeving (of bij een paradigmaverandering!).

Als we afstand nemen van onze oude behoefte alles onder controle te willen hebben, merken we meestal dat onze innerlijke reacties op uiterlijke situaties veranderen en het leven beter *voelt,* zoals we hebben gezien in enkele van de voorgaande verhalen. Als we verder kijken naar het doel of de les van wat ons overkomt – of het nu gaat om een ziekte, een verwonding, of faillissement – hebben we het verlangen om greep te hebben op de omstandigheden verruild voor het verlangen om met de omstandigheden *samen te werken,* waardoor we beter met de stroom mee kunnen gaan. Meestal betekent dit dat alles nog meer gaat stromen. Daarom hebben ons fysiek en emotioneel lichaam rechtstreeks baat bij al het spirituele werk dat we doen om meer in het hier en nu te zijn, ons bewuster te worden van het mysterie van het leven en van de ware aard van synchroniciteit. Met meer nieuwsgierigheid en minder verwijten, krijgen we het gevoel dat we meer mogelijkheden hebben – een gemoedstoestand die heel bevorderlijk is voor de gezondheid. Hoe meer we beginnen te zien op welke manier we hebben bijgedragen aan onze huidige situatie, hoe meer kracht we voor ons gevoel hebben om onze situatie bij te sturen in de richting van onze oorspronkelijke Geboortevisie.

Psychologen lijken nogal snel in categorieën te denken en zeggen: 'Wat is er mis met het gedrag van deze persoon?' in plaats van te zeggen: 'O, is hier sprake van een probleem of een wond die voor deze persoon op een specifieke wijze relevant is voor de manier waarop hij heel wordt en de manier waarop hij creatief wordt en de manier waarop hij zich bewust wordt van zijn innerlijke intuïtie en vermogen lief te hebben.
Joan Borysenko in *Towards A New World View*, van **Russell E. DiCarlo**.

Volgens een Tibetaanse monnik is gezondheid niet slechts een kwestie van het juiste voedsel en lichaamsbeweging. Ook als we voorbeeldig leven, kunnen we evengoed ernstig ziek worden. Sommige mensen die er een verschrikkelijk ongezonde levensstijl op na houden, blijven heel vitaal. De monnik zei dat onze fysieke gezondheid een afspiegeling is van het karma waarmee we in dit leven werken. Als we ziek worden, kan het zijn dat de ziel iets moet leren van die ervaring dat we niet met onze bewuste geest kunnen doorgronden.

INNERLIJKE KRACHT

In *Het Tiende Inzicht* herinnert Maya ons eraan dat door fysiek en emotioneel mee te werken aan onze eigen genezing, ons vermogen om op andere manieren te worden gemotiveerd en productief te zijn, zal toenemen. Ze zegt: 'We kunnen ertoe worden gestimuleerd een betere, idealere toekomst gestalte te geven en als we dat doen, *gebeuren er wonderen*. Er is niets dat niet kan worden genezen als je er voldoende energie instopt – haat... oorlog. Het is gewoon een kwestie van het juiste toekomstideaal.'[6]
Zij heeft gemakkelijk praten, nietwaar? Een personage uit een boek.

Maar hoe boren mensen zoals wij, die een gewoon leven leiden, die energie aan en hoe kunnen wij ons een nieuwe voorstelling van ons leven maken? We weten dat boeken en workshops prachtige inzichten verschaffen over de zich ontluikende bestemming die we in de wereld waarnemen. Maar is er niet iets meer nodig om ons in het leven van alledag op het goede spoor te houden? Deze vraag zette Michael Murphy en George Leonard, twee mannen van het eerste uur in de Human Potential Movement, ertoe een experimentele manier van doen op te zetten

Omdat transformatie en de wereldevolutie voortkomen uit dezelfde oerbron, vertonen ze soortgelijke patronen. In beide gevallen is er sprake van lange perioden van stagnatie – langdurige periodes waarin nauwelijks iets nieuws wordt geleerd – gevolgd door uitbarstingen van snelle ontwikkeling. In beide gevallen worden bepaalde zaken opgeofferd als er iets nieuws ontstaat. In beide gevallen integreren nieuwe niveaus of dimensies van functioneren alles wat voorafging, en geven daarmee vollediger uitdrukking aan onze latente goddelijkheid. En in beide gevallen zijn er momenten waarop het veranderingsproces zelf opklimt naar een hoger niveau. Momenteel zijn wij, lijkt het wel, verwikkeld in een dergelijke gedenkwaardige overgang.

Michael Murphy en George Leonard,
The Life We Are Given.

waarin lichaam, geest, hart en ziel worden geïntegreerd. Ze zijn van mening, en de meeste mensen zijn het daar wel mee eens, dat we een manier moeten ontwikkelen die helpt ons in evenwicht te houden en die helpt alle informatie die we ontvangen te integreren. Ze zijn sterk voorstander van een plan voor de lange termijn, waardoor gestaag werk onvermijdelijk tot resultaat zal leiden en waarbij men tegelijkertijd geniet van het proces zelf.

In hun boek *The Life We Are Given,* beschrijven Murphy en Leonard een evolutie in het denken ten aanzien van de ontwikkeling van de mensheid die begon in de jaren zestig en die rekening houdt met zowel de moderne wetenschap als oude gebruiken. Hun werk, evenals dat van anderen van hun kaliber, heeft het vuur onder de alchemistische processen van hoger bewustzijn flink aangewakkerd en heeft op grote schaal mensen bewuster gemaakt van de ontluikende Wereldvisie.

Ze schrijven: 'Iedere heilige traditie laat haar sporen na in onze steeds kleiner wordende wereld en inspireert talloze mensen tot wegen van groei die ooit esoterisch waren. Dit wereldwijde gebeuren heeft ertoe bijgedragen dat we nu in een belangrijk nieuw stadium van onze transformatie zijn aangeland. Want tegenwoordig zijn we meer dan ooit in staat langlopende menselijke veranderingen te begrijpen en te begeleiden met behulp van de wetenschap. Aanwijzingen hiervoor zijn onder andere de nieuwe ontwikkelingen in de moderne psychologie, waardoor een beter inzicht is ontstaan in de psychodynamica; bewijzen van ons vermogen uiterst specifieke veranderingen aan te brengen in de psychoneuro-immunologie, de sportgeneeskunde, biofeedback, onderzoek naar het placebo-effect, en hypnose-onderzoek; nieuwe ontdekkingen over het vermogen van de geest om drijfveren, gevoelens en het lichaam om te vormen; en bewijzen van sociologen dat elke maatschappelijke groep slechts enkele van onze eigenschappen voedt, terwijl andere worden genegeerd of onderdrukt.

> Ieder mens kan ten behoeve van zijn transformatie buiten het kader van de gevestigde wetenschap putten uit de Ongeziene. Sommige leden van onze groepen hebben bijvoorbeeld een remissie ervaren van aandoeningen die volgens veel artsen als ongeneeslijk worden beschouwd. Maar hoewel de wetenschap dergelijke remissies (en andere uitzonderlijke ervaringen) niet kan verklaren, komt er steeds meer bewijs dat verhalen over dergelijke veranderingen als gevolg van transformerende handelingen ondersteunt.
>
> **Michael Murphy en George Leonard,**
> *The Life We Are Given.*

Nooit eerder was er zoveel wetenschappelijke kennis beschikbaar over de transformerende vermogens van de mens. Deze kennis, gecombineerd met de volkswijsheid en inspiratie uit de heilige tradities, geeft de mens de ongekende kans een grote sprong voorwaarts te maken in de evolutie. Wij denken dat de mensheid nu met meer helderheid dan ooit tevoren haar bestemming kan nastreven.'[7]

De basis voor hun programma, dat Integral Transformative Practice (ITP) heet, ligt in de overtuiging dat gewone mensen, zelfs wanneer ze een druk leven leiden, uitzonderlijke vermogens kunnen ontwikkelen als zij: 1) regelmatig oefenen, 2) de functies van lichaam, geest, gevoelens en ziel integreren door voeding, lichaamsbeweging, lezen, gezamenlijke activiteiten, groepsprocessen en meditatie, en 3) genieten van de voordelen van die manier van doen zelf. Zij begonnen hun programma in 1992 in Mill Valley, Californië, met een geselecteerde groep mensen die bereid was zich hier langdurig en gedisciplineerd mee bezig te houden. Ze schrijven: 'We hadden heel veel vertrouwen in de transformerende kracht – en de heiligheid – van de eenvoudige deugden van het leven, zoals intellectuele nieuwsgierigheid en integriteit, gevoel voor spiritualiteit, onvoorwaardelijke liefde, gezonde lichaamsbeweging en toewijding aan dit alles. We dachten op de lange termijn. "Ja, we gaan een goede tijd tegemoet," zei Leonard tegen de groep. "We zullen veel plezier hebben. Maar het is nog belangrijker te leren genieten van de regelmatige toepassing, voldoening te vinden in de onopgesmukte schoonheid van het gewone en leren te houden van de perioden van ogenschijnlijke stilstand, net zoals je houdt van de onvermijdelijke pieken waarin je veel leert en er veel verandert."'[8]

De deelnemers werd gevraagd vier verschillende soorten affirmaties te maken. De eerste was een affirmatie voor een *meetbare fysieke verandering* die op een gebruikelijke manier te realiseren was. Iemand wil bijvoorbeeld een paar pond afvallen of een kleinere taillemaat hebben. De tweede affirmatie betrof een *uitzonderlijke verandering* in het lichaam, het denken, de spirituele of emotionele aard – iets dat niet op een gebruikelijke manier tot stand kon worden gebracht. De derde affirmatie betrof een *uitzonderlijk resultaat* dat het gewone menselijke vermogen oversteeg, en dat wetenschappelijk moeilijk te verklaren was. De laatste affirmatie was voor iedereen hetzelfde en luidde: *Mijn hele wezen is in evenwicht, vitaal en gezond.*'[9] In alle gevallen betrof het affirmaties voor een innerlijk proces bij de deelnemers in plaats van affirmaties voor veranderingen in de wereld om hen heen. In plaats van bijvoorbeeld affirmaties om de loterij te winnen, werd de deelnemers gevraagd affirmaties te maken voor positieve veranderingen in hun eigen functioneren.

Het onderzoek van de eerste groep en de tweede die daarop volgde, getuigt op een boeiende manier van de waarde van volharden in een voornemen en gedisciplineerde toepassing. Terwijl de statistische analyse een opmerkelijke samenhang vertoont tussen de mate waarin iemand het programma bleef volgen en vorderingen in het bereiken van de gewenste situatie, waren de persoonlijke opmerkingen nog bemoedigender. Murphy en Leonard geven het voorbeeld van een psychologe van 39 die de volgende affirmatie maakte: '*Mijn wil is afgestemd op de goddelijke wil van het universum. Er zijn geen hindernissen. Alles komt naar me toe en stroomt door me heen: liefde, gezondheid, rijkdom, succes en creativiteit.*' Over haar toestand op het moment dat ze de affirmatie maakte, zei ze: 'Ik lig vaak in de clinch met geld, heb moeite met schrijven, en heb conflicten met [een voormalige leraar].' Aan het eind van het jaar schreef ze: 'Het resultaat is verbijsterend. Mijn inkomen is verdrievoudigd omdat ik mijn financiële situatie niet probeer te sturen. Het ernstige conflict dat ik met iemand had, is volkomen omgedraaid... Mijn houding is totaal veranderd. Vroeger probeerde ik dingen te "laten" gebeuren, nu accepteer ik alles wat zich voordoet en accepteer ik alles wat ik voel. Ik denk echt dat ik meer meega op de stroom en meer op mezelf ben afgestemd, zonder de hindernissen van vroeger waar ik zo verdrietig van werd. Ik heb niet meer het gevoel dat ik vastzit.'[10]

> ...voor elk circuit [van energie] dat je buiten jezelf verspreidt, neemt de hoeveelheid tijd die nodig is om wat dan ook in je leven te manifesteren toe. Voor elk circuit dat je in jezelf houdt, vergroot je je ervaring van wat je synchroniciteit, en op het hoogste niveau onmiddellijke schepping, zou noemen. Zo eenvoudig is dat.
>
> **Caroline Myss in *Towards a New World View* by Russell E. DiCarlo.**

Andere leden van de groep vertelden dat hun gezichtsvermogen was verbeterd, hun staar was verdwenen, dat ze waren afgevallen, trauma's beter konden hanteren, dat hun borstomvang en zelfs hun lengte was toegenomen. Bovendien maakten ze melding van andere algemene verbeteringen die zich niet zo gemakkelijk laten meten. Het ITP-programma wordt in het boek goed beschreven en is een uitstekende hulp voor mensen die geïnteresseerd zijn in het vrijmaken van hun innerlijke kracht.

JE GEVOELENS OPSCHRIJVEN

Een ander interessant onderzoek, uitgevoerd door James W. Pennebaker, professor aan de Southern Methodist University in Dallas en schrijver van *The Healing Power of Confession,* laat zien hoe je gevoelens transformeert door ze in een dagboek op te schrijven. Pennebaker heeft herhaaldelijk de voordelen aangetoond van het schrijven over traumatische gebeurtenissen. De mensen in zijn onderzoeken voelden zich niet alleen beter nadat ze hun gevoelens op papier hadden geuit, maar ook hun fysieke gezondheid nam met sprongen toe. Pennebaker bestudeerde drie groepen mensen die allemaal hun baan waren kwijtgeraakt. Hij vroeg de eerste groep vijf dagen lang iedere dag twintig minuten te schrijven over hoe en op welke termijn ze nieuw werk dachten te vinden. Hij vroeg de tweede groep om vijf dagen lang twintig minuten per dag te schrijven over alledaagse dingen. De laatste groep vroeg hij vijf dagen lang twintig minuten per dag te schrijven over *hun diepste gedachten en gevoelens* ten aanzien van het feit dat zij hun baan waren kwijtgeraakt.

Na vier maanden had *vijfendertig* procent van de mensen die over hun gevoelens had geschreven een baan gevonden, vergeleken met slechts *vijf* procent van de controlegroep die over alledaagse dingen had geschreven. *Niemand* uit de 'termijngroep' had werk gevonden. Pennebaker is van mening dat het schrijven hen hielp 'zich beter te uiten tijdens het sollicitatiegesprek, omdat ze hun boosheid en verbittering hadden verwerkt en een evenwichtig perspectief hadden ontwikkeld. Ze waren in staat het trauma achter zich te laten en vol vertrouwen hun leven weer op te pakken.'[11] De termijnoefeningen kunnen daarentegen mogelijk vernietigend zijn geweest als een 'vorm van obsessie'. Door zich meedogenloos te concentreren op het dagelijkse gevecht, bleef de termijngroep vastzitten in boosheid en angst. Dit onderzoek lijkt het Derde Inzicht te ondersteunen dat ons herinnert aan de paradox een sterk voornemen uit te zenden en vervolgens *de behoefte om de resultaten onder controle te hebben los te laten.*

ZELFSTUDIE

Schrijf het op

Waarom zou je niet, als je een bijzondere uitdaging of situatie het hoofd moet bieden, de oefening van Pennebaker doen? Schrijf alle gevoelens over een situatie in je leven op, maar schrijf maar over één situatie tegelijkertijd. Schrijf twintig minuten per dag, vijf dagen achter elkaar. Denk dan niet meer over de situatie na – laat het universum het voor jou oplossen. Kijk hoe de zaken in de komende maanden veranderen.

Overzicht van blessures of ziekten

Als je je in elke omstandigheid afstemt op de boodschap, scherp je je intuïtie en vergroot je je vermogen om afgestemd te blijven op de goddelijke wil.

De volgende oefening is afgeleid van Maya's techniek in *Het Tiende Inzicht*. Je kunt deze vragen en suggesties met ingelaste pauzes op een bandje opnemen om tijdens meditatie te gebruiken, of je kunt iemand anders vragen jou de vragen te stellen.

1. Maak je geest rustig door een paar minuten lang je ademhaling te volgen.
2. Ga na wanneer je voor het laatst ziek was of een blessure had.
3. Hoe ernstig dacht je aanvankelijk dat het was toen je ziek werd of een blessure had? Je antwoord op deze vraag kan onthullen met hoeveel angst je over het algemeen rondloopt, of hoezeer je je het slachtoffer van de omstandigheden voelt.
4. Waarom denk je dat je een blessure kreeg of ziek werd? Je houding over de oorzaak kan je herstel beïnvloeden.
5. Wat deed je vlak voor je de blessure kreeg of ziek werd?
6. Waar dacht je aan vlak voordat je problemen met je gezondheid kreeg?
7. Welke andere herinneringen spelen er rond je ziekte of verwonding? Doet je dat denken aan problemen uit het verleden? Schrijf de herinneringen die in je opkomen op, ongeacht hoe onbelangrijk ze lijken.
8. Weerhoudt deze verwonding of ziekte je ervan iets te doen, te zijn of te hebben?
9. Wat staat deze situatie je toe te doen, te zijn, of te hebben?
10. Wat is de winst die dit probleem je oplevert?
11. Op wat voor manier levert het probleem je macht of energie op? (Bijvoorbeeld: mensen hebben medelijden met me. Ik voel me speciaal of belangrijk. Ik hoef niet te werken of voor de kinderen te zorgen, enzovoort.)
12. Welke angst(en) heb je of had je met betrekking tot het probleem? Bedenk dat een irrationele, diepgewortelde angst afkomstig kan zijn van iets dat in een vorig leven is gebeurd. Dr. Brian Weiss, een psycholoog die veel onderzoek heeft gedaan naar regressie naar vorige levens, merkte op dat de dingen waar we bang voor zijn soms al zijn gebeurd in een vorig leven. Misschien is het raadzaam professionele hulp in te roepen van iemand die ervaring heeft op dit gebied.

Als je nog steeds pijn ondervindt van deze ziekte of verwonding, kun je het volgende proberen:

13. Stel je de angst(en) voor als een donker blok energie ergens in jezelf of in je energieveld. Breng je aandacht naar die plek.

14. Omring jezelf met zoveel mogelijk licht en liefdesenergie en richt die precies op het blok.
15. Stuur bewust goddelijke genezende energie naar de plek die door de pijn is aangewezen en neem je voor dat de liefde de cellen op die plek zal transformeren tot een toestand van volmaakt functioneren.
16. Voel de pijn met heel je wezen en stel je voor dat de liefdesenergie recht naar de kern van de pijn gaat, waardoor precies op dat punt in je lichaam de atomen zelf tot een hogere trilling komen.
17. Zie de deeltjes een kwantumsprong maken in het zuivere energiepatroon dat hun optimale toestand is. Voel hoe die plek letterlijk tintelt.

'Ware genezing vindt pas plaats wanneer we ons een beeld kunnen vormen van een ander soort toekomst, een toekomst die ons stimuleert. Het is de *bezieling* die ons gezond houdt.'[12]

Oefenen van voornemen en aandacht

Stel je de dingen voor die je nog wilt zien uitkomen en de prestaties die je nog wilt leveren. Stel je voor wat je het liefst aan de wereld zou nalaten.

Probeer enkele van de dromen en idealen die je zou willen verwezenlijken op te schrijven, alsof je een in memoriam schrijft voor je beste vriend. Hier volgt een voorbeeld van een prachtige levensbeschrijving die onlangs verscheen in de *San Francisco Chronicle,* van Evelyn Wood Glascock die stierf op 10 april 1996 op de leeftijd van 82 jaar:

'Ze ontwierp avondtoiletten voor de dames uit de hoogste kringen, baljurken voor studentes en adembenemende toiletten voor zichzelf. Het grootste deel van haar leven had ze in Chicago gewoond en in de zeven jaar dat ze in San Francisco woonde wist ze meer over die stad dan de meesten die er hun leven lang hadden gewoond. Vanuit haar flat op de Fox Plaza die hoog boven Market Street uittorende, overzag ze dagelijks haar domein en smeedde haar plannen, zoals een lunch voor $1,25 bij het Marina Senior Center, gratis spareribs tijdens het happy hour in Marriott, plaatsen aanwijzen in de Opera of een concert van James Brown en square dancing bij de Rawhide. 'Een sterke vrouw, alleenstaande werkende moeder sinds 1953, lid van het dispuut, liefhebster van ham gebakken in honing, kleurrijke kledij en champagne. Als wereldreizigster herkende ze als geen ander de waarde van voorwerpen die ze in de stad op straat vond. Ze was een Florence Nightingale voor menige mannelijke ziel die op een dwaalspoor was geraakt.'[13]

158

Schrijf een klein stukje over jezelf, alsof je een of andere prijs hebt gewonnen, net als deze drie moedige en vastberaden mensen die in mei 1995 werden geëerd door de California Wellness Foundation:[14]

- 'Rebecca "Maggie" Escobedo Steele was vijf jaar leidster van een meisjesbende in San Diego. Nu werkt ze voor de Amerikaanse Indiaanse vrouwen en Chicana's in Humboldt County. Ze is een professioneel bemiddelaarster en helpt bij het oplossen van stammenconflicten en het nader tot elkaar brengen van stammen en milieubeheerders.'
- 'Nadat haar zoon van 35 door een voorbijganger was neergeschoten, zette Myrtle Faye Rumph zich in om kinderen in het centrum van Los Angeles positieve alternatieven voor drugs en bendes te bieden. In 1990 richtte zij samen met twaalf medewerkers een jongerencentrum op dat nu een bibliotheek, een ontspanningsruimte, een computerlokaal en klaslokalen heeft. Mevrouw Rumph wil een lappendeken maken, naar het voorbeeld van de aids-deken, voor mensen die familieleden hebben verloren bij geweld en een training opzetten waarin jonge mensen kunnen leren met conflicten om te gaan.'
- 'Sonny Lara groeide op in East San Jose. Op zijn veertiende was hij lid van een bende en handelde in drugs. Tijdens zijn verblijf in San Quentin, zette hij zich in om jonge mensen te helpen en na zijn vrijlating kreeg hij een aanstelling als predikant en begon een hulpproject voor gedetineerden. Hij zette een programma op om jonge mensen, opvoeders en gezagsdragers bewustzijn bij te brengen over bendes en heeft onlangs een jeugdcentrum geopend.'

Je dromen en doelstellingen *helpen je je te herinneren wie je bent*. Lees eens in de paar dagen het stukje over jezelf en wees alert op nieuwe ontwikkelingen die de weg vrijmaken om je nieuwe leven te bereiken!

Bidden

Denk iedere dag aan bekenden die misschien een beetje extra hulp nodig hebben. Maak er een gewoonte van liefdevolle energie te sturen naar bepaalde mensen, bestemd voor hun hoogste goed. Breid je gebed van liefde uit naar mensen over de hele wereld die in nood zijn en vervolgens naar alle vormen van leven in de fysieke en spirituele dimensie.

We nemen het onderstaande gebed op, daar een vriend het ons opstuurde toen we dit hoofdstuk schreven. Hij trof het aan in een kleine krant in Mexico en vond dat hij het maar eens moest proberen. Hij besloot dat het zijn grootste wens was te worden uitgenodigd om een bepaald muziekstuk met een orkest te spelen. Nadat hij het gebed slechts één keer had gelezen, en dacht aan de muziek die hij wilde spelen, raakte hij het per ongeluk kwijt. Maar binnen drie dagen kreeg hij een telefoontje van zijn agent, die hem vertelde dat ze een uitnodiging voor hem had ontvangen om te spelen met een groot orkest in het Midden-Westen. Het muziekstuk dat hij wilde spelen (dat niet erg bekend is) was precies de muziek die ze zochten voor het programma. Als je het gebed gebruikt en je wens komt uit, moet je het hele gebed inclusief de onderstaande aanwijzingen publiceren.

GEBED OM DE HEILIGE GEEST AAN TE ROEPEN

Heilige Geest die alle problemen oplost, die alle wegen verlicht, zodat ik mijn doel kan bereiken. Gij, die mij de goddelijke gave verleent om alle kwaad mij aangedaan te vergeven en te vergeten, en die onder alle omstandigheden in mijn leven bij me is. Ik wil u in dit korte gebed voor alles bedanken en opnieuw bevestigen dat ik nooit van u gescheiden wil zijn, zelfs ondanks alle materiële illusies. Ik wil bij u zijn in eeuwige glorie. Dank u voor de genade die ik en de mijnen van u mogen ontvangen.

Je moet dit gebed drie dagen na elkaar opzeggen. Na drie dagen zal de gevraagde gunst worden verleend, ook al lijkt het moeilijk. Dit gebed, inclusief deze aanwijzingen, moeten onmiddellijk nadat de gunst is verleend worden gepubliceerd, zonder de gunst te vermelden; vermeld alleen je initialen onder het gebed.

GROEPSSTUDIE

Genezende kringen

Een kring creëert grote kracht als hij wordt gebruikt voor het hoogste welzijn van anderen. Je kunt met je groep tijdens iedere bijeenkomst vredige, liefdevolle energie sturen naar vrienden en familieleden die het nodig hebben. Je kunt ook bidden voor de genezing van een gemeenschap, een land, of de oplossing van een specifiek probleem. Probeer consequent tijd vrij te maken voor het genezingswerk. Het is ook mogelijk iemands naam hardop te zeggen terwijl iedereen mediteert en liefdevolle energie uitstraalt.

Integrale transformatie

Als de groep is geïnteresseerd in werken op de lange termijn, kun je het programma volgen dat wordt uiteengezet in *The Life We Are Given* door George Leonard en Michael Murphy. Gesteund worden door een gemeenschap van gelijkgestemde mensen werkt heel krachtig.

Gespreksonderwerpen

- Wie of wat in jouw gemeenschap heeft de meeste hulp of genezing nodig? Hoe kun je als groep samenwerken om een nieuwe vorm van dienstverlening op te zetten of te versterken wat er al is?
- Welke ogenschijnlijke moeilijkheid in je individuele achtergrond heeft je erop voorbereid een probleem in de gemeenschap te begrijpen? (bijvoorbeeld: geweld onder jongeren, drugs, tienerzwangerschappen, leerstoornissen, enzovoort).
- Zijn er kinderen in de gemeenschap die nog nooit naar het bos zijn geweest? Naar de dierentuin? Hoe kan de groep hen helpen de natuur in te gaan?
- Is er in jouw groep belangstelling om een gemeenschappelijke tuin te beginnen? Kun je er tieners bij betrekken die er *graag* aan willen deelnemen?
- Stel de vraag: 'Op wat voor specifieke manier kan onze groep een heilzame bijdrage aan de gemeenschap leveren?' Laat iedereen vijf tot tien minuten in stilte mediteren en schrijf dan alle ideeën op die bij iedereen zijn opgekomen. Waren er overeenkomsten?
- Schrijf één doel op dat je zou willen bereiken en dat voor je gevoel net iets te moeilijk is. Bedenk in groepjes van drie de stappen die je zou kunnen zetten om dit doel te bereiken. Dit soort werk vraagt regelmatige aandacht, dus stel je doelen, maar wees bereid er in de loop van de tijd aan te werken. Enkele goede boeken die je helpen van het leven een avontuur te maken zijn:

161

Wishcraft: How to Get What You Really Want, Barbara Sher
Live the Life You Love, Barbara Sher
Teamworks!: Building support Groups that Guarantee Success, Barbara Sher en Annie Gottlieb
The Artist's Way door Julia Cameron en Mark Bryan
De zeven spirituele wetten van succes, Deepak Chopra, M.D.
Growing Season: A Healing Journey into the Heart of Nature, Arlene Bernstein

6

Werkzaamheid en invloed van het Hiernamaals

Raaf
Magie

Laat me je eerst vertellen van mijn belevenissen in de andere dimensie, die ik het *Hiernamaals* noem. Toen ik in Peru in staat was mijn energieniveau vast te houden, zelfs toen jullie allemaal bang werden en je hoge trillingsniveau verloren, bevond ik me in een ongelooflijke wereld vol schoonheid en zuiverheid. Ik was precies waar jullie ook waren, maar alles was anders. De wereld was zo lichtgevend en ontzagwekkend…. Ik kon mezelf overal naartoe wensen… Daar kon ik alles maken wat ik wilde, alleen maar door het me voor te stellen.

Het Tiende Inzicht.[1]

WAT IS HET HIERNAMAALS?

Het Hiernamaals is ons thuis. Daar komen we vandaan en daar keren we weer terug. Volgens de oude wijsheid, maar ook volgens verslagen van bijna-doodervaringen en regressie-onderzoek is het Hiernamaals de 'plek' of dimensie waar ons individuele bewustzijn tussen levens op aarde voortbestaat. We beginnen de grote waarheid te onderkennen dat ons bewustzijn, onze ziel, niet sterft. Na het overlijden van het fysiek lichaam maken we een overgang naar de wereld van het Hiernamaals. Het bestaat niet 'ergens daarboven' in de hemel, maar gewoon hier op aarde in een dimensie die wij met onze vijf zintuigen niet kunnen waarnemen. Het Hiernamaals, een term die we ook kennen uit de christelijke traditie, is de thuishaven van onze ziel als hij niet in een lichaam verkeert.

Wat het Hiernamaals *is* hangt af van wie je bent, waarover je nadenkt en wat je verwacht te worden. De *eerste* omgeving die je in de spirituele wereld tegenkomt, lijkt te worden gevormd door de overtuigingen die je er op het aardse plan op na hield. Hoewel we onze materiële bezittingen niet meenemen, nemen we wel ons bewustzijn en onze overtuigingen mee. Je krijgt wat je ver-

> Je OPENSTELLEN voor het Hiernamaals is de bereidheid het heilige in kleine dingen, in *alles* te zien. Het is de wetenschap dat elke keuze die je hier maakt telt. Al neem je je materiële rijkdom niet met je mee, je keert wel terug naar het spirituele vlak met je overtuigingen en daden uit het verleden.

wacht. In het begin van je spirituele verblijf zit je nog steeds vast in de fixaties van het leven dat je net hebt achtergelaten. Met behulp van je zielengroep en de bereidheid om 'de ogen te openen' ga je vervolgens door naar hogere niveaus en neem je deel aan het uitgebreide leerproces dat in het Hiernamaals plaatsvindt.

Volgens verslagen van de reizen die Robert Monroe naar deze werelden heeft gemaakt, kom je eerst op een rustplek, compleet met bomen, beken, bloemen en gras, die aansluit bij de ervaring van de pasoverleden ziel in de fysieke wereld. Mensen vertellen dat het landschap in het Hiernamaals vaak van een stralende schoonheid is, vervuld met muziek. Maar er zijn ook werelden van lijden zonder licht, geschapen door mensen die zichzelf met hun duistere gedachten en nog duisterder daden hebben gedeporteerd naar hun eigen versie van de hel.

In *Journeys Out of the Body* beschrijft Robert Monroe een deel van het Hiernamaals als een vitale, scheppende kracht die energie produceert, 'materie' tot vorm ordent en kanalen van waarneming en communicatie mogelijk maakt.

'Je bent wat je denkt.'[2] 'Je bestemming [reizen in het Hiernamaals tijdens een astrale reis] lijkt volledig te worden bepaald door het raamwerk van je allerdiepste *constante* drijfveren, gevoelens en verlangens. Bewust wil je er misschien niet heen, maar je hebt geen keuze. Je hogere geest (ziel?) is sterker en neemt meestal de beslissing voor jou. Soort zoekt soort.'[3]

Monroe gelooft dat er in het Hiernamaals vanuit drie bronnen aardse omstandigheden worden geschapen. 'Allereerst is zij [de gesimuleerde natuur] het product van de gedachten van hen die ooit in de fysieke wereld hebben geleefd, en waarvan de patronen nog steeds bestaan. De tweede bron wordt gevormd door zielen die bepaalde materiële dingen in de fysieke wereld mooi vonden, en die ze blijkbaar opnieuw hebben geschapen om hun omgeving [in het Hiernamaals] mooier te maken. De derde bron is vermoedelijk een hogere orde van intelligente wezens die zich sterker bewust zijn van de omgeving [van het Hiernamaals] dan de meeste bewoners. Hun doel lijkt te zijn de fysieke omgeving te simuleren – in ieder geval tijdelijk – ten behoeve van hen die na hun "dood" recht van de fysieke wereld afkomen. Men probeert de "nieuwelingen" trauma en shock te besparen door in de eerste fasen van de overgang vertrouwde vormen en een vertrouwde omgeving te scheppen.'[4]

In dit deel van het Hiernamaals zal je ervaring bestaan uit je diepste verlangens en angsten. Denken is doen en je kunt niets voor niemand verbergen. De maatschappelijk-psychische conditionering waarmee wij onze gevoelens in de fysieke wereld leren onderdrukken, bestaat in de spirituele wereld niet meer!

DE OVERGANG VAN HET STERVEN

Onze informatie over de ervaring van het sterven is afkomstig uit veel oorspronkelijke bronnen. Een van de oudste beschrijvingen van de stadia bij het sterven vinden we in *Het Tibetaanse Dodenboek*. Dit boek, dat is geschreven door hoog ontwikkelde asceten die beweren zich de overgang van hun ziel tussen dood en wedergeboorte te kunnen herinneren, bevat beschrijvingen van het proces van reïncarnatie, diverse te onderscheiden niet-fysieke werelden en het levensoverzicht. Het boek was bedoeld om de mens te helpen vaardiger te sterven en werd aan de stervende voorgelezen als een soort wegenkaart van de reis die hij op het punt stond te gaan ondernemen. Het werd ook geschreven om de levenden te helpen 'positief te denken en de stervende niet tegen te houden met hun liefde en emotionele betrokkenheid, zodat hij in een goede geestesgesteldheid de niveaus van het Hiernamaals kon binnengaan, bevrijd van alle lichamelijke zorgen.'[5]

Terugkeer naar huis

Nieuwkomers die op aarde een spirituele visie hebben ontwikkeld, beseffen misschien waar ze zich bevinden en zijn eraan toe opnieuw deel te nemen aan de onbegrensde activiteiten die in de spirituele dimensie mogelijk zijn. Mensen die daarentegen hun pas-verworven spirituele bestaan nog niet kunnen accepteren, mogen net zoveel tijd nemen als ze nodig hebben om uit te rusten en zich bewust te worden van hun nieuwe situatie. Blijkbaar draagt liefdevol gebed van degenen die op aarde achterblijven enorm bij aan onze overgang van het materiële naar het spirituele leven.

In het Hiernamaals hebben we ter voorbereiding op het volgende leven voldoende tijd om na te denken over de min- en pluspunten van onze ziel, over onze fouten en onze prestaties. Afhankelijk van ons niveau van ontwikkeling – dat wordt bepaald door wat we hebben geleerd en geïntegreerd en de mate waarin we ons bewust zijn geworden van ons ware doel op aarde – mogen we de diverse niveaus doormaken en werken met gidsen en meesters.

In de afgelopen eeuwen werd het leven onder invloed van het overheersende wetenschappelijke model vaak teruggebracht tot dat wat zich alleen in de fysieke wereld afspeelde. De dood werd beschouwd als het einde van het leven en als hij zich eenmaal aandiende werd hij vaak ervaren als een tragedie. Volgens deze materialistische kijk op de wereld waren we slechts een hoopje chemicaliën met zoiets als een spirituele hunkering, die het leven in de tijd die we hier doorbrachten nog enigszins draaglijk maakte. Alle spirituele verschijnselen, zoals spontane genezingen, contact met overledenen, of andere wonderen die de wetenschap niet kon verklaren, werden afgedaan als hallucinaties of bedrog. Zelfs als iemand daadwerkelijk zoiets overkwam, werd de gebeurtenis als te persoonlijk beschouwd om te worden bestudeerd; iets dat we beter maar konden laten rusten terwijl we ons richtten op de 'belangrijker', roemrijke vooruitgang op het gebied van levensverlenging en ziektebestrijding. De meesten van ons hadden nauwelijks enig inzicht in de overgang die de geest doormaakt als hij het fysieke omhulsel verlaat en die andere dimensie – het Hiernamaals – binnengaat. In het wereldbeeld van onze samenleving wordt in de meeste gevallen een duidelijke grens getrokken tussen de zichtbare en de onzichtbare wereld. Veel bedrijfstakken varen er wel bij munt te slaan uit de angst voor de dood.

Het Tiende Inzicht of niveau van bewustzijn blijkt momenteel uit de toenemende hoeveelheid op ervaring berustende informatie over de spirituele dimensie die in de algemeen geldende overtuigingen doordringt. Spirituele verschijnselen zoals bijna-doodervaringen en uittredingen beïnvloeden en verruimen in hoog tempo de 'algemene kennis'. Dit huwelijk van het sacrale met het profane is de eerste stap tot het verenigen van de materiële en de spirituele wereld. Via veranderde bewustzijnstoestanden zoals buitenzintuiglijke waarneming of astrale reizen, transcendente meditatie en paranormale gebeurtenissen (geesten zien of communiceren met de doden), brengen we de spirituele dimensie in de fysieke dimensie en gaat zij *deel uitmaken van dit leven*. Door het Hiernamaals tot leven te brengen op het fysieke vlak, gaan wij over meer vermogens beschikken en dat leidt onvermijdelijk tot gigantische veranderingen in onze evolutie.

> Het medium Arthur Ford, dat ons over het Hiernamaals berichtte via contact met zijn aardse vriendin, de journaliste Ruth Montgomery, vertelde interessante dingen over enkele van de bijzondere zielen die hij ontwaarde. 'De gebroeders Kennedy zijn een sterk voorbeeld van de kracht van gebed. Er barstte zo'n gigantische spontane golf van gebeden los toen de president werd vermoord, dat hij nooit echt zijn bewustzijn verloor. Hij was vrijwel onmiddellijk afgestemd op wat er gaande was en omdat die gebeden hem voortstuwden en opstuwden had hij niet de minste ervaring van wat de priesters uit zijn kerk het vagevuur zouden noemen: een staat waarin zielen doelloos en verloren ronddwalen totdat iets hen bewust maakt van de potentie van hun nieuwe zijnstoestand.
>
> **Ruth Montgomery, *A World Beyond*.**

WIJ HEBBEN HET EEUWIGE LEVEN

Wat zou grotere veranderingen in ons leven tot gevolg hebben dan te *weten* – niet alleen te geloven – dat ons bewustzijn na onze fysieke dood intact blijft? Net als een vlinder ontstijgen we bij ons overlijden de cocon van het lichaam met vleugels van iriserende schoonheid – tenminste, als we hier geen ernstige fouten hebben gemaakt waardoor we in een langdurig en pijnlijk proces zelf het lijden ervaren dat we anderen hebben aangedaan. De dood zoals wij die zien is niet de grote leegte. In dit nieuwe bewustzijn worden leven en dood beschouwd als twee toestanden van een eeuwigdurend, mysterieus proces.

Veel betrouwbare bronnen maken melding van contact met zielen in het Hiernamaals. Een van de meest fascinerende

is Ruth Montgomery, een journaliste en vooraanstaand medium uit Washington. Hoewel Ruth aanvankelijk sceptisch was over het contact met haar onzichtbare gidsen, zijn er diverse boeken van haar verschenen die ze de afgelopen dertig jaar van haar gidsen heeft doorgekregen via automatisch schrift. Daarnaast had ze ook contact met haar vroegere vriend, het beroemde medium Arthur Ford, na diens overlijden. Hij en de gidsen gaven samen een verrassende hoeveelheid informatie door over de spirituele wereld.

Als wij een totaler beeld willen krijgen van de ervaring in dit leven, zou de volgende stap voor de mensheid wel eens kunnen zijn dat we niet alleen het bestaan van het Hiernamaals onderkennen, maar ons er bewust op afstemmen, zodat dit ons kan helpen de positieve Wereldvisie vast te houden. Het intuïtieve weten dat we hier met een doel zijn gekomen, gaat dan deel uitmaken van onze werkelijkheid.

WAAROM BLIJVEN WE ER NIET?

In het Hiernamaals of de spirituele dimensie kunnen we ons alles voorstellen en het scheppen, maar dit soort niet-fysieke schepping is niet zo vervullend als het scheppen in de fysieke wereld. We kiezen om te worden geboren in de dichtere trilling van het aardse niveau, zodat we kunnen genieten van de fysieke wereld en de gevolgen van ons handelen kunnen ervaren. De ziel heeft het leven op aarde nodig om zich te kunnen ontwikkelen. Het Tiende Inzicht herinnert ons er opnieuw aan *waarom* we hier zijn gekomen.

In *Het Tiende Inzicht* zegt Wil: 'We leren visualisatie toe te passen, zoals het ook in het Hiernamaals wordt toegepast. Als we dat doen, stemmen we ons af op de spirituele dimensie, wat bijdraagt tot de vereniging van hemel en aarde.' Ieder van ons is een alchemistisch vat waarin energie wordt omgezet in handelingen en waarin deze dimensies worden verenigd.

EENWORDING VAN DE WERELDEN

Terwijl we onderzoek verrichtten voor dit hoofdstuk, werden we getroffen door de overeenkomst tussen enkele punten in het Tiende Inzicht en de boodschappen die de gidsen meer dan twintig jaar geleden doorgaven aan Ruth Montgomery. De gidsen lieten er bij Ruth geen misverstand over bestaan dat hun boodschappen voor hun eigen vooruitgang even belangrijk waren als voor de onze – een punt dat ook in het Tiende Inzicht naar voren komt. Ze wilden dat Ruth bekend maakte hoe belangrijk het was onze mediamieke gaven te ontwikkelen terwijl we in een fysiek lichaam zijn, teneinde ons leven te verbeteren en de zielen van anderen te verrijken.

De gidsen die over het Hiernamaals spreken als het Onbekende zeiden tegen haar: 'Om te beginnen moeten mensen proberen contact te maken met wat zij het Onbekende noemen, zodat deze kracht namens hen kan gaan werken. Dit is een van de grootste krachten in het universum. Als de zielen aan de onzichtbare kant van deze denkbeeldige grens samenwerken met degenen die daar oprecht proberen anderen vooruit te helpen, zijn de krachten bijna onbegrensd.'[6] Dit is precies het punt waar het om gaat bij de eenwording van de dimensies zoals wij dat in het Tiende Inzicht zien!

Ze legden haar uit dat dit vermogen tot communicatie tussen dimensies niet zou bestaan als het niet voor het welzijn van de mensheid was en dat het een enorme verspilling zou zijn als wij er geen gebruik van maken. '... God wil dat dit vermogen optimaal wordt benut en ontwikkeld zodat uiteindelijk – zoals het in de Heilige Schrift is voorspeld – de sluier tussen de twee werelden zal vallen en alles één zal worden. Hoewel sommigen op die dag misschien nog steeds in de stof bestaan, zullen ze naar believen kunnen communiceren met hen die zijn overgegaan naar het volgende stadium. Hoe meer wij het probleem met een open instelling benaderen, hoe sneller die tijd kan aanbreken.'[7]

De gidsen zeiden ook dat elk moment van ons leven op aarde belangrijk is, niet alleen omdat het ons de mogelijkheid biedt de rijkdom van deze wereld te ervaren, maar ook omdat het ons in staat stelt lief te hebben. Hier kunnen we het wereldplan dienen en ons afstemmen op een meer spirituele trilling. Ze hebben er bij Ruth vaak op aangedrongen haar leven niet te verspillen door ijdele dingen na te jagen! 'Het leven op aarde is slechts een voorbereiding op deze levensfase; en wij bereiden ons natuurlijk ook weer voor op een volgende fase. Daarom zijn we er zo op gebrand anderen in die wereld vooruit te helpen. Het is een onderdeel van onze spirituele ontwikkeling hier en jullie houden ons tegen als jullie weigeren jezelf beschikbaar te stellen.'[8] Hoewel de zielen in de spirituele wereld onze Geboortevisie vasthouden, kan de eenwording van de werelden niet geschieden als wij ons dat in de fysieke wereld niet bewust voornemen. Het is aan ons op aarde dit historische doel te vervullen. Misschien is dit archetypische concept van eenheid, deze impuls om de fysieke wereld spiritueel te maken, zelfs wel de drijfkracht achter ons nieuwe bewustzijn en de concepten 'holisme' en 'holistisch'. Als de menselijke samenleving dit idee van fysieke/spirituele eenheid volledig heeft geïntegreerd, zou de uiteindelijke verwerkelijking van de Wereldvisie verzekerd zijn.

GEMEENSCHAPPELIJKE ERVARINGEN VAN PAS-OVERLEDENEN

Dr. Kenneth Ring is een van de meest vooraanstaande onderzoekers van de bijna-doodervaring. In *Heading Toward Omega: In Search of the Meaning of the Near-Death Experience,* heeft Ring de getuigenis opgenomen van een man die een bijna-dodelijk ongeluk had. De manier waarop hij zijn dood beschrijft is typerend voor de ervaringen zoals vele duizenden anderen die ook hebben beschreven.

'... het eerste dat me opviel was dat ik dood was... ik zweefde in de lucht boven mijn lichaam... daarover leek ik me totaal niet ongerust te maken. Ik was echt morsdood, maar daar zat ik helemaal niet mee... ik besefte dat ik heel gemakkelijk kon zweven... ik kon ook in duizelingwekkende vaart vliegen... en daar leek ik heel blij van te worden... Toen merkte ik dat zich voor mij een donker gebied bevond. Toen ik er dichterbij kwam dacht ik dat het een soort tunnel was en zonder er verder bij na te denken ging ik er binnen en genoot nog meer van de sensatie van het vliegen... Terwijl ik er doorheen raasde zag ik heel ver voor me uit een soort rond licht, waarvan ik dacht dat het het einde van de tunnel was... het leek een onvoorstelbaar lichtgevende plek, in alle betekenissen van het woord, want het was niet alleen van een ontzagwekkende schittering... maar het leek me ook een geweldige plek om te zijn. Ik bevond me in verschillende omgevingen waar alles op gelijke wijze werd verlicht door hetzelfde licht en, o, ik zag er ook andere dingen... een aantal mensen... ik zag mijn vader daar, die al zo'n vijfentwintig jaar dood is... ik voelde en zag ook dat iedereen zich in een toestand van totaal mededogen met al het andere bevond... het was ook alsof liefde de belangrijkste grondregel was die iedereen automatisch volgde. Dat veroorzaakte zo'n intense golf van emoties in mij... omdat ik het gevoel kreeg dat er alleen maar liefde was.'[9]

Soortgelijke elementen van de overgang naar de dood vind je ook in *Het Tibetaanse dodenboek* en in de herinneringen van mensen die onder hypnose vorige levens hebben ervaren. Volgens *Het Tibetaanse Dodenboek* zijn jonge zielen zich in hun eerste incarnaties blijkbaar nog niet bewust van het proces van reïncarnatie. Rijpere zielen, die meer levens hebben ervaren, beginnen zich steeds bewuster te worden van hun reis door de niet-fysieke werelden en proberen bewust te leren en te groeien. Oudere zielen worden leraren die jongere zielen helpen zich meer bewust te worden van hun spirituele aard.

WE BESEFFEN NIET DAT WE ZIJN GESTORVEN

Veel mensen vertellen dat ze onmiddellijk na hun dood niet beseften dat zij dood waren, met name als het overlijden onverwacht is. Dit is heel mooi te zien in de film *Ghost* als Patrick Swayze zo opgaat in het gevecht waarin hij wordt gedood, dat hij niet beseft dat hij voorgoed zijn lichaam heeft verlaten. Als we zijn gestorven, hebben we door de kracht van onze denkgewoonten blijkbaar nog steeds het gevoel dat we ons in een lichaam bevinden.

RONDHANGEN

Mensen kunnen ook een paar dagen op het aardse niveau blijven rondhangen op hun oude stek, of blijven dralen om hun familie en vrienden te observeren tijdens hun begrafenis. Vanwege een overdreven gevoel van verlies of gehechtheid komen sommige zielen niet volledig los van het fysieke niveau. Ze blijven dwalen, spoken en rond-hangen – waardoor het proces om hun vorige leven in het levensoverzicht te evalueren, wordt vertraagd en opgehouden. In re-gressies naar vorige levens maken mensen soms melding van chaoti-sche taferelen – de schemerwereld van hen die nog steeds gehecht zijn aan de fysieke wereld en nog niet verder zijn gegaan.

HOE ZIEN WE ER IN HET HIERNAMAALS UIT?

Volgens de meeste berichten zien we er in het begin van het Hier-namaals meestal uit zoals we er vlak voor onze dood uitzagen. Later kunnen we de vorm van ons lichaam aannemen toen het op zijn sterkst en best was. Ons psychisch lichaam is kneedbaar, het voegt zich naar onze ervaringen, gevoelens en gedachten.

FASEN EN NIVEAUS

Na een tijdje voelt de ziel de drang de reis door de verschillende spiri-tuele ervaringsniveaus te beginnen. Uit diverse bronnen, die opmer-kelijke overeenkomsten in details vertonen, ontlenen we informatie over de stadia van vooruitgang die een ziel in de niet-fysieke wereld doormaakt. Het niveau dat onze ziel heeft bereikt, bepaalt naar welk niveau we gaan of waar we een tijdje blijven.

De lagere niveaus zijn door mensen omschreven als gebieden van cha-os en duisternis, waarin afschuwelijke geluiden weerklonken, zoals gedonder, gedreun, gefluit, en onmenselijk geschreeuw en gehuil. An-deren ontmoetten angstaanjagende, afschuwelijk uitziende en gede-formeerde mensen – mensen die vastzaten in strijd, pijn, of verdriet. Vaak kon men dit gebied passeren door de gekwelde zielen links te laten liggen. In deze gebieden spelen we keer op keer onze obsessies uit.

Een andere wereld waarin mensen terecht kwamen, was een wereld van ideeën, waar het rustig en aangenaam vertoeven was – die soms zelfs was vervuld van gezang en hemelse muziek. Sommige mensen meldden dat naarmate zij een 'hoger' bestaansniveau bereikten, hun lichaam lichter en transparanter werd.

Andere werelden zijn nog mooier dan de wereld van ideeën – daar treffen we een breed spectrum van onaardse kleuren licht aan. Vaak worden we in deze hogere werelden begroet door mensen die ons dierbaar zijn en die de overgang naar de spirituele dimensie al hebben gemaakt. Je kunt ervoor kiezen een tijdje op deze rustiger niveaus te verblijven. Blijkbaar is er, naarmate je hogere frequenties bereikt, een besef van eindeloze niveaus die zich zover uitstrekken dat het alle voorstelling te boven gaat. Naarmate het spirituele lichaam lichter en stralender wordt, voelen sommigen zich overspoeld door vreugde en onbegrensde liefde – een uitbarsting van blijdschap omdat ze 'thuis' zijn, en het verlangen deel te hebben aan nieuwe lessen en zich verder te ontwikkelen.

HET LEVENSOVERZICHT IS VAN WEZENLIJK BELANG VOOR DE VERWERKING VAN HET RECENTE LEVEN

Uit honderden bijna-doodervaringen blijkt dat mensen hun leven in een flits aan zich voorbij zien trekken. Ze zien heel duidelijk alle belangrijke gebeurtenissen van hun leven nu ze op het punt staan het te verlaten. Ogenschijnlijk in een paar seconden of minuten overzien ze decennia van betekenisvolle momenten in hun leven. Deze herhaling maakt één ding duidelijk – hoe goed de persoon heeft geleerd lief te hebben en kennis te verkrijgen. In de meeste gevallen vertellen die mensen dat ze de wens hebben in de spirituele wereld te blijven, maar omdat ze een jong kind moeten opvoeden, ernaar verlangen meer liefde te geven, of omdat ze beseffen dat ze hun doel nog niet hebben bereikt, besluiten ze hun leven op aarde te hervatten.

DOOR HET OVERZICHT VERANDERT ALLES OP AARDE

In bijna alle meldingen van bijna-doodervaringen heeft de betrokkene een dramatische verandering ondergaan. In *Leven na dit leven* beschrijft Dr. Raymond A. Moody Jr. hoe zelfs een kort overzicht van belangrijke gebeurtenissen de waarden en het gedrag van mensen voor de rest van hun leven verandert. Het levensoverzicht wordt meestal, maar niet altijd, begeleid door een 'wezen van licht'. Moody zegt: 'In de regel is het overzicht een nog overweldigender ervaring als dit wezen het overzicht "stuurt". Niettemin wordt het meestal beschreven als heel levendig, snel en juist, ongeacht of het zich voordoet in de loop van de feitelijke "dood" (in het geval van een opnieuw beleefde dood tijdens een regressie naar een vorig leven) of alleen tijdens een kortstondig contact met de dood.'[10]

De mensen (remigranten genaamd) die tijdens een regressie onder hypnose een levensoverzicht van een vorig leven ervaren, merken vaak dat de les van dat leven heel duidelijk is. In een van de meest uitputtende en grondige boeken over dit onderwerp, *Ring van licht,* geeft de Nederlandse psycholoog Hans Ten Dam een overzicht van een schat aan informatie die hij heeft ontleend aan een aantal klinische onderzoeken. Volgens hem maken mensen melding van levensdoelen die 'fantastisch uiteenlopen'. Eén remigrant zei bijvoorbeeld dat 'het voornaamste doel van zijn leven was te leren lachen omdat hij in zijn levens daarvoor te serieus was. Een andere remigrant was tijdens zijn leven puissant rijk geweest, maar straatarm gestorven. [...] hij moest ervaren dat armoede of rijkdom je waarde als mens niet bepalen.'[11]

> Het was niet precies in termen van beelden, meer in de vorm van gedachten denk ik. Ik kan het niet precies beschrijven, maar het was er gewoon allemaal. Het was gewoon... alles tegelijkertijd. Ik dacht aan mijn moeder, aan de dingen die ik verkeerd had gedaan. Nadat ik de gemene dingetjes kon zien die ik als kind had gedaan... wilde ik dat ik die dingen niet had gedaan, en ik wilde dat ik terug kon om ze ongedaan te maken.
>
> **Dr. Raymond Moody, *Leven na dit leven.***

ONMIDDELLIJK WETEN

In bijna alle gevallen van contact met de spirituele dimensies lijken de inzichten van de mensen te worden ervaren als een *rechtstreeks, innerlijk weten* zoals: 'Ik voelde de aanwezigheid van mijn moeder. Ik wist gewoon dat zij het was.' 'Ook al wilde ik blijven, ik wist dat mijn tijd [om te sterven] nog niet was gekomen.' 'Ik voelde onmiddellijk dat het mijn vader was.' Of: 'Ik wist dat ik moest leren liefdevoller te zijn.' Ook al is de spirituele dimensie een liefdevol thuis voor ons, we blijven en worden herboren om de grillige onzekerheid van het leven in de fysieke wereld te ervaren! In het Hiernamaals zeggen de meeste zielen die al talloze levens hebben doorgemaakt, dat ze intuïtief weten

174

dat ze het eeuwige leven hebben. Ze worden zich ervan bewust dat ze een ziel hebben en dat hun ziel wil dat ze specifieke ervaringen doormaken en diverse doelen bereiken.

ER IS ALTIJD COMPENSATIE

Dr. Brian Weiss doet in zijn boek *Only Love is Real* verslag van Pedro, een van zijn patiënten. Pedro kwam in therapie omdat hij niet los kon komen van een gevoel van wanhoop dat intenser was geworden na het overlijden van zijn broer. De herinneringen die Pedro uit diverse levens had, toonden interessante keuzes die tot groter inzicht leidden. In een ervan zag hij hoe zijn familie hem dwong priester te worden. Hij wilde de vrouw van wie hij hield niet verlaten, en wilde nog liever sterven. Maar hij schikte zich in het onvermijdelijke en ging in het klooster. In zijn regressie ontdekt hij dat de abt in het klooster de broer was om wiens dood hij in zijn *huidige* leven diep treurt.

Soms verliezen we het ideaal van onze ziel volkomen uit het oog en raken vast door een trauma of de weigering verder te gaan, zoals een kantoorbediende in een ouderwetse firma in het boek van Ten Dam, die al ruim 35 jaar vergroeid is met zijn lessenaar. Hij slaat een promotie af omdat hij zijn lopende werk liever niet uit handen wil geven.

Bij de terugblik op zijn leven ziet hij zijn levenslijn voor zich als een dun lichtend draadje dat op een gegeven moment knakt en donkergrijs wordt. Als de begeleider vraagt waar die knik in de levenslijn zit, noemt de remigrant meteen de leeftijd en de levenssituatie: de afwijzing van zijn promotie. Hij heeft de ontwikkelingsmogelijkheid niet aangedurfd en zichzelf daarmee verloochend.

Hans ten Dam, *Ring van licht.*

Toen hem werd gevraagd wat hij uit dat leven had geleerd, zei Pedro: 'Ik leerde dat woede dwaas is. Het vreet aan de ziel. Mijn ouders [in dat leven] deden wat ze dachten dat het beste was voor mij en voor hen. Ze begrepen de intensiteit van mijn hartstocht niet, of het feit dat ik het recht had zelf de richting van mijn leven te bepalen… ze waren onwetend… maar ik ben ook onwetend geweest. Ik heb beslag gelegd op de levens van anderen. Dus hoe kan ik hen veroordelen of kwaad op hen zijn als ik hetzelfde heb gedaan?... Daarom is het zo belangrijk te vergeven. We hebben allemaal de dingen gedaan waar we anderen om veroordelen... Ik zou de abt [zijn broer] niet hebben ontmoet als ik mijn zin had gekregen. Er is altijd compensatie, altijd genade, altijd goedheid, als we het maar willen zien. Als ik boos en verbitterd was gebleven, als ik wrok was blijven koesteren, zou ik de liefde en de goedheid hebben gemist die ik in het klooster heb ondervonden.' Nadat hij zijn broer in deze herinnering aan een vorig leven had gezien, besefte hij dat de ziel onsterfelijk is. Als hij in een vorig leven al van zijn broer had gehouden en samen met hem was geweest, zou hij hem weer ontmoeten. Op die manier begon zijn verdriet te genezen.

In een ander leven zag Pedro zichzelf als prostituee van rijke en machtige mannen. In dat leven genoot ze ervan die mannen te manipuleren en ze raakte verslaafd aan die manier van leven. Ze hield van een jonge man, maar ze liet hem in de steek voor een oudere, machtigere en rijkere man... 'Ik volgde mijn hart niet. Ik maakte een verschrikkelijke fout.'[12] Uiteindelijk stierf ze moederziel alleen onder de afkeurende blikken van verpleegsters in een armetierig ziekenhuis, omgeven door de armsten der armen.

ONS HUIDIGE LEVEN OVERZIEN, NOG VOORDAT WE TERUGKEREN NAAR DE SPIRITUELE WERELD

De boodschap van het Tiende Inzicht is dat steeds meer mensen de vooruitgang van de ziel zullen gaan overzien *terwijl ze zich nog in hun fysieke lichaam bevinden,* in plaats van te wachten totdat ze overgaan naar de andere zijde. Door stil te mediteren, een dagboek bij te houden, door een bijzondere droom of een spontaan inzicht, kunnen we onszelf gaan zien vanuit dit bredere perspectief. Voor diepgewortelde problemen kunnen we naar een vooruitstrevende therapeut gaan die de spirituele dimensie in zijn of haar werk heeft geïntegreerd.

Velen van ons stellen zichzelf al de vraag: 'Wat heb ik tot nu toe geleerd, hoe verwezenlijk ik mijn oorspronkelijke ideaalbeeld? In welke richting lijk ik mij te ontwikkelen? Naarmate we individueel in bewustzijn groeien, neemt ons inzicht toe in wat *werkelijk* mogelijk is, wie we *werkelijk* zijn. Dan is ons *wezen* de basis van waaruit ons *doen* voortkomt.

We hebben ervoor gekozen de spirituele wereld te verlaten en dit leven aan te gaan, zodat we het schitterende scala aan keuzes konden ervaren, waardoor onze ziel zich kan ontwikkelen tot het volgende niveau. Je Geboortevisie is één facet, één noot van de Wereldvisie. Zonder angst voor de dood en de leegte van de onwetendheid, kunnen we blijer en ook vrijer leven dan ooit tevoren. Die nieuwsgierigheid en dat speelse gevoel van avontuur – die toen we klein waren net zo natuurlijk waren als ademhalen – zullen ons blijven aanmoedigen met nog meer vreugde gevolg te geven aan intuïtieve beelden of met een bredere kijk op het geheel de werelden van lijden binnen te gaan. De Wereldvisie wordt iedere dag gemanifesteerd overeenkomstig de gezamenlijke trillingen van je bestaan en je handelen.

EEN KRITISCHE MASSA DIE ZICH BEWUST WORDT VAN HET HIERNAMAALS

In de westerse, wetenschappelijke cultuur is de reactie op mensen die proberen familie, vrienden, verpleegkundigen of artsen iets te vertellen over een bijna-doodervaring of contact met een dierbare overledene, er vaak een van gebrek aan belangstelling, nauwelijks verhuld wantrouwen, of de opmerking dat die persoon gewoon zichzelf niet meer is van verdriet. Bijvoorbeeld: 'Toen ik wakker werd probeerde ik het verplegend personeel te vertellen wat er was gebeurd, maar ze zeiden dat ik er niet over moest praten, dat ik me gewoon maar wat in mijn hoofd haalde.' Of: 'Ik praat er niet graag over. De mensen kijken je gewoon aan of je gek bent.'[13] Hoewel het bestaan van de spirituele wereld integraal onderdeel uitmaakt van het wereldbeeld van vrijwel alle andere culturen, heeft ons westerse denken de spirituele wereld grotendeels teruggebracht tot de zondag en tot bijgeloof.

Het Tiende Inzicht zegt duidelijk dat het uiteindelijke doel van de evolutiespiraal is dat wij ons het bestaan van de spirituele dimensie herinneren terwijl we nog in het fysieke lichaam zijn. Bill en Judy Guggenheim, auteurs van *Hello from Heaven* schatten 'dat 50 miljoen Amerikanen, of 20 procent van de bevolking van de Verenigde Staten, één of meerdere keren contact heeft gehad met overledenen'. Vijf keer zoveel mensen als die een bijna-doodervaring hebben gehad.[14] Dr. Raymond Moody merkt op dat het niet verwonderlijk is dat zij die zijn gestorven en teruggekeerd denken dat ze uniek zijn en dat niemand anders zo'n ervaring heeft gehad. Ze zijn opgelucht te horen dat het geen ongebruikelijk verschijnsel is.

Volgens het Eerste Inzicht moet er een kritische massa van bewuste individuen worden bereikt voordat de transformatie *alle* bewustzijn omvat. Er moeten voldoende mensen doordrongen zijn van de werkelijkheid en het bestaan van het Hiernamaals voordat deze informatie kan worden doorgegeven. Het bestaan van de spirituele dimensie moet een alledaags idee worden. Als we kijken naar de overtuigingen van onze cultuur, weten we dat er eveneens ruimte moet komen voor andere veronderstellingen om nieuwe ideeën acceptabel te maken. Dr. Moody zegt: '... de tendens in onze tijd is over het algemeen beslist dat de mogelijkheid om de lichamelijke dood te overleven niet bespreekbaar is. We leven in een tijd waarin wetenschap en technologie een gigantische vooruitgang hebben geboekt bij het begrijpen en onderwerpen van de natuur. Veel mensen vinden praten over leven na de dood enigszins achterhaald en zien het als iets dat meer hoort bij ons 'bijgelovige' verleden dan ons 'wetenschappelijke' heden. Bovendien lijkt de algemene onwetendheid over bijna-doodervaringen voor een deel te wijten aan een algemeen voorkomend psychologisch fenomeen dat te maken heeft met aandacht. Veel van wat we dagelijks horen en zien wordt niet door ons bewuste geregistreerd.' Moody gebruikt het voorbeeld van wat er gebeurt als we een nieuw woord leren. Opeens horen we het woord overal. Het woord is er altijd al geweest, maar we zijn ons niet bewust geweest van de betekenis ervan en het is gewoon aan onze aandacht ontsnapt. Hetzelfde gebeurt als we besluiten een nieuwe auto van een bepaalde kleur te kopen. Opeens zien we dezelfde auto's overal.

Een voorbeeld van dergelijke selectieve aandacht is een arts die een lezing van Moody bijwoonde en de volgende vraag stelde: 'Ik werk al heel lang als arts. Als die ervaringen zo veel voorkomen als u zegt, waarom heb ik er dan nooit eerder van gehoord?' Later bleek dat zijn eigen vrouw de groep het verhaal van de bijna-doodervaring van een heel goede vriend van hen wist te vertellen. Haar man had er ofwel geen aandacht aan besteed, óf hij was het vergeten, omdat het niet bij zijn toenmalige overtuigingen paste. In een ander voorbeeld had een arts een oud krantenartikel gelezen over Moody's werk. De volgende dag kwam er een patiënt op het spreekuur die over zijn bijna-doodervaring tijdens een operatie vertelde. Moody zegt: 'Het kan heel goed zijn dat in beide gevallen de betrokken artsen hier al ooit eerder van hadden gehoord, maar het hadden beschouwd als een gril van iemand persoonlijk en niet als een wijdverbreid verschijnsel.'[15]

Als laatste stelt Moody dat artsen, die meer dan het publiek in het algemeen over bijna-doodervaringen zouden moeten horen, zijn opgeleid om alleen de fysieke 'objectieve' tekenen van de ziekte serieus te nemen. 'Er wordt bij toekomstige artsen voortdurend op gehamerd dat ze moeten oppassen voor wat de patiënt zegt over hoe hij zich voelt.'[16]

We kennen de kracht van een 'idee waarvoor de tijd rijp is'. Marie-Louise Von Franz, een van de belangrijkste Jungiaanse analytici, gebruikt als voorbeeld hoe wetenschappers en Nobelprijswinnaars vaak vrijwel tegelijkertijd dezelfde oplossingen en vernieuwingen aanvoelen. Het Tiende Inzicht suggereert dat het Hiernamaals ons een schat aan informatie zal verschaffen als genoeg mensen bereid zijn die aan te voelen en iemand het opschrijft.

Maar als het wereldbeeld te veel door angst wordt omgeven, zal dat een belemmering zijn om de goddelijke wijsheid aan te voelen. Als je je tijdens het lezen van deze regels afvraagt of er, gelet op de grote conflicten in de wereld, wel spirituele vooruitgang is, bedenk dan dat de ontwikkeling van het bewustzijn een golfbeweging is. We zijn zowel een deeltje in de golven als de golven zelf. We zullen in de tijd die we hier zijn tot stand brengen wat in ons vermogen ligt.

OVER REÏNCARNATIE

Reïncarnatie is het idee dat onze ziel, ons eeuwige bewustzijn, leven na leven wordt herboren om te leren, te groeien en zich te ontwikkelen. Wij beschikken over kennis van reïncarnatie via religieuze en esoterische doctrines, spontane herinneringen aan vorige levens van volwassenen en kinderen, regressie onder hypnose naar vorige levens en via mensen die extra gevoelig zijn voor mediamieke informatie.

SPONTANE HERINNERINGEN AAN ANDERE LEVENS

Een spontane herinnering kan zich voordoen als de betrokkene een plek of persoon op het eerste gezicht herkent. Maar mensen die onderzoek doen naar vorige levens, zoals Hans ten Dam, geloven dat déjà vu's – het gevoel dat je iets al eens eerder hebt meegemaakt – niet voldoende bewijs zijn dat er sprake is van een herinnering aan een vorig leven. Maar ongebruikelijke, onmiddellijke banden zoals liefde op het eerste gezicht – als het om ware liefde gaat – duiden wel op een relatie in een vorig leven.

Een herinnering kan ook worden opgewekt door een voorwerp, foto's, boeken of iets dergelijks. Het kan ook gebeuren onder dwang of onder uitzonderlijke fysieke of emotionele omstandigheden en je hoeft niet in reïncarnatie te geloven.

FYSIEKE KENMERKEN, GEWOONTEN EN NEIGINGEN

Er zijn aanwijzingen dat vorige levens op verschillende manieren een stempel op het huidige leven kunnen drukken. Iemand kan een bijzonder lichamelijk kenmerk hebben, een eigenaardige gewoonte, uitzonderlijke vermogens of talenten en vaste ideeën over het leven (veronderstellingen), die hun oorsprong niet lijken te hebben in de huidige familie-structuur.
Soms herinnert iemand zich een fatale wond in een vorig leven op de plek waar nu een moedervlek zit.

Een aardig voorbeeld is het kleine meisje dat haar melkbeker met een klap op tafel neerzet en haar mond afveegt alsof ze met genoegen een pul bier heeft neergezet. Wanneer haar ouders haar berispen, barst ze in snikken uit en zegt dat het een eerbetoon aan haar kameraden is die ze niet wil vergeten. Als haar familie hier op doorgaat, komen een aantal opmerkingen over een vorig leven naar boven. Ook haar uiterlijk verschilde sterk van de rest van haar familie.
Hans ten Dam, *Ring van licht.*

Onze voorkeuren kunnen ons aanwijzingen geven over vorige levens. Als je een hang hebt naar meubelen in de vroeg-Amerikaanse stijl, Chinees porselein verzamelt of verlangend kijkt naar foto's van Griekse stranden, kan een dergelijke voorliefde wijzen op een positief vorig leven in die periode of dat land. In *Ring van licht* zegt Ten Dam dat bepaald gedrag bij jonge kinderen rechtstreeks kan duiden op een vorig leven. Veel herinneringen aan vorige levens zijn aan de hand van historische documenten geverifieerd.

DE TIJD TUSSEN TWEE LEVENS IN (TUSSENBESTAAN)

Uit onderzoek blijkt dat de tijd tussen twee fysieke levens kan variëren van een paar jaar tot honderden of duizenden jaren. Het is mogelijk dat hoe minder aardse ervaring onze ziel achter de kiezen heeft, hoe vaker we worden herboren om te kunnen leren. Ten Dam haalt specifieke onderzoeken aan, waaruit blijkt dat de gemiddelde periode varieert van ruwweg 60 tot 80 jaar. Oudere zielen kunnen heel bewust hun incarnatie uitkiezen, om in een specifieke periode in de ontwikkeling van de aarde een specifiek doel te verwezenlijken. Op basis van boeken over regressie en zijn eigen onderzoek met mensen in regressie die zich behoorlijk sterk bewust zijn van hun overgang, komt Hans ten Dam uit op drie incarnatiepatronen en verschillende soorten redenen waarom mensen worden herboren. Die patronen kunnen in het leven door elkaar lopen.

POPULATIE I — VANZELFSPREKEND —
OF 'WAUW! BEN IK NU AL TERUG?'

Volgens mensen die naar vorige levens zijn teruggekeerd, keren de mensen uit deze groep van zielen terug naar het leven met weinig herinnering aan de tussenliggende periode in de spirituele dimensie. Ze hebben blijkbaar geen aanwijzingen waarover het nieuwe leven moet gaan. Volgens verslagen van regressies beginnen deze levens met het gevoel dat ze terug in het leven worden gezogen ('alsof ze door een stofzuiger in de foetus worden gezogen'), zonder er veel bij stil te staan, met name als het vorige leven vroegtijdig was afgebroken. Ze zijn gebrand op levenservaring en leren vermoedelijk elementaire lessen over het leven op aarde, zonder zich erg bewust te zijn van de diepere bedoeling van hun ziel. Omdat het hun aan een individueel levensplan ontbreekt, mist hun nieuwe leven grotendeels de diepe drijfveer om een doel te vervullen. Met korte onderbrekingen (die naar men denkt gemiddeld acht jaar duren) volgen de levens elkaar in tijd en afstand snel op.

POPULATIE II — VRIJWILLIG EN LEERZAAM —
OF 'LEVENS 101 TOT EN MET 999'

In tegenstelling tot de vanzelfsprekende, onvrijwillige terugkeer naar het leven van populatie I, kiezen de mensen uit groep II er vrijwillig voor terug te keren naar het leven op aarde en zoeken zorgvuldig die ouders en omstandigheden uit die hun de beste voorwaarden bieden om te leren en te groeien. Naarmate de ziel rijper wordt, verdienen we volgens sommige leraren het recht om tijdens het tussenbestaan in het

181

Hiernamaals een levensplan te ontwerpen. In dit plan of de Geboortevisie worden doelstellingen vastgelegd voor de persoonlijke ontwikkeling en het uitwerken van persoonlijke karmische relaties. De regressiegevallen van Ten Dam melden dat er een terugblik plaatsvindt op het voorgaande leven (het levensoverzicht), overleg met gidsen en zielengroepen, een vooruitblik op enkele van de levenservaringen en mensen die je zult ontmoeten (net zoals Maya's vooruitblik in het boek), en men zich ook bewust is van het tussenbestaan zelf. Het tussenbestaan voor deze populatie blijkt ruwweg zestig aardse jaren te zijn.

POPULATIE III – OPDRACHT OF 'HET GROTE LEVEN'

Evenals de mensen uit populatie II, verblijven de mensen uit populatie III bewust in het tussenbestaan. Maar op dit niveau van de ontwikkeling van de ziel heeft de betrokkene naar alle waarschijnlijkheid al veel persoonlijke karmische schuld ingelost. De mensen uit populatie III hebben een grotere vrijheid om een rijkdom aan ontwikkelde talenten en vermogens uit honderden of duizenden levens uit te drukken, en keren terug naar het leven om een belangrijke bijdrage te leveren aan de ontwikkeling van de mensheid. Deze mensen komen hier met het doel een groter plan te verwezenlijken. Ze worden gedreven door de innerlijke zekerheid dat het leven op aarde een doel heeft en dat er een goddelijke verbinding bestaat. Ze trekken niet alleen veel mogelijkheden, maar ook uitdagingen aan. Extreme omstandigheden kunnen hen dwingen diep naar binnen te keren. Via pijn, lijden en extase, maar ook de verveling van aardse volharding, krijgen ze veel leiding van hun zielengroep, van hun hogere zelf en van God. Het kunnen gewone, actieve, goedbedoelende mensen zijn die zich op de achtergrond houden, maar uiteindelijk kunnen ze zich ook ontpoppen als een charismatisch leraar en wereldleider. Volgens de boeddhistische levensopvatting verschijnen de bodhisattva's, de heren van mededogen, 'als wereldleraren op een strikt schema... de periodieke terugkeer van de volmaakten.'[17] De gemiddelde tijd tussen de levens van populatie III wordt geschat op ruwweg 230 jaar.

De invloed van onze zielengroepen

De zeven personages in *Het Tiende Inzicht* zijn betrokken bij een project om het experiment in de vallei tegen te houden. Hun behoefte om het experiment tegen te houden werkt als katalysator om zich hun band en hun onopgeloste problemen uit het verleden te herinneren. Nadat zij inzicht hadden verworven in het Negende Inzicht, stemden zij zich af op een hogere trilling, om zo toegang te krijgen tot leiding van die zielen in de andere dimensie die hun Geboortevisie vasthouden in de hoop dat zij zich ervan bewust zullen worden. Wil zegt over die onstoffelijke zielen: 'Met hen zijn we verbonden. Ze kennen ons. Ze delen onze idealen, onze Geboortevisie en volgen ons tijdens ons leven. Na afloop blijven ze bij ons terwijl we terugkijken op wat er is gebeurd. Ze dienen als reservoir voor onze herinneringen. Terwijl wij ons ontwikkelen houden zij het besef vast omtrent wie we zijn... En kennelijk spelen wij, wanneer we in het Hiernamaals zijn, voor hen dezelfde rol wanneer een van hen op het fysieke vlak geboren wordt. We gaan deel uitmaken van de zielengroep die hen ondersteunt.'[18]

Het inzicht leert ons dat hoewel onze zielengroepen ons geen ingevingen sturen – die zijn afkomstig uit een goddelijke bron – ze ons wel extra energie sturen en ons op een specifieke manier verheffen, zodat we ons beter kunnen herinneren wat we al weten. Ze sturen ons altijd energie en hopen dat wij ons bewust zullen worden van onze Geboortevisie; ze lijken zich uit te breiden en 'gelukkiger te zijn' als die in onze herinnering terugkeert. Guggenheim en Guggenheim schrijven: 'De bewoners [van de spirituele dimensie] hechten enorm veel waarde aan kennis en worden aangemoedigd zich te verdiepen in onderwerpen naar eigen keuze. Dat kan van alles zijn, maar de meest geliefde onderwerpen schijnen te zijn, kunst, muziek, natuur, wetenschap, geneeskunde en allerlei spirituele onderzoeken, die zij op hun beurt in de vorm van inspiratie proberen door te geven aan de mensen die nog op aarde leven.'[19] Volgens Ten Dam en andere onderzoekers blijkt: 'Van de mensen die adviesgesprekken met anderen rapporteerden, had 60% meer dan één adviseur, soms een *kring van adviseurs*.' [cursief van de auteur].[20]

Verdwaalde zielen of zielsverwanten?

Iemand kan zich afvragen: 'Hoe maak ik onderscheid tussen verdwaalde zielen die op het aardse vlak rondhangen, en zielengroepen?'

Het verschil is dat verdwaalde zielen niet genoeg energie hebben om het aardse vlak te verlaten of naar het spirituele vlak te gaan. Ze zitten op de een of andere manier vast in een gedachtepatroon van angst en zullen proberen energie aan je te onttrekken.

In een moment van crisis of helderheid zullen je gidsen of zielengroep tussenbeide komen of je inspiratie geven. Je intuïtie zal je laten weten of ze je helpen door je energie te geven, of proberen energie aan je te onttrekken, waardoor je zelfvertrouwen vermindert en je niet goed meer weet waarnaar je op weg bent.

CRISISINTERVENTIE

In zijn boek *Leven na dit leven – Gedachten over leven na dit leven,* heeft Dr. Raymond Moody enkele van de verhalen van mensen opgenomen die van een dreigende dood werden gered door de tussenkomst van een spiritueel wezen.

Moody haalt het voorbeeld aan van een man die vastzat in een vat waarin onder hoge druk een gloeiend heet zuur werd gepompt. 'Ik was zo ver mogelijk in een hoek weggedoken, met mijn gezicht naar de hoek, maar het spul was zo heet dat het door mijn kleding heenbrandde... ik besefte dat het slechts een kwestie van enkele minuten was voordat ik levend gekookt zou worden... Ik zei tegen mezelf: "Dit was het. Ik ga eraan."... het leek of de hele omgeving in een gloed oplichtte. En uit de richting waar later de enige uitweg bleek te zijn, hoorde ik een zin uit de bijbel die ik mijn hele leven al had gehoord en die me nooit veel had gezegd: "Ziet, Ik ben altijd bij u". Ik kon mijn ogen niet open houden, maar toch zag ik dat licht, dus volgde ik het. Ik weet dat ik al die tijd mijn ogen dicht had. De dokter heeft later mijn ogen niet eens behandeld. Er was geen zuur in gekomen.'[21] In dit geval identificeerde de man zijn goddelijke helper als Christus. Moody zegt: 'Mensen die zoiets hebben meegemaakt, vertellen dat hun leven nadien anders is geworden, dat zij het gevoel hadden dat ze vanwege een speciaal doel van de dood waren gered.'[22]

Een andere man vertelt hoe hij tijdens de Tweede Wereldoorlog een vijandelijk vliegtuig een duikvlucht zag maken op het gebouw waarin hij zich bevond. Het vliegtuig opende het vuur op het gebouw en het opdwarrelende stof van de inslaande kogels baande zich een weg recht op hem af. 'Ik dacht, we gaan er allemaal aan... Ik zag niets, maar ik voelde een wonderlijk troostende aanwezigheid bij me en een vriendelijke, zachte stem zei: Ik ben bij je, Reid. Jouw tijd is nog niet gekomen.'[23]

VERONDERSTELLINGEN, BIJZONDER ADVIES EN SYNCHRONICITEIT

Kenneth Ring vertelt het verhaal van een vrouw, Stella, die belangrijke innerlijke veranderingen onderging nadat ze gevolg gaf aan een visioen. Stella was geadopteerd en groeide op in een fundamentalistisch milieu. Ze was een heel erg verlegen, teruggetrokken en onderdanig kind, dat trouwde en een gezin kreeg. 'Niet lang voor haar bijnadoodervaring in juni 1977, had ze wat het best kan worden omschreven als een visioen bij waakbewustzijn... ze lag in bed, maar voordat ze in slaap viel... zag ze een stel geschreven karakters... Veel later, na haar bijna-doodervaring, ontdekte ze dat de karakters Hebreeuws waren... en dat de vertaling luidde: "Voorbij het verdwijnpunt." '[24] Tijdens haar BDE ontmoette ze een wezen van licht: 'Bijna alsof het twee gezichten in één waren. Eén weerspiegelde de schoonheid, de rust en het licht van de omgeving en tegelijkertijd leek hetzelfde gezicht in elkaar geslagen. Het leek bijna alsof één kant uit model was. Eén gezicht was volkomen vredig en desondanks één met de pijn van het andere. [Ring vraagt of dit wezen iets meedeelde]... Ja... dat er een reden voor was dat ik werd teruggestuurd en die reden had te maken met het brengen van kennis, specifieke kennis... en dat er na dit leven een leven is op een veel groter niveau... Wij zijn zo veel meer. Dat wij het vermogen en de capaciteit hebben om te weten...' [Had je enig idee wie dit wezen was?] Ik probeer niemand iets in de mond te leggen. [Wat denk je diep in je hart?] 'Ik heb heel sterk het gevoel dat hij ook een doel had. Wat zijn doel was, was me niet helemaal duidelijk, maar het had er ook mee te maken kennis, inzicht naar de mensheid te brengen...' [25]

Het wezen vertelde haar vervolgens dat ze joodse was en dat iets waarvan ze niets wist, haar blokkeerde. Het was een sleutel tot inzicht. Na dit voorval ging Stella op zoek naar haar biologische ouders. Op een bepaald punt was ze op een dood spoor beland en kon geen aanwijzingen meer vinden. 'Ik zei, oké, ik probeer te doen wat u heeft gezegd, maar de papieren ontbreken, dus als u wilt dat dit gebeurt, zult u me moeten helpen. Ik ging terug naar de stad en die avond ging ik naar een restaurant en probeerde te bedenken hoe ik dit anders kon aanpakken. Toen kwamen er twee politieagenten langs mijn tafeltje en ik dacht: Ik durf te wedden dat dit een aanwijzing is.' Een van hen liep weer terug naar de tafel waar hij had gezeten, omdat hij iets was vergeten. Ze greep die kans aan om hem te vertellen dat ze naar iemand op zoek was.

Hij bracht haar in contact met een echtpaar dat jarenlang een plaatselijke krant had uitgegeven. Die verwezen haar weer naar een inmiddels gepensioneerde rechter, die heel lang in de stad had gewoond. 'Toen Stella hem [de rechter] ontmoette was hij verrast. "Het was alsof de tijd werd teruggedraaid toen hij mijn gezicht zag... Hij keek me eens goed aan en later bracht hij me in contact met mijn grootvader, die was gepensioneerd en naar Florida was verhuisd.'[26] Stella's leven veranderde volkomen nadat ze weer in contact kwam met het erfgoed van haar familie. Ze bekeerde zich tot het jodendom, scheidde van haar man en werd een succesvol zakenvrouw. Ze maakte deel uit van de kinder- en jongerenraad van het Witte Huis en zette zich in voor geadopteerde kinderen. In dit geval onthulde de hulp die ze kreeg uit het Hiernamaals – namelijk het besef van haar verloren erfgoed en de blokkade die daardoor werd veroorzaakt – en de ervaring van de spirituele dimensie, hoe beperkt haar vroegere leven was geweest. Net als bij de terugblik op het leven zag Stella dat ze niet voor zichzelf dacht. '... ergens wist dat kind van negen maanden dat mijn biologische moeder mij had afgewezen en dat ik het, als ik me niet aan al die regels, voorschriften en eisen hield – op een of andere manier aan mezelf had te wijten. Het wierp een barrière op en weerhield me ervan dingen naast me neer te leggen waaraan ik moest voldoen om niet afgewezen te worden.'[27] In feite, zoals we hebben gezien bij het onderzoek van Ten Dam, zou deze *veronderstelling* 'ik heb iets verkeerds gedaan en daarom moet ik me maar aan de regels houden zodat ik niet word afgewezen' weleens *het* karmische patroon kunnen zijn dat in Stella's Geboortevisie op genezing wacht. Aldus kreeg ze bijzondere leiding van haar hogere zelf of zielengroep die de herinnering aan dit doel vasthield.

GROTE ZIELEN WERKEN NOG STEEDS VOOR DE MENSHEID

Het boek van Ruth Montgomery, *A World Beyond* is geschreven als een ooggetuigenverslag van het Hiernamaals van het wereldberoemde medium Arhur Ford. Montgomery en Ford hadden, totdat hij aan een hartkwaal overleed, nauw samengewerkt. Na zijn overgang naar de spirituele wereld kreeg hij in het begin van de jaren zeventig contact met Montgomery door middel van automatisch schrift.
Zij stelde hem vragen over beroemde mensen die waren gestorven en

wilde weten wat zij in het Hiernamaals, dat blijkbaar een plek was waar heel veel gaande was en veel te leren viel, deden. De voormalige president Jack Kennedy maakte een ongebruikelijk snelle overgang naar de spirituele wereld. In een van zijn boodschappen aan Montgomery zegt Ford: 'Jack [Kennedy] werkt aan internationale problemen en hij probeert vooral een regeling tot stand te brengen tussen de Israëli's en de Arabieren. Bobby [Kennedy] heeft zijn hart verpand aan de beweging voor burgerrechten [en werkt op dat gebied]... De twee broers hebben een sterke karmische band en zijn in veel voorgaande levens zo intiem met elkaar geweest dat de een zonder de ander kennelijk niet compleet is. Al voor de geboorte hadden de Kennedy's gekozen voor deze hechte familieband, omdat ze allemaal weer hun leven met elkaar wilden delen.'[28] Hij zei vervolgens hoe andere wereldleiders zoals Eleanor en Franklin Roosevelt, Winston Churchill en Dwight Eisenhower nog steeds met zielengroepen samenwerken, zowel in het Hiernamaals als op aarde, waar zij het bewustzijn inspireren van mensen die betrokken zijn bij het vredeswerk. Volgens Ford waren 'De telefoon, de elektriciteit, het stoomschip en veel andere uitvindingen van dat kaliber... gezamenlijke inspanningen van talentvolle zielen aan deze zijde en aan de fysieke zijde die samenwerkten om op het fysieke niveau betere omstandigheden tot stand te brengen. Einstein, die door de dag heen regelmatig een paar minuten zat te dutten, stemde zich in feite af op de krachten aan deze zijde, die zijn doel bijstelden en voorstellen deden voor de volgende stap in zijn experimenten. Iedereen moet weten dat die dutjes [belangrijk zijn], omdat je als fysiek wezen dan kunt communiceren met de spirituele wezens aan deze zijde om nieuwe energie, nieuwe ideeën en nieuwe doelstellingen op te doen.'[29]

Ford zegt ook dat zielen die grote vooruitgang hebben geboekt voor de mensheid op het gebied van mededogen, waardigheid, dienstbaarheid en liefde, niet altijd de ongemakken van de ouderdom hoeven te ervaren. Zoals Robert Monroe het zegt in *De ultieme reis,* als je je leerdoel hebt bereikt, mag je gaan!'

Relevante informatie komt via een ander leven

In *Het Tiende Inzicht* ziet de hoofdpersoon zichzelf in een ander leven als monnik in het Frankrijk van de dertiende eeuw. Hij begrijpt dat hij in dat leven in het bezit kwam van de inzichten en ze kopieerde om ze te behouden. Hij had ze openbaar willen maken, maar zijn ascetische broeders weigerden tegen de Kerk op te staan.

De waarde van informatie uit vorige levens is dat ze ons vrijmaakt, zodat we in het heden vollediger kunnen leven, liefhebben en ons kunnen ontplooien. Dwangmatigheden, intens verdriet en verlammende angst staan een goede gezondheid en welzijn in de weg. Regressietherapie kan genezing bieden als andere traditionele therapieën tot niets hebben geleid.

Brian Weiss schrijft over een vrouw die in Mexico City naar een van zijn workshops over vorige levens kwam. 'Ze had net een herinnering uit een vorig leven gehad, waarin haar huidige echtgenoot haar zoon was. In een middeleeuws leven was ze een man geweest, en zij, de vader, had hem in de steek gelaten. In dit leven was haar man altijd bang dat ze bij hem weg zou gaan. Die angst had geen rationele basis in het huidige leven. Ze had zelfs nooit gedreigd bij hem weg te gaan. Ze probeerde hem voortdurend gerust te stellen, maar zijn overweldigende onzekerheid verwoestte zijn leven en verziekte de relatie. Nu begreep ze de ware bron van de angst van haar man. Ze vloog naar de telefoon om hem te verzekeren dat ze hem echt niet weer in de steek kon laten.'[30]

Onverwerkte trauma's uit vorige levens kunnen zich in het huidige leven als een overgevoeligheid manifesteren. Volgens Ten Dam zijn trauma's als verborgen mangaten, postulaten (vaststaande veronderstellingen die zijn ontstaan na een traumatische gebeurtenis); het zijn net tredmolens, draaikolken, knopen of vicieuze cirkels op de paden van je psychische tuin. 'Het zijn levensregels die ons ingeëtst zijn: "Als ik mijzelf laat gaan, dan ben ik verloren." "Als ik vlucht, ben ik vrij." "Ik ben een vrouw, dus ik kan niet denken."'[31] Als je een leven had dat alleen uit werken bestond, kun je uit dat leven tevoorschijn komen met het postulaat: 'Het leven is slopend.' Als je bent gestorven nadat je van een trein bent gevallen of bent verdronken, kun je een irrationele angst hebben voor treinen of diep water.

PATRONEN DIE ZICH LEVEN NA LEVEN HERHALEN

De hoofdpersoon in *Het Tiende Inzicht* overziet een ander leven in de negentiende eeuw. In dit leven begrijpt hij hoe de negatieve afloop van het leven in de dertiende eeuw de oorzaak is van zijn angst en het feit dat hij niet bereid was Charlene te steunen toen zij opkwam voor de vrede. Deze twee levens leidden tot de neiging van de hoofdpersoon zich in geval van confrontatie afzijdig te houden. Hij begint te zien hoe de keuze voor zijn ouders werd gemaakt om deze angst voor confrontaties door te werken.

Hij beseft ook dat zijn eerste kennismaking met de spirituele waarheden van de inzichten in de dertiende eeuw zijn nieuwsgierigheid en hartstocht in *dit* leven opwekte. Dit deel van het verhaal toont ons dat een individu een Geboortevisie kan hebben die rechtstreeks van invloed is op het gemeenschappelijke ideaal. Dat wil zeggen dat hij de inzichten op het spoor is als onderdeel van zijn persoonlijk karma, maar dat hij ook bijdraagt aan de evolutie van het bewustzijn. Het is duidelijk dat een deel van zijn Geboortevisie betrekking heeft op zijn eigen zoektocht naar de inzichten, precies op het moment dat ze op grote schaal in het bewustzijn van de mensheid opkomen. Alles draait om de juiste timing. De hoofdpersoon in *Het Tiende Inzicht* krijgt opnieuw de kans op te komen voor zijn overtuigingen, iets waarin hij eerder had gefaald. Lukt dat niet, dan zal hij naar alle waarschijnlijkheid in een volgend leven een soortgelijke situatie onder ogen moeten zien.

PSYCHISCHE LITTEKENS

Ervaringen blijven onopgelost omdat ze op het moment zelf te pijnlijk zijn, of omdat de betrokkene sterft voordat hij de kans heeft zijn les af te maken. Een traumatische dood kan een blijvende angst achterlaten voor bijvoorbeeld water, het donker, grotten, of hoogte – wat het ook is waarmee de *pijn* rond de dood wordt geassocieerd. Soms laat de reactie zoveel littekens na dat de betrokkene onbewust bijvoorbeeld verklaart: 'Ik zal zorgen dat ik nooit meer in zo'n situatie terecht kom.' 'Ik zal me nooit meer in het openbaar laten vernederen.' 'Het is onmogelijk om je tegen gezag te verzetten.' 'Het is hopeloos.'

Een vrouw die moeite had de relatie met haar minnaar te combineren met haar werk, beschreef het onbehaaglijke gevoel waarmee ze rondliep als volgt: 'Ik voel me als een samoerai. Ik heb het gevoel dat ik verschrikkelijk fijngevoelig ben en hypersensitief moet zijn voor elke verandering in de lucht, zodat ik snel maatregelen kan nemen als het nodig is.' Dat is beslist een unieke vergelijking! Het zou kunnen zijn dat dit postulaat afkomstig is van precies zo'n situatie in een ander leven. Die beweringen gaan deel uitmaken van je persoonlijkheid en je draagt ze leven in, leven uit met je mee. De hoofdpersoon in het boek moest bijvoorbeeld leren zijn intuïtie te vertrouwen, de neiging om afstandelijk te blijven te overwinnen en zijn zoektocht naar spirituele kennis voortzetten in de schaduw van vroegere trauma's rond spirituele aangelegenheden. Volgens Ten Dam vormt dit soort overblijfselen van leven tot leven een van de drie drijfveren die de kwaliteit van een leven bepalen. Doorwerking, nawerking en uitwerking.

Doorwerking van karaktertrekken

Doorwerking is het steeds terugkeren door levens heen van een kenmerk in de persoonlijkheid of fysieke trekken. Begaafdheid zoals muzikaal talent of intellectuele vaardigheid kunnen zijn ontwikkeld in de loop van meerdere levens en naar dit huidige leven zijn meegebracht, zoals bij wonderkinderen het geval is. Ten Dam gelooft dat paranormale vermogens het gevolg zijn van tempelscholing in vorige levens. 'Meditatie… uittreding, helderziendheid… alle paranormale begaafdheid, blijkt in regressies terug te voeren op een of meerdere vorige levens waarin langdurig getraind is.[32] Neigingen, fouten en zelfs verslavingen kunnen worden teruggevoerd tot levens waar die ideeën diep ingesleten raakten.

Nawerking van gebeurtenissen uit vorige levens

De nawerking van traumatische gebeurtenissen zoals in bovengenoemde voorbeelden, kunnen ons levens lang achtervolgen totdat ze worden herkend en losgelaten. Die onbewuste, zware energieën kunnen leiden tot fobieën, neurosen en fysieke problemen, waarvoor in dit leven geen logische verklaring is.
In *Het Tiende Inzicht* ervaart Maya weerstand, hoewel ze voelt dat ze doet waarvoor ze gekomen is. Ze verzet zich tegen het idee dat ze deel uitmaakt van de groep die voorbestemd is bij elkaar te komen en de angst door te werken om het experiment een halt toe te kunnen roepen. Dat is een gevolg (nawerking) van de negatieve ervaringen die ze had in het leven toen ze probeerde de oorlog tussen de indianen en de blanken te voorkomen. Ze heeft zich nog niet echt op dat leven afgestemd en heeft daarom *onbewuste herinneringen* die angst en weerstand opwekken.

190

Uitwerking

Uitwerking is de drijvende kracht bij het oogsten van zowel goede als slechte handelingen uit het verleden. Als je bijvoorbeeld in een vorig leven in Spanje echt een mooi bestaan hebt gehad, kun je in dit leven voorkeur hebben voor dit land zonder te weten waarom. Evenzo kun je in dit leven heel huiverig zijn voor het aangaan van gezinsverplichtingen, als je één of meerdere levens de wanhopige vader bent geweest van een groot gezin dat je niet kon onderhouden. Uitwerking houdt ook in dat je je door goede eigenschappen of relaties in dit leven te ontwikkelen, kunt voorbereiden op nog meer harmonie en een liefdevollere band in het volgende leven.

IN HET KONIJNENHOL

Sommige openingen naar andere dimensies kunnen ons letterlijk naar een bovennatuurlijke ontmoeting toe trekken. In oude culturen is dit verschijnsel alom geaccepteerd. Malidoma Somé, een Afrikaanse sjamaan en schrijver van *Of Water and the Spirit* beschrijft een ervaring die hij als kind van drie jaar had. Hij was met zijn moeder hout aan het sprokkelen toen hij op een konijn trapte. 'Het schoot uit zijn schuilplaats tevoorschijn en er volgde een wilde achtervolging.' Hij dook het struikgewas in, het konijn achterna en keek eens goed rond in een deel van de struiken waar hij wist dat zich een nest bevond. 'Dat nest was een zandgat dat in een kleine heuvel was uitgegraven. De opening was met gras bedekt en de binnenkant was bekleed met zacht stro. Ik verwijderde het gras en stond op het punt me languit op het beklagenswaardige konijn te werpen, maar zover kwam het nooit. Ik bleef in mijn bewegingen steken, alsof ik een elektrische schok had gekregen. Op de plek waar ik verwachtte een konijn te zien, bevond zich een oud mannetje, niet groter dan het konijn zelf. Het zat op een bijna onzichtbare stoel en had een minuscuul stokje in zijn rechterhand... het was omringd door een gloed, een regenboogkleurige ring, als een rond raam of een portaal naar een andere werkelijkheid. Hoewel zijn lichaam het grootste gedeelte van dat portaal vulde, kon ik toch zien dat zich daarin een onmetelijke wereld bevond. Maar wat me nog het meest verbaasde was dat de natuurwetten in die wereld op geen enkele manier overeenstemden met wat ik kende. De stoel van het mannetje stond op een steile helling, maar hij viel niet achterover. Ik zag dat hij door iets als een dunne muur werd ondersteund.' Versteend van schrik hoorde Somé het mannetje zeggen: 'Ik heb je al een hele tijd bespioneerd, vanaf het moment dat je moeder je hier mee naar toe heeft genomen. Waarom wil je het konijn pijn doen, kleine broeder? Wat heeft het jou gedaan, kleintje?' Zijn kleine mond bewoog nauwelijks terwijl hij sprak en zijn stem was heel erg ijl... 'Wees van nu af aan aardig tegen hem. Hij vindt het hier ook fijn, hij heeft ook een moeder die om hem geeft...' Terwijl het mannetje sprak, zag ik het konijn dat zich al die tijd achter hem in de magische kring verborgen hield. Ondertussen hoorde ik een krakend geluid, alsof de aarde zelf open barstte. Zodra ik dat hoorde, stond het oude mannetje op, zwaaide de stoel over zijn schouder en liep de opening in, alsof die op zijn bevel was ontstaan. De aarde sloot zich over hem heen en liet op de plaats waar hij was geweest een frisse windvlaag achter.'

Op dat moment hoorde hij de stem van zijn moeder die hem riep. Blijkbaar was ze al uren naar hem op zoek, hoewel hij het gevoel had dat hij slechts een paar minuten met het mannetje had gesproken. Toen hij zijn moeder het verhaal vertelde was ze ongerust, omdat ze wist dat hij een kontomble, een geest, had gezien. De mensen van zijn stam, de Dagara, geloven dat contact met de andere wereld altijd tot een diepgaande transformatie leidt.

De inheemse opvoeding bestaat uit drie onderdelen: het vergroten van je vermogen om te zien, het destabiliseren van de gewoonte van het lichaam om gebonden te zijn aan één bestaanswereld, en het vermogen om naar andere dimensies te reizen en terug te keren. Er is niets bovennatuurlijks aan het uitbreiden van je visie en je vermogens, het is eerder "natuurlijk" om een deel van de natuur te zijn en deel te hebben aan een breder inzicht in de werkelijkheid.

Malidoma Patrice Somé, *Of Water and the Spirit*.

Moeders zijn bang dat hun kinderen zich te snel openstellen voor de andere wereld, want als dat gebeurt, verliezen zij hen. 'Een kind dat voortdurend wordt blootgesteld aan de andere wereld, zal zich zijn of haar opdracht in het leven te snel herinneren. In dergelijke gevallen moet een kind vroegtijdig worden ingewijd. Als het kind eenmaal is ingewijd wordt het beschouwd als een volwassene, waardoor zijn of haar relatie met de ouders noodgedwongen verandert.'[33]

192

EEN ANDERE SOORT OPENING
NAAR EEN ANDERE DIMENSIE

Voor een deel vindt de aantrekkingskracht die sjamanistische en neosjamanistische praktijken voor westerlingen hebben, zijn oorsprong in het verlangen om persoonlijk andere dimensies te ervaren. Hierom ging het bij het Vijfde Inzicht, de boodschap van de mystici. Dit hele inzicht draait om het idee dat steeds meer mensen naar andere dimensies zullen kunnen reizen door te leren hun trillingsniveau op te voeren. Dr. Henry Wesselman, van huis uit paleontoloog, schreef *Spirit Walker,* een boek waarin hij zijn eigen ervaringen beschrijft van zijn reizen naar de toekomst. In zijn studententijd in de jaren tachtig kreeg hij ongewild zelf te maken met uittredingen. Maandenlang vreesde hij dat hij ziek of gek was en toen begon hij te snappen wat er gebeurde. Hij bevond zich zo'n vijfduizend jaar in de toekomst op de nieuwe kust van het westen van de Verenigde Staten. Hij begon te beseffen dat hij de wereld zag door de fysieke aanwezigheid van zijn toekomstige voorvader, een man die Nainoa heette en die afkomstig was van de Hawaiiaanse eilanden nadat er op aarde grote veranderingen hadden plaatsgevonden. Wesselman gelooft nu dat alle mensen het vermogen hebben deze andere werelden van tijd en ruimte binnen te gaan. Hij gelooft dat we in ons energieveld een 'programma' hebben dat sluimerend aanwezig is totdat wij het spontaan of door bewuste oefeningen leren activeren.

En het creëren van deze nieuwe consensus kan op zijn beurt weer implicaties hebben voor de evolutie. Want als een behoefte wordt overgenomen door een groep, als een nieuw 'morfogenetisch veld' van voornemens zich verdicht, is het mogelijk dat sommige gewoonten of natuurwetten 'breken' of veranderen, waardoor nieuwe levensvormen mogelijk worden.

Elk leven dat wordt gered, bevrijd, opgewaardeerd, draagt bij aan het totstandkomen van een nieuwe aarde en een nieuwe hemel. Hier, in de bevrijding en transformatie van het aardse bestaan, wordt het 'hiernamaals' beproefd – 'beproefd' in de zin van 'ervaren'.

Michael Grosso, *What Survives? Contemporary Explorations of Life After Death.*

193

ZELFSTUDIE

Graadmeter van liefde

Kijk terug op je leven. Als je jezelf punten zou moeten geven voor je vermogen van *iedereen* te houden en voor je openheid om kennis te vergaren, hoe zou je jezelf inschalen als 100 het hoogste en 1 het laagste was?

Levensoverzicht

Als je wist dat alle gedachten en handelingen, ook al lijken ze nog zo onbelangrijk, in jouw levensoverzicht verschijnen, wat zou je morgen dan anders doen?

Hindernissen
Op welke gebieden ervaar je de meeste problemen? Kies een of twee van de belangrijkste gebieden uit onderstaand schema, of kies er een dat niet op de lijst voorkomt. Schrijf vijf minuten lang op hoe je deze hindernis in het verleden hebt ervaren.

Fysiek	Mentaal	Emotioneel	Spiritueel
lengte	zelfvertrouwen	verliefdheid	racisme
gewicht	leerstoornis	gezinsproblemen	uitstoting
te veel geld	taalbarrière	depressie	verraad
te weinig geld	geestesziekte	angst	vervreemding
lelijk		verlies	wantrouwen
te mooi		verdriet	
verslavingen			
seksualiteit			

Welke voordelen, als daar al sprake van is, hebben die ogenschijnlijke hindernissen je opgeleverd? Op welke wijze hebben de hindernissen je vermogen om lief te hebben doen toenemen? Als een vriend of vriendin hetzelfde probleem had, wat zou je hem of haar adviseren?

Prestaties
Zonder de angst onbescheiden te zijn: welke prestatie is je grootste trots? Schrijf vijf minuten lang over hoe je ertoe kwam, waar je het meest aan had en wat je achteraf gezien graag had willen weten.

194

- Let de komende paar dagen op de mogelijkheden die op je weg komen om op een bescheiden manier iemand behulpzaam te zijn of aardig voor iemand te zijn *zonder iemand er iets over te vertellen*… nu en nooit niet.
- Let er de komende week eens op hoe aardig mensen zijn in de winkel, bij het benzinestation, op de hoek van de straat, in je gezin, overal waar je weg je heenvoert. Merk in stilte de vriendelijkheid van anderen op en voel de liefdevolle energie tussen jullie.
- Probeer je mensen als ziel voor te stellen – waarbij je elk beeld kunt gebruiken dat je zinnig lijkt. We weten nooit wat iemands bestemming is, dus probeer mensen niet te analyseren om erachter te komen wat hun Geboortevisie is, maar stuur hun wel liefdevolle energie (in stilte) om hen te helpen zich die te herinneren!
- Hoe heb je een eventuele onverklaarbare interventie bij een crisis ervaren?
- Als een vriend of familielid van je in dit leven aan de andere kant naar jou uitkijkt, wie zou dat zijn?
- Tot welke drie of vier beroemde mensen uit andere tijdperken die zijn overleden voel je je aangetrokken? Hoe heeft hun leven of filosofie je leven beïnvloed?

GROEPSSTUDIE

- Lees enkele van de boeken waarnaar we hier verwijzen, of die je zelf hebt gevonden over reïncarnatie, regressietherapie, uittredingen, bijna-doodervaringen, of contact met overledenen. Lees om beurten enkele fragmenten voor die je interessant vindt en gebruik die als basis voor een groepsgesprek.
- Stel voor persoonlijke ervaringen uit te wisselen, als dat voor iedereen goed voelt.
- Gebruik een van de bovenstaande suggesties bij zelfstudie als basis voor het opschrijven en uitwisselen van ideeën. Vergeet niet de energie zuiver te houden en herinner de mensen er voorzichtig aan dat ze niet moeten blijven hangen in de energie van de arme ik. Maar waak er ook voor iemand niet onmiddellijk

het etiket van arme ik op te plakken als die persoon oprecht een belangrijke uitdaging of verlies vertelt. Je helpt iemand niet door hem of haar een etiket op te plakken.

- Praat samen over beroemde mensen of leraren uit andere tijdperken die de meeste invloed hebben gehad op je leven of je persoonlijke levensbeschouwing.

DEEL IV
IN HET DUISTER

7

De herinnering aan je Geboortevisie

Paard
Kracht

Wanneer we een ingeving of een droom hebben die zegt dat we in ons leven een bepaalde koers moeten varen, en we volgen die richtlijn, doen zich bepaalde gebeurtenissen voor die we ervaren als een magische samenloop van omstandigheden. We voelen ons levendiger en enthousiast... Als we een ingeving hebben, een mentaal beeld van een mogelijke toekomst, krijgen we in werkelijkheid een flits van herinnering aan onze Geboortevisie, ons ideaal, datgene wat we met ons leven aan wilden op dat bepaalde moment van onze ontwikkelingsweg. Misschien komt het niet helemaal overeen, want mensen hebben een vrije wil, maar als er iets gebeurt wat dicht bij ons oorspronkelijke ideaal ligt, voelen we ons geïnspireerd omdat we herkennen dat we ons op een pad bevinden dat al die tijd al in de bedoeling lag.

Het Tiende Inzicht.[1]

ONS BEWUST WORDEN VAN ONSZELF

Geschreven woorden kunnen de persoonlijke beleving van de geheimen van het leven niet vervangen. Nu je al zo ver op je reis bent gevorderd, ken je de opwinding als je een stuk van de waarheid die je zoekt *ervaart*. Er bestaat geen enkel principe of theorie die deuren zal openen waar je nog niet aan toe bent.

Je kunt je afvragen: 'Wie ben ik? Wat is mijn Geboortevisie?' Het enige antwoord kan het innerlijk 'Ja!' zijn dat klinkt als je verbinding maakt met een idee dat goed voelt, als een relatie opbloeit, of als je iemand zonder ophef hebt geholpen.

Thomas Moore schrijft in *Zielsverwanten: Het Mysterie van Liefde en Relaties:* 'Ik ben ervan overtuigd dat kleine verschuivingen in de verbeelding het leven sterker beïnvloeden dan verstrekkende pogingen tot het doorvoeren van veranderingen. Ik ben ervan overtuigd dat ingrijpende veranderingen in het leven voortvloeien uit ontwikkelingen in de verbeelding. De bedoeling [...] is dat we onszelf bevrijden van oude, starre ideeën en voorstellingen over de betekenis van verliefdheid, huwelijk, vriendschap en het leven in een gemeenschap.'[2]

In *Het Tiende Inzicht* staat: 'We worden ons eindelijk bewust van een proces dat onbewust is geweest sinds het begin van de mensheid. Vanaf het begin hebben mensen een Geboortevisie gehad, maar na de geboorte bleven ze zich daar niet van bewust, ze hadden alleen maar uiterst vage ingevingen. Aanvankelijk, in de vroegste periode van de menselijke geschiedenis, was de afstand tussen wat we van plan waren en wat we in feite bereikten, ontzettend groot; in de loop van de tijd is die afstand steeds kleiner geworden. Momenteel staan we op het punt ons alles te herinneren.'[3]

DOOR BEWUSTWORDING KRIJGEN WE MEER ENERGIE EN DAARMEE MEER INZICHT

De geschiedenis is het verhaal dat we onszelf vertellen over wat we denken dat er is gebeurd. De geschiedenis is het verhaal van onze overtuigingen, de zich in spiralen bewegende overlevering van onze keuzes, maar ze is niet de enige basis voor de toekomst. De hoofdpersoon in *Het Tiende Inzicht* bijvoorbeeld, beseft: 'Eindelijk konden we de geschiedenis anders bekijken, niet als de bloedige strijd van de mens als dier, een dier dat zich egoïstische manieren had eigen gemaakt om de natuur te domineren en er zelf beter van te worden, zich ontworstelend aan het oerwoud teneinde een uitgebreide en complexe beschaving te scheppen. We konden daarentegen de geschiedenis gaan zien als een spiritueel proces, als de verdergaande, systematische pogingen van de mensheid, generatie na generatie, leven na leven, om zich door de eeuwen heen naar één enkel doel te worstelen: zich te herinneren wat we in het Hiernamaals al wisten en zich die kennis op Aarde bewust te worden.'[4] Een Geboortevisie omvat behalve specifieke elementen die een ziel nodig heeft om bepaalde eigenschappen te ontwikkelen, ook het collectieve doel van bewustwording. *Geboortevisies zijn de drang tot evolutie, een kracht die ieder van ons in zich heeft.*

DE KEUZE VOOR JE OUDERS EN DE OMSTANDIGHEDEN WAARIN JE GEBOREN WORDT

Volgens sommige spirituele leerstellingen verkrijgen we, als onze ziel een bepaald stadium van ontwikkeling heeft bereikt, het recht om de voertuigen (ouders) te kiezen voor onze terugkeer naar de aarde. In *Het Tiende Inzicht* zien we hoe Maya, de arts en genezeres, in het Hiernamaals zorgvuldig overlegt met haar zielengroep welke ouders ze voor dit leven zal kiezen.

> 'Maya [had] een volledig overzicht vanuit het Zesde Inzicht beleefd en [stond] op het punt zich te herinneren waarom ze geboren was.'
> **James Redfield, *Het Tiende Inzicht*.**

Ze overweegt de voordelen om zichzelf en de negatieve of onontwikkelde eigenschappen die haar leven na leven hebben achtervolgd, bloot te stellen aan een speciaal soort ouders. In dit visioen wordt ze zich ook bewust van de manier waarop haar doelstelling past in de Wereldvisie en hoe haar zielengroep haar helpt zich bewust te blijven van haar levensplan.

Tijdens de 'voorbeschouwing' van haar leven, waarin ze ziet hoe haar leven zich zou ontwikkelen, ziet Maya ook alle mensen die ze in haar leven tegen zal komen om haar te helpen haar lessen te leren en haar te stimuleren in haar groei. Ze ziet dat op een bepaald punt in haar leven de ontdekking van de inzichten zal leiden tot een hereniging met een bepaalde groep mensen. Vanuit het perspectief van het Hiernamaals begrijpt ze duidelijk dat haar groep en andere onafhankelijke groepen samen zouden komen om 'zich op een hoger niveau [te] herinneren wie ze waren en behulpzaam [te] zijn bij het overwinnen van de polarisatie die voortkwam uit de Angst'.[5] Deze kennis over haar oorspronkelijke Geboortevisie maakt haar enthousiaster en helpt haar de keuzes die ze heeft gemaakt naar waarde te schatten. Ze beseft dat haar leven tot nu toe in overeenstemming is geweest met het grondplan van haar oorspronkelijke voornemen, hoewel het daartoe niet voorbestemd was. In het boek zien de personen hoe Maya de poort, het portaal tussen de dimensies, betreedt op het moment dat haar ouders tijdens het vrijen hun orgasme beleven.

AFSPRAKEN, PLANNEN EN DOELSTELLINGEN

We denken niet allemaal vooruit in ons leven. We storten ons op nieuwe ideeën met slechts maar een vaag idee van waar ze ons zullen brengen. En zo is het soms ook als we een nieuw leven kiezen. Zoals we in het vorige hoofdstuk hebben gezien, lijken er drie afzonderlijke zielenpopulaties te bestaan – zielen die worden herboren met weinig of geen plan; zielen, zoals Maya, die een plan hebben; en zielen die een opdracht hebben die van historische betekenis is. Verslagen van regressies die in 1979 werden uitgevoerd onder leiding van Helen Wambach, een psychologe en onderzoekster naar vorige levens, gaven interessante informatie te zien over de motieven die zielen erop na hielden om opnieuw te incarneren. Elf procent zei dat ze zich verzetten tegen een nieuw leven en min of meer bang waren eraan te beginnen. Vijfenvijftig procent voelde ten minste enige aarzeling. Acht procent van de personen in regressie zeiden dat ze geen enkel gevoel hadden over hun geboorte in de zin van een plan. Drieëntwintig procent zei dat ze een plan hadden gehad en zagen zichzelf vóór hun afdaling naar het leven overleg plegen met hun gidsen.

Drie procent had het gevoel dat ze 'overhaast' waren of dat ze hadden gehandeld tegen het advies (van hun gidsen of zielengroepen) in.[6] Het verschil in motivatie is beslist een afspiegeling van het hele scala aan manieren waarop velen van ons het leven zien als we eenmaal hier zijn! De conclusie uit deze gegevens is dat ongeveer twintig procent van de groep ondervraagden leek te zijn gereïncarneerd, ongeacht of zij het wilden of van plan waren. De rest accepteerde ten minste dat ze werden herboren.

Blijkbaar worden er voor veel grote en kleine zaken plannen gemaakt. Zielen die we in de loop van veel levens hebben gekend, zijn bereid een rol te spelen in het nieuwe toneelstuk van het leven waar wij om hebben gevraagd. In de spirituele dimensie worden afspraken gemaakt om elkaar later te ontmoeten en samen dingen te doen. Sta even stil bij de mensen die een speciale rol vervullen in je leven. Kun je je voorstellen dat je plannen maakt elkaar hier te ontmoeten? Herinner je je nog hoe je je beste vriend hebt ontmoet? Je echtgenoot?

Iemand die op een keerpunt in je leven verscheen? Was je je op dat moment bewust van het 'lot' of van een samenloop van omstandigheden?

NIET TE AMBITIEUS EN OOK NIET TE BESCHEIDEN

Gebaseerd op verslagen van mensen die hun vorige levens zagen vanuit het perspectief van het Hiernamaals, kwam Ten Dam met enkele opmerkingen die we maar beter in overweging kunnen nemen als we de volgende keer in de spirituele dimensie plannen maken voor een nieuw leven! Aangezien we niet kunnen ontsnappen aan de gevolgen van onze keuzes en handelingen, stelt hij voor: 'Wees uiterst voorzichtig je wil of oordeel vast te zetten op een bepaald idee. Blijkbaar kunnen vaste voornemens en starre oordelen incarnatie na incarnatie werkzaam zijn. Wees niet te ambitieus en ook niet te bescheiden in je levensplan. Overweeg eerst de houding en vermogens die je hebt ontwikkeld en het voor de hand liggende volgende doel in je ontwikkeling, voordat je een nieuw levensplan maakt. Daarna komt het erfgoed van trauma's en postulaten. Vaak vind je niet de combinatie van ouders, geslacht en omstandigheden die in alle opzichten ideaal is. Naast wat je zelf wilt en kunt hanteren, stellen de feitelijke omstandigheden [van je leven op aarde] meestal grenzen aan het ontwikkelen van je kundigheid en het vereffenen van karma. Probeer de prenatale en postnatale omstandigheden te vinden die de trauma's waarvoor je hebt gekozen stimuleren zonder dat ook andere gestimuleerd worden. Kijk verder naar geschikte en leerzame omstandigheden. Je kunt alleen maar werken aan de problemen die je in je levens hebt verzameld en meer niet.'[7]

KUNNEN WE ALLES KRIJGEN WAT WE WILLEN?

De keuze voor incarnaties lijkt te worden beperkt door het niveau van ontwikkeling van onze ziel. Misschien moeten minder ontwikkelde (jongere) zielen die nog niet het recht hebben verworven een levensplan te maken, de ouders nemen die ze kunnen krijgen! Volgens regressieverslagen lijken jonge zielen minder tijd door te brengen in de spirituele staat tussen incarnaties in, omdat hun verlangen naar fysieke ervaringen hen snel terugstuurt naar de aarde. Zielen die veel kwaad en lijden hebben aangericht, kunnen eonen lang in de duistere werelden verblijven, waar zij alle lijden dat zij hebben veroorzaakt opnieuw ervaren en worstelen om zich weer bewust te worden van hun spirituele aard. Hoewel wij niet worden verbannen of gestraft door een toornige, wraakzuchtige of veroordelende God, kunnen we ook niet ontsnappen aan de onaangename gevolgen van onze daden. Maar als er eenmaal om hulp is verzocht, wordt er spirituele hulp geboden via de dienstbaarheid van zielen die uit vrije wil deze taak op zich hebben genomen.

De ziel kiest met advies van zijn gids of zielengroep de ouders en omgeving waarin hij geboren wil worden. Daarna heeft men, volgens bepaalde theorieën een 'gesprek' met de Heilige Geest om na te gaan of de keuze die je overweegt is afgestemd op de ontwikkeling van de ziel. De ziel reserveert blijkbaar een plekje bij de moeder die hij heeft uitgekozen en kan onmiddellijk of ergens in de periode voor de geboorte de groeiende foetus binnengaan. Soms vindt dat zelfs pas plaats in de eerste paar dagen na de geboorte.

WE BESCHIKKEN OVER EEN VRIJE WIL, OOK AL HEBBEN WE EEN PLAN

Die voorbeschouwingen van het leven zijn de *ideale* of gunstigste scenario's die zich zouden ontvouwen als we allemaal op volmaakte wijze onze intuïtie zouden volgen. Hoewel we blijkbaar de weg uitstippelen die we willen volgen en hoewel we afspraken maken om bepaalde andere zielen in de loop van ons leven te ontmoeten, duidt niets erop dat het leven volledig is voorbestemd. Het leven draait om leren, keuzes maken en groeien door onze vrije wil te gebruiken. Het idee van het *levensplan met vrije wil* is te vergelijken met uit eten gaan en kiezen waar je gaat eten. Ga je naar een snackbar? Een drive-in? Een eenvoudig of een chique restaurant? Chinees? Hollands? Frans? Je baseert je keuze op de plek, het soort eten, het menu, de prijs, maar als je eenmaal in een bepaald restaurant bent, heb je de ervaring niet volledig in eigen hand. Je maakt ter plekke keuzes. Voorgerecht? Vlees of vegetarisch? Dessert? Koffie of thee? Je kunt in gesprek raken met de ober, toevallig andere gasten ontmoeten of een oude vriend tegenkomen. Misschien moet je lang wachten, zit er een vlieg in de soep of krijg je een allergische reactie. Als alles goed gaat kun je je uitstekend amuseren. Het plan was om te gaan eten, maar hoe en waar en wat je eet hangt af van de keuzes die je op dat moment uit vrije wil hebt gemaakt. Zo is het ook met het leven. Je krijgt kansen, waarvan je er sommige benut en andere niet en die de loop van je leven veranderen. Ook al werk je aan een algemeen doel, je hebt veel speelruimte om je eigen leven te leiden. De manier waarop je je lessen leert is niet altijd voorspelbaar.

Geboortevisie

De personages in *Het Tiende Inzicht* realiseren zich: '...kennelijk heeft, voor de geboorte, elk van ons een visie, een ideaalbeeld van hoe ons leven eruit kan zien, compleet met een bezinning op onze ouders en onze neiging om verwikkeld te raken in een bepaald machtsspel... We hebben er zelfs een beeld van hoe we die neiging tot dat machtsspel met déze ouders kunnen verwerken en te boven kunnen komen, en hoe we verder moeten om voorbereid te zijn op wat we tot stand willen brengen.'[8]

Je hebt ervoor gekozen in een bepaald gezin geboren te worden, omdat je daardoor gemakkelijker je doel kon vervullen. Terwijl je je nog in de baarmoeder van je moeder bevond, zei je bepaalde dingen tegen de levenden die ze moesten onthouden. Maar zelfs als ze die dingen tegen je zouden zeggen, zou je hen geloven? Zou je hen voldoende vertrouwen? Nee, want als we hier komen en een menselijke vorm aannemen veranderen we als een blad aan een boom van mening. Als je niet weet wie je bent, volg je de kennis van de wind.

Malidoma Patrice Somé, *Of Water and the Spirit*.

Iemand vertelde het volgende over zijn verlangen zich bewust te blijven van zijn doel en Geboortevisie: 'Ik had het gevoel alsof ik ontwaakte uit een lange droom. Ik had heel lang gerust. Ik voelde dat het tijd was om terug te keren naar het leven op aarde. Ik was me ervan bewust dat ik in mijn volgende leven veel tot stand moest brengen. Ik mocht niet falen zoals ik eerder had gefaald. Het was heel belangrijk dat ik me sterker van alles bewust zou zijn als ik eenmaal was herboren... ik wist dat ik bij mijn terugkeer naar de wereld door een tijdelijk geheugenverlies zou worden overvallen. Ik zou mijn doel en mijn opdracht vergeten. Dat was me iedere keer overkomen. Dit keer voelde ik dat ik het me sneller zou herinneren. Ik besloot op dat punt om me in dat leven volledig bewust te worden, mijn onvolmaaktheden te overwinnen, te streven naar iets hogers, iets dat dieper en zuiverder was dan de ervaringen die ik hier meestal opdeed. Ik had vele levens achter de rug. Ik had liefde, haat, angst, dood, ziekte, zware tijden en overvloed gekend. Maar al die ervaringen in al mijn levens op aarde hadden mij geen blijvende vreugde en bevrediging verschaft... ik wilde op aarde zijn zoals ik hier was, mij volledig bewust van mijn bestaan. Ik wilde beseffen dat ik niet zomaar een mens was, maar een deel van God, een uitbreiding van Hem. Dat zou ik op aarde vergeten. *Maar ik was vastbesloten te streven naar dat hogere bewustzijn.*[9] [cursivering van de auteur].

Een bediende bij een fotograaf in een kleine stad in Delaware, blikt terug op zijn visioen van God dat hij had kort voordat hij opnieuw werd geboren: 'Ik zag God... Hij is met geen woorden, beelden of taal ooit te beschrijven. Alle vormen straalden van Hem uit; Ik zag alle universums, alle mensen, alle werelden die deel van Hem uitmaakten. Ik toonde Hem mijn gevoelens, mijn verdriet omdat ik eerder had gefaald. Hij leek niet aangedaan door mijn falen. Hij moedigde me aan het opnieuw te proberen. Met deze nieuwe inspiratie kwam ik weer naar het leven op aarde, vastbesloten dit keer anderen te helpen, de wereld te dienen en *me volledig bewust te worden van zowel mijn innerlijke als mijn uiterlijke bestaan.*'[10] [cursivering van de auteur]. In de diepe zielenroerselen van deze mensen zien we de onderstroom van de Wereldvisie – het verlangen spiritueel bewustzijn aan de materiële wereld toe te voegen.

Het is interessant te zien dat zestig procent van de mensen die tijdens regressie prenatale herinneringen hadden, antwoord kon geven op de vraag van Helen Wambach over het doel in het leven, de reden waarom ze terug waren gekomen. De andere veertig procent die niet sprak over een specifiek plan waren meestal mensen die niet zelf hadden gekozen om terug te keren (een deel van populatie I – de natuurlijke terugkeer naar het fysieke leven). Ten Dam stelde naar aanleiding van een onderzoek naar de herinnering van een levensplan het volgende overzicht samen:[11]

- 27% kwam om anderen te helpen en zelf geestelijk te groeien;
- 25% kwam om nieuwe ervaringen op te doen, als aanvulling of als correctie;
- 18% kwam om te leren meer gevoel voor anderen te krijgen;
- 18% kwam om persoonlijke karmische relaties uit te werken;
- 12% kwam om uiteenlopende, bijzondere redenen.

Van de mensen die een vooruitblik hadden op hun leven, is het interessant te zien hoe duidelijk de reden is voor dat leven. Wambachs onderzoek toonde specifieke redenen als: 'Ik had nog veel werk te doen aan de relatie met mijn moeder.' 'Ik moest alle losse eindjes van mijn direct voorgaande leven nog samenbrengen en afronden.' 'Ik wilde mijzelf blootstellen aan slap en willoos leven en dat overwinnen.' 'Ik ging terug om dingen te voelen en aan te raken.' 'Ik wilde terug omdat ik er vlak voor jong gestorven was.' 'Ik wist dat mijn ouders me nodig hadden, omdat ze een 15 maanden oud meisje in een brand verloren hadden.'[12]

EEN MOEILIJKE WEG KIEZEN

Het lijkt of sommige zielen ervoor kiezen zichzelf uit te dagen door geboren te worden in een problematische of beperkende omgeving waar sprake is van misbruik. Dergelijke levens stellen onze volharding, ons geduld en onze vergevingsgezindheid zwaar op de proef. Interessant genoeg kunnen deze zielen heel optimistisch zijn geweest over wat ze in het fysieke leven wilden aanpakken. Voor de geboorte waren zij er zeker van dat ze sterk genoeg waren om zich bewust te worden van hun ware aard, hun woede en wrok over hun moeilijke omstandigheden door te werken en te helpen de verhoudingen in het gezin te genezen – ter voorbereiding op hun missie.
In welke mate worden traumatische gebeurtenissen bepaald door het verlangen van de ziel naar ervaring? Als bijvoorbeeld een vrouw wordt verkracht, betekent dat dan dat haar ziel voor die gebeurtenis heeft gekozen? Als een man zijn zoon verliest, betekent dat dan dat hij dat vooraf zo heeft geregeld? Volgens berichten van remigranten – degenen die de kans hebben gehad in regressie hun leven te overzien vanuit het perspectief van het Hiernamaals – is het antwoord dat specifieke gebeurtenissen meestal niet van te voren worden vastgelegd. Een ziel kan zich heel wel voornemen zich bloot te stellen aan omstandigheden die hem uitdagen en op de proef stellen. De ziel wil misschien zijn ontwikkeling versnellen door zich open te stellen voor het karma dat erop wacht te worden ervaren en opgelost, maar misschien heeft hij niet precies tijd, omstandigheid of trauma uitgekozen.
Als iemand een kind verliest is er meestal een overeenkomst tussen beide zielen om samen de ervaring door te maken ten behoeve van elkaars hoogste goed. Als een ziel opzettelijk de dood van iemand

207

anders veroorzaakt, moeten de gevolgen van die daad worden recht-
getrokken. Een ziel kan ervoor kiezen zichzelf in een leven op te offe-
ren als een manier
om zijn karmische
schuld in te lossen.
Soms kan een ziel die
niet in een fysiek li-
chaam wil blijven, in
een bepaalde situatie
vrijwillig tussenbei-
de komen om leven
te geven aan iemand
anders. Sommige ba-
by's sterven vroeg
omdat hun fysiek
lichaam misschien

Er bestaat geen toverdrank... die ons wijsheid
geeft. Alleen van onze ervaringen zullen wij leren, en alleen als wij waarlijk bereid zijn te leren.
We kunnen duizenden boeken lezen waarvan
de woorden ons inspireren, ons een bepaalde
richting zullen wijzen. Maar alleen de ervaring
kan ons bij het geschreven woord werkelijk betekenis geven.

Rosemary Altea, *Stemmen van de overzijde*

niet sterk genoeg is om de volwassenheid te bereiken, of omdat ze om
wat voor reden dan ook nooit van plan waren het leven af te maken.
Een kind kan lang genoeg leven om de ouders vreugde te verschaffen,
maar een vroegtijdige dood kan de ouders de kans geven een dieper
spiritueel ontwaken te ervaren dan op enige andere manier mogelijk
zou zijn geweest. Uit bewijsmateriaal blijkt dat er achter gebeurtenissen vele, diepere redenen schuilgaan dan we meestal beseffen of willen begrijpen.

Levensoverzicht *NU*

Niemand van ons vervult op volmaakte wijze zijn of haar Geboortevisie. Maar hoe bewuster we kunnen worden, hoe gemakkelijker het zal
zijn open te blijven, onze intuïtie te volgen. Als we verbonden zijn met
onze bron, kunnen we meer liefde geven. We kunnen onze machtsspelletjes doorwerken. Als we meer aan zelfbespiegeling doen, maken we het onszelf minder moeilijk en kunnen we genieten van de
geweldige roetsjbaan die het leven is. In het boek zegt Wil: 'Snap je het
niet? Dit moet een belangrijke factor van het Tiende Inzicht zijn. We
ontdekken niet alleen dat onze ingevingen en ons gevoel dat alles in
het leven een doel heeft, herinneringen zijn aan onze Geboortevisie.
Naarmate we het Zesde Inzicht beter begrijpen, gaan we analyseren
waar we van het pad afweken, of hoe we verzuimden ons voordeel te

doen met geboden kansen, zodat we direct terug kunnen keren naar een pad dat meer op één lijn ligt met de reden dat we geboren zijn. Met andere woorden: we maken ons, van dag tot dag, grotere delen van dat proces bewust. In het verleden moesten we eerst doodgaan om een overzicht van ons leven te krijgen, maar nu kunnen we de ogen eerder openen en uiteindelijk de dood overbodig maken, zoals het Negende Inzicht voorspelt.'[13]

In het boek van Ruth Montgomery, *A Search for Truth*, zeggen de gidsen tegen haar: 'Iedereen moet over zijn toekomst nadenken terwijl hij leeft in wat zijn verleden zal worden. Beschouw iedere dag als een smetteloze bladzijde in het boek van het leven. Laat geen inktvlek, moddervlek of smet na die pagina's bezoedelen. Neem ze vlekkeloos mee naar het volgende stadium en je zult je stoutste dromen overtreffen. Herinner je boven alles het volgende: *Begroet iedere dag als de onbezoedelde toekomst, en behandel hem even zorgvuldig alsof het al een gepubliceerd verslag van je verleden is.*'[14]

Een recent verslag van een vrouw uit Texas duidt op een combinatie van de verborgen waarnemer en het schietschijf-celgeheugen die, hoewel duidelijk heel zeldzaam, een diepgaande rol in ons leven zou kunnen spelen als we wisten hoe we onszelf ervoor moeten openstellen. Op de dag dat de man van deze vrouw bij haar wegging begonnen, terwijl ze op haar kantoor zat te werken, de details van hun relatie van twintig jaar door haar hoofd te 'spelen'. Het overzicht is volledig, in de goede volgorde en draait uitsluitend om hun relatie en de misverstanden en fouten van weerskanten, waardoor ze is stukgelopen.

De ervaring ging uren door, de herinneringen "begonnen en eindigden alsof een bandje was afgelopen... ik kon het niet geloven, ik voelde me overweldigd, onder de indruk... het was fascinerend en adembenemend. Terwijl ik die ervaring doormaakte, voelde ik de warmte midden op de dag en hoe ik in de stralende zon liep." Maar toen ze verder ging met haar werk was ze zich slechts vaag bewust van haar omgeving. Wederom... twee parallelle werelden die aan één getuige werden getoond.

Joseph Chilton Pearce, *Evolution's End.*

Toewijding aan je levensdoel in termen van dienstbaarheid en zijn

Paradoxaal genoeg kun je dat wat je wilt het beste naar je toe halen door je heel sterk te concentreren op het voornemen dat te scheppen en vervolgens de strijd rondom 'het allemaal moeten uitpuzzelen' of het greep willen hebben op de afloop, volledig los te laten. Hoe minder je vecht of je best doet, hoe meer je weg zich zal openen.

We houden onszelf maar al te vaak voor dat we hard moeten werken om ons doel te bereiken. We eindigen met een serieuze, nogal grimmige houding van 'het goed doen' of we hebben het gevoel dat we tekort zijn geschoten in het totstandbrengen van iets groots. In regressie zei iemand over een vorig leven in Egypte dat veel lijden kende: 'Er zijn veel dingen afkomstig uit zo'n soort leven, veel dingen... volharding, geduld, veel dingen. Het lijkt triviaal, het lijkt waardeloos – maar de ziel leert veel.'[15] Toen haar werd gevraagd of iedereen zich op zielsniveau bewust is van wat hij tijdens het leven heeft geleerd, antwoordde ze: 'Ja, op zielsniveau.' Zelfs mensen die zich tijdens hun incarnatie niet bewust lijken van het leven, hebben een bewustzijn op zielsniveau.[16]

OEFENING BAART KUNST

Als je je dagelijks afstemt op bepaalde trillingsniveaus van waardering, dankbaarheid, vergeving, onthechting (van de behoefte dat je verlangens in vervulling gaan) humor, liefde, openheid en verwachting, schep je de harmonische omstandigheden waarin het geluk op je weg kan komen. Wees je authentieke zelf en door dankbaar en ruimhartig gebruik te maken van je talenten zorg je ervoor dat je meegaat met de stroom. Daarnaast is het belangrijk rijkdom te laten stromen en het beste in anderen te zien, zodat je meegaat met de wet van geven en ontvangen.

Een vrouw probeerde een familieruzie bij te leggen die al vijfenvijftig jaar duurde. Ze bleef manieren bedenken om te krijgen wat zij beschouwde als haar rechtmatige deel van de erfenis en kon alleen maar denken aan het geld dat ze nog tegoed had. Langzaam en na veel innerlijke verwarring, zag ze uiteindelijk in dat ze eigenlijk verlangde naar innerlijke rust en contact. Op haar zesentachtigste werd het haar eindelijk duidelijk dat ze altijd de heldhaftige overtuiging had gehad dat ze moest vechten voor haar rechten en had ze zich jarenlang alleen en buitengesloten gevoeld. Ze was vergeten dat haar bron en kracht zich in God bevonden.

Ga de stilte in en luister naar de innerlijke aanwijzingen *voor jou.*

DIENSTBAARHEID IS DE WEG

Zoals we zeiden in het vorige hoofdstuk, bleven de gidsen uit het Hiernamaals in de boodschappen van Ruth Montgomery hameren op het belang van dienstbaarheid als de weg om je bestemming te vervullen. Ze lieten er geen twijfel over bestaan dat het belangrijkste dat we mogelijkerwijs kunnen doen om als ziel vooruitgang te boeken, is anderen te helpen als zij onze weg kruisen. Ze schrijft in *A Search for Truth:* 'De gidsen bleven maar hameren op het thema van dienstbaarheid aan anderen, "die we niet alleen moeten beoefenen in een geest van liefdadigheid,

> Kan iemand zijn wereldbeeld veranderen door gewoon een boek te lezen, waardoor hij zijn overtuiging over hoe dingen in elkaar steken verandert?
>
> Over het algemeen zul je mensen, met name westerlingen, niet overtuigen van de betekenis van de spirituele dimensie door hun alleen boeken te geven om te lezen. De doorslaggevende factor in een echte spirituele opening zal waarschijnlijk altijd een rechtstreekse persoonlijke ervaring zijn… het kan beginnen met het lezen van boeken en het bijwonen van lezingen, door deel te nemen aan spirituele groepen en door subtiele vormen van transformatie in meditatie en andere spirituele oefeningen te ondergaan.
>
> **Stan Grof, M.D. in *Towards a New World View* by Russell E. DiCarlo.**

maar als een brandende behoefte om je eigen opdracht te vervullen."
We moeten, zo zeiden ze, meer geïnteresseerd zijn in het helpen van anderen dan onszelf. Door dat te doen dienen we vanzelf ons eigen doel. 'Dat was de boodschap die eeuwen geleden door Christus en andere religieuze leiders naar jullie wereld is gebracht,' schreven ze. 'De boodschap is nog geen snars veranderd. Hij blijft zoals hij was toen Christus zei: 'Hebt elkander lief.' Dit is niet *één* van de manieren om spiritueel vooruitgang te boeken, het is de *enige* manier.'[17]
Het mysterie van jouw leven wil zich onthullen. Het mysterie ontvouwt zich terwijl je deze woorden leest.

211

Weet slechts dat, wanneer het uw tijd is om het aardse vlak te verlaten en uw leven opnieuw te beginnen, de rijkdom die u meeneemt, de rijkdom van het leren zal zijn, rijkdom die u hebt verworven, die in uw hart zit.
Rosemary Altea, *Stemmen van de overzijde*, Grijze Arend.

ZELFSTUDIE

Onderstaande oefeningen kun je alleen doen, samen met vrienden of in een studiegroep. Je kunt de opgaven thuis maken en vervolgens in paren bespreken, of in de hele groep als de deelnemers er geen bezwaar tegen hebben hun persoonlijke verhaal aan anderen te vertellen.

Je ouders gezien vanuit spiritueel oogpunt

Neem nu even de tijd om na te denken over de diepere betekenis van de ouders (of andere verzorgers) waarmee je je in dit leven uiteen hebt willen zetten.

Vader
- Hoe zou je als onderschrift bij een foto van je vader zijn leven beschrijven?
- Wat ontbrak er in het leven van je vader? Was er iets dat hij wilde volbrengen, maar niet heeft gedaan? Welke eigenschappen waren bij hem zwak ontwikkeld of ontbraken er?
- Wat waren de belangrijkste dingen die je van hem hebt geleerd?
- In welk opzicht lijk je op hem?
- In welk opzicht heb je je anders ontwikkeld?
- Welke invloed heeft hij op jouw eigen levensloop gehad?

212

Moeder

- Hoe zou je als onderschrift bij een foto van je moeder haar leven beschrijven?
- Wat ontbrak er in het leven van je moeder? Was er iets dat zij wilde volbrengen, maar niet heeft gedaan? Welke eigenschappen waren bij haar zwak ontwikkeld of ontbraken er?
- Wat waren de belangrijkste dingen die je van haar hebt geleerd?
- In welk opzicht lijk je op haar?
- In welk opzicht heb jij je anders ontwikkeld?
- Welke invloed heeft zij op jouw eigen levensloop gehad?

Overdenking van je spirituele levenshouding
Neem de tijd om jezelf af te vragen:
Welke overtuiging hadden je ouders over God?
Vader
Moeder
Welke overtuiging hadden je ouders over het leven na de dood?
Vader
Moeder
Welke drie waarden waren voor je ouders het belangrijkst?
Vader
Moeder
Welke ideeën hebben je ouders het sterkst bij je ingeprent?
Vader
Moeder
Wat is volgens jou de nalatenschap van je ouders aan de wereld?
Vader
Moeder
Wat heb je geleerd om wel of niet te doen door te zien hoe je ouders hun leven leidden?
Vader
Moeder
Wat zijn volgens jou de belangrijkste ontbrekende factoren in het leven van je ouders? (Bijvoorbeeld een goede gezondheid, succes, zelfrespect, genegenheid, gevoel voor humor, creatieve vervulling)
Vader
Moeder
In welke opzichten ben je net als je ouders?
Vader
Moeder

In welke opzichten ben je veranderd of heb je je ontwikkeld ten opzichte van de manier waarop je ouders leefden?
Vader
Moeder
Stel dat er een reden was waarom ze voor jou in dit leven de volmaakte ouders waren, wat zou daarvoor dan de reden zijn?
Vader
Moeder

Overzicht van de Geboortevisie

Sluit je ogen en haal een paar keer diep adem. Ontspan je lichaam. Stel je voor dat je op een heuvel staat en op een weg uitkijkt. Op die weg zie je jezelf lopen. Welke beelden zie je over je leven op bepaalde punten op die weg? Wat voor beelden of boodschappen wachten je aan het einde van die weg? Maak onderstaande zinnen af met de beelden of ingevingen die je hebt ontvangen:

Aan het begin van mijn weg zie ik...

Op het middengedeelte van mijn weg zie ik...

Aan het einde van mijn weg zie ik...

Hoe zou je jezelf tegenover iemand anders omschrijven met betrekking tot de volgende gebieden? Schrijf een datum bij je antwoorden en lees ze na een half jaar, een jaar, vijf jaar over.

Mijn sterke punten zijn...
Ik heb talent voor...
Het beroep of de activiteit waarin ik de meeste voldoening vind is...
Ik heb aan de wereld bijgedragen door...
De drie grootste uitdagingen die ik heb gehad zijn...
Mijn uitdagingen hebben me geholpen door...
Ik zie het leven als...
Wat ik het meest waardeer in het leven is...
Ik word het meest enthousiast over...
Ik voel me het gelukkigst als...
Ik ben het meest trots op...
Mijn werk bestaat uit...
Wat ze me nooit kunnen afpakken is...

214

Wat ik als eerste zou willen ervaren is...
Wat ik als erfgoed het liefst na zou laten is...
Ik heb het gevoel dat mijn Geboortevisie...
Mijn Wereldvisie is...

Gevolg geven aan het ideaalbeeld

We weten dat aspiraties en beelden over een ideaal leven tot ons komen vanuit onze diepere Geboortevisie. Accepteer je dagdromen als echte verlangens die *hoe dan ook* via ons in vervulling willen gaan. Natuurlijk, misschien word je nooit een operaster, maar zo lang je de moed hebt kun je ernaar streven. Of misschien vind je het nog leuker (is dat niet een deel van wat je wilt?) om in een plaatselijke school of buurthuis een zanggroep te organiseren. Idealen moeten leiden tot actie, liever gestaag dan dwangmatig, liever eenduidig dan schommelend. Actie zet je op de weg van vervulling. Een mens is niet alleen een automaat die is toegerust om bepaalde omstandigheden te slim af te zijn teneinde te overleven. Een Mens weeft dromen.

Spelen met je ideaal
● Welk beeld blijft je voor de geest komen? Wat wil je hebben dat je niet hebt?
● Wat heb je dat je niet zou willen verliezen?
● Stel je voor dat je morgen wakker wordt in de ideale leef- en werkomstandigheden waarin je het best je kwaliteiten tot uitdrukking kunt brengen. Schrijf er enkele zinnen over op.
● Met welk woord zou je jezelf omschrijven? In welk opzicht is die kwaliteit zinvol voor de wereld in het algemeen? Hoe gebruik je die kwaliteit op dit moment? Schrijf er enkele zinnen over op. Laat alles wat boven wil komen zichzelf onthullen.
● Lees necrologieën in de krant over mensen die op de een of andere manier aanzien hebben verworven. Verre van deprimerend geven deze 'levensoverzichten' ons een verhaal van iemands sterke punten en verheffende uitdagingen. Zelfs de korte overlijdensberichten kunnen je een overzicht geven van een lang leven vol goed gedragen verantwoordelijkheden, uitvindingen, beloond talent en boven alles mateloze liefde. Sommige levens eindigen met een eenvoudige, rustige nalatenschap van geduld, onzelfzuchtigheid, andere met vaak terugkerende grillige perioden die de familiegeschiedenis generaties lang vorm geven. Er schuilt poëzie in regels zoals:

'Maatschappelijk werker, gepensioneerd gevangenbewaarder, flamen-cogitarist; zijn wijsheid, vriendelijkheid en muziek zullen altijd in ons hart blijven dansen en onze ziel blijven raken.'[18]

'Meneer R. richtte zuivelcoöperaties op en kocht melk rechtstreeks bij de boer...[hij verkocht] de meest verse melk die er te koop was... en keerde uit bezorgdheid voor het milieu en de groeiende afvalberg weer terug naar de oorspronkelijke glazen flessen.'[19]

'Brownie McGhee, blues gitarist en zanger, leverde een grote bijdrage aan het behoud en de populariteit van de Piedmont Blues stijl uit Noord en Zuid Carolina. Piedmont Blues zijn een mengeling van pittige gitaar in combinatie met ritmische, toeterende mondharmonica; hij zong met onvervalste overtuiging.'[20]

'Eleanor Clark, een eersteklas auteur... schreef een aantal hoogstaande overdenkingen over de meest uiteenlopende onderwerpen, van oude ge-schiedenis en vroeg-Romeinse poëzie tot verhandelingen over heden-daagse omstandigheden in de maatschappij.'[21]

'Ze was heel actief als lid van de Happy Belles en Telefoonpioniers.'[22]

'E.P., een Maya-indiaan die over de hele wereld aandacht trok voor zijn oude geneeswijzen waarbij hij alleen gebruik maakte van kruiden en ge-bed, stierf op de leeftijd van 103... in zijn eenvoudige hut op een heuvel-top in het kleine dorpje San Antonio in het westen van Belize... alle in-heemse Maya-genezers erkenden hem als de beste onder hen.'[23]

Een echtpaar van in de zeventig, blijkbaar elkaars tweelingzielen, stierf een paar uur na elkaar aan kanker.

'De grillige en humoristische echtelieden lieten indrukwekkende sporen na in hun beroep [hij schrijver, professor, historicus, zij beroemd kun-stenares en voorstandster van openbaar kunstonderwijs]. Hij 'was diep overtuigd van de kracht van klassikaal onderwijs om studenten te prik-kelen om algemeen aanvaarde maatschappelijke overtuigingen aan te vechten'. Hij richtte de Penny University op, een wekelijkse serie gratis openbare academische debatten. Zij zette in Californië een kunstproject op in gevangenissen, waarbij eersteklas kunstenaars in gevangenissen les gingen geven.'[24]

En karma in de maak:

'B.O., een immigrant uit Mantsjoerije die middels strijd in de onderwe-reld in New York opklom tot wat reclasseringsambtenaren noemden de belangrijkste leider van de georganiseerde misdaad in Chinatown, New York... ging voor 17 jaar de gevangenis in... volgens kenners liet hij zich in de val lokken en gevangen zetten om iemand hogerop in de organisa-tie te beschermen.'[25]

Huidige vooruitgang, problemen en bezigheden

Kies per dag of per week een van de onderstaande vragen om over na te denken. *Probeer ze niet allemaal tegelijk aan te pakken.* Schrijf een paar zinnen of alinea's als antwoord op *vragen die betrek-king hebben op hoe je er op dit moment voorstaat.* De vragen kunnen ook dienen als basis voor een groepsdiscussie.

Ga voor jezelf na

• Is er sprake van een situatie of relatie waarin je je besluiteloos of bezorgd voelt?

We weten dat wanneer we iemand een verklaring, een excuus of een telefoontje schuldig zijn, het voortdurend beetjes energie aan ons onttrekt, totdat we het hebben gedaan. Hetzelfde is het geval als je hebt besloten iets te doen dat niet goed voelt. Door je gevoelens te verstoppen of de problemen voor je uit te schui-ven wordt de druk op deze energielekkage alleen maar groter. Word je bewust van wat er speelt. Vraag het universum om hulp om het op te lossen. Blijf goed bij je intuïtie. Merk op hoe je door iets wordt opgetild naar het volgende niveau.

• Is er iets dat energie, al is het maar een heel klein beetje, aan je onttrekt?

Maak een lijst van *alles* wat je graag anders zou zien (bijvoor-beeld, ik zou willen dat ik volgende week niet naar de ouder-avond op school hoefde. Ik zou willen dat ik wist wat er met de hond, de computer, de auto, enzovoort, aan de hand was). Als je

je eenmaal bewust bent geworden van het punt dat het energie-
verlies veroorzaakt en het hebt opgeschreven, kun je heel snel
een antwoord krijgen of merken dat er een verandering optreedt.

- Welke hindernissen zie je op dit moment op je weg?

Hindernissen dwingen je dieper in het probleem, in je creativiteit door te dringen. Wat zijn de verborgen vruchten van die
hindernissen? Wat verhinderen de hindernissen je te doen
waarvoor je misschien bang bent? Als je bijvoorbeeld het gevoel hebt dat geldgebrek een hindernis is om je zaak uit te breiden, ben je dan onbewust bang om naar het volgende niveau te
gaan?

- In welke gebieden van je leven gaat het goed?

Die gebieden maken deel uit van je Geboortevisie. Denk terug
aan de tijd dat die goede dingen voor het eerst in je leven op-
doken. In welke gemoedstoestand verkeerde je waardoor je die
dingen aantrok? Onderken hoeveel je hebt volbracht. Merk op
hoeveel succes je hebt. Toon iedere dag dankbaarheid voor dit
succes.

- In welke situaties ervaar je veel energie op dit moment?

Als je veel energie hebt is dat een teken dat je verbonden bent
met een innerlijk gevoel van zekerheid, waardoor je verbonden
blijft met je Geboortevisie.

- Welke doelen zijn zo te zien aan het ontluiken?

- Als je een voorspelling zou doen voor het komende halfjaar,
welke drie dingen zou je voorspellen? *Vul hier de datum van
vandaag in* _____ .

- Welke vraag is voor jou op dit moment het belangrijkst?

Als je de vraag hebt opgeschreven, omschrijf je de afloop die
aan deze vraag ten grondslag ligt. Bijvoorbeeld, als je vraag
luidt: 'Moet ik met Joe trouwen?' is het onderliggende verlan-

218

gen een gelukkig huwelijk met de volmaakte partner (ongeacht of het Joe is of niet). Herschrijf de vraag daarom als een stelling, alsof de uitkomst die je verlangt al bestaat. Dat wil zeggen: 'Ik ben nu gelukkig getrouwd met een voor mij volmaakte persoon.'

8

Een innerlijke hel

Uil
De Duisternis

Het is allemaal een reactie op de Angst. Die mensen daar zouden verlamd raken van Angst als ze niet een manier hadden gevonden om hem af te weren, hem te onderdrukken zodat ze zich er niet meer van bewust zijn. Ze blijven maar hetzelfde toneelstuk opvoeren; ze gebruiken dezelfde middelen om ermee om te gaan als de trucs waarin ze zich in hun leven bekwaamd hebben, en ze kunnen er niet mee ophouden.

Het Tiende Inzicht.[1]

GOD OF GOD *EN* DUIVEL?

De eeuwige wijsheid en het Tiende Inzicht gaan ervan uit dat er maar één kracht is, een verenigd veld van energie, de kracht van God – Alles Wat Is. Er bestaat geen tweede kracht, geen duivel, geen *belichaming* van het kwaad met de macht ons tijdens het leven of na onze dood te straffen.

God schiep de mens en schonk ons een vrije wil, zodat hij/zij zichzelf kon kennen via onze eindeloze creativiteit. Elk aspect van ons is een aspect van God. Teneinde ons te blijven ontwikkelen en onze goddelijkheid op steeds nieuwe manieren vorm te geven, is het noodzakelijk dat we onze vrije wil benutten zonder afgescheiden te raken van God. Onze keuzes scheppen het goede, niet het kwade, als we afgestemd blijven op onze goddelijke eigenschappen van liefde, mededogen, vreugde, spel, dienstbaarheid en creativiteit, die het grotere goed dienen. Het kwaad dat in de wereld bestaat wordt gevoed door onze angsten. We verlenen het kwaad macht als we geloven dat de mens van nature zondig is of als we geringschattend spreken over spirituali-

teit als een nietszeggend zoethoudertje. De duivel heeft van ouds gediend als een simplistische verklaring voor het kwaad. Teneinde het
kwaad te kunnen begrijpen, moeten we de meer gecompliceerde psychische aard van de mens onderzoeken.

EEN INNERLIJKE HEL

Als er in de wereld geen afgescheiden, tweede kracht van het kwaad
bestaat tegenover Alles-Wat-Is, is er dan wel een hel? Op afbeeldingen van de hel zien we een stoet verdoemde, naakte zielen voor wie
alle kans op redding verloren is, terneergeslagen de brandende afgrond inlopen of het in doodsangst uitschreeuwen. Hoewel we misschien neerbuigend glimlachen over dit letterlijke beeld omdat we
menen te weten dat ons een dergelijk lot bespaard zal blijven, hebben
we allemaal minstens een dag, een uur of een leven in de brandende
hel in ons eigen hoofd doorgebracht, gevangen en buiten onszelf van
woede, afgrijzen, schuld, jaloezie, of doodsangst. Wie van ons is niet in
staat op de een of andere manier een hel voor zichzelf te scheppen?
Sommigen van ons verblijven vanaf onze eerste ademtocht of zelfs
nog daarvoor in de hel, als ze al in de baarmoeder ongewenst zijn en
veracht worden. De innerlijke hel begint hier op aarde. Sommige zielen zijn vanaf hun kindertijd geschopt en geslagen, geknepen en ge-
krabd, opgesloten in kasten, doodsbang voor de mensen die geacht
worden voor hen te zorgen. Mishandeld en belasterd, seksueel misbruikt, verwaarloosd en vernietigd door het druggebruik van hun ouders, groeien die zielen in het ergste geval op tot volwassenen die weinig of geen besef hebben van de eenheid met en de goedheid van God.
We weten dat sommige zielen, ondanks onvoorstelbare tegenwer-
king, als door een wonder het kwaad dat hen heeft omhuld weten te
ontgroeien. In andere gevallen is het trauma te ernstig. Alsof hun
menselijkheid is weggebrand, leven ze om anderen de innerlijke hel
die ze met zich meedragen aan te doen, en plegen verachtelijke mis-
daden. De cyclus wordt voortgezet. De innerlijke hel is de zekerheid
dat er geen liefde bestaat en dat macht alleen kan worden verkregen
door anderen te laten lijden.
Onze eigen innerlijke hel kan een onzekerheid of starheid zijn die ons
afgescheiden houdt van liefde. De hel kan bestaan uit een leven in
grenzeloze lust, hebzucht, afgunst, paranoia, geestesziekte, angst,
woede, zelfverachting, obsessie of trots. We weten dat dit soort fixaties

221

ons afgescheiden houdt van de stroom van het leven, onze creativiteit verlamt en ons dwingt tot een patroon van zelfvernietiging waarin we nooit vervulling vinden. De hel is duister en zwaar, koud, eindeloos, eenzaam en hopeloos.

NEEM JE EIGEN OVERTUIGINGEN MEE

Als we de stelling 'zo boven zo beneden' aanvullen door eveneens te onderkennen 'zo beneden zo boven', wordt het ons duidelijk dat met welk bewustzijn we ook overgaan naar de andere zijde, dat het bewustzijn is waarmee we ons bestaan na het leven binnengaan – *en het bewustzijn waarmee we hier onze werkelijkheid scheppen*. Je *kunt* het met je meenemen. Je neemt je vermogen om je eigen wereld te scheppen met je mee. Zoals we met bepaalde vermogens en aanleg als gevolg van ervaringen in vorige levens worden geboren, worden we, als we sterven 'geboren' in het Hiernamaals met de vermogens en overtuigingen die we in het voorbije leven hebben ontwikkeld. Omdat er geen verpersoonlijking van een uiterlijke kwade macht, geen duivel bestaat, bestaat er geen andere hel dan de hel die we in de vorm van onze negatieve energie meenemen naar de spirituele wereld.

Als we bovendien niet onmiddellijk beseffen dat we de materiële wereld hebben verlaten, dat we inderdaad 'dood' zijn, zullen we die mentale obsessies in de spirituele wereld eindeloos blijven herscheppen. Vergeet niet dat in de spirituele wereld gedachten onmiddellijk alles scheppen. Als je denkt aan vrijen, ben je onmiddellijk aan het vrijen. Als je iemand wilt zien die je kent, word je onmiddellijk overgebracht naar dat energieveld (als de betrokkene daarvoor open staat). Dus de 'hel' bestaat uit de mentale constructies die worden opgezet door zielen die weinig vermogen bezitten tot zelfbeschouwing, die zich na hun fysieke dood niet bewust kunnen worden van de spirituele dimensie.

GEEN PLEK OM DE ANGST TE VERBERGEN

Robert Monroe praat over zijn ontmoetingen met angst tijdens zijn reizen in de spirituele wereld. Door rechtstreekse ervaring leert hij dat al zijn gedachten, inclusief zijn angst, onmiddellijk zullen worden gemanifesteerd in de spirituele wereld. Op die plek kun je je oordelen en gevoelens niet verbergen achter een uiterlijk laagje vernis zoals we dat dagelijks op aarde doen. Iedereen is naakt. Monroe beschrijft hoe hij tijdens zijn reizen in het Hiernamaals naar wat hij *Gebied II* noemt, leerde werken met de emoties die hij in het fysieke leven had weten te onderdrukken. 'Eén voor één, pijnlijk en bewerkelijk, moesten de exploderende, oncontroleerbare emotionele patronen in het gareel worden gebracht... Als het niet gebeurt tijdens het fysieke leven, [denk ik] dat het na het overlijden als eerste aan de orde komt.'

> Indien we ervoor kiezen in duisternis te leven – hetzij op aarde of na de 'dood' – als we ervoor kiezen het licht te laten verkommeren, dan kiezen we voor een donkere plek. Maar de keuze is altijd aan ons. Ik zeg dat er geen hellevuur is, tenzij we daarvoor kiezen.
>
> **Rosemary Altea,** *Stemmen van de overzijde.*

'[... Gebied II] is voor het grootste gedeelte bevolkt met krankzinnige of bijna krankzinnige wezens die door emoties worden gestuurd... Het omvat levende zielen die in slaap of verdoofd zijn en zich in hun tweede lichaam bevinden [het "lichaam" dat we hebben in de spirituele wereld], en heel waarschijnlijk de zielen die "dood" zijn maar nog steeds door emoties worden gestuurd.'[2]

DE DAG DES (ZELF)OORDEELS

Volgens de gidsen in het Hiernamaals en verslagen van bijna-doodervaringen zullen we alle lijden dat we in ons aardse leven anderen hebben aangedaan, zelf nog heviger ondergaan als we eenmaal terugkeren naar de spirituele wereld. Hoewel God ons niet straft met een 'Dag des Oordeels', zullen we in het Hiernamaals boeten met ons eigen lijden voor *alle* leed dat we anderen hebben aangedaan. Gidsen in het Hiernamaals helpen ons in te zien wat we hebben geleerd in het leven dat net achter ons ligt en in welke mate we in staat waren tot liefde, zodat we in ons volgende leven vooruitgang kunnen boeken. Als we in ons leven ook maar één goede daad hebben verricht, kan die veel van de negatieve dingen die we hebben gedaan opheffen, waardoor het lijden in ons volgende leven minder wordt. In plaats van ons zorgen te maken over de negatieve dingen die we in het verleden hebben gedaan, is het nu belangrijk ons te concentreren op alleen het goede doen.

Op het bewustzijnsniveau van het Tiende Inzicht maken we al de balans op van onze overtuigingen en ons gedrag en proberen we wakker te worden. Door de 'pathologie' van onze misplaatste machtsspelletjes en ook door onze prestaties, krijgen we de kans onze innerlijke mythologie – ons verhaal – te zien. Als we niet ontwaken in deze fysieke wereld, kan het zijn dat we ook in het Hiernamaals moeite hebben te ontwaken.

Hier en nu

In het fysieke leven scheppen we in mindere of meerdere mate onze eigen versie van de hel door ons vast te blijven klampen aan onze machtsspelletjes en ons er niet van bewust te worden. Als we vergeten dat we verbonden zijn met de goddelijke bron, moeten we ons in ons gedrag enorm inkapselen om de wereld terug te brengen tot een werkbaar niveau. Als we leven in een afgeschermd gebied dat is ommuurd door angst, staan we niet open voor het rijke mysterie van het leven. Dan zijn we gesloten, afwerend, angstig en afgescheiden. We geven blijk van de muren die we om ons heen hebben opgetrokken in opmerkingen als: 'Ik ben een verdorven mens.' 'Ik zal het nooit ver schoppen.' 'Niemand houdt van mij.'

Als wij niet meer weten dat *wijzelf* die beperkingen in onze geest opwerpen, projecteren we de onbewuste beperking op de wereld om ons heen. Het is belangrijk dat we dit punt goed begrijpen, want het is heel bepalend voor hoe wij met onze zogenaamde problemen in het dagelijks leven omgaan. We zien/ervaren/voelen onze dagelijkse ontmoetingen door dit filter van onze ervaringen uit het verleden. Verlangen wil zeggen dat je iets wilt wat je niet hebt. De jonge Juanita was bijvoorbeeld kort en dik. Ze dacht dat lange, slanke meisjes beter af waren. Frank was een broze boekenwurm. Hij had een rijk innerlijk leven, maar omdat hij geen concurrentie aanging, deed hij zich voor als een buitenstaander. Shantara was de middelste van vijf zusjes en voelde zich een buitenstaander, verloren in de grote groep. Op een bepaald bewustzijnsniveau zijn we altijd bang dat we de controle verliezen, de weg kwijt zijn, zonder werk komen te zitten, een verliezer zijn zonder liefde, succes, of geluk. Hoe toepasselijk dat Christus de plaats van herder innam, aangezien het gevoel van verlorenheid een fundamenteel menselijke, archetypische angst is. Als we onszelf op een bepaalde manier omschrijven, dwingen we onszelf in een bepaald hokje. We zijn de onbegrepen kunstenaar of de niet-creatieve nul; de hulpeloze mislukking of de efficiënte deskundige. We stoppen onszelf in een hokje en vertellen dan tegen iedereen dat God het heeft gedaan.

HET GAT OPVULLEN MET GOD

Als die oordelen eenmaal in onze geest zijn ingesleten als werkelijkheid, is de angst zo groot dat we ze niet kunnen opgeven zonder in paniek te raken. Hoe positief we ook denken, we zullen er niet lang en slank door worden. Hoe we ook redeneren, het zal geen voetbalheld van ons maken. Hoeveel cv's we ook schrijven, het zal ons niet bijzonder maken. Als je jezelf altijd hebt voorgehouden dat je een waardeloze, nutteloze worm bent, kun je dat verhaal niet in één keer ongedaan maken. We kunnen niet een grote hap angst weghalen zonder een gapend gat na te laten dat moet worden opgevuld met iets anders – vertrouwen, nieuwe wijsheid en een verbinding met God.

DE VOEDINGSBODEM VAN ANGST

Dogma en ideologie vinden hun wortels in de voedingsbodem van angst. Zonder de gave van liefde, mededogen, en een groter inzicht in wie we werkelijk zijn, creëren we met ons eigen dogma, onze eigen onvolmaaktheden, steeds weer opnieuw de hel. Als we voortdurend in grote angst leven, wordt dat als een lichte koorts die ons denken doordringt, onze waarnemingen belemmert en onze keuzes inperkt. Een vrouw die opnieuw een vorig leven doormaakte zei: 'Tijdens een van mijn levens maakte ik een geweldige spirituele groei door; in dat zelfde leven werd ik doodgemarteld. Het was in de buurt van Jeruzalem [vanwege mijn religieuze overtuiging] was ik heel angstig en behoedzaam…' Als gevolg daarvan was ze bang voor geweld en durfde ze niet voor haar mening uit te komen. 'Angst moet worden verwijderd. Ze moet worden opgeruimd, zodat iemand nieuwe groei-ervaringen durft aan te gaan. Andere ervaringen zouden meer hebben opgeleverd als angst niet in de weg had gestaan. Zelfopgeworpen struikelblokken zijn alleen maar tijdverspilling. Er zijn er al genoeg, je hoeft ze niet zelf te creëren.'[3] Deze vrouw zag hoe angst door diverse levens heen verliezen had gecreëerd. Misschien moeten we elk leven als een schilderij zien. Wat maakt het uit. Welke kleuren ga je dit keer gebruiken?

225

Tijdens ons spirituele bestaan tussen aardse levens in verblijven we in de ware trilling van het universum – verblijven we in liefdesenergie. Maar als we die liefdesenergie niet kunnen waarnemen vanwege onze verslaving aan onze onjuiste waarnemingen, zijn we als de goudvis die, nadat ze van de viskom naar de oceaan is overgebracht, in kleine kringetjes zo groot als haar viskom blijft zwemmen. Ware bevrijding dient zich aan als we ons gevoel voor afgescheidenheid, onze behoefte aan controle en onze angst voor de fysieke dood kwijtraken. Ware bevrijding is gebruik maken van het hele kleurenscala op het palet – robijnrood, karmozijnrood, cadmiumoranje, okergeel, jachtgroen, paars, terracotta, gitzwart, blauwpaars, goud, zilver en aquamarijn. Ware bevrijding is het vermogen braaksel, zwavel, geld, kamperfoelie, babynekjes, knoflook, verse tomaten, wierook, perziken en zaad te kunnen ruiken in de wetenschap dat het allemaal God is.

> Er bestaat geen kwaad afgezien van het kwaad dat we zelf scheppen, want ik heb aan deze kant van de sluier niets gezien dat op een duivel wijst. We zijn onze eigen duivel, met onze gedachten en daaruit voortvloeiende daden… dat kwaad neemt in kracht toe naarmate elke voorbijgaande generatie haar eigen stempel van kwaad drukt op de kracht die we als de duivel beschouwen… als [het kwaad] wordt vernietigd, zal het geschieden doordat de mens zich bewust wordt van het feit dat zelfs gedachten daden zijn en dat de 'duivel' iedere keer als we een lelijke gedachte of daad vervangen door liefdevolle mildheid, krimpt. Aldus gaan we het zogenaamde millennium tegemoet waarin het goede het kwaad vervangt in de harten van hen die de aarde bewonen, niet alleen in het vlees maar ook in de geest, zoals wij hier nu doen.
>
> **Arthur Ford tegen Ruth Montgomery in**
> *A World Beyond.*

NIET DOOD EN OOK NIET LEVEND

In een van de vele astrale reizen die Robert Monroe naar de nietfysieke wereld maakte, vinden we een voorbeeld van iemand die niet beseft dat hij dood is en die nog steeds gevangen zit in zijn dwangmatige handelingen. Nadat Monroe vele jaren in de spirituele wereld had gereisd en veel leiding had ontvangen van onstoffelijke gidsen, ontdekte hij dat hij werd aangetrokken door zielen die moeilijkheden ondervonden tijdens hun overgang bij het sterven. In één geval was hij er getuige van dat een jonge soldaat was gewikkeld in een strijd waarbij beide partijen waren gewapend met zwaarden en speren. De jongeman probeerde uit alle macht overeind te komen, zonder te beseffen dat een speer hem had doorboord en diep in de aarde onder hem stak. Monroe zegt: 'Ik zag hoe zijn hoofd – nee, niet zijn fysieke hoofd – uit zijn lichaam omhoogkwam en ik boog me ernaar toe, greep het beet en trok. Hij glipte moeiteloos naar buiten… Hij boog voorover en probeerde het op te rapen [het zwaard], maar zijn hand ging er doorheen. Hij begreep niet wat er aan de hand was en probeerde het nog eens. Ik zei tegen hem dat hij zich niet moest opwinden… dat hijzelf dood was.' De jongeman geloofde hem niet en stortte zich weer in de strijd. 'Even later viel een korte, gebaarde man hem in de rug aan en vielen ze samen op de grond terwijl ze probeerden elkaar te slaan en de keel dicht te knijpen. Het duurde even voordat ik besefte dat ook de gebaarde man zijn fysieke omhulsel in de strijd had gelaten. Misschien zouden ze nu, eeuwen later, nog steeds over de grond rollen in een poging elkaar te doden!'[4] Later ontdekte hij dat hij zelf deze jonge soldaat was in een vorig leven en deze ontmoeting verschafte hem waardevol inzicht in zichzelf.

In een ander geval ontmoet hij een vrouw die fysiek dood is. Ze is niet bij machte in te zien dat ze de fysieke wereld heeft verlaten en weigert uit het huis te vertrekken dat haar man heeft gebouwd. Dit was haar leven. Het huis was voor haar het symbool van zijn liefde voor haar en op dat punt was het alles wat ze had. Hij helpt haar in te zien dat ze dood is, en dat haar man op haar wacht. Bevrijd van haar misvatting verlaat ze het gebied van haar illusie en begint aan een reis die haar meer lessen zal bieden, haar reis terug naar de liefde. In weer een ander geval biedt Monroe hulp aan een boze man die er maar niet achter kan komen waarom er geen hemel of hel is zoals hij had verwacht. Met de agressie die hem in zijn aardse leven kennelijk typeerde, ('Dat had je gedacht! Altijd als iemand me wil helpen komt er narigheid van! Maak dat je wegkomt!') weigert de man de hulp van Monroe.[5] Dit is een prachtig voorbeeld van hoe een starre houding van boosheid in een volgend leven kan leiden tot een onbuigzaam standpunt. In dit geval is dat: 'Steeds als iemand me probeert te helpen, geeft dat alleen maar moeilijkheden.'

Eveneens in het grijze gebied van het lagere bewustzijn ziet Monroe een groep zielen die verstrikt zijn in een zich steeds herhalende seksverslaving. Uiteindelijk begint hij te begrijpen hoe iemand zijn vaste overtuigingen door de dood meeneemt naar het Hiernamaals, waar hij mentale constructies opricht van ogenschijnlijk 'echt leven'. Mensen die niet kunnen accepteren dat ze gestorven zijn, moeten dwangmatig steeds weer dezelfde mentale constructies oprichten waar ze in het fysieke leven ook gebruik van maakten. Waar kunnen ze zonder spirituele basis anders op terugvallen om de raadselachtigheid en de onzekerheid van het leven, die een reactie zijn op hun angst, te onderdrukken? Die denkbeeldige werkelijkheden zijn ernstige vormen van machtsspel, zelfs nog intenser en onnadenkender dan op aarde.

Doordat de ziel gevangen zit in een of meer machtsspelletjes om aan energie te komen, blijft hij bewijzen aanvoeren dat de wereld een bedreigende plek is en dat anderen eropuit zijn hem te grazen te nemen. Door de wet van oorzaak en gevolg moeten onze overtuigingen en verwachtingen hetzelfde soort situaties en mensen aantrekken of creëren, zodat het mentale beeld kan worden vervuld. Wanneer we ons niet bewust zijn van een grotere vrijheid en meer mogelijkheden reproduceren wij in het Hiernamaals dezelfde constructies als in het leven op aarde. Binnen die constructies waren we veilig – dat dachten we tenminste – dus laten we blijven doorgaan met wat we kennen, ook al geeft het ons niet wat we echt willen.

Met de wet van oorzaak en gevolg die onze wereld voor ons vormt, hebben we niet de tweede kracht van de duivel buiten ons nodig om het werk te doen waar we zelf zo goed in zijn!

SPOOKACHTIG

Volgens Het Tiende Inzicht helpt het te bedenken dat als je een poltergeist of 'spook' tegenkomt, dat het verdwaalde zielen zijn in plaats van je bang of kwetsbaar te voelen. De beste benadering is hun liefdevolle energie te sturen zodat ze hun weg kunnen vervolgen. Ze proberen energie te onttrekken aan mensen die op het aardse plan leven en moeten hun weg vervolgen om contact te maken met hun spirituele bron van energie. We moeten de zielen die vastzitten ook niet van hun menselijkheid ontdoen door te denken dat het demonen of duivels zijn. Het zijn zielen die een groeiproces doormaken, net als wijzelf. Evenals in het voorbeeld van Robert Monroe, kunnen sommigen on-

228

der ons die tot een bepaalde zielengroep behoren, hulp bieden aan zielen die voortdurend oud gedrag opnieuw uitspelen in de hoop dat iemand op aarde zal reageren, door hen te helpen zich bewust te worden van hun ware aard.

Volgens het Tiende Inzicht zullen zielen in het Hiernamaals die in verbinding staan met God, nooit proberen je in hun energieveld te trekken. Als je tijdens je meditatie contact hebt met gidsen of spontaan contact hebt met een overledene, stel je dan open en luister zonder jezelf aan hen over te geven alsof zij alle antwoorden hebben.

ZELFMOORD

Een van de ergste dingen die een ziel kan doen is zelfmoord plegen. Welk probleem ook aanleiding was voor het verlangen om de aarde te verlaten voordat het leven volledig was geleefd, ook in het Hiernamaals zal het niet worden opgelost. Alle onstoffelijke leraren laten er geen misverstand over bestaan dat zelfmoord zonder zeer ernstige verzachtende omstandigheden – zoals een dodelijke ziekte of een bepaalde vorm van gevangenschap of marteling – rampzalige gevolgen heeft in de spirituele wereld. Daar het geschenk van het leven werd weggegooid voor de tijd om was, lijkt zelfmoord ook de kans op een nieuw aards leven enorm te vertragen.

Volgens mensen die onderzoek hebben gedaan naar vorige levens, moeten zij die zelfmoord hebben gepleegd lange tijd wachten voordat ze kunnen reïncarneren, veel langer dan mensen die een natuurlijke dood zijn gestorven. Nadat zij zijn teruggevallen tot een veel minder ontwikkelde staat, moeten zij soms heel veel andere levens doormaken om opnieuw op het niveau van ontwikkeling te komen dat ze hadden bereikt voordat zij zichzelf van het leven beroofden. Die extra levens kunnen zelfs nogal afschuwelijk zijn, maar stellen hen in staat dat wat zij beschrijven als hun straf, uit te werken, voordat ze weer normale levens beginnen te leiden.

Maar de goddelijke genade is een vergevingsgezinde kracht wanneer er oprecht berouw wordt getoond. Als iemand die zelfmoord heeft gepleegd in het Hiernamaals de moeite neemt Gods hulp in te roepen, verzamelen zich blijkbaar oude zielen om hem heen om hem zijn ware bestaan te tonen en hem in zijn spirituele leerproces op weg te helpen. Bovendien bereiken de gebeden van de mensen die nog op aarde zijn beslist het Hiernamaals om de ziel te helpen in zijn tijd van duisternis contact te maken met de energie van liefde.

Als een bekende of dierbare zelfmoord heeft gepleegd, moet je dagelijks voor hem of haar bidden opdat hij of zij zich weer bewust wordt van de liefdevolle energie in de spirituele dimensie. Bid vurig dat hij of zij wordt gezien en gehoord door zielen wier werk het is te genezen en leiding te geven. Niets is onmogelijk in ons spirituele bestaan als we om elkaar geven. De afstand tussen jou en iemand die je dierbaar is verdwijnt volledig als je je dat met liefde voorneemt.

MENSEN DIE KWAAD AANRICHTEN

Vanuit spiritueel oogpunt bezien is iemands ware aard God – een vonk van het goddelijke licht dat van nature goed is. Dus waarom begaan mensen onvoorstelbaar afgrijselijke daden? Wil gaat in *Het Tiende Inzicht* in op deze eeuwenoude vraag door te zeggen: 'Ze [mensen] worden gewoon gek van Angst en maken gruwelijke fouten... Maar men moet wel begrijpen dat gruweldaden deels veroorzaakt worden juist door onze neiging aan te nemen dat sommige mensen van nature slecht zijn. Dat is de verkeerde opvatting die de brandstof levert voor de polarisatie. Beide partijen kunnen zich niet voorstellen dat mensen kunnen optreden zoals ze doen, zonder dat ze wezenlijk niet deugen, en zo gaan ze elkaar steeds meer ontmenselijken, van elkaar vervreemden, waardoor de Angst toeneemt en het slechtste in de mens naar boven brengt. [...] We [kunnen] de Wereldvisie niet in ons leven opnemen, noch de polarisatie opheffen, totdat we de ware aard van het kwaad en het eigenlijke bestaan van de Hel doorzien.'[6]

GEEN VERWIJT – JE INZETTEN VOOR HET GOEDE

Als wij allemaal een wereld willen scheppen waarin meer plaats is voor liefde en harmonie dan nu het geval is, lijkt het voor de hand te liggen dat we moeten proberen onze diepgewortelde overtuiging – dat het kwaad bestaat in mensen met wie we het niet eens zijn – los te laten. In de dagelijkse praktijk kunnen we proberen mensen niet automatisch een etiket op te plakken. We weten dat we oordelen als we snel een besluit of vergelding willen zonder de extra stap te zetten om in de huid van de ander te kruipen. In plaats van conservatieven, progressieven, fundamentalisten, new-agers of super-behoudzuchtigen te zien, kunnen we kijken naar de ziel van de persoon achter de handeling.

Als we eenmaal zover zijn dat we *weten* dat energie gedachten volgt, zullen we die schadelijke gedachten over elkaar niet eens meer willen denken. Zonder ons best te doen de wereld te veranderen, veranderen we hem vanzelf door ervoor te kiezen anderen niet te veroordelen. De andere wang toekeren interpreteren we dan niet meer als: 'Sla me nog een keer', maar als: 'De andere kant van de vraag zien...' Steeds als we *automatisch* argwanend zijn, steeds als we ons *automatisch* afzijdig houden van mensen die ogenschijnlijk anders zijn, verliezen we een beetje God. Aangezien we *allemaal* betrokken zijn bij het scheppen van een gezamenlijke werkelijkheid, voegt elke gedachtenvorm die je hebt iets toe aan het grote geheel. De duivel wordt dan echt het beeld waarvoor hij staat, een menselijk ego dat door angst wordt gedreven en geen verbinding meer heeft met zijn goddelijke liefde. De hel die we vrezen is niet een plek waarheen we door een wraakzuchtige, listige duivel zullen worden verbannen, maar een plek die we helemaal niet hoeven te scheppen. Als de schepping van de hel het gevolg is van ons eigen bewustzijn, zijn we allemaal onmiddellijk in staat onze dwangmatige en negatieve gedachtenprocessen te doorbreken... nu.

> 'Hoeveel gemakkelijker zal de taak zijn om terug te kijken op je voorbije leven,' zei hij, 'als je iedere dag leeft alsof het de enige dag van je hele leven is die wordt geregistreerd. Houd die bladzijde zo schoon en netjes, zo vervuld van liefdevolle zorg, dat als je leven die avond om middernacht zou eindigen, de bladzijde vlekkeloos en onberispelijk zou zijn. Als jij het op je neemt slechts één dag tegelijkertijd te leven, met in gedachten die moraal, is het gemakkelijker vorderingen te maken, want echt waar, zelfs de ergsten onder ons zijn in staat één dag in vrijwel onberispelijke harmonie met alles om zich heen door te brengen.
>
> **Ruth Montgomery, A Search for Truth.**

ZELFSTUDIE

Dag van niet-oordelen:

Ophouden anderen en onszelf te veroordelen is een hoog spiritueel goed. Steeds als we iemand negatief beoordelen, blijft het in ons onbewuste achter en tast het onze energietoevoer aan. Meestal oordelen we zelf het slechtst over ons karakter... en waarom? Onszelf veroordelen helpt niets om ons gedrag te verbeteren, maar versterkt alleen ons lage gevoel van eigenwaarde. Probeer eens een dag lang geen enkel oordeel over iemand anders of jezelf uit te spreken. Als je jezelf op een veroordelende opmerking betrapt, erken je gewoon dat je steeds minder bereid bent negatieve voeding aan je innerlijke tuin toe te voegen. Met wat voor opmerking of gedachte over jezelf of iemand anders zou je de neiging tot veroordelen kunnen neutraliseren?

Dezelfde kant kiezen

Als er iemand is met wie je het oneens bent, probeer je *met je hart* naar die persoon te luisteren. Luister voorbij de woorden naar wat de ziel probeert te zeggen. Het gaat erom een manier te zoeken om in een bepaald opzicht aan dezelfde kant te komen staan als de ander, zonder mee te gaan in iets waarin je niet gelooft. Zoek iets in de ander waarmee je het echt eens bent. Als Bob je er bijvoorbeeld van probeert te overtuigen dat milieu-activisten niet reëel zijn ten opzichte van de noden van het bedrijfsleven, zou je hem misschien met oprechte belangstelling kunnen vragen welke problemen zijn bedrijf ontmoet ten aanzien van het milieu. Waarschijnlijk ervaart hij veel conflict tussen zijn idealen en zijn vermogen om een oplossing te vinden en in zijn hart wil hij ongetwijfeld vaak hetzelfde als jij.
Stel je voor hoe het zou zijn om met Bobs lichaam, met zijn angsten, hoop en idealen te leven. Als hij iets probeert te bestrijden wat jij hebt gezegd, let dan op de gevoelens in je lichaam. Wees bereid te zeggen dat zijn ideeën je verdrietig, boos, bang maken, of je het gevoel geven dat je dom bent. Probeer hem niet te beschuldigen door te zeggen: 'Je maakt me woest.' Het is verstandiger om te zeggen: 'Als we op deze manier ruzie maken, voel ik me echt gefrustreerd en boos. Misschien zijn deze problemen groter dan wij samen kunnen oplossen. Wat vind

jij?' Open zijn naar iemand is niet hetzelfde als die persoon toestaan over je heen te lopen.

Laat anderen weten dat je echt luistert naar hun standpunt door iets te zeggen in de trant van: 'Het moet moeilijk zijn om zo'n drukke baan te hebben.' Of: 'Het lijkt me niet meevallen als je niet veel steun van je gezin krijgt.' Met de zin: 'Het moet moeilijk zijn' sta je onmiddellijk aan dezelfde kant. Je hoeft het niet eens te zijn met de overtuigingen van de ander. Probeer overeenkomsten in plaats van verschillen te zoeken. Het is veel constructiever vanuit die positie een probleem te bespreken. Vergeet niet dat jullie alletwee liefde en acceptatie willen. Als God voor jullie beiden zou verschijnen, zouden jullie beiden vol ontzag en dankbaar zijn.

Wandelen met God

Doe of je met God, Christus, Boeddha of Mohammed aan het wandelen bent en stel je voor hoe zij vriendelijk op elke situatie zouden reageren. Vraag hun of zij, voordat je je in een moeilijke situatie begeeft, dicht bij je willen blijven.

Het lijden inademen

Als je over een tragedie leest of iets negatiefs op het nieuws ziet, maak er dan een gewoonte van het lijden naar je hart te ademen. Voel hoe het hart de energie zuivert en weer vredig maakt. Adem vredige energie uit en stuur licht naar alle mensen die pijn lijden of verdriet hebben. Bedenk dat er genoeg God is voor iedereen.

Professionele hulp of zelfhulp

Heel vaak horen we mensen zeggen: 'Wat een opluchting! Ik dacht dat ik de enige was.' Als je lijdt aan dwangmatig gedrag dat je niet kunt 'beheersen', laat het iemand weten. Er is geen enkele reden te denken dat je alleen staat met je probleem, of dat je te ver heen bent voor genezing. Er zijn te veel wonderen gebeurd doordat mensen elkaar hielpen, om in je zelfopgelegde hel te blijven zitten. Laad het niet op je! Neem je voor je te laten leiden naar iemand die je kan helpen. Als

je niet onmiddellijk aansluiting vindt bij een therapeut of groep, zoek
dan door tot je iets vindt dat bij jou past.
Zeg eens eerlijk, welke gewoonte zou jij graag veranderen?

Een dag van stilte

Kun je een dag (of middag) alleen met jezelf, bij voorkeur in de natuur,
doorbrengen? Probeer eens in de paar maanden een dag door te brengen met de stekker van de telefoon uit de muur, de televisie en de
radio uit en zonder te lezen. Als je ook niet wilt praten, vergeet dan
niet dat je heel veel kunt duidelijk maken met een glimlach en een
knik. Wat gebeurt er? Dit klinkt gemakkelijk maar het zou je leven
kunnen veranderen.

GROEPSSTUDIE

Groepen hebben tijd nodig om vertrouwen in elkaar te krijgen. We
hebben al vaker gezegd dat een groep beter bij toerbeurt door iemand
kan worden georganiseerd, dan dat steeds dezelfde persoon de bijeenkomsten leidt. De groepen voor het Achtste Inzicht functioneren
op een hoger niveau als alle leden inzichten doorgeven wanneer ze
zich daartoe aangezet voelen.
Fadel Behmann, een fysicus uit Montreal, komt al vier jaar wekelijks
met een groep bij elkaar. Hoewel de kern al zo'n vier jaar bij elkaar is,
staat de groep ook open voor nieuwe leden. Hij zei tegen ons: 'Als de
groep zich eenmaal met elkaar verbindt, lijkt er een afzonderlijke entiteit, een groepsgeest te ontstaan die in onze gesprekken functioneert
als de *ander*. Iedereen schenkt aandacht aan die groepsgeest en neemt
actief *als die groepsgeest* deel door te luisteren, te praten, te denken,
ingevingen te volgen – alles wat we als individu doen. Als we allemaal
zijn opgenomen in de groepsgeest krijgen we inzichten – komen we tot
nieuwe betekenissen die we ieder afzonderlijk niet hadden gevonden.'
Hoe voelt dat, vroegen we. 'Als we afscheid nemen en naar huis gaan
zeggen mensen dingen als: "Ik heb nu veel meer energie dan toen ik
vanavond kwam" Of: "Ik voel me weer helder." Mensen hebben het
gevoel dat ze opener in het leven staan. Ze kunnen anderen beter zonder oordeel en kritiek zien. Ze voelen zich ergens mee verbonden.
Dan weet je dat de groepsgeest sterk is.'

234

De volgende oefeningen kun je het best doen als er een behoorlijk sterke band in de groep heerst.

De hel genezen

Probeer in je groep een paar minuten op te schrijven wat de hel voor jou betekent. Is de hel twee weken lang opgesloten zitten in een snoepwinkel? Is het vastzitten in een lift met tien van je meest kritische familieleden? Het verblijf in een oorlogsgebied? Op aarde leven zonder bomen? Laat alle deelnemers hardop voorlezen of vertellen wat zij als echt beangstigend, gevaarlijk, ondenkbaar of onvergeeflijk beschouwen. *Let op! Laat iedereen aan het woord zonder **enige discussie** over wat hij of zij heeft gezegd.* Hoor gewoon aan wat iemand zegt, adem het naar je hart en laat de angsten los in het licht van Gods liefde. Sla je gevoelens gade terwijl je met je hart luistert. De energie kan in deze oefening behoorlijk zwaar worden en misschien is het een goed idee om, nadat je allemaal een beschrijving van je innerlijke hel hebt gegeven, wat aan de energie te doen door inspirerende muziek te draaien, te dansen op jazzmuziek of in een kring elkaars nek te masseren.

Helweek

Vertel om beurten alle helse dingen die je de afgelopen week hebt meegemaakt, of de dingen die je bang was dat zouden gebeuren, zonder er over in discussie te gaan. Luister alleen met je hart, adem de opmerkingen en het lijden van de ander in, stuur licht naar wat je hoort en laat het naar God gaan. Laat alle medeleven en adviezen achterwege, maar stuur in stilte liefdevolle energie naar de betrokkene. Geef elkaar de luxe open te zijn zonder uitleg te hoeven geven, je te hoeven rechtvaardigen, of wat ook.
Nadat iedereen alle helse dingen heeft verteld die zijn gebeurd, vertel je om beurten de goede dingen, de geschenken, het plezier, de onverwachte genoegens die je deze week ook zijn overkomen. Ook nu weer geen discussie, geen commentaar. Stel je allemaal open voor ingevingen over hoe je deze sessie op een vrolijke manier kunt afsluiten. Muziek? Koekjes? Nekmassage? Een knuffel?

Dienstbaarheid aan de gemeenschap

Kijk of jullie groep energie en tijd over heeft om een gespreksgroep te starten in een plaatselijke instelling als een jongerencentrum, een opvanghuis, een bejaardenhuis, of een gevangenis. Wat vind je van het idee met een groepje samen te komen met gezinnen van mensen die gevangen zitten? Doe niets tenzij je je in je hart vrij genoeg voelt om deel te nemen zonder iemand te hoeven dwingen. Doe het alleen als je het gevoel hebt dat *jij* het contact of een uitlaatklep voor je liefde nodig hebt!

9

De angst overwinnen

Konijn
Angst

En waarom heeft het dan zo lang geduurd eer iemand het Tiende ging begrijpen?... Het heeft iets te maken met de Angst, die opkomt in een samenleving wanneer die zich van een materiële werkelijkheid naar een veranderd, spiritueel wereldbeeld begeeft.

Het Tiende Inzicht.[1]

HOE WE ONSZELF BANG MAKEN

In *Het Tiende Inzicht* brengt een kritische journalist, Joel genaamd, een aantal ideeën naar voren die op aarde angst veroorzaken. Joel vertegenwoordigt dat deel van ons allemaal dat bang is dat we de controle over de wereld zijn kwijtgeraakt en het alleen nog maar slechter kan gaan. Vanuit Joels gezichtspunt staat positief denken gelijk aan utopistisch denken. Ten overstaan van de werkelijkheid zoals hij die waarneemt, is positief denken naïef en zinloos. Volgens dit gezichtspunt bestaan er keiharde bewijzen dat alle sociaal-economische en culturele systemen uiteindelijk afstevenen op een ineenstorting.

Is het je ooit opgevallen dat je, als je bang bent, de neiging hebt voorbarige conclusies te trekken? Je bent bang en in je angst probeer je een ogenschijnlijk logische oplossing te vinden, omdat je op dat moment afgescheiden bent van God. Afgescheiden van alle hoop voel je je verlamd en niet in staat enige verandering tot stand te brengen. Voorspellingen die op angst zijn gebaseerd berusten altijd op voorbarige conclusies. De duistere kant van handelen in blindelings vertrouwen is de voorbarige conclusie in een poging de situatie weer onder controle te krijgen. Joel en degenen onder ons die tot dergelijk denken vervallen, baseren een pessimistisch standpunt op de volgende punten. Laten we eens kijken naar enkele van de onderliggende overtuigingen en angsten die ons zozeer verblinden dat we niet openstaan voor andere creatieve mogelijkheden.

- *De wereldbevolking explodeert.* Angst: 'We zullen worden opgeslokt in de anonieme massa en alle hulpbronnen zullen worden vernietigd.' Overtuiging: 'We hebben geen controle meer over seksualiteit en voortplanting.'
- *De middenklasse is aan het slinken en we verliezen vertrouwen in het systeem dat we hebben gecreëerd.* Angst: 'Het is wij of zij.' Overtuiging: 'Alleen onze sociaal-economische positie en geldvoorraden kunnen ons beschermen.'
- *Het onderwijssysteem slaagt er niet in aan de eisen te voldoen.* Angst: 'We zullen onze leidinggevende positie kwijtraken.' Overtuiging: 'We hebben niet genoeg geld voor een kwalitatief goed onderwijssysteem, omdat er te veel mensen zijn die er niet voor betalen. Kinderen leren alleen maar als ze ertoe gedwongen worden.'
- *We moeten steeds harder werken alleen al om te overleven.* Angst: 'De puriteinse ethiek had gelijk, en het is onze eigen schuld omdat we ons daar niet aan hebben gehouden.' Overtuiging: 'We moeten harder werken, ook al werkt het niet.'
- *Criminaliteit en druggebruik rijzen de pan uit terwijl de maatschappelijke waarden achteruit gaan.* Angst: 'De boeman zal je pakken.' Overtuiging: 'Criminaliteit is een andere versie van onze oude angst voor het donker. Criminaliteit is de duistere kant van onze eigen hebzucht die wordt uitgespeeld door machteloze mensen. Drugverslaving is de wens ons af te keren van de afgrond van een leven zonder doel. Op de een of andere manier sluiten we ons allemaal af.'
- *Religieuze fundamentalisten zullen de macht krijgen om mensen die zij als ketters beschouwen te doden.* Angst: 'Ik ben machteloos.' Overtuiging: 'Fundamentalisme is het wraakzuchtige aspect van God in zijn hoedanigheid als bullebak. De angst voor fundamentalisme is misschien wel dezelfde angst dat we niet sterk genoeg zijn om tegen pappie op te staan en een zelfstandig mens te worden.'
- *Er heerst een massamentaliteit die wordt beheerst door gevoelens van afgunst en wraak.* Angst: 'Ik ben klein, afgescheiden en sta alleen.' Overtuiging: 'Mijn broertje wil mijn speelgoed. Al mijn speelgoed. Niemand kan hem tegenhouden.'

- *Politici zijn alleen geïnteresseerd in hun herverkiezing.* Angst: 'Help, pappie zal ons niet redden.' Overtuiging: 'Dit komt overeen met het stadium waarbij we de menselijke zwakheden van onze ouders zien en beseffen dat we er alleen voor staan.'
- *De wereld verandert te snel, we moeten het wezenlijke vasthouden.* Angst: Deze angst is verwant aan onze oerangst om te vallen en doet een beroep op ons overlevingsmechanisme. Overtuiging: 'God bestaat niet. Er is geen hoger plan. Zing het maar uit. Pak wat je pakken kunt.'
- *We proberen zoveel mogelijk winst op de korte termijn te behalen in plaats van plannen te maken voor de lange termijn, omdat we bewust of onbewust niet geloven dat ons succes blijvend is.* Angst: 'We komen in tijdnood.' Overtuiging: 'Het enige dat telt is het financiële resultaat.' Dit standpunt toont ook aan hoe slecht wij collectief in staat zijn tot beloning achteraf.
- *Alle subtiele veronderstellingen en overeenkomsten die de beschaving bijeen houden zullen totaal worden omvergeworpen.* Angst: 'Ik zal door chaos vernietigd worden.' Overtuiging: 'De beschaving moet worden bestuurd door een kracht van buitenaf. We kunnen er niet op vertrouwen dat de maatschappij zichzelf reguleert, omdat de mens van nature slecht is.'
- *Spiritualiteit is niet meer dan een wassen neus.* Angst: 'Uiteindelijk staan we er toch alleen voor. Na onze dood verdwijnen we.' Overtuiging: 'We zijn niet meer dan dieren, we zullen sterven en ons bestaan heeft geen zin.'
- *Misschien is het slechts een goddelijk plan om de gelovigen van de zondaars te scheiden.* Angst: 'Ik sta er buiten.' Overtuiging: 'Het kwaad is een andere macht die gelijk staat aan God.'

Waarschuwingen in de bijbel

- *In de bijbel staat dat dit de laatste dagen zijn voor de terugkeer van de Christus.* Angst: 'Onze vernietiging is voorbestemd.' Overtuiging: 'De bijbel is een letterlijke boodschap over onze toekomst en niets van wat we tot nu toe hebben gedaan heeft die voorspelling kunnen veranderen.'
- *Oorlogen, natuurrampen en andere apocalyptische gebeurtenissen zoals het broeikaseffect, rellen en chaos zijn onvermijdelijk.* Angst: 'We worden gestraft.' Overtuiging: 'We hebben gezondigd.' Deze angst weerspiegelt de collectieve houding van arme ik/ slachtoffer die een creatieve respons in de weg staat.

239

- *Er zal oorlog komen en dan zullen Gods engelen tussenbeide komen en een spiritueel utopia vestigen dat duizend jaar stand houdt.* Angst: 'Onze duistere kant zal overheersen en we zullen krijgen wat ons toekomt.' Overtuiging: 'Je kunt het goede niet hebben zonder het kwade.' Deze houding gaat ervan uit dat duisternis en kwaad onvermijdelijk zijn en verwerpt het feit dat God en de mens medescheppers zijn, waarbij Gods engelen al het reddende vermogen wordt toegekend.

Waarschuwingen tegen samenzweringen

- *Er zal een politicus opstaan die met behulp van een gecentraliseerde elektronische economie alle macht naar zich toetrekt.* Angst: 'Het individu zal worden overheerst door het autoritaire gezag van Big Brother. Verlies van het zelf.'

> Wat we niet in ons bewustzijn brengen, verschijnt in ons leven als lot.
>
> **C.G. Jung**

Overtuiging: 'We zullen worden gestuurd door een elektronisch implantaat in onze hand.' Dit is een fantasie over een soort ondervrager op wereldniveau, waarin onze handel en wandel volledig onder controle staan van een centrale overheid en wij alle vrijheid hebben verloren.

DE PERSOONLIJKE SCHADUW

Aan het begin van de twintigste eeuw, terwijl de westerse samenleving probeerde greep te krijgen op de natuurkrachten en druk doende was een heldhaftige toekomst te scheppen, bestudeerde de in dieptepsychologie gespecialiseerde Carl Jung het duisterste gebied van het menselijke onbewuste, een gebied dat hij de schaduw noemde. De schaduw is het gebied waar we alle dingen over onszelf verstoppen die ons ego heeft verworpen. Het wegstoppen van gevoelens in de schaduw begint al vroeg. Misschien heeft je moeder tegen je gezegd: 'Ssst! Je maakt altijd zoveel herrie,' en leer je dat anderen last hebben van dat deel van jou. Of oma zegt: 'Bah! je hebt weer in je broek geplast. Stoute jongen!' en je schaamt je over het feit dat je je plas niet hebt kunnen ophouden. Of je broer zegt: 'Je bent veel te dik om op dansles te gaan,' en aangezien hij ouder is en veel meer overwicht heeft, geloof je hem en vind je het riskant om jezelf op de dansvloer bloot te stellen aan de ogen van de wereld. Of vader gromt: 'Hé, stommerd. Probeer maar niet zo'n indruk te maken,' terwijl jij dacht dat het gedicht dat je uit je hoofd voordroeg heel goed klonk, maar nu zie je dat jij daardoor anders bent dan hij.

Gedurende onze opvoeding, op school, in de kerk en in onze maatschappelijke omgeving worden we belachelijk gemaakt, getreiterd of berispt voor talloze overtredingen, variërend van te luidruchtig, tot lui, egoïstisch of seksueel, eigenwijs of kieskeurig. We leren ook dat bepaald gedrag belachelijk kan worden gemaakt of niet beloond wordt, dus onderdrukken we het verlangen om gedichten te schrijven, te acteren of te dagdromen omdat we erbij willen horen. Mensen zeggen tegen ons dat we kritisch, zwak, onbeholpen, te lang, te zwaar, te traag of onlogisch zijn en natuurlijk proberen we ons te verweren tegen de pijn om van hun liefde afgescheiden te zijn. Óf we ontkennen onze onacceptabele trekken, óf we accepteren het oordeel over ons en stoppen het weg in de schaduw, zodat we de pijn niet hoeven te voelen. Onze hebzucht, onze woede over de oneerlijkheid van de wereld, onze trots en vooroordelen kruipen weg in de schaduw. In dit gebied bevinden zich alle dingen die we nooit willen zijn – egoïstisch, klein, stom, wellustig, lelijk, gemeen, of bang. Hier bevinden zich de beslissingen die we over *onzelf* en onze *niet-erkende* vermogens hebben genomen: 'Ik ben niet creatief.' 'Ik ben nooit goed geweest in wiskunde.' 'Ik ben niet goed in gezellig een babbeltje maken.' 'Ik heb niets meegekregen.' 'God, als ik maar niet zo'n grote (kleine, scherpe, platte of mops-)neus had.' In deze verborgen voorraadschuur van de schaduw liggen onze onontwikkelde talenten, onze kinderlijke gehechtheden en de wortels van onze obsessies. Alle kleine angsten en oordelen vormen samen meer wereldomvattende veronderstellingen en grotere angsten. Onze angst voor het onbekende – de angst en het wantrouwen voor anderen wier overtuiging, gedrag, of uiterlijk afwijkt van het onze en die ons wel eens zouden kunnen kwetsen of overheersen – glipt weg in de schaduw. Onze angst voor de dood en de angst om voor altijd te verdwijnen zonder een spoor na te laten, gaan naar de schaduw.

BERGKAST EN PROJECTOR

In de coulissen van ons waakbewustzijn heeft de schaduw twee belangrijke functies. De eerste is als bergruimte voor onze lastige kwaliteiten en stortplaats voor eigenschappen die we niet willen erkennen. Het is ook de plek waar we onze onontwikkelde vermogens of verlangens opslaan zoals: 'Ik heb altijd fotograaf willen worden, maar…' of: 'Ik was echt goed in tapdansen toen ik drie was… maar.'

Op de tweede plaats functioneert de schaduw als filmprojector die onze angsten en onvolmaaktheden overdraagt op de mensen in de buitenwereld. Dus de schaduw is een gebied in onze psyche waar energie wordt vastgehouden die we onbruikbaar of onwenselijk achten. Er kan zoveel in de schaduw gepropt zijn dat hij het kookpunt bereikt, aanzwelt, overloopt, lekt of tot uitbarsting komt. De meesten van ons weten inmiddels dat versprekingen en uitbarstingen van onverwachte gevoelens zoals woede of verdriet, duiden op het weglekken van deze opgehoopte energie. Als we iets van de duistere energie van onze innerlijke wereld – energie waar schuldgevoelens, verdriet, of zelfhaat aan kleven – ontladen in de buitenwereld, ervaren we dat vaak als een opluchting. Maar als we ons niet bewust zijn geworden van deze overdracht van energie van onze innerlijke wereld naar de buitenwereld, beseffen we niet dat dit proces ooit heeft plaatsgevonden. Als we onze innerlijke onvolmaaktheden eenmaal buiten onszelf hebben geprojecteerd, worden ze gezien als fouten of zelfs kwaad *in anderen*. Nu zien we die gevoelens en oordelen in de wereld om ons heen en lijken ze werkelijkheid, tenminste in onze ogen. Omdat we nog steeds niet beseffen dat we de wereld zien door ons innerlijke filter, zien we het kwaad dat we in onszelf niet zien, in *anderen,* en zo scheppen we vijanden. Ertoe aangespoord deze nu duidelijke bedreiging van ons voortbestaan of onze manier van leven te overwinnen, gaan we aan de slag om het kwaad te bestrijden en de wandaden die we overal zien recht te zetten. Een duidelijk voorbeeld van deze geprojecteerde schaduw is de politicus of religieuze leider die zich uitspreekt tegen seksuele misstanden, maar zich stiekem aan seksuele uitspattingen te buiten gaat. We kennen allemaal wel iemand die A zegt en B doet, of die precies datgene deed waartegen hij zich altijd heeft verzet.

RODE VLAGGEN

Hoewel je misschien nooit de volledige inhoud van je onbewuste zult kennen, is het belangrijk je in ieder geval te realiseren dat je wereld wordt gevormd door enkele overtuigingen die je kunt verklaren en door andere overtuigingen en oordelen die je vrijwel klakkeloos voor lief neemt. Wat zijn de rode vlaggen van de schaduw? Hoe kun je oog krijgen voor de gebieden waarvoor je jezelf hebt afgesloten. Hoe kun je oog krijgen voor overtuigingen die misschien niet zo nuttig meer voor je zijn? Aangezien het ons doel is het leven ten volste en ten diepste te ervaren, kan werken met de schaduw ons helpen iets van de krachtige creativiteit die we in ons hebben los te maken. Het kan zijn dat je naar je eigen schaduw kijkt:

- als je echt overstuur raakt door iemands gedrag, zoals: 'Ik heb nog nooit iemand ontmoet die zo sterk alles onder controle wil houden!' Hoe sterk is *jouw* behoefte aan controle?
- als mensen je dingen over jezelf vertellen waar zij zich aan ergeren, zoals: 'Je laat gewoon over je heenlopen. Je moet meer voor jezelf opkomen.' Zit daar een kern van waarheid in?
- als je jezelf verspreekt of duidelijk ongelukkige dingen zegt: 'Hoe kon ik die stomme mop over dikke mensen aan mijn schoonmoeder vertellen, terwijl zij altijd over haar dieet praat!' Of misschien heb je iets gedaan wat niet past in het beeld dat je van jezelf hebt, zoals: 'Ik had nooit die rode jurk met die lange split moeten kopen.' De onoplettende opmerking over je schoonmoeder verbergt misschien een niet-onderkende vijandigheid. In de tweede opmerking probeert een deel van jou dat een rode jurk wil je aandacht te trekken – misschien is het nodig dat je meer uitdrukking geeft aan je individualiteit en je aardsheid. Misschien heb je er behoefte aan enkele regels in je leven te veranderen of die delen van jezelf los te laten die je bent ontgroeid.
- als je denkt: 'Evelyn is zo creatief. Ik zou willen dat ik haar talent had.' Wie heeft je verteld dat je niet creatief bent? Waarom heb je je daarvoor afgesloten?
- als je mensen of hele groepen mensen op één hoop gooit, zoals: 'Kleine mensen zijn arrogant,' of: 'Daklozen willen niet werken voor de kost.'

ONZE 'DUISTERE' KANTEN WEGSTOPPEN

De schaduw wordt al vroeg in de kinderjaren gevormd, als we alles wat ons over onszelf niet aanstaat en alle kritiek die we krijgen, beginnen te verstoppen. In de eerste paar jaar leren we de *gezinsschaduw* kennen, alle onbewuste gevoelens en handelingen die niet worden goedgekeurd. We worden geboren met het vermogen een complete persoonlijkheid te ontwikkelen en tot uitdrukking te brengen. Er straalt energie uit van alle delen van ons lichaam en onze psyche. Maar het duurt niet lang of onze ouders, broers en zussen en anderen in onze omgeving beginnen ons te veroordelen. Ze zeggen dingen als: 'Kun je niet stilzitten?' Of: 'Het is niet aardig om te proberen de poes dood te maken.' Of misschien horen we hen nietsvermoedend tegen iemand anders zeggen: 'Ze is te stil. Ik hoop niet dat dat betekent dat ze dom is.' Opeens krijgt onze natuurlijke, enthousiaste en nieuwsgierige reactie op de wereld een domper en willen we van het deel af dat anderen niet aanstaat. Om onze positie in het gezin, de buurt en invloedskring (onze vrienden), veilig te stellen, proberen we de 'onacceptabele' delen van onze aard weg te stoppen of te ontkennen. Leerkrachten hebben ook een belangrijk aandeel in het vormen van ons zelfbeeld. Ze zeggen bijvoorbeeld: 'Lieve kinderen worden niet boos over zoiets kleins.' Dus bergen we onze boosheid op, samen met onze gevoelens van schuld en wrok om de miskenning van onze gevoelens. Hoeveel mensen hebben op school niet gelogen omdat ze graag net zo populair zijn als anderen? Hoe vaak hebben we 's nachts niet wakker gelegen en gesprekken de revue laten passeren om te laten zien hoe cool, slim, grappig, of onverschillig we eigenlijk zijn!

UITERLIJKE CONFLICTEN ZIJN EEN BEELD VAN JE INNERLIJKE GESPLETENHEID

Zo lang we geen zelfonderzoek doen en onze individuele schaduw niet onderkennen, zal onze kijk op de wereld gevoed worden door hetzelfde bewustzijn dat de scheiding veroorzaakt tussen een 'goede' en een 'slechte' toekomst. De buitenwereld zal ons een spiegel voorhouden van de innerlijke gespletenheid ten aanzien van wat we als goed en niet goed in onszelf verkiezen te zien. Over het algemeen wordt je kijk op de wereld bepaald door de manier waarop je de wereld tot nu toe hebt ervaren. Andrew Bard Schmooker schrijft: 'Door onze innerlijke gespletenheid zitten we vast aan de strijd tussen goed

244

en kwaad. Maar als we van mening zijn dat *de strijd op zich het kwaad is,* daagt dat ons uit om een nieuwe morele dynamiek in het leven te roepen die de vrede waarnaar we streven belichaamt. Als de moraal zelf de vorm aanneemt van een strijd worden we gedwongen een keuze te maken, waarbij we ons met één deel van onszelf identificeren en dus een ander deel van onszelf afwijzen. Hierdoor verheffen we ons boven onszelf en balanceren gevaarlijk dicht boven de rand van de afgrond.[2] Als we ons bedreigd voelen verstarren we, voelen we ons opgejaagd, verstoppen we ons, of slaan we toe. We nemen een positie in waarin we de situatie onder controle hebben.

WAT GAAT ER DOOR MIJ HEEN?

De schaduw is waarschijnlijk een onvermijdelijk en noodzakelijk onderdeel van de menselijke psyche, ten minste in dit stadium van onze ontwikkeling, want anders zouden we worden overspoeld met allerlei zaken die we het hoofd zouden moeten bieden voordat we volwassen genoeg zijn of voldoende egokracht hebben om dat te doen. Net zoals we iedere avond het licht uit moeten kunnen doen om acht uur te gaan slapen, hebben we een plek nodig waar we veilig alles kunnen opbergen dat we op 'een laag pitje' moeten zetten. Maar naarmate ons inzicht rijpt, ontwikkelen we vanzelf nieuwe aspecten van onszelf om de richting in te kunnen slaan van onze oorspronkelijke visie. Hoe meer we ons bewust zijn van het schaduwbestaan van onze angsten, hoe minder risico we lopen erdoor ondermijnd te worden. Hoe meer we bereid zijn onze onontwikkelde vermogens te erkennen, hoe eerder we er meestal mee willen spelen.

> Want het onbewuste probeert altijd een onmogelijke situatie te scheppen, teneinde de mens te dwingen het beste in zichzelf naar boven te halen. Als een mens niet het beste uit zichzelf haalt, is hij niet compleet, verwerkelijkt hij zichzelf niet. Wat een mens nodig heeft, is een onmogelijke situatie waarin hij zijn eigen wil en zijn eigen scherpzinnigheid moet afwijzen en niets anders doet dan wachten en vertrouwen op de onpersoonlijke kracht van groei en ontwikkeling. Als je met je rug tegen de muur staat, wees dan stil en vorm wortels als een boom, totdat vanuit diepere bronnen de helderheid komt waarmee je over die muur heen kunt kijken.
>
> **C.J. Jung.**

NIET ALLEEN DENKEN
– DENKEN/VOELEN/INTUÏTIE/TASTZIN

We zijn het meest vatbaar voor de schaduw als we *bedenken* hoe we iets onder controle kunnen krijgen. Als we alleen gebruik maken van ons denkvermogen, ervaren we het leven waarschijnlijk niet zo volledig als wanneer we al onze zintuigen zouden gebruiken en uit al die hoeken respons kregen. Denken is slechts een van de vier functies van het leven – voelen, intuïtie en zintuiglijke waarneming zijn de andere drie. Die vier toestanden samen tonen ons dat we leven en volledig *geassocieerd* zijn met het leven – in tegenstelling tot gedissocieerd zijn of zich in de schaduw bevinden. Als we leven met de instelling: 'Ik ben nieuwsgierig naar wat er door me heen gaat,' boezemt alles wat het leven brengt ons voortdurend ontzag in. Dan staan we open voor de mogelijkheid contact te maken met onze Geboortevisie. We zijn als een radio-ontvanger die zich kan afstemmen op informatie van onze zintuigen, onze intuïtie, ons rationele denken en onze gevoelens.

Zie je schaduw als een kracht die je waarnemingen verstoort of je het gevoel geeft dat je niet zoveel kunt. Een grote schaduw met veel niet-onderzochte energie kan de energiestroom van synchrone gebeurtenissen die bedoeld zijn om ons naar onze Geboortevisie te leiden, belemmeren. Net als een vis in het water hebben wij geen reden de elementen van onze omgeving in twijfel te trekken, totdat zij ons niet meer voeden. Als we eenmaal onze vissenogen openen voor het idee dat wij meer zijn dan we weten, zullen onze volharding, ons logisch denken, ons hart en het vuur van onze bezieling ons brengen waar we moeten zijn.

DE ONBEWUSTE AANWEZIGHEID VAN DE SCHADUW EN ZIJN BEPERKENDE ANGSTEN

Wat gebeurt er als je besluit aan iets nieuws te beginnen? Als je mentaal bent ingesteld, ga je er misschien voor zitten en maak je een lijst van alle dingen die je moet doen om dit project op te zetten. Dat kan een logische stap lijken. Maar steeds als we ons in onbekend vaarwater begeven, moeten we ons over onze angsten heenzetten!

Voor een gedeelte bestond de Geboortevisie van Marjorie, die decaan aan een middelbare school was, uit het verstrekken van informatie over ecologische zaken. Een vriendin van haar kende een populaire

246

schrijver en leraar op het gebied van ecologie en Marjorie benaderde hem voor een congres in haar woonplaats. Hij stemde toe. Nadat haar aanvankelijke enthousiasme was bekoeld, begon ze zenuwachtig te worden over de taak die ze op zich had genomen. Ze verspreidde wat folders over de gebeurtenis, maar bleef andere stappen die ze van plan was te zetten, uitstellen. Een maand voor het congres belde ze de auteur in lichte paniek op, omdat er zo weinig aanmeldingen waren. Wat was er aan de hand? Marjorie stond oog in oog met haar schaduw.

Als kind had Marjories moeder erop gehamerd dat ze voor het goede, maar ook het veilige moest kiezen. Ze zei dingen als: 'Waarom moet je altijd dwarsliggen? Houd je koest. Zie nou wat je grote mond je oplevert! Je kunt beter het zekere voor het onzekere nemen.' Tot nu toe had Marjorie in haar leven weinig assertiviteit ontwikkeld. Ze had zichzelf ook nooit zo'n leidinggevende figuur gevonden, en evenmin creatief. Om bekendheid aan dit congres te kunnen geven, moest ze zichzelf in een ander licht gaan zien en onontwikkelde eigenschappen gebruiken om te kunnen slagen. Marjories rationele geest had het plan bedacht, maar de angsten en verwensingen in haar schaduw ondermijnden haar praktische pogingen. Terwijl haar angst toenam, probeerde haar egobewustzijn uit alle macht een manier te 'bedenken' om publiciteit aan het congres te geven, maar ze bleef steken. Op dit punt draaide ze in kringetjes rond. Ze nam het zichzelf enorm kwalijk dat ze niet meer tot stand bracht en had nachtmerries dat niemand op het congres zou verschijnen. Inmiddels was ze helemaal vastgelopen in haar schaduw en piekerde, worstelde, probeerde alles onder controle te houden en haalde zich allerlei negatieve beelden in het hoofd.

Wat nu? We probeerden haar te helpen meer in het heden te komen door al haar zintuigen erbij te betrekken. Wat waren haar gevoelens over het congres? Wat was volgens haar het ergste dat er kon gebeuren? Hoe stond ze er tegenover kranten en radiostations te bellen? Wat voor ingevingen of beelden kreeg ze? Om in contact te komen met haar lichaam en om zichzelf te gronden, stelden we zelfs voor dat ze naar een plek in de natuur ging waar ze zichzelf kon opladen en weer in contact kon komen met de aarde, bomen, water en lucht. Volgens de sjamanistische traditie hoeven we soms ten overstaan van grote angst alleen maar 'onze buik tegen de aarde te drukken'.

Vervolgens adviseerden we haar vijf dagen lang twintig minuten per dag alle gevoelens – angst, hoop, noem het maar op – die ze had ten aanzien van het congres, op te schrijven zoals ze in haar opkwamen.

247

En als laatste stelden we voor dat ze de behoefte om het congres wel of niet te laten doorgaan losliet. Deze stap was bedoeld om de controle over het resultaat los te laten.

Hoe het afliep? Nadat Marjorie enkele van de dingen had gedaan die wij hadden voorgesteld, moest ze uiteindelijk toegeven dat ze zich veel te onzeker voelde en annuleerde het congres.

JE DE SCHADUW OPNIEUW EIGEN MAKEN

Het is een grote stap je de schaduw opnieuw eigen te maken en het gaat ook niet zonder slag of stoot. De eigenschappen of houding waaraan we aandacht moeten schenken tijdens het ontwikkelen van onze Geboortevisie, kunnen tot conflicten leiden. In plaats van met onze vuist te zwaaien naar het universum, dienen we te bedenken dat onze wereld voor een groot deel door onze *houding* wordt geschapen. Hoe vaak komt het niet voor dat iemand zich iets voorneemt, bijvoorbeeld: 'Ik wil een zomerkamp voor kansarme kinderen opzetten.' Maar op de een of andere manier komt het project nooit op gang omdat de auto het opeens begeeft, onze zoon naar de gevangenis moet, we vier tenen van één voet breken, of we nooit verder komen dan een eerste telefoontje naar de gemeente om te informeren naar de vergunning. Steeds als je iets nieuws wilt opzetten, kijk dan wat je in de weg staat. Dáár moet je aan werken en het is waarschijnlijk iets dat je al heel lang geleden hebt verstopt, dat je bent vergeten of waar je nooit wat mee hebt gedaan. Maak je geen zorgen, het is gewoon de volgende stap en dat wil nog niet zeggen dat jouw zomerkamp voor kinderen een stom idee was. Elke hindernis is een deel van het proces. Misschien zou je je hindernissen kunnen zien als middelen om 'fijner afgestemd' te raken.

'IK VIND HET EGOÏSTISCH IETS VOOR MEZELF TE VRAGEN'

Ontkende delen van onszelf kunnen ons duidelijk worden via iemand anders die we zien als vijandig of onvolwassen – omdat *wij* boos zijn omdat we delen van onszelf hebben afgesloten om anderen te behagen. Stel dat je vindt dat je partner te veel tijd besteedt aan golfen, jagen, of workshops bezoeken. Is jouw boosheid daarover een verschoven gevoel van een deel van jou dat meer tijd voor zichzelf wil?

Een man zei: 'Ik ga scheiden. Ik ben echt kwaad dat mijn vrouw zoveel tijd steekt in het volgen van cursussen, terwijl ik hele weekenden op de kinderen moet passen. Ze is zo onuitstaanbaar egoïstisch.' Onze reactie was: 'Het is vast heel moeilijk om een alleenstaande vader te zijn met zo weinig tijd om iets voor jezelf te doen. Zou je liever meer tijd hebben om cursussen te volgen of te tennissen?' Hij zweeg even en zei toen zachtjes: 'Dat is inderdaad wat ik nodig heb. Ik denk dat ik het egoïstisch vind iets voor mezelf te vragen.' Hoe eenvoudig deze gedachtewisseling ook was, het gaf de man een idee over hoe hij zijn eigen behoeften op zijn vrouw projecteerde en haar veroordeelde omdat ze voor zichzelf zorgde, terwijl hij die behoefte niet eens voor zichzelf had onderkend. Het deel dat we hebben verdrongen

Elke minderheid, elke afwijkende groepering gaat gebukt onder de schaduw van de projectie van de meerderheid, of het daarbij nu gaat om negers, blanken, niet-joden, joden, Italianen, Ieren, Chinezen of Fransen.

Aangezien de schaduw het archetype is van de vijand, betrekt haar projectie ons waarschijnlijk bovendien in de meest bloedige aller oorlogen, juist op die momenten waarop we de grootste welwillendheid ten aanzien van vrede en de eigen rechtvaardigheid aan de dag leggen.

De vijand en het conflict met de vijand zijn archetypische factoren, projecties van onze eigen innerlijke gespletenheid, en kunnen niet worden gewettigd of uit de weg worden gewenst. Je kunt ze alleen – zo dat al mogelijk is – uit de weg ruimen door confrontaties met de schaduw en het genezen van de eigen individuele gespletenheid.

De gevaarlijkste momenten, zowel collectief als individueel, zijn die waarop we aannemen dat we haar reeds hebben geëlimineerd.

Edward C. Whitmont in *Ontmoeting met je schaduw,* onder redactie van Connie Zweig en Jeremiah Abrams.

groeit niet – onze oorspronkelijke kunstenaar, musicus of danser is klein en verschrompelt bij gebrek aan oefening. De ontkende delen zijn onontwikkeld gebleven als kinderen die in een kast zijn opgesloten. Wellicht is onze Geboortevisie voor een deel iets dat we eruit hebben gegooid toen we ons om anderen te behagen begonnen aan te passen aan onze fysieke en emotionele omgeving.

DE COLLECTIEVE SCHADUW

De schaduw bestaat niet alleen in onze persoonlijke psyche, maar ook in de collectieve psyche van de mensheid. Er is sprake van een collectieve energie in het dorp, de stad of het land waar je woont. Denk eens aan de gemeenschap waarin je woont. Gelden daar bepaalde overtuigingen? Hoe omschrijft die gemeenschap zichzelf? Beschouwen de mensen zich er als 'godvrezende mensen', 'hardwerkende boeren' of 'ontwikkelde intellectuelen'. De dichter Robert Bly merkt bijvoorbeeld op: 'Ik heb jarenlang in een kleine stad in Minnesota gewoond. Iedereen in die stad werd geacht dezelfde dingen in zijn plunjezak te hebben. Een stadje in Griekenland heeft ongetwijfeld andere dingen in zijn plunjezak. Het is net of de stad op grond van een collectieve psychische beslissing bepaalde energieën in de plunjezak stopt en uit alle macht probeert te voorkomen dat iemand ze eruit haalt.'[3]

> Zoals de bevlogen metafysische leraar Rudolph Steiner opmerkte, voorvoelen nationalistische chauvinisten die andere landen haten in feite dat zij in hun volgende leven in dat land geboren zullen worden. Het hogere zelf weet het, maar de persoonlijkheid verzet zich ertegen.
> **Corinne McLaughlin en Gordon Davidson,**
> *Spiritual Politics.*

Zo bestaat er ook een nationale plunjezak en als we kijken naar het Amerikaanse drama van de zaak rond O.J. Simpson, kunnen we iets zien van wat daar allemaal in zit. Het feit dat zoveel mensen geboeid waren door deze zaak, evenals door *alle* geweld waarvoor we als amusement betalen, toont ons hoe diep onze collectieve gevoelens van machteloosheid en woede zitten. Op een bepaald niveau voelen we ons allemaal ergens het slachtoffer van. Op een bepaald niveau weten we allemaal dat we het met veel van wat we dagelijks doen, de manier waarop we autorijden, dingen weggooien, kleding of cosmetica dragen waarvoor mensen en dieren worden uitgebuit, enzovoort, enzovoort, erger maken. Een collectieve slachtoffermentaliteit wordt gevoed door een constante toevoer van nieuws over plaatselijke en wereldwijde rampen, oorlogen, ecologische en economische catastrofes. Als we als slachtoffer denken, versterken we het idee dat iemand de bullebak is, dat wij machteloos zijn en hebben we een 'zij-en-wij-model' ontwikkeld dat de strijd om de macht in stand houdt. In rationeel opzicht zijn we misschien geneigd de gevoelens van machteloosheid te ontkennen en ons groot te houden, alsof het niet goed is je hopeloos te voelen, alsof het niet goed is getuige te zijn van lijden. Maar om menselijk te blijven en te kunnen werken vanuit ons hart, kunnen we het ons niet veroorloven wanhoop in de plunjezak van onze schaduw te stoppen. Die wanhoop zal ons verbonden houden met wat belangrijk is voor ons. Ze zal ons verbonden houden met onze zorgzaamheid en die levendig houden. Alleen dan zullen we kunnen meegaan op de stroom van creativiteit en intuïtie, die nodig is voor het oplossen van problemen.

ER GAAN TEGENSTRIJDIGE IMPULSEN DOOR ONS HEEN

We kunnen ervoor kiezen geblokkeerd en verlamd te raken door onze angst en daarmee vijanden en onmogelijke situaties scheppen, of we kunnen besluiten ons open te stellen voor ons lijden, erop vertrouwende dat onze Geboortevisie ons de goede richting zal tonen. We willen allemaal succes hebben. Als we bang zijn voor iets of voor onszelf, wil dat nog niet zeggen dat we verdoemd zijn. Als we de ijzige klauwen van de angst rond onze keel of borst voelen, of als de moed ons in de schoenen zinkt, wil dat nog niet zeggen dat we niet spiritueel zijn. Het betekent dat we ons op zo'n moment afgescheiden en alleen voelen en niet zeker weten of we de situatie wel aan kunnen. Als we besluiten dat we alleen succes kunnen hebben door een heldhaftig, volmaakt gezicht op te zetten, zal dat beslist ten koste gaan van ons menselijke gezicht – het gezicht met de puisten, littekens, groeven en zachte trekken. We zijn het meest vatbaar voor mislukkingen als wij:

a. erop gericht zijn onszelf te 'beschermen' tegen alles wat anders of onbekend is.
b. ons doel uit het oog verliezen.
c. vanuit bezorgdheid keuzes maken.
d. ons afgescheiden voelen van anderen en van God.
e. vechten om macht.
f. energie van anderen stelen.
g. ons tegen veranderingen verzetten.
h. ons automatisch voor nieuwe informatie afsluiten omdat ze niet in onze overtuiging past.

Het Tiende Inzicht herinnert ons eraan dat we angst kunnen overwinnen als we:

a.   ons afstemmen op God door leiding te vragen.
b.   vertrouwen op de zin van onze ingevingen.
c.   een duidelijk mentaal beeld van ons ideaal voor ogen houden.
d.   ons afstemmen op moedige en wijze mensen die ons inspireren.
e.   denken aan andere momenten waarop we ons verbonden en geïnspireerd voelden.
f.   onthouden dat ook al voelen we ons misschien onzeker, wij er *niet* alleen voor staan
g.   onthouden dat er een spiritueel doel schuil gaat achter het mysterie van het bestaan.

DE POLARISATIE VAN STANDPUNTEN VORMT ONZE GROOTSTE BEDREIGING

Wat vind je van de toekomst? Ben je een optimist? Waarom? Ben je een pessimist? Waarom? Niets is zo ondermijnend als een verdeeldheid zaaiende polarisatie van standpunten over welke kant het met de wereld opgaat – de goede dan wel de verkeerde kant – en het draagt de mogelijkheid in zich om juist die toekomst te scheppen die we willen vermijden. In *Het Tiende Inzicht* zegt de hoofdpersoon: 'Tijdens een overgangsperiode in de beschaving [...] beginnen oude zekerheden en gezichtspunten af te brokkelen en te evolueren naar nieuwe

Onze enige hoop op overleven is gelegen in het feit dat we onze manier van denken over de vijand en oorlogvoeren veranderen. In plaats van ons door de vijand te laten hypnotiseren, zouden we er beter aan doen te kijken naar de ogen waarmee wij de vijand zien... We zullen nooit een eind aan het verschijnsel oorlog maken als we de logica van de politieke paranoia niet doorzien en niet begrijpen dat we een propaganda in het leven roepen waarmee we onze vijandigheid rechtvaardigen.

Sam Keen in *Ontmoeting met je schaduw*, onder redactie van Connie Zweig en Jeremiah Abrams.

gewoontes, wat op korte termijn onrust veroorzaakt. Terwijl aan de ene kant een aantal mensen de ogen opent en een liefdevolle innerlijke verbinding onderhoudt die hun in staat stelt zich sneller te ontwikkelen, zijn er tegelijkertijd anderen die het gevoel hebben dat alles veel te vlug verandert en dat we het spoor bijster raken. Zij worden nog banger en nog heerszuchtiger, in een poging hun energieniveau op te vijzelen. Die toespitsing van de angst kan heel gevaarlijk zijn, omdat bange mensen extreme maatregelen weten goed te praten. [...] Elke vorm van geweld [...] maakt het alleen maar erger... [...] als we hen met woede, met haat bestrijden, zien ze ons alleen maar als vijand. Daardoor zullen ze zich nog meer verschansen. Ze worden banger. [...] We worden geacht ons onze Geboortevisie helemaal te herinneren... en daarna kunnen we ons nog iets anders herinneren, een Wereldvisie.'[4]

DE HERINNERING AAN ONZE DOELSTELLING GEEFT ONS DE ENERGIE OM DE ANGST TE OVERWINNEN

Weet je nog hoe opgewonden je was over de verhuizing naar een andere woonplaats? Toen je ging studeren? Aan een nieuwe baan begon? Afstudeerde? Toen je in contact stond met je doelstelling had je energie en liet je je waarschijnlijk niet door je angsten weerhouden om verder te gaan. Op dezelfde manier zullen we meer energie (die wordt ervaren als optimisme) hebben als we ons gezamenlijk onze Wereldvisie herinneren. Bedenk dat we allemaal onderling met elkaar verbonden zijn en als er ergens in het veld een opleving plaatsvindt, moet dat zelfs invloed hebben op het energieniveau van mensen die in angst leven. Zoals onze hoofdpersoon in het boek zegt: '... dat we ons dingen konden herinneren die verder gaan dan onze eigen intenties bij de geboorte, een bredere kennis omtrent het doel van de mensheid en hoe we dat doel kunnen vervullen. Naar het schijnt brengt die kennis een verruimde energie met zich mee die een einde kan maken aan de Angst...'[5]

> Je moet inzien dat wat je denkt niet alleen de wereld beïnvloedt – het *is* de wereld.
> **Fred Alan Wolf in *Towards A New World View* door Russell E. DiCarlo.**

Wijze zielen hier en in het Hiernamaals hebben altijd geweten dat partij kiezen een simplistische en niet-creatieve, destructieve weg is. Angst is een sterke, verdeeldheid zaaiende energie en is de keerzijde van eenwording. Door onze angst willen we alleen nog maar *gelijk krijgen en vergeten we dat we allemaal dezelfde vrijheden en vreugden willen, die kunnen worden bereikt als we samenwerken.* Als we bezwijken voor deze verleiding om te willen winnen en ons tegelijkertijd machteloos voelen om iets te doen of een trans-

---

De belangrijkste overtuiging is het besef dat ongeacht wat er gebeurt, het ergens goed voor is. In de grond is mijn antwoord 'ja' op de vraag wat volgens Einstein de belangrijkste vraag ter wereld is: 'Is het universum goedaardig?'

Ik denk dat er in het universum sprake is van een patroon, een proces, een plan. Ik denk dat er in het universum plaats is voor blijvend menselijk bewustzijn... Die overtuiging heeft enorm bijgedragen aan mijn gemoedsrust en mijn kalmte. In mijn geval zet het idee dat alles wat er gebeurt goed is, mij aan tot nog meer activiteit, niet minder.

Larry Dossey, M.D., in *Towards A New World View*
door **Russell E. DiCarlo.**

---

formatie tot stand te brengen, is de kans groot dat we onze verantwoordelijkheid volledig afwijzen. We zouden kunnen denken: 'Vergeet het maar. Laat iemand anders het maar opknappen. Het is allemaal gezeur. Wat ik ook doe, het maakt niets uit.'

In zijn boek *Violence and Compassion: Conversations with The Dalai Lama,* stelde de scenarioschrijver Jean-Claude Carrière de grote Tibetaanse spirituele leider de vraag voor welk wereldbeeld hij zou kiezen – een pessimistisch of een optimistisch? 'Zonder meer het tweede. Ik zeg dit om ten minste drie redenen. Om te beginnen lijkt het me dat het idee van oorlog de laatste tijd is veranderd. In de twintigste eeuw dachten we tot in de jaren zestig nog steeds dat de laatste en doorslaggevende beslissing zou komen van een oorlog. Het was een kwestie van een zeer oude wet: de winnaars hebben gelijk. De zege is een teken dat God of de goden aan hun kant staan. Dientengevolge leggen de overwinnaars de overwonnenen hun wet op, meestal door middel van een verdrag, dat nooit iets anders kan zijn dan een voorwendsel om wraak te nemen. Vandaar het belang van wapens en vooral kernwapens. De wapenwedloop heeft de aarde opgezadeld met een reëel gevaar voor totale vernietiging. Ik ben ervan overtuigd dat het gevaar afneemt.

Wat betreft de tweede reden voor optimisme, geloof ik dat ondanks bepaalde uiterlijke tekenen het idee van *ahimsa* of geweldloosheid veld heeft gewonnen. In de tijd van Mahatma Gandhi, een man die ik zeer hoog acht, werd geweldloosheid bijna gezien als een zwakte, de weigering tot handelen over te gaan, bijna als lafheid. Dat gaat niet langer op. De keuze voor geweldloosheid is tegenwoordig een positieve daad die ware kracht opwekt... ik denk dat als gevolg van de pers, van alles wat we communicatie noemen, religieuze groeperingen elkaar steeds vaker opzoeken en elkaar beter leren kennen dan vroeger.'[6]

Op de vraag over de neiging van sommige moslimlanden om zich af te sluiten voor anderen en voor buitenlandse invloeden, antwoordde hij: 'Afzondering is nooit goed voor een land en het is ondoenlijk geworden. Wat de moslimlanden betreft, ook al houden enkele van die landen hun deuren gesloten en verschansen ze zich verder, als je naar de wereld in haar geheel kijkt, verliest afzondering over het algemeen terrein. Al twintig jaar bezoek ik veel landen. Overal waar ik kom zeggen mensen tegen me: "We leren elkaar beter kennen... Ikzelf ontmoet zoveel mogelijk andere religieuze leiders. We maken samen een wandeling, we bezoeken de een of andere heilige plek, ongeacht tot welke traditie die behoort. En daar mediteren we samen, delen we een moment van stilte. Dat doet mij heel erg goed. Ik blijf geloven dat we, vergeleken met het begin van deze eeuw, op religieus gebied vorderingen maken.'

En de derde reden tot optimisme is: 'Als ik jonge mensen ontmoet, vooral in Europa, bespeur ik dat het idee van één mensheid tegenwoordig veel krachtiger is dan ooit. Het is een nieuw gevoel dat in het verleden zelden voorkwam. De "ander" was de barbaar, degene die anders was.'[7]

Het valt op dat de Dalai Lama niet alleen optimistisch is over de toekomst van de mensheid, maar ook bewust op zoek gaat naar feitelijke bewijzen van positieve veranderingen. Lees bovenstaande woorden nog eens over en ga na welke gevoelens ze bij je oproepen.

Hier spreekt een groot spiritueel wereldleider, een levend voorbeeld van hoe we de Wereldvisie voor ogen kunnen houden. Hij wijst anderen niet terecht, hij dreigt niet met verdoemenis als ze niet wakker worden. Hij doet gewone dingen zoals een wandeling maken, respectvol allerlei heilige plekken bezoeken, luisteren en mediteren, ongeacht of hij andere wereldleiders of gewone mensen ontmoet. Hij reageert op de vraag over landen die zichzelf afsluiten door te zeggen: 'Isolement is ondoenlijk,' in plaats van die handelwijze te *veroordelen* of af te wijzen. Uit zijn woorden en daden spreekt altijd vrede. De Dalai Lama toont ons hoe we ons dierbaarste ideaal kunnen behouden, en hoe we dat ideaal kunnen verwerkelijken.

GERICHT OP ANGST OF OP HET IDEAAL?

Door er een positieve Wereldvisie op na te houden geef je energie aan een ideaal. De boodschap in de lezingen van Edgar Cayce is vaak dat we ons een ideaal voor ogen moeten houden, en dat dit ons op het goede spoor zal houden. Het dagelijks leven biedt ons alle kans liefde, mededogen en geduld te beoefenen. Een ideaal is niet een onbereikbare toestand van volmaaktheid, maar een sturende energie die niet alleen aantrekkingskracht op ons uitoefent, maar ons ook leidt. Beschouw je ideaal als een dierbare wijze vriendin die je een paar passen voor is. Ze kijkt over haar schouder om te zien of je haar kunt bijhouden en wenkt je glimlachend.

Wij denken dat we een vijand nodig hebben. Regeringen zorgen er goed voor dat we bang worden en anderen gaan haten, zodat we zich achter hen zullen scharen. Als we niet echt een vijand hebben, zullen ze er een uitvinden om ons te mobiliseren.

Het is niet juist te geloven dat de toestand in de wereld in handen is van de regering en dat als de president maar de juiste politiek voerde, er vrede zou zijn.

De toestand in de wereld wordt voor het belangrijkste deel bepaald door ons dagelijks leven. Als we ons dagelijks leven kunnen veranderen, kunnen we onze regering veranderen en kunnen we de wereld veranderen.

Onze presidenten en regeringen zijn we zelf. Ze weerspiegelen onze levensstijl en onze manier van denken. De manier waarop we een kop thee vasthouden, een krant oppakken en zelfs wc-papier gebruiken, heeft te maken met vrede.

Thich Nhat Hanh, *Love in Action: Writings on Nonviolent Social Change.*

Net als de Dalai Lama positieve verandering ziet in jonge mensen, bestaat het vasthouden van de Wereldvisie voor een groot deel uit het bewust erkennen van zelfs kleine veranderingen. Je kunt bijvoorbeeld bewuster letten op positieve gebeurtenissen waarover je in de krant leest. Is dat mogelijk? Beslist. In een recent in de *San Francisco Chronicle* verschenen artikel komt een nieuw regeringsrapport ter sprake waaruit blijkt dat men verwacht dat in het jaar 2050 de bevolking van de Verenigde Staten voor de helft uit 'minderheden' en voor de helft uit blanken zal bestaan. In het artikel kwam de demografe Cheryl Russell aan het woord, die veel heeft geschreven over de geboortegolfgeneratie en over de gevolgen die dat voor de diverse bedrijfstakken heeft. Maar interessanter nog zijn haar volgende opmerkingen: 'Het effect van de veranderingen op de lange termijn ten aanzien van de samenstelling van de rassen in dit land moet niet worden afgemeten aan de conflicten die we momenteel ervaren... We zitten duidelijk in een overgangsperiode en als je kijkt naar bijvoorbeeld de strijd over programma's ter bescherming van de rechten van minderheden, zijn er mensen die geloven dat ons nog heel wat conflicten te wachten staan. Maar in werkelijkheid is het tolerantieniveau in de Amerikaanse samenleving ten opzichte van elkaar veel hoger dan ooit. Daar hoor je niemand over, maar het blijkt uit alle rapporten,' zei ze. 'Jonge mensen zijn er al aan gewend te leven in een pluriforme maatschappij en voor hun kinderen zal het zelfs nog gewoner zijn.'[8] Op dit moment merken wetenschappers op dat het gat in de ozonlaag kleiner begint te worden, en als alles goed gaat, is het misschien binnen tien tot twaalf jaar dicht. In Afrika blijken mensen in sommige landen te kiezen voor gezinnen van maximaal twee kinderen, omdat ze beseffen dat ze er niet meer kunnen grootbrengen. Terwijl we dit schrijven vindt er een mars plaats naar Washington van mensen die bezorgd zijn over de armoede waarin kinderen in de Verenigde Staten leven. Onze samenleving, onze aarde, kan genezen als we ons ideaal voor ogen houden en onze intuïtie volgen om dienstbaar te zijn waar we ook zijn 'gestationeerd'.

DE HOGERE STRALEN VAN LIEFDESENERGIE

In het Achtste Inzicht hebben we geleerd hoe we anderen kunnen verheffen door hun goddelijke, liefdevolle energie te sturen, en zo hun hogere kwaliteiten naar boven te halen. Met het Tiende Inzicht sturen we die zelfde liefdevolle energie terwijl we *visualiseren dat de betrokkene zich herinnert wat hij of zij echt met het leven wilde doen.* Het is een bewezen feit dat als we positieve gedachten over iemand koesteren, die persoon sterker wordt. Als we denken dat we iets kunnen doen, kunnen we het waarschijnlijk ook.

De lerares, activiste en comédienne Fran Peavey vertelt hoe zij in 1970 samen met een groep actie voerde tegen een napalmfabriek in Long Beach, Californië. Ze begint: 'In plaats van je te richten op de 52 procent 'duivel' in de tegenstander, kun je naar de andere 48 procent kijken, waarbij je ervan uitgaat dat in elke tegenstander een bondgenoot schuilt. De bondgenoot kan zwijgen, wankelmoedig of voor je blik verborgen zijn. Hij kan ambivalent staan tegenover de moreel dubieuze elementen van wat hij doet. Die twijfels komen zelden aan bod vanwege de overweldigende druk die wordt uitgeoefend door de maatschappelij-

Dus de mensen in de derde wereld moeten worden opgevoed. En dat moet voortvarend gebeuren, zonder enige emotionele reserves. Het is een onmiddellijke noodzaak, het is een noodsituatie. Hun moet ondanks alle mogelijke misverstanden worden voorgehouden: jullie zitten op het verkeerde spoor, jullie bevolking groeit veel te snel, het leidt jullie naar een nog verschrikkelijkere armoede...

Andere landen... hebben niets, en morgen zullen ze nog minder dan niets hebben. We moeten deze groeiende kloof bestrijden... Ons doel zou moeten zijn de twee werelden zo dicht bij elkaar te brengen dat ze vergelijkbaar en indien mogelijk gelijk zijn.

Alle problemen – honger, werkloosheid, misdaad, onzekerheid, psychische afwijkingen, epidemieën, drugs, waanzin, wanhoop, terrorisme – gaan samen met de steeds breder wordende kloof tussen mensen, die vanzelfsprekend ook voorkomt in de rijke landen... Alles houdt verband met elkaar, alles is onscheidbaar. Als gevolg daarvan moet de kloof kleiner worden gemaakt.

De Dalai Lama in *Violence & Compassion*, door Jean-Claude Carrier.

ke context waarin de persoon in kwestie zich bevindt. *Mijn* vermogen om *zijn* bondgenoot te zijn staat ook onder een dergelijke druk.'[9] Ze vertelt over haar strategieën om steun te verwerven via diapresentaties, wacht te lopen bij de fabriek, en ook al het mogelijke te weten zien te komen over de directeur van het bedrijf. Zij bereidde zich met haar groep drie weken lang op de vergadering voor en informeerde naar de aandelen van het bedrijf. Vóór de vergadering spraken ze ook veel met elkaar over hoe kwaad ze op hem waren voor zijn aandeel in het vermoorden en verminken van kinderen in Vietnam. Ze besloten dat als ze tegenover hem lucht gaven aan die woede, hij alleen maar afwerend zou worden en dat ze daarmee hun kansen zouden verkleinen om te worden gehoord. 'Bovenal wilden we dat hij ons zag als echte mensen, die niet zoveel anders waren dan hijzelf. Als we hem voorkwamen als vurige radicalen, zou hij onze bezorgdheid waarschijnlijk van tafel vegen.'[10]

De groep verdiepte zich 'in zijn persoonlijke leven: zijn gezin, het kerkgenootschap en de club waartoe hij behoorde, zijn hobby's. We bestudeerden zijn foto, we dachten aan de mensen van wie hij hield, we probeerden ons in te leven in zijn kijk op de wereld en zijn verantwoordelijkheden. Toen we hem ontmoetten, was hij geen vreemde meer voor ons. We namen aan dat hij innerlijk al door twijfel werd verscheurd en zagen het als onze plicht die twijfel te verwoorden. We wilden daarmee bereiken dat hij oog kreeg voor ons en ons standpunt, zodat hij zich ons zou herinneren als hij zijn besluit nam. Zonder hem persoonlijk te beschuldigen of zijn bedrijf aan te vallen, vroegen we hem het bedrijf te sluiten, het contract voor het volgend jaar niet te vernieuwen en stil te staan bij de consequenties van wat zijn firma deed.'[11]

Peavey beschrijft hoe de groep hem vertelde over hun bezorgdheid over de economische afhankelijkheid van munitie en oorlog. 'Een paar maanden later moest het contract vernieuwd worden, maar de firma ging er niet op in.'[12]

DE MIDDENWEG TUSSEN CYNISME EN NAÏVITEIT

Peavey is zich er terdege van bewust dat 'vriendschap sluiten met de vijand' niet een eenvoudige oplossing is die in alle gevallen werkt. Ze stelt vragen aan de orde als hoe we omgaan met de woede die we voor onze vijanden voelen. Kunnen we onderscheid maken tussen afschuwelijke daden en de mensen achter die daden? Ondermijnen we onze vastberadenheid om verandering tot stand te brengen als we met onze vijanden meevoelen? 'Je tegenstanders behandelen als potentiële bondgenoten hoeft niet in te houden dat je zonder meer alles aanvaardt wat ze doen. We zien ons gesteld voor de uitdaging een beroep te doen op de menselijkheid van elk van onze tegenstanders, terwijl we tegelijkertijd ons op het ergste voorbereiden. We zien ons gesteld voor de uitdaging dat we een weg weten te bewandelen tussen cynisme en naïviteit.'[13] Een benadering van maatschappelijke veranderingen zoals Peavey die beschrijft, maakt voor ons allemaal de weg vrij om iets nieuws te proberen.

ANGST LOSLATEN TERWIJL JE JE IN DE SPIRITUELE DIMENSIE BEVINDT

Voordat we in een vliegtuig konden reizen, hadden we het verlangen om te vliegen. Voordat we over de telefoon konden praten, hadden we het vermogen telepathisch te communiceren. Wie weet tot welke wonderen de gelijk opgaande evolutie van de technologie en onze aangeboren maar niet ontwikkelde menselijke vermogens nog zullen leiden! Naarmate we leren te reizen in de spirituele wereld, zijn de zaken waarvoor we vandaag bang zijn misschien niet eens meer een probleem als onze intuïtie opengaat voor nieuwe manieren van manifestatie en genezing of om toegang te krijgen tot de wijsheid die in de universele intelligentie ligt opgeslagen.

Robert Monroe begon bijvoorbeeld na jaren van contact met de spirituele wereld te beseffen dat hij kon werken aan het loslaten van angsten – angsten waarvan hij niet wist dat hij ze had. 'Ik ontdekte dat ik inderdaad verre van onbevreesd was. Misschien was ik me niet bewust van die angsten, maar ze waren er wel, grote, lelijke vlagen van rauwe energie... Ze bestonden uit oude angsten en een voortdurende toestroom van nieuwe. Ze varieerden van kleine dingen zoals bezorgdheid over het effect van een regenachtige dag op ons bouwproject tot grote zorgen over de ontwikkelingen in de wereld.'[14] Maar in de loop der jaren merkte hij dat die angsten begonnen op te lossen. 'Er werden veel meer angsten opgelost dan er door mijn huidige bezigheden werden opgewekt. Met die ontdekking ging een belangrijk inzicht gepaard: [Toen ik me in de spirituele dimensie bevond] had ik dit proces in gang gezet en hield ik indien nodig die angst-oplossende stroom gaande. Er kwam geen enkele hulp van buitenaf zoals ik onterecht had aangenomen. Ik hielp mezelf.'[15]

Verdriet, moedeloosheid, boosheid of bezorgdheid om de aarde zijn echte en belangrijke ontladingen van energie. Mensen zijn geneigd zich tegen verandering te verzetten! We ondernemen vaak pas de actie die nodig is als de zaken pijnlijk worden. Onze gevoelens zijn de weg naar heelheid. Als we door angst onze menselijkheid verliezen, raken we verzeild in een strijd die misschien niet tot het resultaat leidt dat we eigenlijk willen. Als we niet voelen, als we onze menselijkheid verliezen, als we iemand afschrijven, verliezen we contact met wat echt belangrijk is, zoals een middag met onze kinderen in de zon doorbrengen, op zee zeilen, of hand in hand met onze grootmoeder naar de zonsondergang kijken.

ZELFSTUDIE

Schaduwoefening

Het doel van deze oefening is je te helpen in de schoenen van iemand anders te gaan staan. Het ontwikkelen van medegevoel en mededogen *in jezelf* is een zeer belangrijke spirituele bijdrage aan het vasthouden van de Wereldvisie.

Eerste stap
Neem even de tijd om de namen van drie of vier mensen op te schrijven die je niet mag of met wie je het oneens bent. Onder hun namen schrijf je de dingen waarmee je het niet eens bent of die je niet mag in die personen. Carl, een alleenstaande ouder en zakenman, schreef bijvoorbeeld: 'Ik heb een hekel aan:
1. Mijn zwager George. Omdat hij me altijd onder de neus wrijft dat zijn zaak fantastisch loopt vanwege alle nieuwe technische snufjes die hij toepast. Hij vindt dat ik meer met mijn tijd mee moet.
2. Politici. Omdat ze niet te vertrouwen zijn. Ze krijgen niets gedaan.
3. Sentimentele linkse rakkers. Omdat ze niet reëel zijn.'

Tweede stap
Beschrijf nu deze zelfde personen alsof je hun hogere doel kunt zien. Gebruik je fantasie om te speculeren over de diepere, *positieve* doelstellingen die achter de uiterlijke kenmerken die jij ziet en veroordeelt schuil gaan. Carl schreef bijvoorbeeld:

1. George lijkt heel erg geïnteresseerd in het effect van de technologie op de twintigste eeuw. Het is iemand met een grote prestatiedrang. Misschien heeft hij in een vorig leven niet zoveel kansen gehad om zijn vermogens te gebruiken. George vertelt anderen graag wat hij weet. Hij is een geboren leraar.
2. Politici zijn mensen die geloven in een ideaal. Ze zijn volhardend. Het zijn mensen die zich blootstellen aan de vernietigende kritiek van anderen. Ze willen deel uitmaken van een systeem. Ze moeten leren zich aan te passen aan voortdurend veranderende omstandigheden om te leren hoe ze op een goede manier met macht en dienstbaarheid moeten omgaan.
3. Sentimentele linkse rakkers zijn mensen die anderen willen helpen. Het zijn mensen die sterke principes hebben over goed en fout. Ze geven hun eigen tijd om te proberen iets te veranderen op terreinen waarvoor zij een speciale belangstelling hebben. Misschien hebben ze in andere levens geleden en hebben ze gezworen te proberen in dit leven iets goeds te doen voor anderen.

In de tweede stap laat je de gebruikelijke manier waarop je anderen ziet los en speculeer je over het voornemen dat deze mensen oorspronkelijk hadden. Door een ander standpunt in te nemen, te kijken naar een positieve reden waarom mensen zijn zoals ze zijn, heb *jij* de kans een groter mens te worden. Door iemand op verschillende manieren te zien, ontstaat de mogelijkheid tot een creatievere interactie met die persoon.

Derde stap
Ga nu terug naar wat je bij de eerste stap hebt opgeschreven. Streep de naam door van de persoon die je niet mag en vul je eigen naam in. Schrijf iets op wat *jij* doet en wat gelijk is aan wat jou in de ander niet aanstaat. Ga na hoe je je voelt als je de zin hardop aan jezelf voorleest. Carl las bijvoorbeeld hardop: '[Net als George], blijf *ikzelf* soms anderen iets onder de neus wrijven. Net als toen ik tegen mijn ex-vrouw zei: "Ik heb toch gezegd dat je naar de verzekeringspremie moest kijken, en nu is hij verlopen."' Hij zei dat het een beetje 'stil' voelde rond zijn hart toen hij besefte dat hij soms een beetje op die ouwe George leek.
Hoe zit het met de gevoelens van Carl over politici? Bij de eerste stap schreef hij dat hij ze niet mocht, omdat ze niet te vertrouwen waren en omdat ze nooit iets bereikten. Terwijl hij nu naar zichzelf keek schreef hij op: 'Ik denk dat ik soms ook niet zo betrouwbaar ben. Net als een

paar dagen geleden toen Bill langs kwam en ik zei dat ik zo blij was hem te zien. Ik mag die man echt niet zo graag, maar hij is een van mijn cliënten, dus wil ik hem niet beledigen. *Ik* heb me ook niet altijd aan mijn beloften gehouden. Net als de keer dat ik tegen Barbara zei dat ik de nieuwe materialen had besteld, maar ik er niet voor uit wilde komen dat ik het was vergeten.' Carl begon zich zelfs te herinneren hoe zijn vader zich ook altijd zo laatdunkend over politici uitliet. Carl had zich als tiener verkiesbaar willen stellen voor de functie van voorzitter van de studentenvereniging, maar zijn vader was bang dat hij niet genoeg tijd over zou hebben voor zijn bijbaantje. Net als de politici die hij niet mocht omdat ze hun doel niet leken te bereiken, had Carl van *zichzelf* het gevoel: 'Ik zou willen dat *ikzelf* tot nu toe meer in mijn zaak had bereikt.'

Terwijl hij zijn gevoelens over linkse rakkers onderzocht, schreef hij: 'Ik, Carl, ben ook niet altijd reëel geweest. En niemand heeft ooit onze familie geholpen toen we arm waren, dus waarom zou ik me nu druk maken over mensen die niet willen werken, terwijl ik mijn zaak nauwelijks draaiende kan houden.' Carl was eraan toe verband te gaan zien tussen zichzelf en de dingen die hij projecteerde op de mensen die hij niet mocht of met wie hij het oneens was. Hij vond het nog steeds moeilijk te accepteren dat hij een heel sterke behoefte had om anderen te helpen (net als de 'sentimentele linkse rakkers') en de mensen te helpen die minder geluk hadden dan hijzelf. Hij bleef ervan overtuigd dat linkse rakkers zichzelf voor de gek hielden wat de echte wereld betreft.

In de voorgaande oefening zien we hoe Carls afkeer van George, politici en linkse rakkers in alle gevallen een deel van zijn eigen verdrongen schaduw weerspiegelde. Als we ons de dingen die we als slecht beoordelen opnieuw 'eigen maken', of onszelf erin herkennen, beginnen we onszelf open te stellen voor de heelheid van onze ziel. Hoe meer energie we gebruiken om onze negatieve kwaliteiten in het donker te houden, hoe minder energie we hebben om te scheppen vanuit ons *hele zelf.*

Met Carl zullen wonderen gebeuren als hij: 1) de wrok loslaat ten aanzien van de armoede in zijn jeugd; 2) onderkent dat zijn verlangen om 'in zaken iets meer te bereiken' de stem is van zijn Geboortevisie; en 3) zichzelf toestaat een humanitair doel te dienen waarmee hij boven zichzelf uitstijgt. Daarmee zal hij niet alleen een grote bijdrage leveren aan het uitdragen van de Wereldvisie, maar misschien heeft hij dan ook gewoon meer het gevoel dat hij leeft, vindt hij meer plezier, avontuur en vervulling in zijn leven!

GROEPSSTUDIE

In gesprek met de angst

Als je een hechte groep hebt die voldoende veiligheid biedt om over tamelijk diepe problemen te spreken, kun je samen enkele van de angsten en overtuigingen die aan het begin van dit hoofdstuk staan vermeld onderzoeken. Laat iedereen aan het woord komen terwijl de energie door de groep gaat. Het is een goed idee mensen te laten uitspreken zonder hen van advies te dienen en pas te reageren als je klaar bent voor een algemeen gesprek over de gevoelens.

Meditatie

Als groep kun je de bijeenkomst afsluiten met een groepsmeditatie die is gericht op de angsten en overtuigingen die het sterkst in de groep leven. Als het gegeven overbevolking heel sterk leeft en er veel angst voor bestaat, probeer je een meditatie waarin je jonge mensen in hun vruchtbare jaren visualiseert die zich hun ideaal herinneren om op een evenwichtige manier op aarde te leven.

Als je wilt werken met de angst voor een kuddegeest, visualiseer je mensen die elkaar omhelzen, elkaar bij de hand houden, elkaar over een brug helpen, in hun tuin dansen, of samen stemmen voor positieve maatschappelijke veranderingen. Wees creatief, maar besef dat er heel veel kracht uitgaat van meditatie.

Onderzoek naar langdurige meditaties door grote groepen met ervaring, toonde in de steden waar de meditaties plaatsvonden statistisch duidelijk aanwijsbare positieve effecten aan. Dit effect heeft men het 'Maharishi-effect' gedoopt en groepsmeditaties hebben geleid tot een verlaging van het misdaadcijfer en minder overlijdensgevallen in ziekenhuizen ten tijde van de meditatieperioden.

Projecten

Als je een project wilt opstarten waarvoor je alle reden had te geloven dat het een succes zou zijn, wat zou je dan als groep willen doen? Als je tot iets besluit, vraag je iedereen om te beginnen de angsten op te schrijven over hoe het project kan mislukken, enzovoort. Hoe reëel zijn die angsten? Wat kun je daadwerkelijk doen om iets van die angst te leren, of haar om te zetten in een positieve kracht?

DEEL V
JUIST HANDELEN

10

Transformatie in werk en zaken

Dolfijn
Verbinding

Het bedrijfsleven [veranderde] naar een verlicht kapitalisme, een kapitalisme dat niet slechts gericht was op winstbejag, maar op het vervullen van de ontluikende behoeften van spirituele wezens; een bedrijfsleven dat producten beschikbaar stelde tegen zo laag mogelijke prijzen. Deze nieuwe ethiek bij het zakendoen zou een fundamentele inflatie veroorzaken en de aanzet geven tot een systematische ontwikkeling die leidde tot volledige automatisering van de productieprocessen [...]. Dat zou de mens zo bevrijden, dat hij zich kon gaan inlaten met de in het Negende Inzicht beschreven 'tienden'-economie.

Het Tiende Inzicht.[1]

ZAKENDOEN ALS SPIRITUELE WEG

'Zakenmensen kunnen wel verlangen naar deze nieuwe manier van zakendoen – deze nieuwe trend in de richting van spirituele bezieling in het zakenleven,' zei Mark Bryant, een ondernemer uit Californië, 'maar het kan zijn dat ze vanwege de bestaande situatie niet in staat zijn dit in praktijk te brengen. De druk om op korte termijn resultaten te behalen is ook enorm. Als een bedrijf een half jaar slecht draait, is de kans groot dat de directeur door de raad van bestuur wordt ontslagen. Dus de ware macht van het bedrijf is in handen van de aandeelhouders.'

Mark, die vijf keer met succes een zaak is begonnen, is een goed voorbeeld van iemand die op een actieve manier zijn spirituele ontdekkingen toepast in zijn gezin, familie en (op dit moment) drie zaken die veel van hem vergen. Hij stelde zichzelf de vraag: 'Hoe kan ik zaken-man zijn en tegelijkertijd zowel spiritueel, psychisch als financieel groeien?' Hij gaf zichzelf ongeveer anderhalf jaar de tijd om allerlei boeken over paradigmaveranderingen, vernieuwende modellen en technieken te bestuderen, en zich te verdiepen in methoden en au-teurs op het gebied van de metafysica en hoe hij al die kennis zou kunnen toepassen om zijn intuïtie in zakendoen te vergroten. 'Twintig jaar geleden werkte ik voor een groot bedrijf en gebruikte alle be-schikbare psychologische handvatten – persoonlijkheidsprofielen – van de afdeling personeelszaken om mezelf beter te leren begrijpen. Maar ik had het gevoel dat ik andere modellen nodig had, die me een breder beeld van mezelf zouden geven. Door mijn intuïtie kwam ik bij de metafysica terecht. Ik weet dat dit een beetje vreemd klinkt voor iemand die christen is en uit het bedrijfsleven komt, maar in de meta-fysica vond ik veel ideeën die dieper gingen dan het psychologische model. Ook al stond ik ervoor open naar binnen te keren, ik vond het nuttig om met anderen te werken om zicht op mezelf te krijgen. Hier-mee begon mijn onderzoek naar de metafysica. Ik denk dat mensen moeten weten dat je die weg niet alleen hoeft af te leggen.'

Wat was het gevolg van Marks onderzoek? 'Om te beginnen,' ant-woordde hij, 'ben ik me er veel sterker van bewust dat ik een doel in mijn leven heb en voel ik me veel en veel bruisender. Ik ken mezelf nu beter en daarom voel ik veel beter aan of een zakelijke mogelijkheid op de lange duur wel of niet voor mij werkt. Nu kan ik iets laten schie-ten dat ik in het verleden wel zou hebben gedaan, waar ik later spijt van zou hebben gekregen. Ik vertrouw heel wat meer op mijn intuïtie en daardoor ben ik veel efficiënter geworden. Er is ook iets anders wat moeilijk onder woorden is te brengen – maar ik voel me veel beter op mijn gemak bij alles wat ik doe.'

Welk advies zou Mark aan andere zakenmensen willen geven? 'Veel mensen in grote bedrijven voelen zich gevangen. Als alles lukraak wordt afgeslankt, krijg je het gevoel dat je je lot totaal niet in de hand hebt, ongeacht hoe goed je je best doet. Mensen raken ontgoocheld door het bedrijfsleven en proberen zich te vestigen als consulent of op een andere manier voor zichzelf te beginnen. Maar ik geloof niet dat je er bent als je alleen je uiterlijke situatie verandert. Het zal je ook niet een gevoel van vervulling verschaffen, tenzij je jezelf anders gaat zien. Ik denk dat als je niet aan jezelf werkt – door te ontdekken wie je werkelijk bent en daaraan een gevoel van veiligheid te ontlenen – kun je in elk klein bedrijf waarin je terechtkomt opnieuw teleurgesteld raken. In elk bedrijf kunnen starheid, hiërarchie en ongezonde situaties bestaan. Misschien wil je wel eigen baas zijn, maar verlang je er tegelijkertijd naar dat iemand voor je zorgt.' Mark stipte de volgende punten aan, die hem veel hebben geholpen: 'Om te beginnen moet je je talenten kennen en weten hoe je ermee kunt werken, in plaats van iemand anders te willen zijn. Het valt mij op dat mensen geneigd zijn zichzelf en hun vaardigheden twee of drie niveaus te laag in te schatten. Ze zijn geneigd te kijken naar waar het hun *uiterlijk aan ontbreekt* zoals: "Ik kan geen bedrijf beginnen want ik ben niet afgestudeerd," in plaats van zich af te vragen: "wat wil ik echt?" Ze omschrijven zichzelf overeenkomstig het oordeel dat ze over zichzelf hebben, overeenkomstig hun schaduw. Ze kijken niet naar hun ware zelf, ze kijken naar hun uiterlijk imago. Op de tweede plaats heb ik gemerkt dat het werken met je talenten een proces is. Ik weet bijvoorbeeld dat ik meer iemand ben met een visie, een organisator, maar niet zo'n

Ik maak onderscheid tussen een baan en werk. Een baan is iets wat we doen om in ons levensonderhoud te voorzien en onze rekeningen te betalen, maar werk is de reden waarom we hier zijn. Het heeft te maken met ons hart en onze vreugde en alle mystiek. In Oost en West is erover geschreven. De Tao Te Tjing, de Chinese bijbel zegt: 'Doe het werk waarin je vreugde schept.' Het idee dat er verband bestaat tussen vreugde en werk is nieuw voor veel mensen, omdat er in het gemechaniseerde universum van het industriële tijdperk niet zoveel waarde aan vreugde werd toegekend...

Tijdens het industriële tijdperk met veel lopende-bandwerk raakte de definitie van werk zo beperkt, dat we de andere aspecten ervan hebben gemist, zoals werken vanuit het hart, kunst, genezen, feesten en rituelen; wat in gezonde samenlevingen allemaal tot werk wordt gerekend. Indianen brengen minstens de helft van hun tijd door met feesten en rituelen. Wij niet en in onze cultuur is het geweld wijdverbreid.

Ik werk tegenwoordig veel met jonge mensen... daarbij maak ik gebruik van rap, house, techno en dans – enkele van de vormen waarover we vandaag in onze jongeren- en stadscultuur beschikken om het feestvieren opnieuw te ontdekken. Dat is heel goed en heel belangrijk werk. Feestvieren is een van de manieren waarop mensen genezen – het is de leukste en ook de goedkoopste manier.

Matthew Fox in *Towards A New World View* door Russell E. DiCarlo.

dat ik meer iemand ben met een visie, een organisator, maar niet zo'n doener. Daarom ben ik samengegaan met iemand die daar weer heel goed in is. We hebben een zakelijk huwelijk dat werkt omdat we ons beiden bewust zijn van onze sterke kanten. Je werkt het meest effectief als je je eigen sterke en zwakke punten kent en op zoek gaat naar iemand die jou aanvult, die het plaatje compleet maakt. Op de derde plaats – en ik weet dat dit misschien vreemd klinkt – heb ik gemerkt dat het hielp los te komen van het gevoel dat ik vastzat in de heersende bedrijfscultuur door mezelf te beschouwen als een ziel. Ik denk dat je opnieuw de ziel van je kinderjaren in jezelf moet aanwakkeren. In de eerste levensjaren denk je veel vrijer over jezelf. Alles is mogelijk. Kinderen hebben geen beperkingen omdat ze zichzelf nog steeds zien op zielsniveau, zonder de dogma's van instituten en cultuur. Ik denk dat metafysische en spirituele ideeën ongetwijfeld de manier veranderen waarop we werken en waarop we ons levensonderhoud zien. Maar voor veel zakenmensen is het een nieuwe taal. In de afgelopen paar jaar hebben we heel veel informatie gekregen over hoe je een goede manager (controleur) kunt zijn en over de waarde van decentraliseren, wat allemaal heel praktisch is. Maar het belangrijkste is in feite de verandering die je in jezelf ondergaat – niet het uiterlijk *gebruik* van spirituele methoden om meer geld te verdienen. De ware verandering zit hem in hoe je het leven in je werk ervaart en hoe je met het leven *samenwerkt*.'

Spiritualiteit in werk en zaken betekent dat je elke beslissing die je moet nemen *bij jezelf* controleert. In plaats van alleen te kijken naar je financiële balans, kijk je naar je innerlijke balans om te voelen of dat wat je doet in overeenstemming is met je doel en met waarvoor je als ziel staat. Jij bent de enige die de vraag kan beantwoorden: 'Voelt dit goed? Wat zijn de diepere gevolgen van deze handeling?' Niemand anders kan je dat ooit vertellen. Spiritualiteit in zaken heeft te maken met aandacht schenken aan de geestkracht in jezelf, met het verlangen het hoogste goed te dienen.

Het is duidelijk dat het bedrijfsleven momenteel niet een democratische instelling is met het doel elke werknemer creatieve autonomie en persoonlijke verantwoordelijkheid te geven. Het bedrijfsleven dat vrijwel alleen kijkt naar *externe* criteria, dat controle en voorspelbaarheid als heilig beschouwt, staat haaks op het verlenen van vrijheid aan mensen om goederen en diensten te produceren die zijn gebaseerd op hun eigen intuïtieve stroom en spirituele leiding over wat goed is voor een bepaalde situatie. De meesten van ons jagen een uiterlijk, niet wezenlijk doel na. Iedereen die er nog de oude zienswijze op na houdt, zal het idee om zelfbespiegeling in het bedrijfsleven aan te moedigen dwaas geleuter vinden, niets minder dan gevaarlijke anarchie. Zelfs degenen onder ons die die nieuwe ideeën interessant en prikkelend vinden, hebben heimelijk twijfels of je er wel op kunt vertrouwen dat 'anderen' niet hebzuchtig of lui – zoniet vol kwade bedoelingen – zijn. De meesten van ons zijn zich heel goed bewust van de belabberde toestand van de persoonlijke integriteit en zelfbeheersing op dit punt in het menselijk bewustzijn. Maar we hebben het nooit hoeven stellen zonder voorbeelden die ons lieten zien dat Gods wegen wonderbaarlijk zijn. We hebben het nooit zonder God hoeven te stellen. De huidige alom verbreide transformatie van bewustzijn beperkt zich niet tot de zondagochtend of de kerkbanken. Wat misschien nog niet werkt binnen de structuur van de werkplek, is wel levend in termen van verlangen. Onze vijanden zijn alleen angst en gebrek aan daadkracht.

AANGELEERDE HULPELOOSHEID
– HET KAN OOK ANDERS

Tijdens een recente conferentie in Montreal, gesponsord door het International Institute for Integral Human Sciences, sprak Dr. Myrin Borysenko over het idee van 'aangeleerde hulpeloosheid'. Dr. Borysenko, medisch wetenschapper en celbioloog die het verband tussen lichaam en geest en het effect van stress op het immuunstelsel onderzoekt, ging in op enkele fascinerende ontdekkingen waarop wij ons denken op alle gebieden, inclusief het bedrijfsleven, kunnen baseren. Als amusant voorbeeld vertoonde hij een dia van een vogeltje dat in een kooi zat, ook al stond het deurtje wagenwijd open. 'Als je vogels grootbrengt in een kooi en de deur openzet,' zei hij, 'zullen ze in de kooi blijven. Hetzelfde geldt voor mensen die misschien wel verlangen naar een verandering, maar de verandering en wat die van hen zou vragen niet aandurven. De plek waar je je bevindt is misschien ellendig, maar in ieder geval is hij veilig.'
Borysenko demonstreerde de theorie van aangeleerde hulpeloosheid met een experiment waarin twee ratten werden blootgesteld aan willekeurige elektrische schokken, terwijl een derde controlerat geen schokken kreeg. Rat nummer 1 kon een rad laten draaien waardoor hij en rat nummer 2 geen schokken kregen. Hoewel rat nummer 1 en 2 gedurende dezelfde tijdsduur aan dezelfde hoeveelheid stress werden blootgesteld, kreeg rat nummer 2 (die niets tegen de schokken

kon doen) een maagzweer. Rat nummer 1 (die iets tegen de schokken kon doen omdat hij het rad in beweging kon zetten) was zelfs gezonder dan rat nummer 3 die geen schokken kreeg. Borysenko vertelde ook dat toen de ratten in een doolhof werden gezet, rat nummer 1 als eerste het water vond. Hij had al geleerd zich te handhaven. Rat nummer 2 had er de meeste tijd voor nodig omdat er bij hem sprake was van aangeleerde hulpeloosheid, waarmee hij ook in een nieuwe situatie te kampen had. Conclusies uit soortgelijke en andere onderzoeken met mensen, tonen aan dat stress op zich niet schadelijk is zolang het individu ergens het gevoel heeft dat het iets heeft in te brengen in zijn wereld, dat wil zeggen, enige con-

Ik stel mensen de volgende praktische vragen: 'Wat voor plezier ontleen je aan je werk' en: 'Welke vreugde ontlenen anderen aan jouw werk?'… We hebben een baan nodig, maar ik denk dat de mate waarin ons werk voor anderen een zegen is, een sleutelfactor is. Want daar gaat het bij werk in feite om: we doen het voor anderen – het is een zegen in ruil voor een zegen.

Het is onze dank aan de gemeenschap omdat we hier zijn en daarom is werkloosheid zo rampzalig voor de menselijke ziel. Werkloosheid leidt tot wanhoop en wanhoop leidt vanwege zelfhaat en geweld tot misdaad.

Dan gebeuren al die dingen waarvoor we in dit land gevangenissen bouwen. Ik denk dat een goedkopere en eenvoudigere oplossing zou zijn een brede discussie te houden over wat Gaia of de aarde momenteel echt van ons vraagt. We moeten op allerlei manieren – nieuwe manieren – aan het menselijk hart werken om ecologische en maatschappelijke rechtvaardigheid in onze tijd tot stand te brengen.

Matthew Fox in *Towards A New World View* door Russell E. DiCarlo.

trole over zijn omgeving kan uitoefenen. In feite worden bij een uitdaging waarbij het gevoel heerst dat het mogelijk is enige invloed uit te oefenen op de uitkomst, het zelfrespect en de creativiteit gevoed. De voorbeelden van Borysenko stemmen overeen met wat wij hebben geleerd over de geconditioneerde reacties sinds onze jeugd. De vogel, bijvoorbeeld, die vrij is om weg te vliegen, is een mooi voorbeeld van de afstandelijke die in feite zegt: 'Ik hoef mensen niet te laten weten wat er met mij aan de hand is. Ik kan maar beter stil in een hoekje blijven zitten en niet dwarsliggen.' De ratten die leerden zichzelf te beschouwen als hulpeloos, zijn een sprekend voorbeeld van de arme ik: 'Ik heb geen enkele inspraak in wat er op het werk gebeurt. Ik ben maar een pion. Ik kan niets veranderen omdat ik van niemand de kans krijg.'

Kijk ook eens naar de gevolgen van het onderzoek in termen van de vraag: 'Hoe weet ik wanneer ik innerlijk op mezelf ben afgestemd? Rat nummer 2 (om het arme, ongelukkige knaagdier te vergelijken met de geconditioneerde werker) lijkt een beslissing te hebben genomen over zichzelf, gebaseerd op iets van buitenaf (onontkoombare schokken), die een algemene boodschap naar zijn cellen overseinden van: 'Ik ben zwak en heb het niet in de hand wat er met mij gebeurt.' De cellen die zichzelf nu omschrijven als: 'Ik ben zwak en heb geen controle over wat er met mij gebeurt,' verliezen in hoge mate het vermogen de gezondheid te bewaren. Onze depressieve gevoelens ondermijnen ons immuunstelsel. Negatieve gevoelens van frustratie, boosheid, verwijt, wrok en hopeloosheid ontstaan als we ons hebben afgescheiden van God. Als je dagelijks frustratie en boosheid ervaart, als je in gedachten je meerderen, collega's of cliënten vaak ziet als een vloek op je dag – ben je niet afgestemd op jezelf. Borysenko geeft het voorbeeld van de man in de auto naast hem die vastzat in het verkeer en op zijn stuur bonkte. 'Toen ik zag hoe overstuur die man was, begreep ik dat het niet belangrijk is wat er daarbuiten gebeurt, maar wat er *hierbinnen* gebeurt.'

JIJ BEPAALT DE NORM

Een bedrijf, in je levensonderhoud voorzien, een goed middel van bestaan, is net als alles in je leven een mogelijkheid om God, de geest, de universele intelligentie of hoe je je spirituele bron ook noemt, te ervaren. Als iemand die de Wereldvisie vasthoudt, bepaal je de norm door je handelingen, doelstellingen en synergetische processen met anderen.

Larry Leigon, mede-oprichter van de niet-alcoholische wijnfirma Ariel, en nu mede-eigenaar van Global Insights in Novato, Californië, is ook bevoegd docent in neuro-linguïstisch programmeren met de nadruk op genezen. Leigon is een voorbeeld van de nieuwe zakenman die een paradigmaverandering heeft doorgemaakt van uiterlijke naar innerlijke waarden. In een interview vertelde hij over de weg die hij heeft afgelegd sinds hij opgroeide op een grote veeboerderij in Texas, tot consulent en docent op het gebied van spiritualiteit in het bedrijfsleven. 'De meeste mensen beseffen nog niet wat spiritualiteit in het bedrijfsleven precies is omdat ze het proberen in te passen in oude categorieën als: "Hoe kunnen we spiritualiteit beter in het bedrijfsleven *gebruiken?*" Of ze vergelijken spiritualiteit met zakelijke ethiek en daarmee ben je nog steeds op iets uiterlijks gericht. Of ze proberen het bedrijfsleven ecologischer te maken.' Volgens hem zijn dat allemaal prima waarden, maar *naar buiten* gericht.

Wat is het doel van een bedrijf? De meeste mensen zullen antwoorden 'winst'. Als je blijft kijken buiten jezelf kun je alleen tot de conclusie komen dat het antwoord gebaseerd moet zijn op een aantal *externe criteria* – de verlies- of winstcijfers, de invloed op het milieu, onderscheidingsvermogen, 'diversity management', vrouwenrechten – allemaal *effecten* van spiritualiteit in het bedrijfsleven die de moeite waard zijn. Maar zij zijn niet de *oorzaak* van spiritualiteit in het bedrijfsleven. Als je uitgaat van innerlijke criteria, is de innerlijke winst de individuele verwerkelijking van de directe ervaring van God.

Larry Leigon.

'Waar het bij de paradigmaverandering echt om gaat,' aldus Leigon, 'is de omkeer van al je aandacht richten op gecontroleerde, meetbare, voorspelbare *uiterlijke* factoren naar functioneren vanuit een *innerlijke* afstemming op een hoger of dieper doel. Ik heb ontdekt dat als ik onderzoek en respecteer wat echt belangrijk is voor mij, ik me naar buiten toe totaal anders gedraag. De boeddhisten noemen het juist leven, iemands dharma of iemands weg. Ik stel mezelf de vraag: "Wil God dat ik dit doe?" "Voel ik me hierbij afgestemd op mijn waarden?" Pas als ik heb gecontroleerd of ik innerlijk op mijn waarden ben afgestemd, besluit ik met welke cliënt ik in zee ga, welk product ik ontwikkel, welke handelwijze ik volg. Dat staat haaks op de traditionele manier van zakendoen waarbij je de markt en de concurrentie onderzoekt en een strategie probeert te bedenken om een zwakke plek te ontdekken en die uit te buiten. In het verleden probeerde ik alleen een verdedigbare positie op de markt te veroveren en stand te houden tegen de roofzuchtige concurrentie. Daardoor plaatste ik mezelf in de positie van een klein dier bij een Afrikaanse drinkplek, dat erop wachtte door een groter dier te worden opgegeten.'

Jagers, verzamelaars, boeren, bouwers, hoeders

Ongeveer zoals een regenworm met zijn gewroet de grond verbetert doordat lucht en water beter en dieper in de grond kunnen doordringen, leiden onze spirituele verlangens tot diepere reacties op onze omgeving – inclusief onze zakelijke en financiële omgeving. De overal voorkomende rusteloosheid die in het Eerste Inzicht werd beschreven is zowel een symptoom van de overgang die plaatsvindt als een kracht die ons persoonlijk en beroepsmatig verbindt om te werken aan eenheid in de wereld. Het bedrijfsleven is niet alleen de hoeder van de verandering maar staat ook onder invloed ervan. Het streven naar technologische ontwikkeling en de strijd om onze scheppingen bij te houden is nog steeds een krachtige en onbestendige mengeling omdat we het vanuit ons uiterlijk standpunt 'onder controle' proberen te houden. We hollen echt ergens achteraan. We hebben onszelf niet afgevraagd: 'Waarom hollen we er achteraan?' De vraag waarom is het innerlijk gezichtspunt.

O, ALLEEN VOOR DE LOL

Stel je voor dat je 's morgens opstaat en zegt: 'Hé, ik ben een spiritueel wezen!' Zou je daarom moeten lachen of huilen? Stel je voor dat je je kantoor binnenkomt met je aktetas in de hand terwijl je zaktelefoon overgaat en je je collega's goedemorgen wenst met de woorden: 'Goede morgen spirituele wezens!' Stel je voor dat je boos ophangt na een telefoongesprek, maar je opeens herinnert dat je zoëven hebt gesproken met een spiritueel wezen – en dat jij er ook een was!
Dat klinkt je ongetwijfeld belachelijk in de oren, maar het Tiende Inzicht is een niveau van bewustzijn dat in dagelijkse situaties de kwaliteit van je leven onmiddellijk kan veranderen. Daar hoef je niet op te wachten. Je hoeft jezelf in het openbaar niet te kijk te zetten omdat je 'zo spiritueel bent'. Luister en handel vanuit het voornemen dat in je hart zetelt. Ga op zoek naar zielen bij wie je weerklank vindt en versterk je band met hen. Vergeet niet dat jouw tijd op aarde zorgvuldig is gepland om rustig samen met andere zielengroepen te werken aan de ontwikkelingen op aarde. Kijk hoe anderen te werk gaan. Ligt de nadruk op het vestigen van een persoonlijk imperium of wordt het werk gedaan in de geest van allesomvattendheid en edelmoedigheid? Ver-

oordeel anderen niet en laat iedereen zijn eigen weg vervolgen. Stem je af op de mensen bij wie je een flits van herkenning of een diep gevoel van weerklank ervaart. Jouw ontvankelijkheid voor anderen die zich op een spirituele weg bevinden, zal anderen aantrekken en de mate van bewustzijn zal je op telepathische wijze helpen humanitaire doelen te bereiken op wereldschaal, ook al voel je je gefrustreerd op je eigen kantoor!

WAT JE DENKT ZUL JE OOGSTEN

Commercie, handjeklap, handelen, zakendoen – de hoeksteen van geciviliseerde samenlevingen – heeft zich ontwikkeld overeenkomstig onze waarden en overtuigingen. De onderliggende westerse kapitalistische waarden zoals onafhankelijkheid en hard werken zijn gedegenereerd tot wrede overnamen, meedogenloze concurrentie en werkverslaving. Andere landen doen hun uiterste best ons in deze ontwrichte toestand te

> James Rouse die door *Time* 'Amerika's meesterbouwer' werd genoemd, behoort tot de mensen die proberen plaatselijke gemeenschappen de controle over hun hulpbronnen terug te geven... 'Winst is niet het legitieme doel van zakendoen,' zegt hij. 'Het doel is een dienst te verlenen die de samenleving nodig heeft. Als je dat goed en efficiënt doet, maak je winst.'
> **Corinne McLaughlin en Gordon Davidson,**
> *Spiritual Politics.*

volgen. Doelmatigheid, zelfredzaamheid en technologische bekwaamheid hebben zich geleidelijk aan ontwikkeld tot uiteindelijk zichzelf ondermijnende waanideeën als ingebouwde veroudering, 'hoe groter hoe beter', 'op zoek naar nummer één', en de aandeelhouders gunstig stemmen. Maar al die ogenschijnlijk 'negatieve' ontwikkelingen hebben als doel ons wakker te schudden uit zelfgenoegzaamheid en stimuleren vreemd genoeg het hogere weten van de mensheid. Vergaand materialisme is slechts een van de stadia in een continuüm van gezichtspunten en is een noodzakelijke stap in de evolutie naar de eenwording van de twee werelden.

HET ONDERLING VERBONDEN, SPIRAALVORMIG MODEL
VAN HET BEDRIJFSLEVEN

Velen van ons zien die ideeën misschien nog niet in vervulling gaan op de plek waar we werken. Maar alles verandert zo snel dat de tabel op pagina 285 over een paar jaar misschien wel heel ouderwets is. Een van de mogelijkheden om iets aan de hiërarchie in het bedrijfsleven te veranderen, is door gebruik te maken van een diepte-ecologiemodel. Dat betekent dat alle beslissingen en handelingen overal in doorwerken. Hoewel dit een meer verlicht model is om zaken te doen dan

> Geld... is slechts uitgekristalliseerde energie of levenskracht... Het is een materialisatie van etherische kracht. Het is daarom vormgegeven vitale energie en deze vorm van energie staat onder toezicht van de financiële groep. Dat is de laatste groep [van zielen] in tijd gezien en hun werk (dat moeten we niet vergeten) wordt heel beslist gepland door de [spirituele] hiërarchie. [De financiële zielengroepen] brengen bijzonder verstrekkende effecten tot stand op aarde.
>
> **Alice B. Bailey, *A Treatise on White Magic or The Way of the Disciple.***

het roofdier/prooimodel, omdat het als doel heeft te werken aan toegestane groei in plaats van het uitputten van onze hulpbronnen, legt het nog steeds de nadruk op uiterlijke factoren. Het ecologiemodel is het *gevolg* van de innerlijke spirituele afstemming, niet de *oorzaak* van het spirituele in zakendoen. Als we onze intuïtie volgen, als we luisteren naar ons hart, zullen we bepaalde keuzen maken. De energie die door die keuzen wordt gecreëerd, zal door een netwerk stromen en zich door samenwerking met andere systemen verder ontwikkelen. Als we ons intuïtief aanpassen aan de respons die we krijgen, zullen zich vanzelf veranderingen voordoen. Het terugkoppelen zal nieuwe vragen oproepen en we zullen ons opnieuw afstemmen op ons spirituele weten, op de lange-termijnbehoeften van het hele organisme van de mensheid.

Zoals het Negende Inzicht veronderstelde, bevinden we ons op een kritiek punt in de geschiedenis, waarin het noodzakelijk is dat het bedrijfsleven ruimere doelen ontwikkelt dan eenvoudig geld verdienen voor een paar individuen. Een van de hogere doelen van het bedrijfsleven is een synthese te bewerkstelligen, de hele linie van de mensenfamilie te beïnvloeden. Zakenmensen treden voortdurend naar buiten, vormen netwerken en vormen bondgenootschappen, en scheppen synergetisch nieuwe vormen.

Als we ons beeld van het bedrijfsleven veranderen van een lineaire, op winst gerichte machine in een levend systeem met als doel ons dichter bij God te brengen, zal het zakendoen nieuwe vormen aannemen. Het aantal mensen dat thuis werkt neemt bijvoorbeeld enorm toe, omdat mensen steeds meer onvrede hebben met de kwaliteit van het leven in grote, onpersoonlijke, hiërarchische organisaties die werknemers behandelen als gebruiksvoorwerpen. Steeds meer mensen beginnen voor zichzelf, hetzij uit noodzaak omdat ze zijn ontslagen of omdat ze hun intuïtie en hun hart volgen in het zoeken naar een middel van bestaan waarvoor ze 's morgens met plezier uit bed komen. Deze trend is bevorderlijk voor de archetypische eigenschappen van aanpassing en verscheidenheid (die zo belangrijk zijn in het ecologisch model van duurzaamheid). Terwijl mensen uitwaaieren in met elkaar in contact staande eenheden, brengen ze op hun eigen intuïtieve manier de niet-hiërarchische eenwording en democratisering van de mensheid op gang. Je kunt zien dat er een hoger doel wordt gediend door mensen die voor zichzelf besluiten wat voor hen goed voelt. Wat een zakelijke beslissing lijkt, kan een telepathische reactie zijn op een universele beweging. We zeggen niet dat iedereen zijn baan moet opzeggen of van beroep moet veranderen, want ieder mens vervult in iedere situatie een behoefte totdat er een beroep op hem wordt gedaan iets te veranderen. Maar is het toeval dat wij kunnen beschikken over middelen zoals de telefoon, de pc, fax, fotokopieerapparatuur en koeriersdiensten op een moment dat velen van ons verlangen naar autonomie – binnen een ondersteunend netwerk?

SPIRITUELE 'WINST': VERTROUWEN, DIENSTBAARHEID, ZELFRESPECT, ENTHOUSIASME, SOEPELHEID, WELVAART EN VREUGDE

Karen Burns Thiessen, een marketingadviseuse uit Fairfax in Californië, werd ontslagen toen de afdeling van een groot bedrijf waar ze werkte werd ingekrompen. Ze vertelde ons: 'Tot vorig jaar had ik altijd voor anderen gewerkt. Toen ik na tien jaar werd ontslagen, besloot ik dat ik het op eigen houtje wilde proberen. De dag waarop ik mijn bedrijf (Kalena Associates) begon, werd ik gebeld door een groot bedrijf dat mij een baan aanbood met alles wat ik maar wilde – geld, een auto, vakantie, alles. Ik wist dat ik op de proef werd gesteld!'

In plaats van terug te gaan naar haar vroegere leven, ging Karen op de ingeslagen weg verder, ook al was ze er absoluut niet zeker van hoe het zou aflopen. 'Ik gaf mezelf een jaar om van de grond te komen en begon te experimenteren. Ik ging mediteren en las heel veel. Mijn intuïtie bleef me gewoon naar de juiste boeken leiden. Mensen gaven me adviezen of vertelden me dat iets niet zou werken, maar ik bleef erop vertrouwen dat mijn creativiteit me ergens heen zou leiden. Begin 1996 vond er een transformatie plaats toen ik een lijstje maakte van dingen die ik binnen een half jaar gerealiseerd wilde zien. Binnen een maand heb ik alles bereikt wat ik op dat lijstje had gezet – inclusief het inkomen dat ik wilde en het soort klanten waarmee ik wil werken.' Karen moedigt haar klanten aan te vertrouwen op hun intuïtie en risico's te nemen. Ze helpt hen een evenwicht te vinden tussen hun privéleven en hun werk. 'Als je een klein bedrijf hebt, is je werk je leven. Je moet de dingen waaraan je plezier ontleent – of het nu gaat om zeilen, buiten zijn of waar je ook van geniet – niet uit het oog verliezen en het plezier in je werk integreren,' aldus Karen.

Karen houdt ondernemers ook voor dat emotionele blokkades alle energie aan je onttrekken en dat ze de geldstroom kunnen belemmeren. 'Als het geld niet stroomt,' zegt ze, 'moet je jezelf afvragen: "Welke onopgeloste persoonlijke kwesties onttrekken alle energie aan mij?' Ik zeg ook tegen mensen dat het goed is je klanten te laten schieten als het niet werkt. Als het niet klikt, laat ze dan gaan. Het maakt ruimte voor mensen met wie je echt graag zaken wilt doen!' Bovenstaande opmerkingen van Mark Bryant, Larry Leigon en Karen Burns Thiessen zijn voorbeelden van een nieuwe houding die groeit binnen het oude hiërarchische en op strijd gerichte zakenmodel, dat maar al te vaak leidt tot ontgoochelde, opgebrande mensen.

HARTSTOORNISSEN

In de lezing die Dr. Borysenko in Montreal gaf, vroeg hij mensen hun hand op te steken als zij iemand kenden die in de afgelopen paar maanden een hartaanval had gehad. Van de zevenhonderd mensen staken er ongeveer honderd hun hand op! Volgens de statistieken doen de meeste hartaanvallen zich voor op maandagmorgen. Waarom? Dr. Larry Dossey, een van de meest briljante denkers over het nieuwe paradigma, vatte de triestheid van maandagmorgendepressie samen met de term 'vreugdeloze inspanning'. In welke mate is deze houding – werken zonder een doel voor ogen waarmee wij onszelf overstijgen – in onze cultuur ingebed?

Op de vier niveaus van het leven gelden criteria voor gezondheid en volgens dr. Borysenko is *veerkrachtig* reageren op uitdagingen het hoogste criterium voor het fysieke niveau. In de eerdergenoemde onderzoeken bij ratten, gedijen de ratten die enige controle over de elektrische schokken hadden juist erg goed, of deden het nog beter dan ratten die helemaal geen schokken toegediend hadden gekregen. Stress kan in feite onze creativiteit stimuleren, zolang we het gevoel hebben dat we over dat wat ons overkomt enige controle hebben. Maar dat wil niet zeggen dat we 'alles onder controle' moeten hebben. Borysenko haalt onderzoeken aan die zijn uitgevoerd door de onderzoekster Suzanne Kobasa (SUNY). Bij een bedrijf dat in een overnameprocedure was verwikkeld, zag ze mensen die onder zware druk stonden. Degenen die echt instortten zeiden dat ze zich hulpeloos voelden en *verandering als crisis beschouwden.* Ze hadden problemen met hun gezin, konden niet slapen, gebruikten te veel alcohol en drugs en hadden over het algemeen het gevoel dat ze de situatie niet onder controle hadden. Zo te zien passen ze in het model van vreugdeloze inspanning.

VERANDERING ALS KANS

Andere mensen in dezelfde omstandigheden zagen de veranderingen daarentegen als een uitdaging en hadden het gevoel dat ze een geweldige kans kregen. Mensen die verandering als een kans zien zijn wat Lent noemt 'psychisch taai'. Ze hebben ondanks wat er gebeurt niet het gevoel dat ze aan de situatie zijn overgeleverd. Ze begrijpen dat de zaak onder controle hebben soms betekent dat je *de controle moet loslaten.* Ze voelden zich ook verbonden – verbonden met een ideaal, met de gemeenschap waarin ze leefden, met hun gezin, met een groter doel – het tegenovergestelde van vreugdeloze inspanning.
Borysenko gelooft dat naast veerkracht in fysiek gedrag, emotionele *volwassenheid* noodzakelijk is voor een optimale gezondheid. Wat is emotionele volwassenheid? Hij gelooft dat we allemaal de onvolwassen subpersoonlijkheden die we als kind hebben geschapen om de liefdesband met onze ouders te behouden, moeten genezen. Zijn beschrijving van de diverse subpersoonlijkheden stemt nauw overeen met de vier Celestijnse machtsspelletjes die ook zijn ontwikkeld als een reactie om te overleven.
Intellectueel welzijn komt volgens Borysenko voort uit *nieuwsgierigheid* naar de wereld, een nieuwsgierigheid die maar al te vaak verstikt

raakt in het geïnstitutionaliseerde leven. Het vierde criterium voor spirituele gezondheid is naar zijn mening *spiritueel optimisme* – precies wat volgens het Tiende Inzicht nodig is om een positieve Wereldvisie vast te houden!

Het mysterie van ons leven *wil* zich ontvouwen en het ontvouwt zich als wij luisteren naar onze intuïtie en ondanks ogenschijnlijke chaos ruimte geven aan harmonie – zelfs in het bedrijfsleven. Opnieuw hebben we de keuze om het leven te zien als een proces – compleet met tegenstrijdigheden, onzekerheden, *en* onvoorstelbare mogelijkheden – of als een op instorten staande, onbeheersbare totale mislukking.

Zakendoen is binnenstebuiten keren, de muren van de directiekamer ontmantelen

Het karakteristieke van zakendoen is dat alles in fasen verloopt. Vanuit het oude mechanische wereldbeeld spraken we over inschakelen, effectueren, meten, kwaliteitscontrole, opnieuw meten, ijken, beleid vaststellen (met ruimte voor verandering) en herconstrueren (tot mensen aan toe). Het enige dat telde was een toename van de opbrengst. De prijs voor de schade aan de menselijke ziel, schade aan het milieu, de nalatenschap aan onze kinderen, telde niet. Als zakendoen wordt benaderd vanuit een spiritueel gezichtspunt, nemen mensen de gevolgen van hun keuzes op de lange termijn in overweging. Ze beginnen met wat voor hen belangrijk is, blijven afgestemd op hun integriteit en proberen – zo goed mogelijk – anderen te dienen zoals ze zelf gediend zouden willen worden.

Margaret Wheatley verwoordt heel mooi hoe we kunnen leren van de 'ontluikende creativiteit' van de natuur. Ze spreekt over leven in de wereld met het doel 'de mogelijkheden te ontdekken, nieuwe combinaties te zoeken – niet vechten om te overleven, maar spelen, broddelen, om te ontdekken wat de mogelijkheden zijn.' Als we de manier waarop we naar 'het probleem' kijken veranderen, veranderen we ook de manier van hoe we met die situatie omgaan. Als we onszelf toestaan er een 'warboel' van te maken, iets waar de ziel de voorkeur aan geeft, ervaren we de rijkdom van het leven en daaruit zal orde voortkomen. Ze schrijft: 'Wetenschappers zeggen dat er veel warboel nodig is om uiteindelijk te ontdekken wat werkt. Maar daaraan ligt het besef ten grondslag dat al die warboel leidt tot het ontdekken van een organisatievorm die voor meerdere soorten werkt. Het leven maakt gebruik van warboel, maar die is altijd gericht op organisatie; altijd gericht op orde.'[2] Dit is niet de lineaire, doelgerichte manier waar de meesten van ons grote waarde aan hechten (ook al hebben de meesten van ons nooit van hun leven een vijfjarenplan gehad). Als we ons afstemmen op onze waarden en op een positieve kracht, zullen we meer energie krijgen en alert zijn op de 'mogelijkheden' die het leven ons biedt. Directievergaderingen op het bewustzijnsniveau van het Tiende Inzicht worden bijeenkomsten waar aandacht is voor gemeenschappelijke doelstellingen, voornemens en intuïtie om zo te komen tot het hogere doel van een situatie, of de diepere waarden ervan tot uitdrukking te brengen. Dan denken we bij een directiekamer aan een kring, niet een ladder, aan een bakermat van ideeën en een smeltkroes, niet de gevangenis of het gerechtshof.

CYCLUS VAN BLOEIPERIODEN

De socioloog Paul Ray speculeert dat wij momenteel een verandering in het heersende cultuurpatroon doormaken, een opleving die zich misschien slechts één of twee keer in de duizend jaar voordoet. Onze innerlijke rusteloosheid is een teken dat noch het nostalgische, conservatieve element *noch* de moderne technologische visie op het leven (met als motto 'leve de technologie!') voldoende fysieke of spirituele voeding biedt. Uit zijn onderzoek blijkt het ontluiken van wat hij de integrale samenleving noemt, die in hoofdstuk 1 al ter sprake is gekomen. Deze nieuwe samenleving, die niet een bijproduct van een systeem maar meer een vraag vanuit het hart om persoonlijke integriteit is, verandert de oude vormen van steden, banen, werkplekken, geldmarkten, bedrijven, universiteiten en regeringen. Aangemoedigd door hun innerlijke behoefte om zich afgestemd te weten op hun overtuigingen, lezen mensen de kleine lettertjes op etiketten, stellen vragen over de herkomst van producten, komen met gelijkgezinde mensen bij elkaar om te praten over gezondheid, genezing, ecologie, mensenrechten, kindervraagstukken, en allerlei andere onderwerpen. 'De culturele opleving vindt plaats om een nieuwe manier te ontdekken waarop wij onszelf kunnen zien en om oude ideeën en technologieën op een nieuwe manier te gebruiken,' schrijft Ray. 'Het is een hoopvolle en creatieve periode in de samenleving, meestal voorafgegaan door een periode van verslagenheid en wanhoop.'[3] Ray waarschuwt ons ook dat deze ontluikende transformatie van de samenleving het

ZAKELIJKE OVERTUIGINGEN SCHEPPEN DE WERKELIJKHEID

Oude overtuigingen over zakendoen	Leiden tot:	Nieuwe manieren van denken	Leiden tot:
Het bedrijfsleven is een machine	Starheid	Zakendoen is een manier om God te ervaren	Flexibiliteit, vreugde, vertrouwen, optimisme, creativiteit
Onbeperkte groei	Hebzucht, uiteindelijke mislukking	Zinvolle actie, duurzame groei	Harmonie, fysieke welvaart
Hiërarchisch	Angst, starheid, hoge omzet	Zelfregulerend rondom een opdracht	Het tot stand brengen van het beste voor allen
Concurrentie is gezond, noodzakelijk & wenselijk	Angst, schaarste, ondoelmatig gebruik van hulpbronnen	Een goed middel van bestaan en juist handelen	Wederzijds voordeel, vertrouwen, creativiteit, doelmatigheid
Hardvochtig individualisme	Hebzucht, ongeremd terugsnoeien	Democratisch leiderschap, partnerschappen	Synergetische oplossingen
Succes als enige financiële maatstaf	Korte-termijndoelen, beperkte visie	Financieel, emotioneel, fysiek en spiritueel welvaren	Stabiele gemeenschap, verzoening en eenwording
Denk alleen aan de zaak, laat het persoonlijke erbuiten	Verdeeldheid kweekt gebrek aan, loyaliteit, een onrealistische kijk op het leven	Harmonieus werk, een gevoel van authentieke verbondenheid, het hele zelf aan het werk	De verwerkelijking van de broederschap tussen mensen
Doelgericht management	Starheid, blindheid voor synchroniciteit, minder flexibiliteit	Je iets voornemen, afgaan op je intuïtie, verantwoordelijkheid, vertrouwen dat alles gebeurt met een doel	Juist handelen, grotere creativiteit, universele steun, wonderen

overheersende paradigma niet zal veranderen tenzij we een sterk voornemen voor positieve verandering en een optimistische kijk *blijven vasthouden.*

Wij lijken ons tussen twee verdiepingen in te bevinden en op persoonlijk niveau zijn we er misschien niet helemaal zeker van wat zal werken. Maar op planetair niveau zijn de voorbereidingen voor deze tijd in de geschiedenis al honderden jaren aan de gang door het werk van veel mensen die spiritueel zijn afgestemd en zichzelf rustig en onzelfzuchtig, zonder wereldse ambities, dienstbaar maken.

In- en uitademen

Wat heeft ademen met zakendoen te maken? De eenvoudigste ideeën zijn vaak de ideeën die we over het hoofd zien in onze haast ons leven onder controle te krijgen en te spreken vanuit onze 'deskundigheid'. Laten we onszelf de vraag stellen hoe we vanuit een meer verlichte houding kunnen omgaan met ons werk en onze 'bedrijvigheid'.
Als het werk er soms toe leidt dat we overlijden aan stress (zoals het geval is in werkverslaafde landen als Amerika en Japan) en tot vreugdeloze inspanning, wat kunnen we dan doen om ons leven opnieuw op te eisen? Als spiritueel optimisme en zingeving het nieuwe paradigma zijn voor gezondheid, wat kunnen we dan in praktische zin doen om te werken binnen het nieuwe paradigma? Dr. Borysenko en andere deskundigen op het gebied van stress herinneren ons aan onze aangeboren 'ontspanningsrespons', het tegenovergestelde van de vlucht-of-vechtrespons. Hij zegt: 'Als je enige controle over je leven wilt hebben, moet je leren te ademen vanuit je middenrif. Daardoor kom je automatisch in de ontspanningsrespons. Als je de ontspanningsrespons opwekt, worden hartslag en bloeddruk lager, evenals het cholesterolgehalte en het lactaatgehalte van het bloed. Pijn, allergische reacties en kans op infectie nemen af. Je vergroot letterlijk de bloedstroom naar de hersenen en de ledematen [in biologische zin 'met de stroom meegaan!']. Je bent op een rustige manier beter afgestemd, bewuster en alerter. Dat is de perfecte omstandigheid voor zelfonderzoek. Je kunt door deze respons alles beter het hoofd bieden, omdat je de angst vermindert, je depressies vóór bent en een positief zelfbeeld opwekt dat de basis vormt waarop verandering tot stand kan komen. Je bent in staat jezelf te *deconditioneren* en te *herconditioneren*. Dat is de betekenis van de paradigmaverandering.'

Een nieuw licht op 'teamwerk' – ZIELENGROEPEN IN DE SPIRITUELE DIMENSIE

In *Het Tiende Inzicht* bereiken de personages een hoger energieniveau, waardoor zij zich bewust kunnen worden van hun oorspronkelijke ideaal, hun Geboortevisie. In deze hogere trilling worden zij zich bewust van de aanwezigheid van groepen zielen in het Hiernamaals die hun energie sturen. Een voor een beginnen ze in te zien dat ze allemaal hun eigen groep hebben – een groep die misschien al wel eeuwen bij hen is. Deze groepen houden de herinnering aan de Geboortevisie vast en helpen de persoon op aarde door energie te sturen als hij erom vraagt. De personages beginnen te beseffen dat zij allemaal een bepaald beroep hebben gekozen waarmee zij hun oorspronkelijk ideaal willen manifesteren.

Toegegeven, zakenmensen vinden het idee van een zielengroep uit een andere wereld die hen in hun dagelijks leven op kantoor helpt misschien wel vergezocht. Maar stel dat. Stel dat we datgene wat we weten over de spirituele leer *echt* toepassen in ons leven – in de wetenschap dat elke handeling, alle terreinen van het leven, een mogelijkheid zijn om God te ervaren. Als wij het niveau van het Tiende Inzicht hebben bereikt, zijn we al afgestemd op onze intuïtie, volgen we onze ingevingen en weten we dat de synchrone gebeurtenissen die zich voordoen geen 'toeval' zijn. Dat is het gevolg van de vaak onopgemerkte of niet-onderkende intelligentie van het universele veld. Door te mediteren komt onze trilling dichter bij die van de zielengroep, maar de meesten van ons zijn niet in staat de mogelijke telepathische verbinding te herkennen. Het kan zijn dat we ingevingen en creativiteit niet in verband brengen met een hogere afstemming, of ons niet bewust zijn van een andere dimensie als we de magie van geïnspireerd teamwerk ervaren. Maar volgens de esoterie worden we, als we in ons werk op één lijn zitten met het universele doel en onze eigen Geboortevisie, enorm geholpen door wezens in een hogere dimensie. Als we niet zijn afgestemd op een hoger doel wordt er geen oordeel over ons geveld, daar de wet van oorzaak en gevolg zijn eigen gevolgen schept voor ons.

NEGATIEVE GEVOELENS OPRUIMEN VOORDAT JE SAMEN AAN HET WERK GAAT

De groep van zeven in *Het Tiende Inzicht* wist dat ze er bijna achter waren waarom ze zich allemaal aangetrokken voelden tot de vallei en tot elkaar. Maar bepaalde onderlinge reacties leken een fluctuering te veroorzaken in hun energie, waardoor ook hun contact met het Hiernamaals sporadisch was. Ze hadden een glimp opgevangen van andere levens waarin ze als groep andere doelen hadden nagestreefd en hadden gefaald. 'Uit Charlene's glimlach maakte ik op dat ze het zich had herinnerd. "Het meeste van wat er gebeurd is, weten we weer," zei ik. "Maar tot nu toe waren we nog niet in staat terug te halen hoe we van plan waren het deze keer beter aan te pakken. Kun jij je dat herinneren?"

Charlene schudde haar hoofd. "Gedeeltelijk. Ik weet dat we de aard van onze onbewuste gevoelens ten opzichte van elkaar moeten vaststellen voordat we verder kunnen." Ze keek me in de ogen en zweeg. "Dit maakt allemaal deel uit van het Tiende Inzicht... alleen is dat nog nergens opgeschreven. Het komt langs intuïtieve weg tot ons." […]

"Voor een deel is het Tiende een uitbreiding van het Achtste. *Alleen een groep mensen die volledig volgens het Achtste te werk gaat, kan zover komen dat ze zich op een hoger niveau zuiveren en de weg vrijmaken."* [4]

Het Achtste Inzicht in *De Celestijnse belofte* stelt nadrukkelijk dat we het vermogen hebben anderen te verheffen door hen te zien met liefde, de liefdevolle trilling te scheppen die de hogere wijsheid in hen

---

Iedereen – ook een zakenman – moet af en toe even stil kunnen staan. Misschien zouden zakenmensen telefoonmeditatie kunnen beoefenen. Iedere keer als de telefoon gaat adem je in en uit om innerlijk vredig te worden, waarbij je gebruik maakt van de rinkelende telefoon als een signaal om terug te keren tot jezelf.

Als iemand die belt iets heel belangrijks heeft te vertellen, zal ze niet ophangen als de telefoon pas twee keer is overgegaan. Als hij voor de derde keer overgaat, kun je de telefoon opnemen. Nu ben je veel rustiger en dat is niet alleen goed voor jezelf, maar ook voor degene die belt. Dit is slechts een van de vele manieren om vrede te beoefenen.

Thich Nhat Hanh, *Inquiring Mind.*

---

naar boven brengt. Velen van ons hebben gemerkt dat we dit met bepaalde mensen heel goed kunnen. Maar bij anderen zijn we niet in staat liefdevolle energie vast te houden of zelfs dat niveau te bereiken. Dit gebeurt vaak uitgerekend in heel belangrijke situaties, als we bijvoorbeeld met anderen samenwerken in een project, ongeacht of het om een nieuw product gaat, de aanleg van een snelweg of het herschrijven van een beleidsnota. Waarom?

Uit veel onderzoek naar reïncarnatie

> Wat je ook doet, praat erover hoe je het doet. Dat wil zeggen dat je even niet praat over oplossingen, maar in plaats daarvan over hoe je hebt geprobeerd een oplossing te vinden. Als vergaderingen over het probleem tot niets leiden, praat je over hoe je vergaderingen verlopen. Als je geen succes hebt gehad met je creativiteit, praat je erover hoe je te werk bent gegaan in je creativiteit. Als je niet goed communiceert, praat je erover hoe je altijd met elkaar communiceert. Dolfijnen praten veel met elkaar *over* het proces en als beloning ontdekken ze vaak *in het proces,* de oplossing, die zich daar al die tijd bevond.
> **Dudley Lynch en Paul L. Kordis, *Strategy of the Dolphin.***

blijkt dat we vaak steeds weer met dezelfde zielen incarneren. Het is heel wel mogelijk dat je met één of meerdere mensen samenwerkt met wie je een vorig leven hebt doorgebracht. Klinkt dat al te fantastisch? Denk eens terug aan bijzondere zakelijke overeenkomsten of projecten. Herinner je je dat er iets vreemds gebeurde? Ontmoette je iemand door middel van een synchrone gebeurtenis? Was er een onmiddellijk gevoel van blijdschap of vijandschap? Is die ervaring een grote les voor je geweest?

Allemaal kiezen we bepaalde dingen die we in ons leven willen bereiken – we willen bijvoorbeeld proberen geduldiger en onafhankelijker te zijn of meer vertrouwen te hebben. Mensen die een bepaald beroep op een ander niveau willen brengen, zullen in dit leven tot elkaar worden aangetrokken om gezamenlijk aan hun keuze te werken. Maar zielen kunnen er ook voor kiezen een schuld aan iemand in te lossen die nog vanuit vorige levens dateert. Op ons werk kunnen we mensen ontmoeten met wie het klikt en anderen met wie we onbewuste zaken hebben uit te werken. We zijn in een specifieke situatie terechtgekomen om dat soort kwesties door te werken. Negatieve kwesties maken zich kenbaar als conflicten of een sterk gevoel van aantrekking of afstoting. Daarom kan het moeilijker zijn die mensen liefdevolle energie te sturen en zitten we voor ons gevoel vast. Ook al zijn we boos of gefrustreerd, de financiële noodzaak die ons op die plek houdt, kan ons *dwingen* met iemand om te gaan die we liever gewoon zouden negeren.

De groep van zeven in *Het Tiende Inzicht* komt via Maya tot het besef dat, om te kunnen functioneren op het hoogste resonantieniveau dat nodig is om hun doel te verwezenlijken, zij zich bewust moeten worden van de negatieve gevoelens die tussen hen leven en bereid moeten zijn die uit te praten, ongeacht hoeveel tijd dat vraagt. Maya zegt: 'De beste strategie is dat je de emotie erkent, dat je je volledig van het gevoel bewust wordt en daar dan oprecht uiting aan geeft, hoe onbeholpen je poging daartoe ook mag zijn. Daardoor word je je de emotie volkomen bewust in het hier en nu, wat er uiteindelijk toe leidt dat ze kan worden terugverwezen naar het verleden, waar ze thuishoort. Daarom is dat soms langdurige proces, waarbij je zegt wat je dwars zit, het bespreekt, de boel boven tafel brengt, zo zuiverend en bevrijdend, want het stelt ons in staat terug te keren tot een staat van liefde, en liefde is het hoogste gevoel dat we kennen.'[5]

ACTIEF LUISTEREN

Op dit punt in het boek zegt iedereen wat hij van de ander vindt en gaat zijn diepste gevoelens na om te kijken of er nog iets aan wrok is achtergebleven. Een voor een spreken ze zo goed als op dat moment mogelijk is hun gevoelens uit, zonder elkaar verwijten te maken. Eén keer gaat onze moedige avonturier in de verdediging als Charlene zegt dat hij 'zo pragmatisch was en zo weinig betrokken', natuurlijk het machtsspelletje van de afstandelijkheid, waarvan we hem in *De Celestijnse Belofte* herhaaldelijk gebruik hebben zien maken. Maya merkt op dat steeds als we in een gesprek in de verdediging gaan, de ander niet het gevoel heeft dat er naar haar is geluisterd. 'Dan blijft de emotie waarmee ze zit door haar gedachten spelen, omdat ze zint op een manier om het je duidelijk te maken, zodat je overtuigd bent. Of de emotie wordt weer onbewust en dan bestaan er kwalijke gevoelens waardoor de energie tussen jullie afzwakt. De emotie blijft hoe dan ook een probleem, staat in de weg.'[6] Zo erkent de hoofdfiguur dat hij door zijn te pragmatische en afstandelijke instelling niet in staat was geweest haar te helpen. Door eerlijk te kijken naar zijn ontoereikende reactie kan hij de verantwoordelijkheid voor die oude wonden op zich nemen en klaart de lucht tussen hen op. Nu Charlene voelt dat er oprecht naar haar boodschap is geluisterd, kan ze het verlangen het hem duidelijk te maken laten varen.

Wij zijn allemaal zielen in ontwikkeling

We kunnen iemand op het werk bestempelen als 'moeilijk', 'egoïstisch', 'koppig' of erger. Wat doen we daarmee? Het is niet waarschijnlijk dat je tegen je koppige baas zult zeggen: 'Weet je, Frank, ik heb er echt problemen mee dat je zo dwars bent, maar ik denk dat het komt omdat jij in een vorig leven in Egypte mijn vader was en me niet toestond bij de familie weg te gaan om te trouwen met dat meisje uit de stam van ezelhandelaren.' Zelfs als het waar is!
Jij alleen kunt in het hier en nu weten wat je hart je influistert – zelfs op je werk. Jij alleen kunt ontdekken of aanvoelen wat er in een dergelijke situatie nodig is. Als het niet werkt, luister je opnieuw. Door te vertrouwen en te leren van een ervaring of fout hebben we als kind leren lopen, rennen en dansen. Maar al te vaak proberen we, als we door conflicten worden overmand, een *standpunt* in te nemen (dat heet jezelf indekken). Uit angst voor hulpeloosheid zullen we als we vastzitten meer herscheppen van wat we niet willen. Onder druk nemen we onze toevlucht tot oude methoden – anderen intimideren, proberen *hun* de schuld te geven (ondervrager), ons afzijdig houden of te roepen 'arme ik!'

Het groepspotentieel bereiken

Vergeet vooral niet dat we hier spreken over een evolutieproces. Als je zo snel mogelijk al je rekeningen wilt vereffenen terwijl je er met je hart en je hoofd niet volledig bij bent, kun je gefrustreerd raken of zin krijgen het op te geven. Wees mild voor jezelf. Als je bij mensen tegen een muur oploopt, probeer dan niets te forceren, maar houd je ideaal voor ogen. Ontspan. Onthoud de belangrijkste punten waaraan je werkt terwijl je je bewustzijn verruimt: 1) besef dat er aan alle interacties een dieper niveau ten grondslag ligt; 2) in plaats van jezelf of anderen iets te verwijten, probeer je te kijken naar de redenen of het grote doel die je in deze situatie hebben gebracht; 3) luister naar de boodschappen die de situatie voor je heeft; 4) vraag de universele intelligentie om hulp bij het doorwerken van meningsverschillen; 5) visualiseer dat je telepathisch in contact staat met je zielengroep; 6) let op synchrone gebeurtenissen die onverwachte mogelijkheden lijken te bieden; 7) houd je energie in balans; en 8) visualiseer hoe jij en de ander zich jullie Geboortevisie herinneren.

In het boek begon de lichtenergie van de zielengroepen rond de groep van zeven te flikkeren, waardoor hun energie werd versterkt. De menselijke zielen begonnen een stroom aan intuïtieve informatie te ontvangen. Als dat het geval is, is er echt sprake van inspiratie in de groep. Veel mensen die in een team hebben samengewerkt hebben deze synchronisatie gevoeld, hoewel ze dat misschien niet met goddelijke steun hebben geassocieerd!

Maya zegt dat relaties niet volledig tot bloei zullen komen als we niet bewust in iedereen die we ontmoeten een hogere vorm van zelfexpressie zoeken. Het is een doorgaand proces waarin we misschien niet altijd even bedreven zijn, maar de groei zit hem voor ons allemaal in de toewijding waarmee we ons ideaal vasthouden. Ook al hebben we niet altijd het gevoel dat we vorderingen maken, we dragen nog steeds bij aan de kritische massa die noodzakelijk is om het bewustzijn in alle aspecten van onze samenleving te transformeren. Maya wijst ons op het volgende: 'Alle grote leermeesters hebben hun leerlingen altijd dat soort energie gegeven. […] Maar het effect is zelfs nog groter bij groepen die op deze wijze omgaan met ieder groepslid, want naarmate iedereen de anderen energie geeft, stijgen alle groepsleden naar een ander niveau van wijsheid, waar men meer energie tot zijn beschikking heeft. Deze hogere vorm van energie wordt dan weer teruggezonden naar iedereen, waardoor een versterkend effect ontstaat.'[7]

GEBOORTEVISIE

In het boek beseft Curtis dat zijn oorspronkelijke Geboortevisie erop gericht was mee te werken aan de transformatie van de manier waarop zaken worden gedaan. Hij had ervoor gekozen te worden geboren op een moment dat de technologie met volle kracht op weg gaat naar zijn universele bestemming. De eerste stap daarin is de mensheid bewust te maken van haar broeder- en zusterschap en haar eenheid met de Ene Kracht van God. Curtis maakte deel uit van een zielengroep die de bekrompen visie op commerciële groei, waarbij hulpbronnen worden uitgeput voor winst op korte termijn, wilde transformeren.

Zijn visie behelsde onder andere dat hij deel uitmaakte van een bewustere en bezorgde burgerij die *verantwoordelijkheid wilde nemen* voor de bescherming van de natuur en natuurlijke hulpbronnen, in plaats van zich vóór of tegen de regering op te stellen. Denk aan leiders en gewone zakenmensen die al in staat zijn geweest belangrijke veranderingen in de bedrijfsvoering tot stand te brengen. Het ware democratische proces, de basis van spiritualiteit, stelt ons allemaal in de gelegenheid onze stem te laten horen waar het leven ons ook heeft gebracht.

EEN ANDERE VORM VAN POLARISATIE

Interessant genoeg schrijft de politicoloog Benjamin R. Barber van de Rutgers universiteit over de bedreiging van het democratisch proces, die volgens hem uitgaat van de huidige polarisatie tussen religieuze stellingname en commercieel kolonialisme. In zijn boek *Jihad vs. McWorld* beschrijft Barber de krachten van het fundamentalistische, achterhaalde denken en de bekrompen stammentaliteit (jihad) die botsen met 'voortsnellende economische, technologische en ecologische krachten die vragen om integratie en uniformiteit en die overal ter wereld volkeren hypnotiseren met snelle muziek, snelle computers en snelle maaltijden – waardoor volkeren in één homogeen wereldomspannend themapark worden geperst, bijeengehouden door communicatie, informatie, amusement en commercie.' Barber wijst er bezorgd op dat er aan beide polen sprake is van onverschilligheid voor en opschorten van burgerlijke vrijheid. De haast om nationale grenzen uit te wissen teneinde nieuwe markten te creëren, schept een nieuwe wereldcultuur van transnationale banken, handelsverenigingen, nieuwsdiensten en lobby's. Er wordt voorbijgegaan aan de mensen wier leven door deze beslissingen wordt beïnvloed, waarmee het democratische proces is uitgebannen.

> Tot nu toe kennen we nog geen ware democratie: ze wacht op de tijd waarin een ontwikkelde en verlichte publieke opinie haar aan de macht zal helpen; de mensheid haast zich op weg naar die spirituele gebeurtenis.
>
> **Alice B. Bailey, *The Rays and The Initiation*.**

'De vrije markt functioneert anders dan een democratische gemeenschap. Ze stelt ons als consument wel in staat tegen producenten te zeggen wat we willen, maar verhindert ons te spreken over de maatschappelijke gevolgen van onze keuzes. Als consument wil ik misschien een auto die 200 kilometer per uur kan, maar als lid van de samenleving stem ik wellicht voor een redelijke snelheidslimiet die brandstof bespaart en veilige wegen garandeert. Als consument ben ik misschien bereid te betalen voor met geweld doordrenkte films uit Hollywood en luister ik naar rapteksten waaruit vrouwenhaat spreekt, maar als lid van de samenleving kan ik eisen dat er op etiketten waarschuwingen verschijnen die ons en onze kinderen helpen zorgvuldige, morele afwegingen te maken. Waar het om gaat is dat de vrije markt het 'wij-denken' en 'wij-doen' uitsluit. De vrije markt is ook meer buitensluitend dan insluitend. Ze biedt duurzame goederen en vluchtige dromen, maar niet de mogelijkheid ons ermee te identificeren of het gevoel dat we ergens bij horen en zo kunnen ze de weg vrijmaken voor meer ongeciviliseerde en ondemocratische vormen van identiteit, zoals stamcultuur [Jihad in al zijn vormen]. Als we er niet voor kunnen zorgen dat democratische samen-

Hoewel de cynici de geschiedenis misschien aan hun kant hebben – en hun wonden zijn echt – kunnen ze ten overstaan van die ervaring kiezen voor vertrouwen. Daartoe nodigen wij hen uit. Wij dienen hun versie van de geschiedenis te bevestigen en hen in hun twijfel te steunen. In plaats van hen te dwingen of te overtuigen, nodigen wij hen uit.

Tegelijkertijd dienen we de keuze die we hebben gemaakt te bevestigen. Wij kiezen voor het rentmeesterschap en streven naar politieke hervorming ten overstaan van onze wonden die zijn vervuld van onze eigen twijfels. We zeggen tegen de cynici: 'Ik begrijp wat jullie zeggen. Ergens kan ik wel meegaan met de twijfels en wellicht de verbittering die jullie ten toon spreiden. Maar ik heb besloten erop te vertrouwen dat we dit keer hier iets zinvols kunnen doen en ik hoop dat jullie dezelfde keuze zullen maken en het met ons willen proberen.' Dat zal hen niet overtuigen, het zal hun positie niet veranderen. Maar het neutraliseert wel de macht die zij over de samenleving hebben. Ze hebben recht op hun eigen standpunt, maar ze hebben niet het recht anderen ervan te weerhouden te investeren.

Peter Block, *Stewardship: Choosing Service Over Self-Interest.*

levingen voldoen aan onze behoefte ergens bij te horen, zullen ondemocratische gemeenschappen dat hiaat snel opvullen.'⁸ Zo zien we
dat er tussen die twee polen een dynamische spanning bestaat, waarbij
ze in zekere zin de behoefte aan elkaar creëren. De conservatieve *Ji-
had-mentaliteit* probeert tegen elke prijs de stamidenteit te behouden
in een tijd waarin wereldwijde commercie over de hele wereld grote
bedrijven zoals Nike op poten zet en de mensen volpropt met CFK's.
Geen van beide standpunten biedt ruimte aan wat Barber een 'beschaafde stem' noemt, de stem van het democratische proces. Naast
onze nationale plicht om te stemmen en belasting te betalen en naast
ons werk, gaan we ook naar de kerk of de synagoge, verlenen we diensten aan de gemeenschap, maken we deel uit van de ouderraad op
school en zijn we betrokken bij andere maatschappelijke bewegingen
die noodzakelijk zijn om uitdrukking te geven aan onze aard. Als we
wakker liggen en nadenken over onze toekomst, ons afvragen waar
het met de wereld heengaat, moeten we niet vergeten dat het nog
steeds ons hart, onze geest en onze ziel – onze beschaafde stem – zijn
die hoogstwaarschijnlijk uitdrukking geven aan onze afzonderlijke
Geboortevisie en de Wereldvisie scheppen. Het traditionele bedrijfsleven vraagt van ons dat we deze stem buiten ons kantoor houden –
dat we de 'persoonlijke' waarden, die maken wie we zijn, loskoppelen
– en onze 'veiligheidsriem' van onderdanigheid vastmaken.

Het informatietijdperk downloaden

In *Het Tiende Inzicht* stelt Maya een vraag die velen van ons zouden
kunnen stellen: 'Hoe zit het met alle ontslagen arbeiders die hun baan
verliezen naarmate de automatisering steeds verder doordringt? Hoe
moeten zij overleven?'⁹ Curtis die is afgestemd op de groepsenergie,
geeft hierover enkele ideeën door van zijn zielengroep. Hij herinnert
ons eraan dat we in een informatietijdperk leven. Als we ons allemaal
afstemmen op onze intuïtie en meer synchroon leven, zullen we precies op het juiste moment de benodigde informatie krijgen. Daarom is
het zo belangrijk onze angst te hebben doorgewerkt, ons te blijven
richten op de positieve Wereldvisie, zodat we in staat zijn te leven met
de onvermijdelijke onzekerheid van deze veranderende tijden. Hij
deelt ons mee dat we moeten leren onszelf te scholen op een manier
die past bij onze talenten en belangstelling, zodat we op het juiste moment op de juiste plek kunnen zijn om diensten te verlenen of advies te

geven. Kiezen voor een terrein waarin je van nature bent geïnteresseerd, verhoogt natuurlijk je trilling en brengt de energiestroom tot aan je drempel. Meditatie is onze verbinding met de hogere geest en de hogere wijsheid.

Het Tiende Inzicht herinnert ons er ook aan dat hoe sneller de wereld verandert, hoe meer informatie we nodig hebben van precies de juiste persoon die precies op het juiste moment in ons leven verschijnt. Teneinde de Wereldvisie die ons oorspronkelijk voor ogen stond te scheppen, zal het doel van het bedrijfsleven transformeren zoals mensen transformeren, een voor een, en zich bewegen in de richting van een kritische massa (15 procent?). In plaats van de vraag: 'Hoe kan ik het meeste geld verdienen?' zullen onze nieuwe vragen meer in de richting gaan van: 'Zal dat wat ik doe een bijdrage leveren aan mijn leven en van de wereld een betere plek maken?'

De Natuurlijke Stap – controlelijst

Dr. Robèrt merkt op dat niemand van ons bij het nemen van beslissingen over dagelijkse kwesties in staat is rekening te houden met de uitwerking ervan op het totale ecosysteem. Daarom hebben we een 'controlelijst' nodig... die hij de 'vier onvoorwaardelijke systeemvoorwaarden' noemt die nodig zijn om het leven in stand te houden.

1. De natuur kan een systematische ophoping van reststoffen van mineralen die uit de aardkorst zijn gehaald (zoals olie) niet 'aan' (dat wil zeggen kan daar geen weerstand aan bieden).
2. De natuur kan een systematische ophoping van moeilijk- afbreekbare door de mens vervaardigde verbindingen (bijvoorbeeld PCB's), niet aan.
3. De natuur kan een systematische verslechtering van haar vermogen tot herstel (bijvoorbeeld vis sneller vangen dan de visstand zich kan herstellen, vruchtbaar land veranderen in woestijn of asfalt, enzovoort), niet aan.
4. Als we willen dat het leven doorgaat, moeten we daarom: a) onze hulpbronnen efficiënt gebruiken en b) rechtvaardig zijn in de zin van het bevorderen van rechtvaardigheid – want als we armoede ontkennen zullen de armen, om op korte termijn te kunnen overleven, hulpbronnen vernietigen die we nodig hebben om op de lange termijn te kunnen overleven (bijvoorbeeld de regenwouden).

Walt Hays, 'The Natural Step: What One Person Can Do' in Timeline – Foundation for Global Community.

'Zal deze nieuwe keuze leiden tot genezing of tot verwonding?' 'Bestaat er een betere manier om dit te doen, in overeenstemming met het juiste gebruik van hulpbronnen, eerlijke winst, en het welzijn van het geheel?'

DE NATUURLIJKE STAP

De eerdergenoemde vragen moeten een inspiratie zijn geweest voor Dr. Karl-Henrik Robèrt uit Zweden. Walt Hays doet verslag van een opwindende nieuwe ontwikkeling in *Timeline*, de nieuwsbrief van de Foundation for Global Community. In 'De Natuurlijke Stap: Wat één mens kan doen,' sponsorde de Foundation samen met Dr. Karl-Henrik Robèrt, oprichter van *Det Naturliga Steget* (De Natuurlijke Stap) uit Zweden, een 'interactieve openbare gebeurtenis'. In 1988 was Dr. Robèrt hoofd van het toonaangevende kankeronderzoeksinstituut in Zweden. 'Terwijl hij dagelijks

Wat je je kunt afvragen:

1. Verlaagt jouw organisatie op systematische wijze haar economische afhankelijkheid van metalen, brandstoffen en andere mineralen?
2. Verlaagt jouw organisatie op systematische wijze haar economische afhankelijkheid van moeilijk afbreekbare, onnatuurlijke stoffen?
3. Verlaagt jouw organisatie op systematische wijze haar economische afhankelijkheid van activiteiten die inbreuk maken op productieve delen van de natuur, bijvoorbeeld door overbevissing?
4. Verlaagt jouw organisatie op systematische wijze haar economische afhankelijkheid van het gebruik van onnodig grote hoeveelheden hulpbronnen in relatie tot toegevoegde menselijke waarde?

natstep@2nature.org

met menselijke cellen werkte, werden twee fundamentele feiten voor hem heel duidelijk – dat de leefomstandigheden in cellen 'onomstotelijk vaststaan' en dat de cellen van planten, dieren en mensen in vrijwel alle opzichten identiek zijn.'[10] Behoorlijk gefrustreerd over de neiging van wetenschappers te bekvechten over details ten aanzien van hoe de omgeving wordt vernietigd, begon Dr. Robèrt te kijken hoe in de grotere vraagstukken van het leven de omstandigheden van een cel worden weerspiegeld. Hij begon een paar maanden lang te 'dagdromen' over hoe hij de beperkingen van complexiteit kon ontwijken en zocht naar fundamentele *overeenkomsten*. 'Uiteindelijk was hij vastbesloten tot actie over te gaan, ook al betekende het dat hij met zijn hoofd tegen een muur moest oplopen,' en schreef een stuk over de fundamentele voorwaarden voor een leefbare maatschappij.' Nadat hij reacties had opgevraagd van collega's (door eenentwintig exemplaren uit te delen), was het zijn droom dit stuk naar alle gezinnen en scholen in Zweden te sturen.

Na een lange reeks vergaderingen met onderwijsgroeperingen, politici, de media en managers uit het bedrijfsleven, kwam hij met een lijst van eenvoudige richtlijnen die hij 'de vier systeemvoorwaarden' noemt. Als hij die voor het bedrijfsleven presenteert, vertelt hij dat die onontbeerlijk zijn voor de duurzaamheid van het leven.

Zijn initiatief heeft tot nu toe geleid tot de oprichting van zeventien milieunetwerken waarbij 8000 mensen uit allerlei beroepen betrokken zijn en sponsort een interactief televisieprogramma voor 150.000 jongeren. Grote bedrijfstakken zijn begonnen zijn vier voorwaarden voor duurzaamheid toe te passen en leiden hun werknemers op. Hier is duidelijk sprake van een man die 'dagdromen' had over zijn ideaal en die met nieuwe informatie tot de kern van de zaak doordrong, waardoor 'het onmogelijke' mogelijk werd.

Hoe deed hij het? Allereerst had hij een ideaal en daar ging hij op door met het zoeken naar de onontbeerlijke voorwaarden. Hij vroeg steun bij gelijkgezinde mensen en hield zijn ideaal voor ogen om zijn informatie onder een zo groot mogelijke groep mensen te verspreiden. Hij trok anderen aan met zijn enthousiasme en helderheid. Hij sprak de taal van het bedrijfsleven om bedrijven te helpen inzien wat voor voordeel zij erbij zouden hebben veranderingen door te voeren waardoor hun bedrijf uiteindelijk minder schade zou berokkenen aan het milieu. In plaats van een pleidooi te houden voor bescherming van het milieu, vroeg hij hun om te kijken naar doelmatigheid, het gebruik van hulpbronnen, productiviteit, en winst op de lange termijn. Consulenten van Natural Step spreken over 'investeren in de toekomst'. In plaats van mensen te vertellen hoe ze volgens deze nieuwe richtlijnen hun bedrijf moeten voeren, bevestigen zij dat 'de bedrijfsleiding zelf het beste weet hoe ze de richtlijnen op hun bedrijf moeten toepassen.'[11] Ze vertrouwen erop dat de intuïtie en creativiteit die noodzakelijk zijn voor die specifieke situatie, zullen komen via de hogere wijsheid van de betrokkenen. Het model is gericht op de belangrijkste voorwaarden om te overleven, zonder welke het bedrijf na verloop van tijd zeker in gevaar komt. Het model gaat zo uit van verlicht eigenbelang als motiverende kracht in plaats van beschuldigingen, voorschriften, of boetes.

Ten tweede, als consulenten van Natural Step op hevige weerstand stuiten, verzetten ze zich daar niet tegen. In plaats daarvan vragen ze om advies hoe ze zich duidelijker en effectiever kunnen uitdrukken. Volgens Dr. Robèrt leidt dat verzoek vrijwel altijd tot een constructieve bijdrage en een beter product – hetzij omdat het voorstel fout was en verbeterd moest worden; of omdat het juist was maar niet duidelijk en daarom verkeerd werd begrepen... in sommige gevallen rees er verzet tegen omdat *er niet om advies was gevraagd*. [Cursivering van de auteur]. In ongeveer tien procent van de gevallen blijft het verzet en in die gevallen adviseert Dr. Robèrt om het erbij te laten, aangezien *wetenschappers het erover eens zijn dat slechts vijftien procent van een bevolking overtuigd hoeft te zijn om een paradigmaverandering tot stand te brengen*. [Cursivering van de auteur].

Onlangs is er in Sausalito in Californië een filiaal geopend van Natural Step. We spraken met de directeur opleidingen, Steve Goldfinger, die zei dat de vraag van bedrijven al groter is dan ze aankunnen. Volgens Goldfinger 'reageert het bedrijfsleven omdat ze zien dat dit programma uiteindelijk de risico's op bepaalde gebieden terugdringt en dat de maatregelen op de lange duur goed voor het milieu blijken te zijn. We proberen hun niet te vertellen hoe ze hun bedrijf moeten leiden, maar we staan er van te kijken hoezeer de creativiteit de verwachtingen verre overstijgt. Natural Step lijkt een gevoelige snaar te hebben geraakt.'

De uitwerking die Dr. Robèrt op bedrijven heeft, laat ons zien hoe een nieuwe ethische code daadwerkelijk kan bijdragen tot een gezondere bedrijfsvoering – en tegelijkertijd de juiste handelwijze is. Uiteindelijk zouden bedrijven, als ze eenmaal over voldoende informatie beschikken over wat de gevolgen van hun huidige keuzes zijn, dwaas zijn als ze geen rekening zouden houden met de toekomst. Ook al wordt niet om zuiver altruïstische redenen voor verandering gekozen, het kan niettemin tot een nieuwe visie leiden. Interessant genoeg is Dr. Robèrt een oncoloog, niet een zakenman, en toch kwam hij op de proppen met deze belangrijke en praktische visie om bedrijven te helpen zelf te kijken naar schade aan het milieu. In deze nieuwe zakelijke ethiek klinkt de boodschap uit *Het Tiende Inzicht* door dat 'hoe we er ook voorstaan, we moeten wakker worden en ons afvragen: "Wat produceren we en komt dat echt ten goede aan het doel waarvoor de technologie in eerste instantie werd uitgevonden? Levert het een weloverwogen bijdrage aan het vergemakkelijken van het dagelijkse bestaan, zodat de momenteel gangbare gerichtheid op louter overleven en comfort kan verschuiven naar de uitwisseling van zuiver spirituele kennis?'[12]

PRIJZEN VERLAGEN

Volgens het Tiende Inzicht bestaat de nieuwe zakelijke ethiek voor een ander deel uit het met een bepaald percentage verlagen van onze prijzen, bij wijze van bewuste beginselverklaring over waar we met de economie naar toe willen. Dat zou het zakelijk equivalent zijn van het tiendenstelsel, het principe dat in het Negende Inzicht ter sprake komt.

Als die ideeën je als luchtkastelen voorkomen, bedenk dan dat deze nieuwe ethiek op het huidige bewustzijnsniveau voor veel zakenmensen misschien nog geen hout snijdt. Tienden geef je niet als je hebzuchtig bent. Er dienen genoeg mensen te zijn die het Negende en Tiende Inzicht vatten, die begrijpen dat het leven een spirituele evolutie is met spirituele verantwoordelijkheden. Met de huidige manier van doen om winst te verhogen door alle denkbare prijsbesparende maatregelen te treffen, zal het vrijwillig verlagen van prijzen zodat iedereen ervan kan profiteren, een uitdaging zijn. Maar als Dr. Robèrt bedrijven ervan kan overtuigen dat het in hun eigen belang is geen giftige chemicaliën te gebruiken, wie weet hoe die nieuwe ethiek dan tot stand zal komen. Een of andere dagdromer zal het ongetwijfeld voor elkaar krijgen!

'Wanneer we in ons economische leven zo te werk gaan dat we meegaan met de stroom van het plan als geheel, ontmoeten we op synchrone wijze alle mensen die dat ook doen en ligt er plotseling een leven van voorspoed voor ons open.' Als we ons openstellen en onze ingevingen en het toeval volgen, 'gaan [we] ons meer van onze Geboortevisie herinneren en het zal duidelijk worden dat we van plan waren een bepaalde bijdrage aan de wereld te leveren... we weten dat, als we geen gevolg geven aan onze ingevingen, niet alleen de magische toevalligheden en het levendige en geïnspireerde gevoel ten einde zullen komen, we zullen uiteindelijk ook onze daden moeten bezien in een Levensoverzicht.'[13]

Scheppen vanuit ons totale zelf

Wij mensen hebben ons doel verlegd van wat er toe doet naar wat werkt. De intensiteit van de vraag 'Hoe?' [om te gaan met macht en inspraak] is een uitdrukking van het feit dat we het deel van onszelf dat in conflict is met zingeving en bestemming hebben opgeofferd door voortdurend te knielen voor het altaar van opportunisme. Volgens het nieuwe wereldbeeld zullen we de unieke kwaliteiten van ieder individu op waarde schatten en meer bereid zijn hem of haar te zien als een ziel in ontwikkeling, net als wijzelf. Evenzo moeten we bereid zijn onszelf op dezelfde manier te accepteren en onze authenticiteit, onze intuïtieve en rationele vaardigheden en onze innerlijke waarden in te brengen in ons werk. We moeten bereid zijn niet langer te vragen: 'Hoe kan ik mijn spirituele waarden tot uitdrukking brengen in mijn werk?' Als we vragen hoe, zoeken we naar antwoorden buiten onszelf, terwijl het echte antwoord in ons wacht – de zwijgende belofte die we hier komen vervullen.

> Als we de verantwoordelijkheid op ons zouden nemen voor onze vrijheid, onszelf dienstbaar zouden opstellen en erop zouden vertrouwen dat onze veiligheid in onszelf lag... hoefden we ons niet meer af te vragen: 'Hoe?' We zouden inzien dat we zelf over het antwoord beschikken. In alle gevallen wordt de vraag: 'Hoe?' beantwoord met: 'Ja.' Het brengt de oplossing waar hij thuishoort. Bij de vragensteller.'
>
> **Peter Block, *Stewardship*.**

De nieuwe essentie is het streven naar een hoger doel

In overeenstemming leven met ons doel is meer dan onszelf identificeren met ons werk, onze opleiding, of wereldse prestaties. Voor de meesten van ons betekent het dat we leven in overeenstemming met ons hoofd en ons hart, met plezier in ons levensonderhoud voorzien door uitdrukking te geven aan onze vermogens en talenten ten behoeve van het algemene welzijn. We voelen ons beloond door de intrinsieke waarde van wat we doen. Als we met die houding ons werk doen, is de kans groter dat we meer in ons centrum zijn, creatiever zijn en meer vervulling in ons leven ervaren.

ZELFSTUDIE

Succes visualiseren

Wanneer heb je je voor het laatst echt 'afgestemd' gevoeld op een groep van vrienden of collega's? Ben je ooit betrokken geweest bij een humanitair project dat gewoon vanzelf liep? Wat maakte volgens jou het project zo succesvol of bevredigend? Sluit je ogen en roep opnieuw het gevoel op dat je had toen je je echt goed voelde over iets dat je had bereikt. Dompel jezelf onder in de klanken, geuren, smaak of aanrakingen van dat krachtige moment.

Geef het aan het onderbewuste

Werk je momenteel aan iets dat je in vervulling wilt doen gaan? Denk na over je doel of schrijf de best denkbare uitkomst op. Sluit je ogen en dompel jezelf onder in een zeer specifieke situatie waarin je het succes, de erkenning, het zelfrespect en de overvloed die je wenst kunt proeven, ruiken, zien en voelen. Merk zoveel mogelijk details op en roep deze scène één of twee keer per dag opnieuw op, bij voorkeur voordat je gaat slapen en als je wakker wordt. Concentreer je er hoogstens vijf minuten op en laat het dan los met de stilzwijgende affirmatie: 'Dit of iets beters.' Bedenk dat je innerlijke wereld je uiterlijke omstandigheden schept en dat je een zelfregulerend wezen bent dat in verbinding staat met de universele intelligentie.

Controle

Hoe enthousiast ben je over je beroep? Als geld geen rol speelde, voor wat voor werk zou je 's morgens dan uit je bed springen?

De vogel in de kooi

Schrijf een paar zinnen over hoe je jezelf ziet als een vogel in een kooi waarvan de deur openstaat. Wat houdt je in de kooi? Waarom? Waar zou je heenvliegen als je uit de kooi kwam? Voelt je kooi veilig op dit moment? Op wat voor manieren heb je al geprobeerd je kooi groter te maken? Dien je het hele idee van je kooi opnieuw te overwegen?

Aangeleerde hulpeloosheid

Let in de komende paar dagen op je taalgebruik tegenover anderen en jezelf. Wat voor uitdrukkingen gebruik je, waarmee je jezelf op subtiele wijze ontkracht, je kwaliteiten afzwakt, of die duiden op het gevoel van gebrek aan vrijheid? (Bijvoorbeeld: 'Ik ben geen goede manager.' 'Ik wil het in deze baan uitzingen tot aan mijn pensioen.' 'Ik zou zo verhuizen, maar ik ben te oud.' 'Het is gemakkelijk praten over vrijheid als je hebt gestudeerd. Ik moet alle werk nemen dat zich voordoet.')

Schrijf het op

Merk op wanneer je bezorgd en gefrustreerd raakt over je werk. Schrijf vijf opeenvolgende dagen twintig minuten lang voor of na het werk je gevoelens op over de situatie. Beantwoord voor jezelf de vraag: 'Wat wil ik?' en schrijf hem op. Vergeet hem dan.

GROEPSSTUDIE

Discussie-onderwerpen

Over elk van deze onderwerpen kun je enkele minuten schrijven en er vervolgens met de groep over praten.
- Vogel in de kooi (zie schrijfoefening hierboven) – bespreek hoe je je vogel ziet.
- Zelfopgelegde beperkingen.
- 'Als ik het op mijn werk of in mijn bedrijf helemaal voor het zeggen had.'
- Schrijf een werkelijk fantastisch scenario van het volmaakte leven – wat je doet voor de kost, waar je woont, met wie je werkt, hoeveel geld je verdient en welke diensten of producten je levert. Werk vervolgens terug in de tijd naar het moment van nu

en schrijf op wat je deed vlak voor het einddoel, en vervolgens wat je deed daarvoor, en daarvoor. Stel dat je doel was biologische groenten en fruit te telen in Florida en prijzen te winnen voor je producten. Vlak voordat je de prijs krijgt, zou je enkele voortreffelijke tomaten hebben geoogst die in je kas groeiden. Vlak daarvoor zou je de tomaten hebben geplant. Vlak daarvoor zou je de zaden hebben uitgezocht, vlak daarvoor zou je de kas hebben gebouwd, vlak daarvoor zou je de kas hebben ontworpen, vlak daarvoor zou je de grond hebben gekocht, vlak daarvoor zou je de papieren voor de grond hebben ondertekend, vlak daarvoor zou je met je makelaar op zoek zijn gegaan naar grond, vlak daarvoor zou je in Florida hebben rondgekeken naar een plek die je aansprak, vlak daarvoor zou je in je auto zijn gestapt, vlak daarvoor zou je op het vliegveld in Florida zijn geland, vlak daarvoor zou je in je eigen woonplaats tickets hebben gekocht, vlak daarvoor zou je hebben besloten om je te gaan oriënteren, vlak daarvoor zou je over je ideeën hebben gesproken met vrienden, en vlak daarvoor zou je het volmaakte leven hebben opgeschreven in de groep waarin je je nu bevindt. Nu is het leven misschien wel niet zo lineair, maar iedere keer dat je een proces opstart, stel je jezelf open voor mogelijkheden. Probeer deze oefening te doen met behulp van de groep en geniet ervan je dromen met anderen te delen en te luisteren naar de dromen van anderen! (Voor meer over dit proces van achterwaarts plannen, zie 'Wishcraft' door Barbara Sher.)

- Maak een lijst van alle baantjes die je ooit hebt gehad. Welke diensten, uitvindingen en producten heb je in de wereld gebracht? Wat is de belangrijkste activiteit in je leven geweest, inclusief vrijwilligerswerk? Wees niet bescheiden! Wat is het leukste dat je ooit voor geld hebt gedaan? Wat was het ergste? Laat je vrienden weten wat je tot nu toe zo allemaal hebt gedaan. Dit werkt het beste in groepjes van drie of vier personen in plaats van een grote groep, maar kijk wat goed voelt. Het doel hiervan is gewoon te luisteren en energie aan anderen te geven, je onbewuste op te laten pikken wat relevant is. Iemand kan iets zeggen dat een gevoel, een gedachte of een mogelijkheid in jou opwekt die erop wachtte op de voorgrond te komen.
- Welke drie factoren zijn onontbeerlijk voor je geluk in je werk? Waarom? Welke drie waarden zijn voor jou het belangrijkst in je werk? Waarom?

11

Groepsactie op het niveau van het Tiende Inzicht

'Zien jullie wat er gebeurt?' vroeg Charlene. 'We zien elkaar zoals we werkelijk zijn, op ons hoogste niveau, zonder de emotionele projecties van vroegere angsten.'

Het Tiende Inzicht.[1]

Wolf
Padvinder

WAAR ER TWEE OF DRIE VERENIGD ZIJN IN MIJN NAAM...

Weet je nog dat Christus zei: '*Waar er twee of drie verenigd zijn in mijn Naam, daar ben Ik in hun midden.*'? Als we zelfs maar een, twee of drie gelijkgezinde mensen ontmoeten, ervaren we een mysterieuze verbinding. Die energiestroom is de heilige geest. Zoals de Celestijnse inzichten voorspellen, vinden onafhankelijke, spiritueel-gerichte mensen elkaar en komen – soms slechts voor een namiddag of enkele dagen – over de hele wereld spontaan en informeel bij elkaar. Ze ontmoeten elkaar tijdens conferenties, workshops, op speelplaatsen en in woonkamers. Ze komen bij elkaar en gaan uiteen, en hun gemeenschappelijke doel maakt dat ze telepathisch met elkaar in contact blijven. Ze lezen elkaars nieuwsbrieven, artikelen en boeken. Ze helpen elkaar.

WERELDDIENAREN

De hele geschiedenis door hebben we de invloed gevoeld van grote geesten, genieën en groepen mensen zoals de briljante, diep-spirituele en esoterisch geschoolde opstellers van de Amerikaanse onafhankelijkheidsverklaring, die de bestemming van miljoenen mensen ingrijpend hebben veranderd. Naast deze bekende figuren zijn er andere grote geesten die de Wereldvisie integreren, begeleiden en vasthouden, vastberaden en anoniem aan het werk. Een van de eisen waaraan zielen die ervoor kiezen zich in te zetten voor het verheffen van de mensheid moeten voldoen, is dat ze allemaal *onafhankelijk* hun eigen spirituele opdracht kunnen

> Naarmate je afgestemd raakt op je hogere zelf, word je je ook bewust van de dimensies waarin je hogere zelf bestaat. Je kunt je bewust voegen bij de hogere gemeenschap van wezens waarvan je hogere zelf al deel uitmaakt.
>
> De gemeenschap van hogere wezens heeft onder andere tot doel te werken met de universele geestkracht en de hogere wil om het leven te helpen in zijn ontwikkeling. Ze is voortdurend in de weer om mensen bewust te maken... Elke vraag om hulp wordt gehoord... Elk hulpmiddel wordt ter beschikking gesteld en niets is te veel als je om hulp vraagt.
>
> In de hogere werelden bestaat er geen gevoel van afgescheiden-zijn. Alle wezens dragen overal waar ze kunnen bij om het hoogste goed te scheppen, net zoals jullie samenwerken om in jullie werkelijkheid belangrijke dingen tot stand te brengen.'
>
> **Sanaya Roman, *Spiritual Growth*.**

vervullen, in staat moeten zijn gevolg te geven aan de innerlijke wijsheid en de innerlijke persoonlijke band met de geest, zonder hulp van een extern gezag of externe organisatie die de weg uitstippelen. Deze mensen kiezen soms een leraar, lezen boeken, leren zichzelf diverse methoden en vaardigheden aan, maar zijn meer gericht op de eenheid van de wereld en eenvoudige waarheden dan op separatisme en dogma. Spirituele wezens in het Hiernamaals zijn zich bewust van de inspanningen en bijdragen van deze werelddienaren, hoewel deze mensen zelf geen erkenning van buitenaf zoeken. Jij kent ze ook, hoewel misschien niet bewust, en voelt je aangetrokken tot deze weg, anders zou je niet dit soort boeken lezen.

Alice B. Bailey schreef in de jaren veertig over de evolutie van de aarde: 'Zij [werelddienaren] worden uit alle naties bij elkaar gebracht. Zij worden niet door de toeziende hiërarchie of een meester gekozen, *maar door de kracht van hun respons op de spirituele mogelijkheden* [cursivering van de auteur]... ze komen naar voren vanuit alle groeperingen, kerken en partijen en zullen daarom echte vertegenwoordigers zijn. Ze doen dit niet vanuit hun eigen ambitie en trotse plannen, maar vanuit hun onzelfzuchtige dienstbaarheid. Ze vinden hun weg naar de top op alle gebieden van het menselijk weten, niet omdat ze hun eigen ideeën, ontdekkingen en theorieën van de daken schreeuwen, maar omdat ze zo'n brede visie en ruime kijk op de waarheid hebben dat ze in alles wat er gebeurt de hand van God zien... Zij onderscheiden zich door synthese, veelomvattendheid, grote verstandelijke vermogens en een fijnbesnaarde geestelijke ontwikkeling. Ze behoren tot geen enkele gezindte, behalve tot de broederschap die is gebaseerd op het ene Leven. Ze erkennen geen gezag, behalve dat van hun eigen ziel en geen meester, behalve de groep die zij willen dienen en de mensheid van wie zij zielsveel houden. Zij hebben zichzelf niet afgeschermd, maar worden beheerst door een brede verdraagzaamheid, een gezonde instelling en gevoel voor verhoudingen. Ze erkennen hun gelijken en collega's en weten van elkaar wie ze zijn, als ze elkaar ontmoeten en schouder aan schouder samen met hun collega's werken aan het redden van de mensheid... Ze komen hun groepsleden op alle terreinen – politiek, wetenschappelijk, religieus en economisch – tegen, en geven hun het teken van herkenning en schudden hen als broeder de hand.'[2]

Jung beschreef de ideale omgeving voor zielewerk als een alchemistische kolf, een glazen mengvat dat al het zielenmateriaal zou kunnen bevatten. Vriendschap is zo'n mengvat, dat de materie van de ziel bijeenhoudt op een plaats waar ze processen kan doormaken en bewerkingen kan ondergaan. Wanneer we met emotionele problemen te kampen hebben is onze eerste stap vaak er met vrienden over te praten, want we weten dat onze moeilijkste materie bij een vriend in goede handen is en dat de vriendschap onze gedachten en gevoelens, hoe pijnlijk of ongewoon ze ook zijn, bijeen kan houden terwijl we proberen er een lijn in te ontdekken en toezien hoe ze zich ontvouwen.

Thomas Moore, *Zielsverwanten: het mysterie van liefde en relaties.*

307

Zodra we beseffen dat we niet alleen zijn en dat we *inderdaad* in de richting van onze Geboortevisie lijken te gaan, worden we één met de universele intelligentie. Wat bedoelen we met universele intelligentie? Het idee van een universele geest klinkt abstract, totdat je begrijpt dat het de onderliggende stroom van ons leven is. We ervaren de goddelijke geest rechtstreeks door ingevingen, toevalligheden en meestal *door de boodschappen van anderen.* Op dat punt gaan we volgens het Zevende Inzicht op de stroom mee. De wetenschap dat er cycli van 'vooruitgang' en cycli van integratie (plateaus) zijn, helpt ons als de zaken moeilijk of langzaam gaan. Het maakt allemaal deel uit van de stroom.

GEÏNSPIREERD DOOR EEN BESTEMMING

Stel je voor dat je opeens precies wist met welke bedoeling je oorspronkelijk geboren bent. Hoe zou je je voelen? Waarschijnlijk zou je opgewonden zijn als je je voorstelt waar dit doel je zou brengen, wie je zou ontmoeten, wat voor hulp je nodig zou hebben om enkele van de hiaten in te vullen. *Waarneming op het niveau van het Tiende Inzicht wordt verscherpt door het filter van ons gevoel van bestemming.* Geïnspireerd beginnen wij '[ons] synchroon geleide pad [te] volgen, dat binnen [onze] samenleving precies naar de voor [ons] juiste positie zou leiden.'[3] We weten wanneer we ons op de juiste weg bevinden. Niemand hoeft het ons te vertellen.

Ben je ooit naar een waarzegster geweest die je heeft voorspeld: 'Je zult een mysterieuze vreemdeling ontmoeten'? Voelde je je, afgezien van je scepsis natuurlijk, niet een beetje geboeid in de hoop dat er *inderdaad* een mysterieuze vreemdeling zou zijn, iemand die de deuren naar je bestemming zou openzetten? Hoezeer we ook lachen om de voorspelling van de waarzegster, we ontmoeten inderdaad vreemdelingen op straat, naast ons in een café, op een bankje in het park, bij een popconcert, op een schip op weg naar de Seychellen en in de schoenenwinkel. Soms ontmoeten we die mysterieuze werelddienaren, praten zelfs met hen, waarna ze weer verdwijnen.

VERBONDEN DOOR EEN GEMEENSCHAPPELIJK DOEL

Verbonden door een gemeenschappelijk doel en telepathisch contact, maken wij en onze vrienden niet altijd deel uit van een formele groep.

In een van de workshops op Mount Shasta die Carol Adrienne samen met de therapeute Donna Hale leidde, vertelde een vrouw van middelbare leeftijd die we Janice zullen noemen wat ze had meegemaakt. Ze was samen met een vriendin een berg opgereden en bij een van de parkeerplaatsen bij een uitzichtspunt gestopt. Het gebied was in die tijd van het jaar verlaten,

> De ziel verlangt vele soorten vaten en ruimten om dag in dag uit de grondstoffen die het leven aandraagt te kunnen bewerken. Van die vaten is vriendschap een van de doeltreffendste en een van de kostbaarste.
>
> **Thomas Moore, *Zielsverwanten: Het mysterie van liefde en relaties.***

maar toen ze uit het raampje van de auto keek, zag ze een man op zich afkomen. Zonder angst of terughoudendheid voor deze onbekende man in een afgelegen gebied, luisterde Janice naar wat de vreemdeling tegen haar zei: 'Hij begon me te vertellen dat ik daar was met een doel en dat ik spoedig een andere richting dan waarin ik nu zat op zou gaan. Hij zei dingen als hoe belangrijk het was om niet bang te zijn, mijn hart open te houden en dat bepaalde mensen vermoedelijk uit mijn leven zouden verdwijnen. Om de een of andere reden vond ik het allemaal heel vanzelfsprekend, maar was verbaasd dat hij zoveel over mij leek te weten!' We waren geboeid door haar verhaal en Janice vervolgde: 'Mijn vriendin zat tijdens dit gesprek gewoon rustig achter het stuur. Ik was me er vaag van bewust dat ze naar het uitzicht keek, maar ze zei niets totdat ik weer door het raampje keek en de man in het niets was verdwenen. Er waren geen struiken of iets waarachter hij zich kon verbergen. Hij was gewoon verdwenen. De tranen stroomden over mijn gezicht bij de herinnering aan de liefdevolle manier waarop hij met mij had gesproken.' We weten nooit wanneer of hoe ons leven wordt geraakt door wonderen, maar ze komen vaak tot ons via anderen.

Wat is een Tiende-Inzichtgroep?

Bij Tiende-Inzichtgroepen is meer sprake van een *proces* dan van een vorm. Veel mensen zijn bijvoorbeeld na het lezen van *De Celestijnse belofte* studiegroepen begonnen. Maar het idee achter een Tiende-

Inzichtgroep is niet het bestuderen van de *Celestijnse* principes, hoewel dat natuurlijk ook mogelijk is. Zoals we al hebben gezegd, worden zielengroepen in dezelfde periode geboren om *samen te werken*. Dat kan iets zijn op grote schaal, zoals het bouwen van een gezondheidscentrum, werken aan het behoud van het milieu, het bevorderen van een nieuwe visie in politiek of werk. Een groep kan ook bijeen komen met een speciaal doel, bijvoorbeeld om samen boeken te bestuderen, pogingen tot zelfhulp te ondersteunen of nieuwe oplossingen te bedenken.

> ...ware grootheid komt niet tot uitdrukking via werken zoals die van Alexander de Grote, Julius Caesar, Napoleon of Hitler, maar door mensen die het leven, de mensheid en de wereld zien als één geheel, onderling verbonden, in samenwerking met elkaar en in harmonie. Mensen die strijden voor deze eenheid in de wereld en die het mensenras onderricht geven in de principes van harmonie en van juiste menselijke relaties, zullen op een dag worden erkend als de ware helden.
>
> **Alice B. Bailey,**
> *The Rays and the Initiations.*

Het tweede idee achter de Tiende-Inzichtgroepen is dat deze mensen, om hun boodschap te kunnen vervullen, bereid en in staat moeten zijn *bewuster* te functioneren als zij bij elkaar zijn en *telepathischer* als zij verspreid zijn. Mensen moeten bereid zijn aan hun eigen lessen te werken en de waarheid te spreken zoals zij die ervaren, erop vertrouwend dat zij geïntegreerd zal worden in de Wereldvisie. Iedereen zal uit zichzelf gaan verlangen naar meer bezinning, tijd voor zichzelf en meditatie (de transmissie naar universele intelligentie), aangezien het ontvangen van inzichten leuker zal zijn dan sommige van de gewoonten die we gewend waren er op na te houden!

GEÏNSPIREERDE NETWERKEN

Wij geloven dat veel van de veranderingen die zich in de komende decennia zullen voordoen, het gevolg zullen zijn van mensen die samenwerken in plaats van alleenstaande individuen die baanbrekend te werk gaan. Verlang je ernaar een gezondheidscentrum op te richten? Japans te leren? Met kinderen te werken? Brand je van verlangen iets nuttigs te doen, maar weet je niet wat het is of waar je moet beginnen?

Voor praktische methoden om je te helpen het doel in je leven te ontdekken, of een ondersteunende groep te beginnen, kun je *The Artist's Way: a Spiritual Path to Higher Creativity* van Julia Cameron en Mark Bryan (waarnaar we ook hebben verwezen in *Het Celestijnse Werkboek*) of enkele van de boeken van Bar-

> Steeds als je een telefoontje pleegt, een vriend tegen het lijf loopt, koffie drinkt met een collega, vertel dan over je droom. Vraag om ideeën.
>
> **Barbara Sher & Annie Gottlieb, *Teamworks!***

bara Sher lezen. De eerste twee boeken van Sher, die ze samen schreef met Annie Gottlieb, *Wishcraft: How to Get What Your Really Want* en *Teamworks! Building Support Groups that Guarantee Success,* en haar nieuwste boek *Live the Life you Love in Ten Easy Step-by-Step Lessons,* geven detailleerde informatie over hoe je je eigen groepen kunt vormen om je te helpen je hartewens te ontdekken en uit te voeren. Hun methoden die zijn ontworpen om van netwerken de oprechte en inspirerende uitwisseling van energie en talent te maken zoals dat bedoeld is, halen de barrières tussen vreemden weg. Het groepsproces maakt dat je precies vraagt wat je van het leven wilt en geeft je actieve steun om met specifieke plannen verder te gaan. Een groep geeft feedback en spreekt je aan op je voornemen, moedigt je aan door te gaan met wat je probeert te volbrengen.

In deze boeken wemelt het van succesverhalen van gewone mensen die hun dromen hebben verwezenlijkt, boeken hebben gepubliceerd, sluimerende talenten hebben ontdekt, naar het buitenland zijn verhuisd, een nieuwe zaak zijn begonnen en een gemeenschap van vrienden hebben gevormd. De methoden van Cameron, Bryan en Sher geven energie, stimuleren de stroom van creativiteit (de beste oplossingen komen soms voort uit de meest onwaarschijnlijke, wilde ideeën), en stellen mensen open voor de stroom en voor synchroniciteit.

Uit een van de voorbeelden in *Teamworks!* blijkt de kracht van het voornemen en hoe die synchrone oplossingen aantrekt. 'Een directielid van een universitaire uitgeverij ging op vakantie naar Joegoslavië. Ze wilde een Servo-Kroatische taalgids meenemen, zodat ze de mensen in hun eigen taal goedemorgen kon wensen. Navraag bij diverse boekhandels en de plaatselijke bibliotheek leverde niets op. Als laat-

311

ste redmiddel ging ze te rade bij haar collega's op kantoor, hoewel ze betwijfelde of iemand zou kunnen zeggen waar ze zo'n boek kon vinden. Binnen een paar dagen lagen er zelfs twee verschillende Servo-Kroatische taalgidsen op haar bureau. Misschien denk je dat je niemand kent die beschikt over de specifieke informatie die je nodig hebt, maar je zult er van staan te kijken waarmee mensen van wie je het totaal niet verwacht op de proppen komen, dus: vraag het aan iedereen. Vraag het niet alleen aan mensen van wie je verwacht dat ze het weten. Vergeet niet dat deskundigen soms deskundig zijn in wat onmogelijk is.'[4]

Een ander voorbeeld van hoe een project nooit tot stand zou zijn gekomen zonder gebruik te maken van netwerken kwam van een vrouw, Andrea genaamd, die zei: 'Het belangrijkste dat ik ontdekte was praten – gewoon maar blijven praten over het project, steeds als ik de kans kreeg – mensen hoorden me praten en zeiden, "O ja!"'… en mensen van wie ik het totaal niet verwachtte wisten dingen… ik probeerde onze eerste brochure te maken… het wilde gewoon niet lukken… En deze vriend kwam opeens opdagen en hielp me met het logo… iemand op mijn werk bracht me op het idee van een gids van verpleeghuizen, [iemand van de boekhouding] gaf me een lijst van verpleeghuizen in Florida… Ik ging naar het Foundation Center waar je onderzoek kunt doen naar subsidies en ik vond het echt ontmoedigend. Ik zat daar met mijn handen in het haar en stapels boeken om me heen, en toen kwam iemand die ik in geen vijf jaar had gezien en die nu gespecialiseerd is in het aanvragen van subsidie voor kunstprojecten, naar me toe! Dat soort eigenaardige dingen… het gebeurde gewoon voortdurend. En ik merkte dat mensen het echt fijn vinden als je hun om raad vraagt. Vaak is dat de eerste keer. Ze voelen zich zeer gevleid.'[5]

DIENSTBAARHEID EN STEUN

Als het idee om samen met anderen aan een gemeenschappelijk doel te werken, je aanspreekt, maar je weet niet goed hoe, neem je dan voor op *ontdekking* te gaan. Vraag om inspiratie en voorbeelden uit krantenartikelen, nieuwsbrieven, de radio of andere bronnen. Duizenden mensen hebben gezien dat iets nodig was en voelden zich geroepen er iets aan te doen. Heel vaak is verandering op gang gekomen door oprechte bezorgdheid van de gemeenschap, niet door een wetsbesluit.

Als een kwestie je dagelijks leven raakt, is het waarschijnlijker dat je tot actie overgaat. Dr. Beverly Rubik met wie een vraaggesprek in *Towards A New World View* staat, brengt een voorbeeld onder onze aandacht van hoe een geïnformeerd publiek invloed kan uitoefenen op overheid en wetenschap.

Dolfijnen komen vlak onder het wateroppervlak bij elkaar voordat ze tot gezamenlijke actie overgaan. Onderwateronderzoekers zeggen dat elk lid van de school zijn inbreng snatert.
L.M. Boyd, The Grab Bag.

Ze haalt het voorbeeld aan van het onderzoek van Robert Beckers in de jaren zeventig, waaruit bleek dat zwakke elektromagnetische velden diepgaande biologische effecten hebben. Becker was bezorgd over de risico's van het wonen vlak bij hoogspanningskabels, maar hij kreeg geen overheidssubsidie en veel onderzoek werd door het leger in de kiem gesmoord. Rubik zegt: 'Dus schreef hij enkele populair-wetenschappelijke boeken over het onderwerp, waardoor het grote publiek werd wakkergeschud en tot actie overging. Mensen begonnen openlijk tegenover hun vertegenwoordigers in het congres hun bezorgdheid uit te spreken over het verhoogd risico van kanker, en spoedig daarna kwam er geld voor onderzoek beschikbaar. Als consumenten beginnen te protesteren en van zich laten horen, verandert er iets. Ik denk dat het een goede strategie is om in deze tijd tot een paradigmaverandering te komen,' zegt ze, 'ongeacht of het gaat om de medische wereld of nieuwe energietechnologie.'[6]

Een ander recent voorbeeld van ingrijpen door consumenten is de drastische verandering in de Rijn, die tientallen jaren lang werd beschouwd als het 'riool van Europa'. In 1970 was ze al ten dode opgeschreven en een bijna-catastrofe in 1986 doodde tonnen vis en andere waterorganismen en leidde tot een drinkwateralarm voor 50 miljoen mensen. Pas toen werd het milieu een heet politiek hangijzer. 'Bedrijven beseften dat ze hun gedrag moesten veranderen om een consumentenboycot die hun winst zou vernietigen te voorkomen... In het besef dat het beschermen van het milieu hun status bij consumenten verhoogt, schonken chemische bedrijven overal langs de Rijn... honderden miljoenen dollars aan wetenschappelijke onderzoekscentra die nieuwe methoden ontwikkelen om de rivier te beschermen... "Ze willen nu allemaal tot de goeieriken worden gerekend," zegt Gobillon [directeur van het wateragentschap Rijn-Maas]. "Het is een hele verandering vergeleken met de tijd dat bedrijven kosten probeer-den te besparen door het milieu op te lichten."[7] Deze veranderingen kwamen tot stand door een groepsbewustzijn, maar niet noodzakelij-kerwijs vanuit een formele groepsstructuur.

MET ZEVENMIJLSLAARZEN

Informele groepen rijzen als paddestoelen uit de grond. Volgens een recent artikel in de *Noetic Sciences Review* bestaat er rondom per-soonlijke, plaatselij-ke en wereldvraag-stukken een gigan-tisch netwerk van mensen. Het Institu-te of Noetic Sciences heeft een lijst van zo'n 275 groepen, het drievoudige van twee jaar geleden. Volgens Robert Wuthnow van de uni-versiteit van Prince-ton maken vier op de tien volwassen Amerikanen vrijwillig deel uit van kleine groepen. Daarmee zijn ongeveer 75 miljoen mensen en zo'n drie miljoen kleine groeperingen, inclusief bijbelstudiegroepen, twaalfstappenprogramma's, zelfhulpgroepen en andere gemoeid. Net als anderen die zich hebben uitgelaten over de noodzaak van de stem van de burger, merkt Wuthnow op: 'Het grote aantal mensen dat be-trokken is bij kleine groepen, hun diepgaande betrokkenheid, de ma-te waarin zij om elkaar geven en de mate waarin ze anderen in de grotere gemeenschap helpen... houden onze maatschappij voor een belangrijk deel bij elkaar.'[8]

We belden Carrie Timberlake, een gediplomeerd verpleegkundige met een privé-praktijk in Jin Shin Jyutsu, Mill Valley, Californië. Tim-berlake vormt al vier jaar met anderen een informele groep die diver-se onderwerpen zoals feng shui, oosterse genezingstechnieken, spiri-tuele principes, veranderingen op aarde, krachtplekken en droom-werk onderzoekt. Ze zei: 'Wat mij het meest aanspreekt in een groep is dat de kracht van elk individu tot zijn recht komt. Als je een groep

> Er bestaat een spirituele gemeenschap van veel hoge wezens die op de innerlijke niveaus sa-menwerken.
>
> Als iemand aan een project werkt, gaat het ie-dereen aan. Het gevoel dat je er helemaal alleen voor staat, komt niet voor.
>
> **Sanaya Roman, *Spiritual Growth*.**

hebt, heb je bijna een op zichzelf staande entiteit. Hoewel we afwijkende meningen als een uitdaging beschouwen, zijn we het vaker eens dan oneens met elkaar. Deelname aan de groep helpt mij mijn eigen vooruitgang te bevestigen en ik leer zoveel meer dan ik in mijn eentje zou hebben geleerd.'

De groep van Timberlake wordt samen met andere groepen vermeld in het bulletin van het Institute of Noetic Sciences. Dit is een organisatie zonder winstoogmerk, die in 1973 door astronaut Edgar Mitchell is opgericht om de kennis over de aard en het potentieel van ziel en geest te vergroten en die kennis toe te passen voor het bevorderen van de gezondheid en het welzijn van de mensheid en de aarde. Het woord 'noetic' is afkomstig van het Griekse woord *nous* en heeft te maken met manieren van weten. Het aantal leden is gegroeid van 2000 in 1984 tot meer dan 50.000 over de hele wereld. Als je je graag bij gelijkgezinden wilt aansluiten, zie dan onze verwijzing achterin het boek! Alleen het lezen van de persoonlijke bijdragen van de leden in de gids is al stimulerend. Timberlake zei: 'De synchroniciteit van wie voor welke bijeenkomst komt opdagen is zeer verbazingwekkend. Soms komen mensen gewoon een keertje om te kijken hoe het is, maar dan hebben we precies die spreker of dat onderwerp wat zij nodig hadden, of ze voegen *zelf* iets bijzonders toe aan die bijeenkomst.'

> Openbaringen verschaffen je informatie over de grotere werkelijkheid waarvan je deel uitmaakt, het hogere plan voor de mensheid en je hogere doel. Via een serie inzichten zul je geleidelijk aan meer over je weg, je opdracht en je volgende stappen leren.
>
> Openbaringen zullen je vanuit een hoger, wijzer perspectief laten zien waarom dingen gebeuren... Je zult geleidelijk aan de betekenis van het leven, het doel van het universum en het 'waarom' achter het 'wat' ontdekken. Iedere openbaring zal de sluier oplichten tussen jouw dimensie en de hogere dimensies en je meer stukken van de grote legpuzzel verschaffen.
>
> **Sanaya Roman, *Spiritual Growth*.**

ZELFORGANISEREND

Groepen die functioneren op het niveau van het Achtste en Tiende Inzicht kenmerken zich door hun zelfregulerende karakter. Als men-

315

sen bij elkaar komen uit oprecht eigenbelang, met de bereidheid hun krachten te bundelen en een gezamenlijk ideaal in het leven te roepen, gebeuren er wonderen. De synchroniciteit tiert welig en er gaan deuren open. Het leven ontwikkelt zich op natuurlijke wijze uit chaos en wanorde tot een hoger organisatieniveau. Er is geen leider nodig als mensen hun eigen ideaal volgen en door gemeenschappelijke belangen tot elkaar worden aangetrokken. De visie, het ideaal, het voornemen, brengt iedereen waar hij of zij moet zijn.

> Steeds als je voor jezelf repeteert wat je tegen mensen zult zeggen, stuur je energie naar je toekomstige contact met hen. Vaak repeteer je iets zodat het feitelijke contact geschiedt vanuit een dieper niveau van medeleven. Als je dit het doel kunt maken van innerlijk repeteren, zul je bemerken dat je relaties opklaren.
>
> Als je repeteert om jezelf te beschermen of te rechtvaardigen of om iets van de ander gedaan te krijgen, zul je merken dat je slecht op je gemak bent als je met hem of haar spreekt. Je contact zal onvolledig zijn en tot verdere verspilling van energie en misschien verdere strijd leiden.
> **Sanaya Roman, *Personal Power Through Awareness.***

Groepen spreken ons aan, precies op het moment waarop we de zaden van een nieuw voornemen moeten laten ontkiemen.

Volgens Dee Hock, de oprichter van VISA International, is de sterkste en meest creatieve vorm van maatschappelijke organisatie in de wereld van vandaag wat hij noemt het 'chaordelijke' systeem, dat zowel kenmerken heeft van orde als van chaos. Dit soort groepen zijn net als Achtste-Inzichtgroepen, flexibel en niet hiërarchisch. Margaret Wheatley, schrijfster van *Leadership and the New Science* zegt: 'Veel grote maatschappelijke organisaties beginnen als informele groepen. In een zelforganiserende wereld moeten we veel meer denken aan plaatselijke contacten tussen mensen en hen duurzame oplossingen laten zoeken. We hoeven alleen maar de omstandigheden te scheppen waardoor ze met elkaar in contact kunnen komen, zodat ze zich sterker bewust worden van zichzelf, zich een doel kunnen vormen. Dan doen ze het werk dat bij hen past.'[9]

Peter Senge, schrijver van *The Fifth Discipline: The Art and Practice of the Learning Organization,* spreekt over aspecten van leiderschap die verdergaan dan wat we normaal gesproken verstaan onder visie, diepe overtuiging en toewijding. '… het enige ware leiderschap is in feite het leiderschap van groepen. Ik geloof daar heel sterk in. De dagen van de 'individuele' leider en held zijn voorbij, ze zijn een artefact uit een bepaalde tijd en plaats. We hebben nu geen betere helden nodig. We hebben groepen mensen nodig die kunnen leiden, groepen mensen die voorop kunnen lopen. Daarom is er een ander aspect van leiderschap en dat is het vermogen om een collectieve intelligentie aan te boren en aan te wenden.

De vraag is hoe een succesteam problemen kan hanteren zonder verstrikt te raken in bekentenissen en obsessies – of zich te begeven op riskante terreinen die professionele vaardigheid vereisen... invoelingsvermogen komt hier tot uitdrukking als strategie. Dus je luistert een paar minuten en dan stel je drie vragen: 'Wat wil je?' 'Wat houdt je tegen?' en 'Hoe kunnen we je helpen?'
Barbara Sher & Annie Gottlieb, *Teamworks! Building Support Groups that Guarantee Success.*

Daarbij gaat het niet alleen om *mijn* inzicht en *mijn* visie – maar om *ons* inzicht en *onze* visie. Het is niet alleen *mijn* overtuiging die ertoe doet, het is *onze* overtuiging.'[10]

STUDIEKRINGEN

'Twee jaar geleden hadden we studiekringen in vier steden,' zegt Molly Barrett, projectcoördinator en assistent-redacteur van het Study Circles Resource Center. 'Op dit moment hebben we kringen in tachtig steden.' Studiekringen, die zijn opgericht door de ingenieur en zakenman Paul Aicher. ('We noemen hem een filantroop met een vooruitziende blik,' zei Barrett), zijn maatschappelijke discussiegroepen met een brede basis die bevorderen wat zij omschrijven als de democratie van het overleg. 'Wij zien dat hoewel er voor deze kringen geen consensus nodig is, mensen vrijwillig dat punt bereiken. Ze vinden zelfs in verdeeldheid zaaiende kwesties als rassenverhoudingen punten van overeenkomst. Ze bouwen een gemeenschap.'
Barrett zei dat ongeveer twee jaar geleden de burgemeester van Lima, Ohio, wist dat hij een probleem had – een rassenprobleem. Zelfs de geestelijken spraken niet meer met elkaar. Door het studiekringmodel te gebruiken was de stad in staat groepen bij elkaar te brengen en ongeveer 1500 mensen bij een dialoog te betrekken. De veranderin-

317

gen die uit de groepen voortkwamen waren zo in-en-in positief, dat de stad ertoe overging het politie-apparaat erbij te betrekken. De studiekringen vinden hun oorsprong in de vroegere Chautauquabeweging, toen het land probeerde een overwegend landelijke en vaak ongeletterde bevolking te informeren en te scholen. 'In de studiekring is iedereen gelijk,' zei Barrett, 'en het uitgangspunt van de discussie is de persoonlijke ervaring van de deelnemers wat dat specifieke onderwerp betreft. Als het onderwerp bijvoorbeeld onderwijshervorming is, stellen we

Door te kijken naar je gedachten, word je je ook meer bewust van de uitwerking die mensen op je hebben. Wees je bewust van waaraan je begint te denken als je bij iemand in de buurt bent.

Bij de één kan het zijn dat je voortdurend denkt aan liefde, transformatie en de schoonheid van het universum. Bij de ander kan het zijn dat je denkt hoe moeilijk alles is, hoe moeizaam je leven verloopt, alle bergen werk die je nog moet verzetten.

Ga na wat je denkt als je bij mensen bent en als je alleen bent. Als je niet weet wat je denkt als je alleen bent, zul je niet kunnen herkennen wat voor effect anderen op je gedachten hebben.

Sanaya Roman, *Personal Power Through Awareness*.

voor dat mensen over hun eigen schooltijd praten en wat ze fijn vonden of wat ze zouden veranderen. In de groepen zitten mensen van alle leeftijden, soorten en beroepen bij elkaar. Je bent in de gelegenheid te luisteren naar wat de waarden van anderen zijn en hoe zij erover denken.' Omdat de mensen vrijwillig naar deze kringen komen, lopen de standpunten interessant genoeg in de regel niet erg uiteen. In Los Angeles werden na het proces van O.J. Simpson 150 studiekringen georganiseerd om de spanning weg te nemen. Omdat men onderkende dat de sessies van anderhalf uur te kort waren om zich met deze maatschappelijke problemen bezig te houden, wordt er een doorlopend programma ontworpen. Volgens Barrett neemt het voltallige departement van Sociale Zaken in Ohio momenteel deel aan studiekringen en er bestaat een tweejarenplan om iedereen te betrekken bij informele lunchsessies. 'Iedereen doet het een beetje anders,' zegt Barrett. 'Het duurt even om vertrouwen te kweken, maar er zijn enkele verbazingwekkende dingen gebeurd. Mensen in Utica, New York, hielden bijvoorbeeld een aantal bijeenkomsten over rassenbetrekkin-

318

gen en we wisten eigenlijk niet eens goed waar ze mee bezig waren. Maar op een dag belden ze om ons te bedanken voor de studiekringen. Ze hadden al honderden mensen betrokken bij het onderwerp rassenbetrekkingen en toen er een heel moeilijk rassenincident plaatsvond, wisten ze wat ze moesten doen. Ze hadden al met elkaar gesproken en er kwam een bijeenkomst met de burgemeester en ongeveer vijfhonderd mensen en in plaats van een confrontatie vond er een genezing plaats.'

WAT BEPAALT HET SUCCES VAN EEN GROEP?

Heb je ooit deelgenomen aan een projectgerichte groep waar je uiteindelijk bent uitgestapt omdat je om de een of andere reden teleurgesteld was? Misschien lag het aan iemand die energie aan de hele groep onttrok doordat hij te veel praatte, te veel aandacht vroeg, of de gang van zaken blokkeerde. Misschien ontbrak het de groep aan doelgerichtheid en concentratie en werden alle onderwerpen doodgepraat zonder dat er ooit iets gebeurde. Het is heel redelijk je af te vragen: 'Als we volgens onze spirituele principes leven, hoe kunnen we dan een groep vormen die harmonieus en effectief samenwerkt? Wat moeten we doen of waar moeten we op letten?'

EIGENBELANG IS EEN VEREISTE

'Bezield' zijn in een groep betekent dat je je ziel aanwezig laat zijn. De sleutel tot verbondenheid met een groep is je eigen innerlijke *behoefte* er deel van uit te maken. Het is een vereiste dat de groep voor jou van belang is, anders zal je aandacht uitgaan naar andere manieren om je tijd door te brengen. We doen – of zijn – waartoe we ons gedwongen voelen. Francine bijvoorbeeld, vertegenwoordigster bij een uitgeverij, wier tweelingzus een kind had met leerproblemen, richtte voor andere kinderen en hun ouders een bijlesgroep op. Ze zegt: 'Het zien van de gezichten van die kinderen als ze mij voorlezen of giechelen over de verhalen, is elke seconde die ik in de groep steek waard. De wetenschap dat ik deze ouders, die vaak moe en overwerkt zijn, kan helpen, geeft me een goed gevoel over mezelf.' Hoewel haar werk duidelijk altruïstisch is, zei Francine: 'Ik ben altijd dol geweest op boeken en ideeën en ik wilde niet dat mijn nichtje hiervan ook maar iets miste.

Ik vind het gewoon heerlijk me bezig te houden met het oplossen van problemen.' Boven alles kwam Francines toewijding aan de groep tot stand door haar aangeboren drang om te werken met taal, lezen en lesgeven, gecombineerd met de liefde voor haar zus en haar nichtje. Onze aangeboren drang toont ons waar we 'in' zitten – of wat onze zaak, onze taak is. Kijk naar waartoe *jij* je aangetrokken voelt, of het nu tuinieren, hervormen, organiseren, hergebruiken, wandelen, optreden, grappen maken, doelpunten scoren, praten over spirituele ideeën, gospelsongs zingen of koopjes najagen is. Binnen jouw belangstellingssfeer ligt jouw Geboortevisie – en je dienstbaarheid – om te worden gedeeld met anderen.

...Ik denk dat het mogelijk is gemeenschappelijk eigendom op te vatten als een manier om de ziel te versterken. Wanneer bijvoorbeeld een stadsbestuur volgens deze gelofte zou leven, zou het zijn best doen openbare plaatsen zoals parken, rivieren en oevers van meren in een zo goed mogelijke staat te houden. De bestuurders zouden weten dat het niet voldoende is ervoor te zorgen dat de mensen niet sterven van de honger, maar dat de eenvoudige genoegens van een gemeenschapsleven even essentieel zijn.

Thomas Moore, *Zielsverwanten: het mysterie van liefde en relaties.*

EEN OPEN HOUDING, ENERGIE GEVEN EN DE BEREIDHEID TE LUISTEREN, TE LEREN OF TE LEIDEN

In *Het Tiende Inzicht* proberen de personages de houding van volledige openheid en oprechtheid te bereiken. Ze streven ernaar zich hun eigen oorspronkelijke voornemen om te dienen in de wereld – hun Geboortevisie – te herinneren en *ze richten zich op elkaars Geboortevisie*. Ze concentreren zich er bijvoorbeeld op Maya in volle glorie te zien – wetende wie ze werkelijk is – en stellen zich voor dat ze datgene waarvoor ze hier is gekomen volbrengt. Vervuld van universele energie vraagt Maya haar vrienden zich voor te stellen dat de atomen in hun lichaam op een hoger niveau trillen. Met behulp van de positieve groepsenergie die zij ontvangt wordt haar opdracht nog duidelijker. Dit is natuurlijk een voorbeeld uit een boek, maar het idee is evengoed toepasbaar in een groep waarin we met anderen samenwerken.

320

Waardering hebben voor de vorderingen die mensen hebben gemaakt, hun grond onder de voeten geven zonder de behoefte hen vast te zetten, hun liefdevolle energie sturen die ze kunnen gebruiken voor hun hoogste goed, zijn allemaal praktische manieren om 'spiritueel te zijn'.

Het was een vreemd groepje zoals we door de wijk naar een klein park liepen – drie blanke vrouwen, twee blanke mannen, een zwarte vrouw en vijftien zwarte jongens. 'Wat doe je met geweld?' vroeg de psycholoog toen we voor vijftien jongens – in leeftijd variërend van acht tot achttien jaar – uitliepen die schreeuwend, elkaar schoppend en duwend door de straat buitelden...

Toen we het park ingingen zag ik... een sproeier op een grasveld. Opeens rende ik dwars door het water heen naar een grasveldje... en liet me op de grond vallen; [de jongens] vielen over me heen. We tuimelden over elkaar heen als acrobaten in een circus. Temidden van ons luidruchtige spel waren momenten van stilte en rust, waarin onze lichamen als slierten spaghetti door elkaar lagen.

Tot mijn verrukking lachte hun weesmoeder hartelijk en gooide me net zo hard omver als de jongens. We genoten allemaal van haar lach en haar energie. Van onder een stapel jongens gebaarde ik naar Marian en Liz om mee te doen. Ze kropen er middenin. De jongens vonden het heerlijk. Ze waren heel fysiek en toch werd er niet geduwd of geschopt. Ze wisten hoe ze hun spel met dat van elk van de volwassenen moesten combineren.

O. Fred Donaldson, Ph.D. *Playing By Heart: the Vision & Practice of Belonging.*

Tiende-Inzichtgroepen zullen geen gevoel van exclusiviteit of groepsambitie ten toon spreiden. Ze zullen zijn afgestemd op schoonheid, democratie, vriendelijkheid en samenwerking. Ze zullen er niet op uit zijn indruk op elkaar te maken of grote aantallen leden te werven. Ze zullen bij elkaar komen om hun eigen inzicht te vergroten en nieuwe methoden en ideeën te onderzoeken. Ze zullen specifieke ervaring en kennis uitwisselen. Ze zullen reageren op de behoeften van de gemeenschap en zoeken naar manieren om anderen van dienst te zijn zonder zichzelf op te dringen of ergens *tegen* te zijn. Ze zullen overeenkomsten zoeken, wetende dat ieder mens in zijn of haar eigen tempo leert.

Michael Chamberlain, predikant van een Presbyteriaanse kerk in Vincennes, Indiana, heeft in zijn gemeenschap een groep die zich concentreert op genezing. 'Ik weet dat sommige mensen liever uit een groep stappen dan hun gevoelens te uiten als zij het idee hebben dat een ander over hun gevoelens heenwalst,' zei hij. 'Maar als je beter wilt functioneren is een van de belangrijkste dingen die je kunt doen, leren je gevoelens tegenover anderen te uiten, en het is echt een geschenk dat in een groep te kunnen oefenen.' Chamberlain heeft het gevoel dat mensen naar zijn groep komen omdat: 'Ze zich verbonden willen voelen met gelijkgezinden. Mensen zeggen dat ze het gevoel hadden dat ze hun familie waren kwijtgeraakt, maar dat ze in de groep hun ware familie hebben gevonden.'

DE BEWUSTE INTERACTIE IN EEN GROEP

Als je deelneemt aan een groep moet je niet het gevoel hebben dat je 'tijd investeert'. Je wilt er zijn of niet. Meestal kijk je naar de bijeenkomsten uit, doe je alles om op tijd te zijn en voel je je vol energie en verbonden als je vertrekt. Afgezien van echt aanwezig zijn, kost het geen enkele inspanning om de groep soepel te laten 'werken' of stromen.
Als we in overeenstemming met ons doel handelen – dat wil zeggen dat we iets doen wat onze ziel voedt – zijn we meestal in contact met onze zielengroep. Deze versmelting met elkaar leidt ertoe dat je wordt 'meegevoerd' of in verbinding komt met de universele energie. Als dat in *Het Tiende Inzicht* gebeurt roept de hoofdpersoon uit: 'Dat is het!… We bereiken de volgende stap; we zien een vollediger beeld van de geschiedenis van de mensheid.' Op dat punt beginnen ze niets minder te zien dan de geschiedenis van het universum. Als we ons deel voelen van een veel groter geheel, krijgen we energie en kunnen we briljant, onzelfzuchtig en vernieuwend zijn, zoals in de verhalen die we horen van mensen die in uitzonderlijke omstandigheden verkeren. Michael Murphy en Rhea A. White halen in hun boek *In the zone: Transcendent Experiences in Sports* veel voorbeelden aan van ogenschijnlijk mystieke bewustzijnstoestanden die worden bereikt in individuele en teamsporten. In 1951 slaagden de New York Giants er tijdens de laatste weken van de competitie in hun achterstand weg te werken en de competitie te winnen… In die periode speelde het team veel uitzonderlijk goede wedstrijden en die vonden hun hoogtepunt in

de beroemde homerun van Bobby Thompson... Thomas Kiernan schreef er een boek over met de titel *The Miracle at Coogan's Bluff*... en het hele boek door ondervraagt Kiernan de leden van het team en probeert het antwoord te vinden op de 'Vraag' – namelijk, of de club al dan niet werd overgenomen door 'een of andere buitenaardse kracht, waardoor de leden prestaties konden leveren die hun gewone menselijke vermogens te boven gingen.'[11]

In een ander geval van voornemen en concentratie citeren Murphy en White John Brodie van de San Francisco 49ers die zegt: '[Er zijn] momenten waarop een heel team ineens een paar klassen beter wordt. Dan voel je een gigantische vlaag van energie over het veld gaan... Als je elf man hebt die elkaar heel goed kennen en elk beetje van hun aandacht – en voornemen – hebben gericht op een gemeenschappelijk doel waarbij al hun energie in dezelfde richting gaat, schept dat een heel bijzondere concentratie van kracht. Iedereen voelt het. De mensen op de tribune voelen het ook altijd en reageren erop, of ze er een naam voor hebben of niet.'[12]

Nergens is de aanwezigheid van energie duidelijker voelbaar dan tijdens gebeurtenissen waarin mensen een hoofdrol spelen die in hun leven boven alles willen uitblinken. Murphy en White halen het voorbeeld aan van Joan Benoit die een nieuw Amerikaans record vestigde toen ze een marathon in 2:26:11 liep. 'Ze had het gevoel dat ze het niet alleen deed. "Ik voelde hoe de energie van de fans aan mij werd doorgegeven... ik moest wel reageren toen ik hun collectieve emotie sterker voelde worden."'[13] En 'de honkballer John Gill waagde de stelling dat de vriendschap die zich in een hecht team ontwikkelt "zowel bovennatuurlijke energie kan produceren als overbrengen".'[14]

EENWORDEN MET DE KRACHT VAN ZIELENGROEPEN IN HET HIERNAMAALS

Als we in staat zijn het leven te begrijpen op het niveau van het Tiende Inzicht, en 'onze Geboortevisie in gedachten houden en die als groep met elkaar integreren, *verenigen* we in de andere dimensie de krachten van onze respectieve zielengroepen. Dat draagt ertoe bij dat we ons nóg meer kunnen herinneren, zodat we eindelijk een totaalbeeld van de visie op de wereld kunnen krijgen.'[15]

Zijn wij daartoe nu in staat? Je nadert dit niveau als je je ervan bewust bent dat je meer bent dan je fysiek lichaam. Als je een extatische eenwording hebt ervaren, begin je op meer dan louter het fysieke niveau van werkelijkheid te communiceren. Het kan zijn dat je in je dromen één wordt met je zielengroep, ook al ben je je daarvan in je waakleven niet bewust. Volgens mensen die onderzoek doen op metafysisch en paranormaal gebied, verlaten velen van ons in de slaaptoestand hun lichaam en verrichten werkzaamheden en diensten in andere dimensies.

Interessant genoeg lijkt Ruth Montgomery, die heel veel heeft gedaan om de boodschappen van zielen in het Hierna-

---

Telepathische boodschappen worden heel rechtstreeks ontvangen... ik kan je niet vertellen hoe je je bewust moet zijn van de telepathische ontvangst van hogere leiding, want die gaat buiten het bewustzijn om.

Opeens heb je een nieuwe manier om een probleem aan te pakken of is er een verandering in je bewustzijn opgetreden, wat voor de meesten van jullie de eerste aanwijzing is dat je de boodschap hebt ontvangen... je merkt al gauw dat oude situaties niet meer de oude vertrouwde emotionele reactie opwekken... Je begint op nieuwe en andere manieren ideeën uit te dragen naar anderen.

Sanaya Roman, *Personal Power Through Awareness*.

---

maals door te geven, juist te zijn uitgekozen omdat ze journaliste was. In haar boek *A Search for Truth* schrijft ze: 'Op een ochtend toen het mysterieuze typen [automatisch schrijven] doorging met prediken, durfde ik opnieuw de gidsen te vragen wie zij waren. Nogal verwijtend antwoordden zij: 'De vraag waarin jij zo geïnteresseerd bent is waarlijk niet belangrijk. Wat wij vooral van jou willen is dat je meewerkt om anderen te helpen. Wij waren allemaal schrijver en daarom willen wij via jou, die hetzelfde beroep heeft, werken. Dit gemeenschappelijke belang is zodanig dat we heel goed via jou kunnen werken als je iedere dag op hetzelfde tijdstip wilt samenwerken met ons... Als schrijver hadden we in wereldse zin enorm veel succes maar we slaagden er niet in anderen te helpen. We waren veel te druk doende onze woordenbrij uit te storten en te genieten van het publieke aanzien. We hadden ons niet zoveel moeten bekommeren om vergankelijke aardse roem, maar om het overleven van al onze zielen... Laat het heel duidelijk zijn dat we allemaal dezelfde lijn volgen. Wij zijn zoals jij zult zijn en jij bent zoals wij ooit waren – en dat nog niet eens zo lang geleden. Er is niets wat ons nu scheidt afgezien van de dunne barrière van de geest. Wij zien jullie zoals jullie zijn, maar jullie bezitten nog niet het vermogen ons te zien zoals wij nu zijn... we willen heel graag dat jullie leren van onze fouten in dat leven; *want door te helpen kunnen wij vorderingen maken,* net zoals jullie vorderingen kunnen maken door anderen in je eigen leven te helpen. Het belangrijkste dat je ooit zult leren is dit: *Alleen voor het zelf leven betekent het zelf vernietigen.*'[16]

Dat is de geest van avontuur... de begrensde wereld waarin je bent opgegroeid verlaten... verdergaan dan het bekende... naar transcendente werelden... en je dan verwerven wat je mist en met die gave terugkeren.

Joseph Campbell

Volgens het Tiende Inzicht helpen onze positieve voornemens en daden in het hier en nu niet alleen *onze* samenleving, maar ook die in het Hiernamaals. Door samen te werken, raken de trillingen van elk van onze zielengroepen meer afgestemd op die van ons hier op aarde en omgekeerd. Wij hebben het voordeel dat we in de fysieke dimensie via tijd, ruimte en materie kunnen scheppen en de spirituele werkers hebben het voordeel van grotere wijsheid, voorkennis en tijdloosheid.

Met het bewustzijn van het Tiende Inzicht voelen we aan dat de mensheid het punt bereikt waarop zij in staat is de barrières te overstijgen tussen het fysieke leven en het Hiernamaals, dat in de esoterie het 'oplichten van de sluier' wordt genoemd. Als het bewustzijn geleidelijk aan in een hogere frequentie komt, kunnen we ons toegang verschaffen tot de hele wereld van niet-fysieke krachten en entiteiten. De communicatie neemt al toe naarmate de twee dimensies zich meer voor elkaar openstellen. We hebben een gigantische hoeveelheid informatie uit de eerste hand ontvangen van onverklaarbare fenomenen zoals de verschijning en tussenkomst van engelachtige wezens, bijna-doodervaringen, waarnemingen van ufo's, ontvoeringen door buitenaardse wezens en contact met overledenen. In de toekomst zijn we misschien in staat ons innerlijke vermogen te ontwikkelen om ons meer bewust te worden van onze zielengroepen in de niet-fysieke wereld en om hun kennis en herinneringen op te pikken.

Velen van ons zijn zich er al van bewust dat sjamanen, genezers en intuïtief ontwikkelde mensen zich afstemmen op bovennatuurlijke werkelijkheden of gesprekken voeren met de spirituele dimensie. Als enkelen van ons dat nu kunnen, lijkt het logisch te veronderstellen dat als genoeg mensen die mogelijkheden als werkelijkheid accepteren, er een transformatie zal plaatsvinden in het verenigd veld. Binnen enkele decennia of eeuwen zullen die vermogens worden aanvaard zoals nu ons vermogen om in de ruimte te reizen wordt aanvaard. Het Tiende Inzicht veronderstelt daarom dat 'in het Hiernamaals de zielengroepen zelf meer weerklank gaan vinden bij elkaar. Om die reden is de Aarde het eerste waar de zielen in de Hemel zich op richten. Op eigen kracht kunnen ze zich niet verenigen. Daar, aan gene zijde, blijven zielengroepen versplinterd en zijn ze niet met elkaar in harmonie, omdat ze in een imaginaire wereld leven, een wereld van ideeën die zich van het ene op het andere moment manifesteren en even zo vlug weer verdwenen zijn, dus de werkelijkheid is er altijd grillig. Er bestaat geen natuurlijke wereld, er is geen atoomstructuur zoals wij die hier hebben, die kan dienen als een solide basis, een achtergronddecor dat voor ons zo gewoon is. Wij hebben invloed op wat zich in dat decor afspeelt, maar ideeën manifesteren zich bij ons veel langzamer en we moeten een zekere mate van *overeenstemming* bereiken over wat we willen dat er in de toekomst gebeurt. Het is die overeenstemming, die *consensus,* deze eenheid in ons beeld van de Aarde, waardoor ook de zielengroepen in het Hiernamaals bijeengebracht worden. Daarom wordt de Aardse dimensie als zoiets belangrijks beschouwd. De ware eenwording van zielen vindt plaats in de fysieke dimensie!'[17] Het Eerste Inzicht stelt dat een doorslaggevende hoeveelheid mensen zich bewust wordt van die bestemming. Het Tiende Inzicht stelt dat wij *nog steeds in verbinding staan* met de spirituele dimensie waar die bestemming haar oorprong vond.

ZELFSTUDIE

Ga waar de energie is

Je bent al op weg en je hebt het bewustzijn en de belangstelling die je precies naar de informatie, ervaring of hulp leiden die je op dit moment nodig hebt. Vertrouw erop dat jouw enthousiasme over een bepaald terrein gelijkgezinde mensen, boeken en leermeesters zal aantrekken die je bewustzijn zullen openen. Aan jou de taak iedere dag rustig tijd voor jezelf te nemen en daarheen te gaan waar de energie is.

Je groep van zielsverwanten

Trek gewoon voor de lol een grote cirkel op een stuk papier. Schrijf aan de buiten- of de binnenkant van de cirkel de namen van mensen tot wie je je het meest voelt aangetrokken. Schrijf enkele woorden op die je gevoelens ten aanzien van die mensen weergeven of wat ze aan je leven toevoegen. Je kunt zelfs het jaar waarin je hen hebt ontmoet opschrijven. Zie je een patroon?

GROEPSSTUDIE

Bewust weten waar je voor gaat

Zo nu en dan kun je als groep praten over waardoor jullie je tot elkaar voelden aangetrokken. Je kunt beginnen met te vertellen wat je eigen redenen zijn om aan de groep deel te nemen.

- Wat is *absoluut het beste* dat ik in deze groep zou willen zien gebeuren? (Houd je niet in.)
- Als ik een toverstokje had, wat zou ik dan met deze groep tot stand willen brengen?
- Welke talenten, interesses, vaardigheden, gevoelens kan ik aan deze groep bijdragen die uniek zijn voor mij?
- Welk specifiek gevoel maakt dat ik steeds bij deze groep terugkom?

Wees je ervan bewust dat je onbewuste redenen hebt om in deze groep te zijn, die je misschien na verloop van tijd duidelijk worden. We kennen niet altijd de redenen waarom we bij elkaar zijn.

Bepaal je doelstelling – door consensus

Vat de individuele doelstellingen samen in één zin waarmee je het unieke doel van deze specifieke groep uitdrukt. Het kan heel moeilijk lijken om dit in één zin te doen, maar ga net zo lang door tot de hele groep het eens is over *elk woord*, en iedereen het gevoel heeft dat er iets in de energie is veranderd – meer plezier, meer overeenstemming, een gevoel van opwinding omdat jullie de doelstelling goed hebben

327

weten te verwoorden. Vermijd formeel taalgebruik en bureaucratisch jargon zoals: 'Het doel van onze groep is deel te hebben aan de spirituele evolutie van onze zielen en overvloed en volledig evenwicht te manifesteren op alle gebieden van het leven.' Dat wil je misschien wel, maar het klinkt heel omslachtig en zwaarwichtig!

Het ideaal is een kort maar krachtige zin. Enkele groepen die bij elkaar kwamen om de negen inzichten van *De Celestijnse Belofte* te bestuderen, kwamen tot zinnen als: 'We willen het mysterie leven!' 'We willen meegaan op de stroom!' 'We willen de magie van doelgerichtheid ervaren.'

Laat iedereen aan het woord

- Laat aan het begin van een bijeenkomst iedereen zijn of haar zegje doen, zonder dat de rest van de groep erop reageert. Mensen die verlegen van aard zijn zullen het fijn vinden te weten dat ze de kans krijgen iets te zeggen zonder dat ze met meer dominante persoonlijkheden hoeven te concurreren.
- Spreek altijd eenvoudig en oprecht – met gevoel. Misschien ben je gewend je betoog met feiten en cijfers te onderbouwen, maar probeer abstracte ideeën over 'wat anderen doen' te vermijden en beperk je tot hoe kwesties jou persoonlijk raken.
- Geef elke spreker je volledige aandacht en probeer bewust de schoonheid van de ziel achter die persoon te zien.
- Kijk naar de waarheid of de verdienste in de ideeën van jezelf of anderen. Bouw verder op de positieve kiem die je kunt vinden, in plaats van te proberen de ideeën van anderen onderuit te halen. Als Jack bijvoorbeeld zegt: 'Ik denk dat we alle oude gebouwen op het terrein moeten afbreken en helemaal opnieuw moeten beginnen,' kun je als volgt reageren: 'Het idee om alles wat we niet meer nodig hebben af te breken spreekt mij aan, *en* we kunnen misschien een of twee gebouwen laten staan, als blijkt dat het de moeite waard is ze te renoveren.' Daardoor krijgt Jack het gevoel dat er naar zijn idee is geluisterd, zonder dat je met hem mee hoeft te gaan voordat andere mogelijkheden de revue zijn gepasseerd. Het gaat erom het Zevende Inzicht over het geven van energie aan anderen toe te passen, zodat de wijsheid van hun hoger zelf kan ontluiken.

Blijf afgestemd op de stroom van energie

Laat je in alle grote en kleine beslissingen leiden door de energie van de groep. Wees bijvoorbeeld bereid je stem te laten horen als je het gevoel hebt dat de energie in de groep laag is en er misschien een korte pauze moet worden ingelast. Bij grotere kwesties let je erop of de energie niet 'vastloopt' doordat iemand te veel praat, anderen verwijten maakt, of alleen oog heeft voor zijn of haar eigen behoeften. Wees bereid dat eventueel aan de orde te stellen en vraag aan de groep wat de volgende stap moet zijn.

Geboortevisie-oefening

Sommigen van jullie hebben zich misschien al geroepen gevoeld een groep te vormen om de negen inzichten te bestuderen. Je zou de volgende meditatie over je Geboortevisie kunnen opnemen. Het is mogelijk de hele bijeenkomst aan deze meditatie-oefening te wijden, of één of twee personen per bijeenkomst doen. Het doel van deze oefening is samen te komen, je trillingsniveau als groep te verhogen en je steeds op één persoon af te stemmen om te kijken welke informatie je naar boven kunt halen over de Geboortevisie van die persoon.

Deze oefening kan in een periode van enkele weken of maanden voor iedereen één keer of vaker worden gedaan. Hoewel je sommige mensen in je groep misschien nog niet zo goed kent, zul je evengoed beelden en ingevingen over die persoon kunnen oppikken die duiden op talenten, interesses of waar het in de toekomst heen zal gaan.

Het is een goed idee voorafgaand aan de eerste keer dat je de meditatie doet, de groep een korte intentieverklaring op te laten schrijven die aan het begin van ieders 'vision quest' wordt voorgelezen. De intentieverklaring kan bijvoorbeeld luiden: 'We komen nu in de kring bij elkaar in liefde en respect voor Julie. We vragen ons hoger zelf samen te komen met het hoger zelf van Julie, opdat we haar grotere doel en Geboortevisie voor dit leven leren kennen en begrijpen. We vragen om louter positieve energie die bijdraagt aan haar groei. De meditatie begint nu.'

Besef ook dat geen enkel levensplan zich waarschijnlijk ooit volledig laat kennen.

329

Geboortevisie-meditatie

- Geef iedereen een pen en papier.
- Ga in een kring zitten. Kringen zijn van oudsher het symbool van gezamenlijke energiebeleving en heelheid.
- Schep een gewijde sfeer door het licht te dimmen, wierook te branden en voorwerpen uit de natuur die aarde, lucht, vuur en water voorstellen in het midden van de kring te plaatsen.
- Gebruik een speciaal geluid om het begin van de meditatie aan te kondigen zoals een trommel, Tibetaanse belletjes of laat enkele minuten meditatiemuziek horen. Rituelen zijn voor het onbewuste een teken om zich open te stellen.
- Een van de groepsleden leest de intentieverklaring voor deze meditatie voor (zie boven).
- Besluit hoe lang je je in stilte op de persoon wilt concentreren en wijs iemand aan die de tijd in de gaten houdt en de groep rustig waarschuwt als de tijd om is.
- Eén persoon biedt zich als vrijwilliger aan en gaat zitten met de ogen open of gesloten (wat het prettigst voelt), de voeten plat op de vloer en de handen op de knieën of in de schoot (maar niet gekruist).
- Iedereen concentreert zich in stilte op die persoon. Voel hoe liefdevolle energie door je heenstroomt en de ruimte tussen jou en die persoon opvult.
- Stel je voor dat je het trillingsniveau van je cellen opvoert. Houd dat gevoel van liefde enkele seconden vast.
- Let op eventuele beelden die in je opkomen. Begin alles op te schrijven wat je over die persoon te binnen schiet. Concentreer je zoveel mogelijk op de *positieve kwaliteiten* die je in die persoon ziet, eventuele beelden die je krijgt, en schrijf ze allemaal op zonder te oordelen of de ingevingen wel 'juist' zijn. Als je geen beelden krijgt, schrijf je op wat voor gevoelens die persoon in je oproept. Enkele woorden of zinnetjes zijn prima.
- Als de tijd om is laat iedereen om de beurt horen welke informatie hij heeft ontvangen.
- (Facultatief) Na de meditatie kun je een periode van twee of drie minuten inlassen waarin iedereen spontaan alle positieve kwaliteiten uitroept die hij in die persoon ziet, en schrijft iemand alles op wat er wordt gezegd. Hierna kunnen mensen om de beurt voorlezen of vertellen wat ze nog meer tijdens de meditatie hebben doorgekregen.

- Als iedereen zijn ingevingen heeft kunnen bijdragen, reageert de persoon die 'hem' is op wat zij heeft ontvangen en bedankt de groep.
- Laat een voor een de volgende persoon aan de beurt komen, totdat de energie aangeeft dat het tijd is ermee op te houden.
- Besluit hoe je de oefening wilt afronden – met een korte periode van stilte, een gebed als dank voor hetgeen is ontvangen. Iemand kan ter afsluiting op een trommel slaan, een bel laten rinkelen of de groep kan in de handen klappen.

Een bijeenkomst om te brainstormen over doelstellingen of het oplossen van problemen

Deze oefening is afgeleid van *Teamworks! Building support groups that guarantee success* door Barbara Sher. Wij adviseren het boek aan te schaffen om alle profijt van haar werk te hebben.

Nodig alle fantasierijke en vindingrijke mensen die je kent uit bij je thuis en vraag of zij hun vrienden willen meebrengen. Sher adviseert geen deskundigen uit te nodigen op het gebied van je doelstellingen of problemen, omdat zij geneigd zullen zijn oplossingen aan te dragen op basis van hun ervaring en misschien niet zo vrij zijn in hun denken als mensen die nog geen vaststaande mening hebben over of iets zal werken of niet. Vrijdagavond, zaterdagavond en zondagmiddag zijn de beste tijden om bij elkaar te komen.

Vraag iedereen iets te eten mee te nemen. Dat bevordert de gelijkwaardigheid en betrekt mensen op een veilige manier bij het geheel. Geef iedereen pen en papier en vraag wie een doel of probleem wil inbrengen waarover de groep kan brainstormen. Stel vast hoeveel tijd iedereen maximaal krijgt en begin dan. Vraag iemand (niet degene die het idee heeft ingebracht) alle ideeën op te schrijven waarmee mensen komen, ongeacht hoe 'stom of gek' ze ook zijn. Laat alle ideeën de revue passeren en zoek iets nuttigs in elk idee, ongeacht hoe krankzinnig het op het eerste gezicht lijkt. In elke ingeving zit meestal een kern van waarheid. Je kunt besluiten als groep eens per week of eens per twee weken bij elkaar te komen als mensen elkaar willen blijven steunen en verslag willen uitbrengen van hun vorderingen.

Sher stelt voor zo'n groep regelmatig onderdeel te laten uitmaken van je maatschappelijke leven. Naarmate je nieuwe mensen ontmoet en je kennissenkring zich uitbreidt, ga je over een reservoir aan talenten beschikken waar iedereen in de groep wat aan heeft.

ZIELENGROEPEN

- De Wereldvisie is de eenwording van de fysieke en de spirituele dimensie. Deze visie is de altijd-aanwezige drijfkracht geweest achter de lange reis van de mensheid op aarde.
- Zielengroepen in het Hiernamaals hebben de Wereldvisie door de millennia van aardse evolutie heen in stand gehouden en resoneren met de mensen op aarde die hun leven wijden aan voortdurend gebed.
- De eenwording kan alleen tot stand komen als mensen zich een voor een herinneren dat ze hier zijn om mee te helpen aan het tot stand komen van een kritische massa van bewustzijn die is afgestemd op de frequentie van de spirituele dimensie. Als we vrij zijn van egoïstische ambitie, krijgen we energie en inspiratie van onze zielengroepen.
- Bepaalde ontwikkelingen moesten op aarde plaatsvinden – zoals de ontwikkeling van het kritische denken *samen met* het intuïtieve vertrouwen in het mysterie van het leven.
- Ondanks de uiterlijke schijn doet zich op dit moment over de hele aarde een spiritueel ontwaken voor.
- Ieder van ons beschikt over een stuk van de complete Wereldvisie.
- Als we met elkaar uitwisselen wat we weten en onze zielengroepen verenigen, zijn we er klaar voor het hele beeld in ons bewustzijn te brengen.
- Dit is een cruciale periode om het werk te volbrengen.

De lucht klaren

Als iemands gedrag een probleem veroorzaakt in de groep, ontdek je misschien dat het een mogelijkheid is iets over jezelf te leren. De lucht klaren moet voortkomen uit een diep gevoel van toewijding aan elkaars welzijn en niet een excuus zijn om iemand te bekritiseren. Als iemand de moed heeft gehad het gedrag aan de orde te stellen, kun je ertoe overgaan iedereen voor zichzelf de antwoorden op de volgende vragen te laten opschrijven. Besluit wat de beste en meest liefdevolle manier is om het gesprek of de discussie te voeren. Vraag jezelf af hoe een raad van wijzen met deze situatie zou omgaan.

- Wat wil ik voor mezelf in deze situatie?
- Welke eigenschappen of trekken van deze persoon herken ik in mezelf?
- Welke beelden of ingevingen krijg ik over mijn relatie tot deze persoon?
- Wat voel ik in mijn lichaam als ik aan deze persoon denk?
- Hoe zouden de zaken voor mij in deze groep beter kunnen lopen?
- Ben ik bereid te zeggen wat ik vind als de ander mij of de groep 'stoort'?
- Wat kan het hoogste doel zijn dat deze persoon in zijn of haar leven tot uitdrukking probeert te brengen?
- Wat kan de les zijn die deze persoon voor de hele groep heeft?
- Kan ik in deze situatie de liefde voelen achter de angst of boosheid?

Zoals bij elke onderneming moet iedereen komen, volledig aanwezig zijn, oprecht de waarheid vertellen en niet proberen de volgende stap onder controle te hebben.

12

Nieuwe visies in beroep en werk

Bever
Gemeenschap

'Het gevolg van die gebundelde en gerichte energie was een ongekende golf van ontwaken, herinneringen, samenwerking en persoonlijke betrokkenheid, een ware explosie van op nieuwe wijze geïnspireerde mensen die zich allemaal hun Geboortevisie volledig zouden gaan herinneren. Ze zouden hun synchroon geleide pad gaan volgen, dat binnen hun samenleving precies naar de voor hen juiste positie zou leiden.'

Het Tiende Inzicht.[1]

OP WEG NAAR DE IDEALE MANIER VAN UITDRUKKEN EN DE IDEALE BESTEMMING

Eén voor één worden jullie je bewust van het feit dat de *rusteloosheid of het conflict* waarin je verkeert de *discrepantie is tussen wat voor jou belangrijk is en wat je uiterlijk ervaart.* Terwijl we dit hoofdstuk aan het schrijven waren, werden we op een ochtend door A.T., een vriendin van ons, gebeld. 'Ik moest gewoon achter de computer vandaan komen en jullie bellen!' zei ze. Eerder die week hadden we besproken hoe ze haar praktijk als consulente aan het uitbreiden was. Opeens had A.T. 'ingevingen' die gewoon niet konden wachten. 'Weet je, ik heb mezelf op zitten fokken omdat de telefoon deze maand niet zo vaak gaat. Bij X gaat het echt fantastisch, maar bij Y komt er niets uit. Ik voel me heel gefrustreerd en denk voortdurend dat ik iets verkeerd doe. Dat ene bedrijf dat geacht wordt cliënten voor mij te boeken, stuurt niemand naar me toe. Met het andere bedrijf loopt het als een trein.' We hadden het er even over en toen zei ze: 'Weet je, dit heeft echt met visie te maken, niet met mij. Bedrijf Y is heel beperkt in de manier waarop ze denken. Ze snappen niet precies wat ik doe en dus maken ze geen reclame voor me. Maar de mensen bij Z geven me een hele pagina in hun brochure.'

In deze overgangsperiode kunnen mensen die werken vanuit de nieuwe kijk op de wereld niet zonder creativiteit en flexibiliteit als zij, geconfronteerd met oude manieren van denken, nieuwe projecten opzetten. In de afgelopen paar jaar heeft A.T., net als velen van jullie, naar buiten toe geworsteld om haar nieuwe bedrijf op te zetten en tegelijkertijd mensen de waarde ervan bij te brengen. Naar binnen toe heeft ze meer gemediteerd, samen met vrienden spirituele ideeën onderzocht en eraan gewerkt om meer in evenwicht te komen en tijd voor zichzelf te maken. Ze heeft ten behoeve van haar kinderen ook voor een dorp gekozen in plaats van een grote stad, waar ze meer toegang tot cliënten zou hebben. Voor haar gevoel is het belangrijk zoveel mogelijk tijd met haar kinderen in het park door te brengen, of als het kan met hen naar zee te gaan.

Ze barst van de energie en om drie uur 's nachts stromen de ideeën door haar heen. Ze zegt: 'Er komt zo veel informatie binnen! Er zijn zo veel dingen die ik niet onder controle heb dat alleen de wetenschap dat er in dit alles ergens een doel schuilt en dat ik het alleen maar hoef te vinden, voorkomt dat ik gek word. Maar als ik loslaat zie ik de boodschappen. *Alles wat bij mij binnenkomt is informatie. Het zijn gewoon allemaal boodschappen.*' Aan het einde van ons gesprek besefte A.T. dat ze de samenwerking met bedrijf Y moest loslaten, omdat het geen zin had door te gaan als zij in termen van dienstverlening niet op dezelfde golflengte zaten. 'Ik heb het aangehouden, omdat ik dacht dat ik het beetje dat ze mij gaven nodig had. Maar weet je, ik heb altijd geweten dat als je iets loslaat wat niet werkt, er plaats komt voor iets nieuws.'

A.T. besefte niet dat haar 'onderbreking' van ons werkschema die ochtend ons een goed voorbeeld verschafte van waar het in dit hoofdstuk om gaat. Ze verwoordt een gevoel dat bij velen van ons leeft en dat we goed moeten onderkennen als we te maken hebben met de veranderingen die zich op diverse gebieden voordoen.

Zowel het Negende als het Tiende Inzicht wijzen erop dat als mensen zich bewust worden van hun spirituele bestemming, ze de manier waarop de dingen in de wereld worden gedaan wel moeten veranderen. We zouden ons kunnen voorstellen dat alle werkgebieden een zee van energie vormen, waarbij elk gebied of veld een specifieke matrix van menselijke voornemens vormt. De evolutie van werkgebieden speelt zich af op drie niveaus: het persoonlijke, het beroepsmatige en het kosmische niveau.

Het zoeken naar een betere manier van werken is voor natuurlijke leiders, uitvinders en pioniers een aangeboren drang. Innerlijk voortgedreven en enthousiast van aard, zijn het natuurlijke revolutionairen en hervormers. Uiteindelijk komt elke verandering voort uit een persoon die zijn of haar intuïtie volgt en de moed heeft anders te zijn.

Het zoeken naar zingeving wordt zo belangrijk in onze maatschappij, dat zelfs marktonderzoekers het oppikken als *de* trend voor de jaren negentig. Contact met wat belangrijk is voor ons – of het nu gaat om een nieuwe manier om drugverslaving te behandelen, vaccinatie voor kinderen te verbeteren, inheemse culturen en spirituele gebruiken te behouden, het terugbrengen van bestrijdingsmiddelen in openbare parken, het stopzetten van de bevolkingsgroei, of een ander doel waar de hele mensheid baat bij heeft – blaast alle terreinen nieuw leven in. Het is iets persoonlijks. Niemand dwingt ons ertoe. Er zijn weliswaar meer regels voor publieke aangelegenheden dan ooit, maar de belangrijkste impuls voor verandering is afkomstig van een bezorgd en toegewijd mens.

Stel dat je kind naar een school ging waar ze leerde tuinieren en de

Heel nauw verwant met intuïtie is het voorstellingsvermogen... ons vermogen mentale beelden te vormen die we op ons laten inwerken... een kern te vormen die op zijn eigen niveau de universele wet van aantrekking in werking zet en op die manier aanleiding is tot het principe van groei.

Intuïtie verhoudt zich tot het voorstellingsvermogen als volgt: de intuïtie plukt een idee uit de grote universele geest waarin alle dingen in potentie bestaan. Vervolgens presenteert de intuïtie niet zozeer de definitieve vorm dan wel de essentie ervan aan het voorstellingsvermogen. Ons vermogen om beelden te vormen verleent het dan een duidelijke en definitieve vorm, die aan het mentale zien wordt gepresenteerd. Die vorm wordt weer verlevendigd door erover te mijmeren, waardoor we onze persoonlijkheid erin mengen. Op die manier wordt er een persoonlijk element in gebracht, waarin de specifieke uitwerking van de universele wet die betrekking heeft op het betrokken individu altijd tot uitdrukking komt.

T. Troward, *The Edinburgh Lectures on Mental Science.*

levenscyclus ervoer van zaadje tot het eten op tafel? Stel dat ze wis- en natuurkunde leerde door mee te werken aan het herstel van een vervuilde rivierarm? Als ze thuiskwam uit school met het gevoel dat ze meetelde in het gezin en de gemeenschap, dat er echt naar haar werd geluisterd, zou ze het gevoel hebben dat ze die dag iets belangrijks had gedaan. Ze zou iedere dag vol energie wakker worden, popelen om iets nieuws te leren en weten dat ze een plaats had in de wereld en een belangrijke rol speelde, dat ze een toekomst had. Je dochter zou op haar eenentwintigste een heel ander mens zijn dan wanneer ze was opgegroeid met synthetisch voedsel en de televisie, vijf dagen per week van acht tot drie verplicht had moeten 'zitten' in een betonnen gebouw omgeven door asfalt, of erger nog, tijdens de belangrijke jaren waarin ze haar individualiteit ontwikkelt, had rondgehangen op straat met vrienden die ook niets te doen hebben.

In het onderwijs, om slechts één gebied te noemen, beginnen al nieuwe vormen te ontstaan om tegemoet te komen aan de uitdaging gezonde, actieve, open jonge mensen dit soort ervaringen te verschaffen. Het echt opwindende van het Tiende Inzicht is dat deze ideeën tot de werkelijkheid beginnen te behoren omdat er mensen zijn die een visioen hebben – niet van een utopia – maar van wat mogelijk is. Hoe dan ook, in alle gevallen komen de ideeën van binnenuit.

HET BEROEPSMATIGE NIVEAU

Stel dat men op alle terreinen zijn gebruikelijke manier van doen bewust begon te transformeren naar een manier van doen die zorgvuldig rekening hield met *de relatie die men had tot al het andere leven* en *de uitwerking die men had op toekomstige hulpbronnen* en het *wederzijds leren zou bevorderen tussen beroepsbeoefenaars en cliënten.*

Stel dat je advocaat je tijdens je echtscheiding of geschil zou kunnen vertegenwoordigen *en* tegelijkertijd in staat was een dieper inzicht bij je naar boven te brengen in de omstandigheden die leidden tot de echtscheiding of het geschil en je hielp dat te genezen?

Stel dat de benadering van een medisch team ook onderzoek omvatte naar de geestelijke, emotionele en economische omstandigheden die een rol spelen in je ziek-zijn; dat het flexibel genoeg zou zijn om voor een goede behandeling te putten uit een *heel scala* aan allopathische en alternatieve therapieën, variërend van acupunctuur tot paranormale en spirituele geneeswijzen?

Je snuift natuurlijk ongelovig en proest het uit van het lachen over

337

zo'n absurd idee. Maar deze ideeën *beginnen* al tot leven te komen door de inspanningen van kleine groepen mensen in veel verafgelegen plekken, te talrijk om hier te noemen.

In alle gevallen is de beoefenaar of organisator een *persoon* die heel graag anderen wil helpen en die de problemen in een groter perspectief plaatst. Ze volhardt – niet omdat het modieus, gemakkelijk of zelfs financieel enorm lonend is – maar omdat het goed voelt. Het is belangrijk voor haar dat ze in haar leven uitdrukking geeft aan haar principes. De persoonlijke motivatie om te dienen is een geïntegreerd onderdeel van het wereldbeeld – het *is* de transformatie van bewustzijn. Ons wereldbeeld wordt veranderd door mensen die daadwerkelijk iets willen doen en *intrinsiek* bevrediging ontlenen aan wat zij doen, ook al gaan ze soms misschien moe, gefrustreerd en heel ontmoedigd naar bed. Een transformatie naar *erkenning* en *herinnering* van de spirituele basis van het leven zal nooit tot stand worden gebracht door iemand die een nieuwe ethische code *afdwingt*.

HET KOSMISCHE PLAN

Beroepen zijn niet lukraak in groepen ingedeeld. Volgens de esoterische leer zijn er zeven groepen die als opdracht hebben een specifieke staat van bewustzijn bij de mensheid te ontwikkelen. In de afgelopen vierhonderd jaar moest de mensheid zich mentaal sterk ontwikkelen om de vroegere manier van waarnemen, die meer was gebaseerd op instinct en sentimentaliteit, in evenwicht te brengen. Wetenschappelijk onderzoek verschafte methodes, structuur en integratie en versterkte de kanalen waarlangs onderzoek werd gepleegd. Het vergrootte ons inzicht in de wereld van de vorm, het aandeel van de mensheid bij het verenigen van beide dimensies.

Samen met nieuwe informatie over de structuur van het leven 'identificeerden' (of schiepen?) we een verscheidenheid aan vijanden en gevaren. Indirect, via radio, televisie, tijdschriften en kranten, hebben we psychisch deel aan en zijn we fysiek bijna aanwezig bij de rampspoed die anderen overkomt. Als reactie op al die 'feiten' hebben we hele industrieën ontwikkeld om de angst het hoofd te bieden – wapens, farmaceutische bedrijven, grote amusementsbedrijven, verzekeringsmaatschappijen, beveiligingsfirma's en reclamebureaus. We hebben de wereld in stukken opgedeeld en besloten wat ons wel en wat ons niet aanstaat.

Tot nu toe hebben baanbrekende denkers in de groepen waarvan zij deel uitmaakten, bijna onbewust vorm gegeven aan het ontluikende wereldbeeld. Velen van ons hebben hun werk verricht zonder te beseffen wat het grotere doel van ons werk was. Pas in de afgelopen decennia hebben we zicht gekregen op het netwerk dat ons verbindt met andere werelddienaren. De volgende stap is nu ons bewust te worden van onze onderlinge verbondenheid en bewust met elkaar in gesprek te gaan over hoe we ons werk kunnen samenvoegen.

We hebben nu het punt bereikt waarop we ons bewuster worden van onze evolutie. We begrijpen al iets van de macht die we hebben als we gebruik maken van intuïtie en doelbewuste voornemens. Die ideeën stromen moeiteloos rond de aarde via het collectieve geest/lichaam. Het is interessant te zien hoe dit idee van weven wordt weerspiegeld in onze taal met woorden als stromen, netwerken, holisme, synergie, bondgenootschappen, partnerschappen, kringen, centra en het World Wide Web.

Tot welke zielengroep denk je te behoren? Wat voor *activiteit* heb je helpen bevorderen?

> ... we dienen ons te realiseren dat ontwikkeling altijd verloopt volgens een volmaakt natuurlijke groei en niet tot stand komt door onrechtmatig druk uit te oefenen op enig onderdeel van het systeem.
>
> ... de intuïtie werkt het meest spontaan in de richting waarheen onze gedachten bijna als vanzelf gaan. In de praktijk zal blijken dat de beste manier om de intuïtie te ontwikkelen... is te mediteren op de abstracte principes van die specifieke onderwerpen, in plaats van alleen afzonderlijke gevallen in overweging te nemen.
>
> ... je zult merken dat een heldere kijk op abstracte principes in elke denkbare richting de intuïtie in die specifieke richting op een prachtige manier levendiger maakt.
>
> **T. Troward, *The Edinburgh Lectures on Mental Science.***

Cultureel	Het ontwikkelen van relaties
	Het bevorderen van socialisatie en beschaving
	Het verschaffen van humanitaire hulp
	Het inspireren van de mensheid door kunst, muziek, dans, poëzie en literatuur
	Ontplooiing door onderwijs, fotografie, film
	Verspreiding via media, reizen en communicatie
	Regulering via wetten en advocatuur
Filosofisch	Theoretiseren over de aard van de werkelijkheid
	Ideeën, culturen, geschiedenis en de toekomst classificeren en vergelijken
Politiek	Volkeren radicaal veranderen en hervormen
	Opbouwen en stabiliseren
	Culturen en grenzen scheiden en verdedigen
	Onderling contact uitbreiden
	Hulpbronnen mobiliseren
	Mensenrechtenkwesties (voor en tegen) onder de aandacht brengen van het publiek
Religieus	Het mysterie bewaren
	Het mysterie structureren
	Bekeren en kritisch beschouwen
	Eenheid brengen in een gemeenschap
	Onderscheid maken in een gemeenschap
	De geestkracht verankeren.
	Steun en samenhang verschaffen in roerige tijden
	Roerige tijden veroorzaken
	Onophoudelijk gebed
Weten-schappelijk	Het ontwikkelen van externe deskundigheid
	Het bevorderen van massacommunicatie en onderlinge relaties
	Het maken van analyses en het vaststellen van normen
	Op één lijn brengen en bijeenvoegen
	Het onderzoeken van de grenzen van alles, inclusief de objectiviteit
	Het toezien op de naleving van militaire afspraken
Psychologisch	Het ontwikkelen van innerlijke deskundigheid
	Het oplossen van problemen uit het verleden
	Het vrijmaken van blokkades
	Het verbeteren van de kwaliteit van het leven
	Het bevorderen van communicatie en gevoeligheid
	Het begrijpen en wijzigen van gedrag

Financieel	Het beheersen en ordenen van zakelijke interacties
	Uitbreiden en uitvoeren
	Bouwen en verbinden
	Het benutten van hulpbronnen en het verschaffen van goederen en diensten
	Het totstandbrengen van internationale verbonden en bruggen

EEN SYMFONIE VAN SINAASAPPELS EN LICHTWEZENS

Elke groep kan natuurlijk functioneren vanuit de positieve of negatieve *uitersten* van zijn invloedssfeer. Op wat voor manier heeft een van de zeven zielengroepen een negatieve invloed op jou gehad? Hoe hebben twee of meer van deze groepen door een combinatie van informatie, talent en invloed een stempel gedrukt op jou of de samenleving in het algemeen?

Volgens de oude manier van denken gingen deze groepen vaak op een individualistische, gescheiden, en geïsoleerde manier te werk. Volgens de nieuwe manier van denken

> Het ware probleem van de Derde Wereld is onwetendheid... de mensen... moeten worden opgevoed. En dat moet voortvarend worden aangepakt, zonder enige sentimentele terughoudendheid. Het is een onmiddellijke noodzaak, een noodgeval. Zij moeten, ondanks alle misverstanden waartoe dat kan leiden, te horen krijgen: jullie zitten op het verkeerde spoor, jullie bevolking groeit veel te snel, dat leidt tot nog meer afschuwelijke armoede... We moeten deze groeiende kloof bestrijden. Dat zou ons doel moeten zijn. De twee werelden dicht genoeg bij elkaar brengen om ze vergelijkbaar en indien mogelijk gelijk te maken. Ja, dat zou ons doel moeten zijn.
> **De Dalai Lama in *Violence & Compassion* door Jean-Claude Carrière.**

moeten alle groepen zich verenigen in zoiets als de 'Verenigde Vakgebieden' om hun specifieke verdiensten ten behoeve van het welzijn van de hele gemeenschap te integreren. Elke groep bezit een deel van de waarheid. Zonder onderdelen, volkeren, culturen, talen, soorten of religies te veronachtzamen, zal het werk van deze groepen bestaan uit het *ondersteunen van elk onderdeel zodat het zijn onontbeerlijke in-*

341

vloed aan het geheel kan bijdragen. Het doel is nu de inherente waarden van elk onderdeel te oogsten om het geheel te voeden. Hoe brengen we onze afzonderlijke invloedssferen in harmonie met elkaar en verminderen we ons streven naar meer scheiding en het scheppen van nog meer structuren? Wat is er voor nodig ons zover te krijgen?

Goed, maar hoe zit het met het milieu, angst voor een nucleaire vernietiging, wereldwijde hongersnood, overbevolking, ziekte, mensenrechten, natuurrampen en eigenbelang? Die grote krachten in de wereld die in onze ogen een afschuwelijke, ondenkbare, onaangename, vervelende invloed hebben en *waarvoor de tijd dringt,* kunnen ons ofwel uiteen drijven of ons samenbrengen om de kloof die door hebzucht en angst is geschapen te overbruggen. Misschien bevindt het wereldbeeld zich momenteel in de fase van het vruchtensapkraampje – als je alleen maar sinaasappels hebt, maak dan sinaasappelsap. Als we dat wat we onder ogen moeten zien niet in de hand lijken te hebben, laten we ons dan op het uitgangspunt stellen dat we dit keer de handen ineen moeten slaan. De eenwording van de twee werelden – de materiële en de spirituele – is hetzelfde als het éénmaken van onze wereld door mededogen, liefde, vriendschap, verdraagzaamheid en door iemand die onze hulp nodig heeft de helpende hand te bieden. Als mensen zoals Dr. Robèrt, die in zijn laboratorium in Zweden onderzoek doet naar kankercellen, een plan kan bedenken dat bedrijven over de hele wereld helpt hun schadelijke invloed op het milieu te keren, waartoe is de mensheid dan nog meer in staat?

PROFIELSCHETS VAN MENSEN DIE DE VISIE VASTHOUDEN

Wat is er voor nodig om een werelddienaar te zijn, de visie vast te houden? Boven aan de lijst staan het vermogen tot liefhebben, mededogen, verdraagzaamheid en een sterk verlangen dienstbaar te zijn! Bedenk dat deze kwaliteiten geen abstracties zijn die je uit de kast plukt en waarmee je jezelf behangt om 'spiritueel correct' te zijn. Op het niveau van het Tiende Inzicht zijn ze een gegeven. Je hebt die kwaliteiten al – je hoeft er alleen aan te denken dat je mensen beter achterlaat dan toen je hen ontmoette, en geniet van wat je ervoor terugkrijgt. Andere kwalificaties zijn:

- Het verlangen om intuïtief te werk te gaan.
- Het vermogen de waarheid en de boodschappen in synchrone gebeurtenissen en ingevingen zonder eigenbelang te beoordelen.
- Oog voor de uitwerking op het geheel bij het nemen van grote of kleine beslissingen.
- Mentaal heel zuiver afgestemd, emotioneel gevoelig en volwassen, spiritueel ontwikkeld.
- Gevoel voor humor en het vermogen om zichzelf te lachen.
- Weten dat bidden helpt.
- Bidt en mediteert.
- Onderkent de talenten in anderen en is in staat iedereen die hij/zij ontmoet te verheffen en te inspireren.
- Onthecht van de ambities van het ego.
- Een algemeen gevormd individu met een diversiteit aan ervaringen, interesses en talenten.
- Fysiek en mentaal flexibel.
- Financieel gezond verstand.
- Kan hindernissen omzetten in kansen.
- Kan met meer dan alleen de oren luisteren.
- Sluit anderen niet buiten, is nieuwsgierig en wil graag kennis doorgeven.
- Schuwt partijgeest en formele banden.
- Kan de waarheid spreken zonder te willen overheersen, bekeren, of anderen ergens op vast te pinnen.
- Kan spontaan zijn *en* lange tijd werken zonder onmiddellijke resultaten.
- Kan uit het lichaam treden of zich afstemmen op psychische informatie en onderscheid maken in de kwaliteit van de ontvangen informatie.
- Neemt besluiten gebaseerd op wat innerlijk goed voelt en wat 'er het meest toe doet'.

PLICHTEN EN VERANTWOORDELIJKHEDEN VOOR MENSEN DIE DE VISIE VASTHOUDEN

Hoe gaat iemand die de visie vasthoudt om met anderen teneinde doelgericht te blijven? Het zou zeker helpen te letten op wie er nu in je leven komt. Zodra je de omkeer maakt naar onzelfzuchtig handelen, het verlangen te dienen en te werken aan de Wereldvisie, wordt er een verbinding gelegd met de zielengroepen die waken over de aarde. Je energie zal in een hogere trilling komen, zodat je mensen aantrekt of door mensen wordt aangetrokken, die met dezelfde intentie aan het werk zijn. Breng meer tijd door met mensen wier ideeën je energie geven en laat relaties zich vrij ontwikkelen zonder te proberen iemand te dwingen of je aan iemand vast te klampen. Doe de dingen waarin je gelooft, maar verspil je tijd niet met het aanvallen van anderen of door luid je standpunt te verkondigen. We moeten oppassen dat we niemand onze ideeën opdringen. Als je een oordeel velt over het 'niveau van ontwikkeling' in anderen, geef je blijk van gebrek aan inzicht in het brede scala aan lessen voor de menselijke ziel. Het is belangrijk geen kritiek uit te oefenen op anderen, ook als je denkt dat hun ideeën tegen die van jou ingaan. Het is belangrijker te proberen met anderen punten van overeenstemming te vinden en het soort mens te *zijn* dat je zelf graag zou willen kennen.

Een deel van het werk bestaat er nu uit de mensen te verzamelen met wie je op dezelfde golflengte zit, hen voor te stellen aan anderen, en gemeenschapszin, ondersteuning en het uitwisselen van ideeën aan te moedigen. Breng meer rust in je leven, zodat je tijd hebt voor bezinning los van je werk. Vraag om nieuwe ideeën over een andere aanpak, die een verbetering zijn in termen van efficiëntie, positieve menselijke contacten, plezier, het bestuderen van nieuwe ideeën, met een andere bril op naar een oud probleem kijken (vraag een kind hoe je het moet doen!).

ALS JE NIET GELUKKIG BENT MET JE BAAN

Als je niet gelukkig bent met je huidige baan, neem je dan nóg sterker voor te begrijpen waarom je die baan hebt. Geef meer liefde en aandacht aan het werk en de mensen met wie je werkt *terwijl je daar bent.* Het kan gebeuren dat je vanzelf van baan verandert op het moment dat het werk je niet meer zo tegenstaat! Dat is veel mensen die wij kennen overkomen.

JE CONTACTEN UITBREIDEN

Als je je contacten wilt uitbreiden of als je pas met een nieuw bedrijf begint, doe het dan niet op eigen houtje! Organiseer een groep die één keer per maand bij elkaar komt om te brainstormen als je dat aanspreekt. Vraag per week drie vriend(inn)en om tips over nieuwe organisaties, boeken, lezingen en workshops. Bij volksuniversiteiten en cursuscentra worden cursussen gegeven op *alle* gebieden van nieuwe kennis. Belangrijke instituten zoals het Omega Institute in New York, Interface in Boston en Esalen zijn slechts drie van de vele gevestigde centra die al jaren de Visie vasthouden. Deze toegankelijke 'universiteiten' vertegenwoordigen de democratische en 'aantrekkelijke' aard van het ontluikende spirituele bewustzijn.

De wet van de minste weerstand toepassen

Vandaag zal ik de mensen, situaties, omstandigheden en gebeurtenissen accepteren zoals ze zich voordoen. Ik zal weten dat dit moment is zoals het moet zijn.

Als ik de dingen heb geaccepteerd zoals ze zijn, zal ik *verantwoordelijkheid* nemen voor mijn situatie en voor alle gebeurtenissen die ik als problemen zie.

Ik zal afstand nemen van de behoefte mijn standpunt te verdedigen. […] Ik zal open blijven staan voor alle standpunten en niet star vasthouden aan één ervan.

Deepak Chopra, *De Zeven Spirituele Wetten van Succes.*

Blijf het universum vragen de beste richting voor jou open te stellen. Wees duidelijk over hoe je anderen in je werk wilt dienen. Geef iets weg. Zoek altijd naar manieren om anderen te helpen en vanuit je *hart* naar hun behoeften en zorgen te luisteren. Mensen zeggen bijvoorbeeld dat ze iets voor minder geld willen, maar wat ze in feite nodig hebben is contact met een mens van vlees en bloed met *echte* belangstelling voor wat zij nodig hebben. Praat met hen over *hun* doel in het leven, *hun* dromen en idealen.

Je hoeft mensen of collega's niet te overtuigen van jouw manier van denken. Iedereen die op een van de terreinen werkzaam is die de Wereldvisie dienen, denkt al zo. Ze weten wat ze kwamen doen. Als je het gevoel hebt dat iemand die je kent echt op een hoger of dieper niveau wil werken dan waar hij of zij momenteel zit, deel je gewoon je enthousiasme voor je eigen werk op een vriendelijke, open manier. Je hoeft op niemand indruk te maken, niemand te veranderen. Zoals we eerder hebben gezegd, houd je aandacht gericht op de ideale toestand die je wilt bereiken.

DENKMODELLEN HELPEN ONS HET GROTE GEHEEL TE ZIEN

Hieronder gaan we vier beroepsgroepen behandelen. Of je het wel of niet eens bent met de omschrijving, we moedigen je aan hem te gebruiken als een springplank om na te denken over de vooruitgang die je op je eigen terrein ziet sinds 1965 of 1985.

In de gezondheidszorg geven we vier paradigma's die de vooruitgang in het denken op dat ene terrein laten zien.

Op het gebied van recht beschrijven we een proces dat pleit voor inclusiviteit, netwerken en verder kijken dan de voor de hand liggende oppervlakkige omstandigheden, dat je op de een of andere manier op je eigen terrein kunt toepassen. Hoe? Dat is aan jou.

Op het gebied van onderwijs beschrijven we enkele nieuwe modellen die, meer dan miljoenen aan subsidie, vragen om creativiteit en het losbreken uit begrenzingen.

Op het gebied van kunst willen we onszelf herinneren aan de bezielende kwaliteiten van gevoel voor schoonheid, waarin onze soort uniek is. Of dolfijnen moeten musea hebben in de Bermuda Driehoek!

GEZONDHEID

Pijn en ziekte trekken onze aandacht meer dan wat ook. Als je je niet goed voelt, kun je geen kant op.

Patiënten zowel als mensen die in de gezondheidszorg werkzaam zijn, helpen elkaar op weg naar het nieuwe terrein van psychisch-spiritueel/bio-energetisch genezen. In toenemende mate vraagt een ontwikkeld publiek richtlijnen en steun bij het behouden van een goede gezondheid. Genezers bepalen de vraag en laten zich erdoor leiden.

In het verleden waren westerlingen vaak alleen in het lichaam geïnteresseerd als het was 'ingestort'. Met onze afhankelijkheid van het wetenschappelijk denkmodel leek het logisch dat ons lichaam moest 'werken' als een machine, met onderdelen die zo nu en dan moesten worden gerepareerd. Met de vindingrijkheid ons eigen werden we heel goed in het repareren van de onderdelen en maakten we uitstekende technische geneesmiddelen die absoluut noodzakelijk zijn voor veel van de trauma's en onmatigheden waaraan we onszelf blootstellen. Maar andere harten en geesten stelden andere vragen en vonden andere antwoorden.

> De mensen die het best slagen in willekeurig welke onderneming volgen meestal een patroon waarbij ze hun verlangens zo hanteren dat ze niet onnodig in conflict komen met hun omgeving – ze gaan mee met de stroom. [...] – ze geven de oplossing de kans zich aan te dienen en vertrouwen op hun eigen vermogen een lastige taak te volbrengen.
>
> **Deepak Chopra,** *Leeftijd.*

Nu hebben we een vollediger beeld van de zichtbare en onzichtbare energietoestanden die dat wat we ons lichaam noemen scheppen en onderhouden, maar waarvoor we eigenlijk geen goede naam hebben. We spreken nu over de energiematrix van lichaam, ziel en geest – en dat klinkt nog steeds behoorlijk technisch voor het geweldige spirituele wezen dat we zijn!

Vanuit de 'holistische' benadering worden vragen gesteld als: Wat gebeurt er in je leven? Eet je vers voedsel? Hoeveel lichaamsbeweging krijg je per week? Wat is je familiegeschiedenis? Ben je gelukkig in je werk? Ben je eenzaam? Boos? Wat vind je van je ouders? Wat gebeurde er toen je drie was? Heb je onlangs een dierbaar iemand verloren? Wat voor plannen heb je voor de komende paar jaar? Wat vind je van het leven? Mediteer of bid je? Geloof je in iets groters dan jezelf? Schilder je? Dans je? Op wat voor manier zet je je in voor de gemeenschap? Heb je jaarlijks voldoende vakantie? Geniet je van het leven? Door het werk van miljoenen geïnspireerde mensen die risico's durfden te nemen, zijn we beter in staat onszelf fysiek, emotioneel, financieel en spiritueel te genezen dan op enig ander moment in de geschiedenis. Hoe hebben we dat bereikt? We hebben dat bereikt omdat we nieuwsgierig waren. Het gebeurde gewoon. Hoe meer we leerden van en luisterden naar mensen *met allerlei soorten ervaringen, behoeften en ideeën*, hoe meer we beseften dat ons fysiek lichaam een kristallisatie is van onze spirituele kern en karmische bestemming. De oude mechanische kijk op het lichaam ging niet ver genoeg. Die was niet geschikt om de onzichtbare maar vitale *genererende* spirituele matrix te omvatten waarop ons lichaam groeit. Mensen die pleiten voor een totale aanpak van lichaam en geest zoals Deepak Chopra, Larry Dossey, Christine Northrup, Bernie Siegel, Leonard Laskow en Richard Gerber, om slechts enkele bekende namen te noemen, maken deel uit van een groep van pioniers die de nieuwe medicijnen en ge-

> Een voornemen is een signaal dat door u uitgezonden wordt, het veld in, en *het resultaat dat u terugkrijgt uit het veld is de grootste vervulling die uw individuele zenuwstelsel kan overkomen.*
> **Deepak Chopra, *Leeftijd.***

neeswijzen voor de eenentwintigste eeuw aan het licht brengen. Door de gaven van de technologie *en* van het psychisch/spiritueel genezen te onderkennen en te benutten hebben we geweldig opwindende mogelijkheden op het gebied van welzijn en ouder worden. Het lijkt er zelfs op dat we in de niet al te verre toekomst zelfs verder gaan dan het voorkomen en behandelen van ziekten en op een pro-actieve manier onderzoeken hoe we een supergezondheid of metanormale vermogens kunnen ontwikkelen.

Is het niet interessant dat het zorgmanagement met zijn financiële beperkingen ten aanzien van wat en hoe artsen, verpleegkundigen en technici diensten kunnen verlenen, in deze tijd opkomt? We kunnen ons heel wel afvragen: 'Wat zou het hogere doel zijn achter de intrede van deze financiële beperkingen?' We bevinden ons in een overgangsfase waarin onze grenzen van wat wel en niet mogelijk of wenselijk is, onder de loep worden genomen. Veel mensen zullen ertoe worden aangetrokken nieuwe oplossingen uit te werken op deze complexe gebieden.

In de psychologie en de psychiatrie zullen grondige koerswijzigingen optreden doordat mede wordt uitgegaan van kennis over mogelijke energieverstoringen in de psychisch/spirituele bio-energetische matrix van het etherisch lichaam. Robert Monroe, voormalig zakenman, auteur en 'astral-naut' die dertig jaar lange astrale reizen maakte, stelde dat wat wij nu een psychose noemen misschien wel een *lek* is tussen de spirituele en fysieke dimensie. Toestanden waarin de energie verstijfd is, zoals katatonische schizofrenie en autisme, zouden volgens hem wel eens een vorm van dissociatie kunnen zijn tussen het fysiek en emotioneel lichaam.

Op macroniveau kan het onderzoek naar het raakvlak tussen onze fysieke en niet-fysieke toestanden leiden tot een geheel nieuwe wetenschap. Op microniveau ontdekken we, dankzij het werk van wetenschappelijk onderzoekers als Candace Pert, voormalig directeur van de afdeling voor biochemisch hersenonderzoek aan het *National Institute of Mental Health,* de mogelijkheid van een biologische parallel van het 'verenigde veld' van bewustzijn. In een onderzoek waarnaar vaak wordt verwezen ontdekte Dr. Pert dat er een molecuul in het lichaam voorkomt die neuropeptide wordt genoemd en zo klein is dat hij overal in het lichaam kan komen en iedere cel kan bereiken. Pert stelde zichzelf de vraag: 'Wat doen die moleculen?' En ze ontdekte dat iedere cel in het lichaam receptoren heeft voor deze kleine langskomende neuropeptiden. Vroeger dacht men dat deze moleculen zich alleen beperkten tot het centrale zenuwstelsel. Maar haar onderzoek toont aan dat alle cellen van het lichaam niet alleen de boodschappers kunnen *ontvangen,* maar ook kunnen *maken.* Het vermogen van cellen om met elkaar te communiceren lijkt erop te wijzen dat de *geest* in het hele lichaam voorkomt, niet alleen in de hersenen. Aangezien iedere emotie in zekere zin een neuropeptisch profiel heeft, wordt iedere aanval van boosheid of verliefdheid in onze innerlijke lichaamsafscheidingen weerspiegeld. Herinner je je nog rat nummer 2, meneer Aangeleerde Hulpeloosheid in hoofdstuk 10? Waarschijnlijk waren het neuropeptiden die rondbazuinden dat deze rat een arme ik was!

Maar de grote vraag is hoe het lichaam informatie krijgt van zijn etherisch energielichaam *buiten* het fysieke lichaam. Hoe pikken we psychische invloeden op van andere mensen op aarde? Wat geeft je, als je in het bos loopt, het gevoel dat je je op een heilige plek bevindt? Wetenschappers van de toekomst zullen wellicht ontdekken dat de neuropeptiden of soortgelijke moleculen de verbinding vormen tussen energievelden en de fysiologie van het lichaam. Progressieve denkers beginnen in te zien dat het lichaam meer een netwerk van informatie is dan een kwestie van vlees en bloed.

Vorm volgt gedachten

Richard B. Miles, uitvoerend coördinator van het Integral Health Professional Network, doorkruist al vanaf het begin van de jaren zeventig de grensgebieden van de gezondheidszorg, waarbij hij nieuwe denkers steunt en 'integrale' programma's voor de gezondheidszorg ontwerpt. Miles begon een nieuwe loopbaan in de medische wereld precies op het moment dat culturele zielengroepen (bijvoorbeeld hippy's, bloemenkinderen, peaceniks en potrokers zoals ze minder vleiend werden genoemd) maatschappelijke veranderingen teweegbrachten. 'In 1967 schreef Peter Drucker *Managing in the Age of Discontinuity,*' vertelde Miles. 'Hij zag al dat vooraanstaande denkers op alle belangrijke terreinen vragen stelden bij de aannamen waarop de disciplines waren gebaseerd.

> Zelfs de geringste verandering in bewustzijn zorgt voor een nieuw patroon van energie en informatie. Dat oude gewoonten zo destructief zijn komt doordat nieuwe patronen niet de kans krijgen te ontstaan – het geconditioneerde bewustzijn is dus synoniem met langzaam doodgaan.
> **Deepak Chopra, *Leeftijd*.**

Ik had er net een baan in de marketing aan gegeven en nadat ik ongeveer een jaar met mijn partner Jack Drach onderzoek had gepleegd, kwamen we tot de conclusie dat Drucker gelijk had. Het hele speelveld werd omgegooid. Het belangrijkste boek in die tijd was *Het Verschijnsel Mens* van Teilhard de Chardin. Volgens hem werd het leven in biologische vorm niet aangestuurd door het principe van het overleven van de sterksten. Zijn theorie was dat elke uiterlijke vorm een innerlijke vorm heeft en dat bewustzijn het regulerende principe was. Naarmate het leven voortging, ging het biologische leven voort en werd ingewikkelder. Terwijl het ingewikkelder werd, werd het zich meer van zichzelf bewust – waarmee bewezen was dat er voortdurend sprake was geweest van bewustzijn. Naarmate de complexiteit van een organisme toenam, werd het kundiger. Zijn theorie was dat biologische vormen veranderden door bewustzijn en dat bewustzijn dus zijn eigen toekomst ontwerpt. Binnen het wetenschappelijke denkraam,' aldus Miles, 'is dat een zeer radicaal idee. Mijn partner en ik werden ons door de ideeën van Chardin bewust dat overal om ons heen het maatschappelijke bewustzijn zichzelf organiseerde naar een andere orde. Alle disciplines waren zichzelf opnieuw aan het uitvinden.' Waaruit bestaat de evolutie van het denken op het gebied van de gezondheidszorg? vroegen we ons af.

'Er zijn vier modellen voor hoe we kijken naar gezondheid en ziekte,' zei Miles die deze ideeën heeft gedoceerd aan de JFK universiteit en het California Institute of Integral Studies in San Francisco. 'Het eerste werd tot ongeveer 100 jaar geleden gehanteerd. Het is het *autoriteitsmodel* dat in twee punten is onder te verdelen: 1) 'God straft mij' [door deze ziekte]; en 2) 'Ik ben bezeten door kwade geesten en demonen.' Je kunt nog steeds iets van dit denken terugvinden in de huidige reactie op de aidsepidemie.

Het tweede model is dat van *oorlog of conflict*. Dit kwam voort uit ons geloof in dingen die we niet konden zien. De mensen spraken over deze onzichtbare krachten als "miasma's". Met de komst van de microscoop konden we die miasma's waarnemen als specifieke organismen. Toen werd ziekte een vijand en wetenschap de held. Ons doel was de vijand op te sporen, hem te doden en zo het probleem op te lossen. Dat was de afgelopen tachtig jaar ongeveer onze zienswijze. In feite was dat model vanaf 1922 al niet meer effectief, omdat het grootste positieve effect op de volksgezondheid bestond uit het zuiveren van het water, het uitroeien van muggen, het bewaren van voedsel in de koelkast en het vervangen van kerosinelampen door elektrisch licht. Rond 1944, toen we effectieve behandelingen begonnen te ontwikkelen met behulp van antibiotica, waren besmettelijke ziekten al lang aan het afnemen.

Het derde model ten aanzien van gezondheid en ziekte is het *herkennen van patronen*. Dit idee bestaat uit het bekijken van het totale patroon van iemands levensstijl en hoe het invloed uitoefent op haar gezondheid. Er wordt niet gezocht naar de vijand, maar naar het proces dat tot het probleem leidt – zoals een verslaving of spanningen in het gezin. Een van de belangrijkste verbeteringen ten aanzien van hartkwalen is tot stand gekomen door mensen te leren hoe ze hun voeding kunnen verbeteren en meer aan lichaamsbeweging kunnen doen, in plaats van iets *aan te vallen*. Dat idee vatte post in ons bewustzijn omdat onze aandacht werd verlegd van besmettelijke ziekten naar chronisch degeneratieve stoornissen. Bij chronische klachten is er geen vijand die gedood moet worden, hoewel je nog steeds mensen hoort spreken over de "oorlog tegen kanker", het "gevecht tegen diabetes" of "de strijd tegen aids". Voor het "patroon" van goede gezondheid is het, naast fysiek en emotioneel welzijn, van het grootste belang dat een mens beseft dat zijn leven een doel heeft, met daarbij de wil om te leven, en het idee dat men enige mate van controle heeft over zijn keuzes.

Het vierde model is nog in ontwikkeling, maar het is het idee van *het universum als een metafoor*. Daartoe beginnen we ons af te vragen: "Welke *boodschap* heeft deze ziekte of blessure voor mij?" "Waar moet ik hier aandacht aan schenken?"' Evenals andere auteurs op dit gebied zoals Drs. Larry Dossey en Bernie Siegel, waarschuwt Miles ervoor dat het geen zin heeft tegen iemand te zeggen dat zijn ziekte zijn 'eigen schuld' is of te suggereren dat hij in spiritueel opzicht tekortschiet omdat hij ziek is geworden. Hoewel een ziekte volgens de oosterse filosofie zijn oorsprong kan vinden in diepgewortelde onbewuste processen of karma, werkt het averechts en is het niet aardig te suggereren dat iemand opzettelijk zijn ziekte heeft veroorzaakt. Ziekte en pijn trekken *echt* wel onze aandacht. We zijn misschien niet al te gespitst op onze innerlijke boodschappen, maar veranderingen in onze gezondheid dwingen ons altijd pas op de plaats te maken. We vragen ons geprikkeld af: Waarom ik? Waarom nu? Veel mensen hebben tijdens en na een ziekte hun kijk op de wereld en hun waarden grondig herzien. 'Stel in het metaforisch universum,' aldus Miles, 'een duidelijke vraag, dan geeft het universum antwoord.'

De nieuwe overtuigingen over gezondheid maken deel uit van een en dezelfde regulerende kracht in de evolutie van het grote plan. Zie je een overeenkomst tussen het oorlogsmodel en jouw werkterrein? Zie je veranderingen in de manier waarop mensen denken op jouw terrein? Is het patroon van jouw werkterrein aan het verschuiven in de richting van een meer alomvattend of een meer isolerend patroon (dat wil zeggen, verdedigt iedereen zijn eigen grondgebied?)

FILTERS WAARDOOR WIJ DE WERELD BEKIJKEN

Model van gezondheid en ziekte:	*Wereldbeeld*
Autoriteitsmodel: Kwade geesten/ Demonen	Het universum is vijandig.
Oorlog en conflictmodel	Het universum is willekeurig. Het enige dat je kunt doen is de oorlog winnen.
Herkennen van patronen	Het universum is goedaardig. Als je het patroon ziet kun je iets leren.
Ziekte als metafoor. Alles heeft een doel	Het universum is allesomvattend Het is niet alleen goedaardig, maar ontwikkelt zich met een bepaald doel.

'Alle beroepen maken een ontwikkeling door,' zegt Bill Van Zyverden, de advocaat uit Vermont die The International Alliance of Holistic Lawyers oprichtte met meer dan vijfhonderd leden in zeven landen en drieenveertig Amerikaanse staten. 'Als je de onvrede zou meten die in de maatschappij heerst ten aanzien van de rechtspraak en de onvrede die in het vak heerst ten aanzien van zichzelf, zou je bemerken dat die absoluut het kookpunt heeft bereikt,' zei Van Zyverden, die tevens directeur is van het Holistic Justice Center in Middlebury, Vermont. 'Naarmate de onvrede toeneemt, komt ook de Verlichting dichterbij. Dus zie ik dat het rechtswezen zich ontwikkelt in de richting van zijn eigen verlichting. We hoeven niet te weten hoe die eruitziet, maar het bestaan van de International Alliance of Holistic Lawyers is een mijlpaal die iets zegt over de weg waarop we ons bevinden.'

In de holistische geneeskunst is men overtuigd dat ware genezing zich alleen voordoet als we de wortels en oorzaak van een ziekte bekijken in het licht van iemands totale leven. Het beoefenen van de rechtspraak vanuit een soortgelijk holistisch standpunt is voor holistische advocaten even logisch. 'Het is niet langer toereikend alleen te kijken naar de wettelijke aspecten van iemands geschil,' zegt Van Zyverden. 'Ik geloof dat we onze cliënten moeten helpen te kijken naar de innerlijke conflicten die in hun geschil naar buiten zijn gekomen.' Volgens de nieuwe zienswijze in het holistisch recht draagt elke moeilijkheid die zich voordoet bij aan de oplossing of genezing, en dat komt sterk overeen met het ziekteproces.

Ik ging de koepel binnen en zei tegen de technici... dat ik Saturnus en een aantal melkwegstelsels wilde zien. Het was een groot genoegen met mijn eigen ogen en met de grootste helderheid alle details waar te nemen die ik voor die tijd alleen van foto's kende.

Terwijl ik dat alles bekeek, besefte ik dat er allemaal mensen de ruimte binnenkwamen die een voor een door de telescoop begonnen te kijken. Iemand vertelde me dat het astronomen waren die waren verbonden aan het observatorium, waar nooit eerder in de gelegenheid waren geweest rechtstreeks te kijken naar de voorwerpen van hun onderzoek.

Victor Weisskopf, *The Joy of Insight.*

Persoonlijke verantwoordelijkheid en de wortels van het conflict

Holistische advocaten proberen cliënten, terwijl ze alle pijn en frustraties over hun situatie het hoofd bieden, te helpen oog te hebben voor wat echt belangrijk is voor hen. De gedachte dat ons niets overkomt waar we niet om hebben gevraagd ten behoeve van ons eigen hogere leerproces, is in de advocatuur zacht uitgedrukt revolutionair. Als iemand bijvoorbeeld wordt aangehouden voor rijden onder invloed, kijkt de holistische advocaat niet alleen naar de wettelijke consequenties, maar hij kan de betrokkene ook helpen de oorzaak van het drankmisbruik en de effecten die dat heeft op hemzelf, zijn werk, vrienden en gezin, onder ogen te zien. De gerechtigheid wordt oprechter gediend, aldus deze advocaat met een brede visie, als de betrokkene niet probeert via achterdeurtjes of door het wegwerken van bewijs aan de aanklacht te ontsnappen. In het geval van iemand die dronken achter het stuur heeft gezeten, is het bijvoorbeeld op de lange termijn in het belang van de betrokkene zelf verantwoordelijkheid te nemen, de gevolgen onder ogen te zien en hulp te krijgen bij het ontwikkelen van nieuw gedrag. De holistische benadering helpt de betrokkene de oorzaken en de oplossingen voor het conflict uit te werken op alle niveaus – spiritueel, mentaal, emotioneel en financieel. Holistische rechtvaardigheid wil zeggen dat men zich bewust is van het gedrag in het verleden, de verantwoordelijkheid op zich neemt voor de gevolgen ervan, en de persoonlijke bereidheid heeft te veranderen.

Empathie en hoffelijk zijn voor tegenstanders

Een holistische benadering onderkent ook de menselijkheid in de ander. 'Een van mijn traditionele collega's heeft me ooit gevraagd, zei Van Zyverden,' "Wat beoefen jij, recht voor mietjes?" en er zat duidelijk een uitdagende ondertoon in de manier waarop hij die vraag stelde. Ik zei: "Nee, ik beoefen recht vanuit mijn hart." Ik wilde niet zeggen dat andere advocaten dat niet doen, maar bij de traditionele advocatuur lijkt het aan emotioneel invoelingsvermogen te ontbreken. Een geschil doet geen van beide partijen goed en in je "tegenstander" een demon zien, maakt het voor iedereen alleen maar erger. De holistische advocaat helpt een cliënt te kijken naar meer genezing voor zijn eigen bestwil, in plaats van zich te laten meeslepen door het verlangen naar wraak. Ik kan heel sterk meeleven met iemands zaak,' aldus Van Zyverden, 'maar ik neem niet de boosheid over.'

354

Deelname en partnerschap van de cliënt

Een andere transformatie in de holistische advocatuur is dat de advocaat een gids en raadsman is, maar geen alleswetende autoritaire figuur aan wie wij onze macht geven. Iemand zal veel sterker zijn als zij zelf deelneemt aan het rechtsproces. De kans op zelfbewustzijn en de mogelijkheid te kijken naar waarom ze om te beginnen in conflict raakte, is veel groter als de cliënt bijvoorbeeld het onderzoek uitvoert, gegevens verzamelt, getuigen ondervraagt en de mogelijkheden van de zaak de revue laat passeren. Van Zyverden heeft het gevoel dat het idee van partnerschap met de cliënt ook een enorme hulp is voor de *advocaat*. Als advocaten zichzelf niet langer zien als spreekbuis, ingehuurd geweer en alter-ego, kunnen zij zich bevrijden van het pijnlijke conflictmodel met alles wat daarbij hoort: stress, alcoholisme, drugverslaving en zelfmoord.' De holistische benadering verkleint de kloof tussen mensen. Ze bevordert oprechtere consequenties, en legt de verantwoordelijkheid waar zij thuishoort – bij de betrokkene.

> In een museum zag ik een aantal zeeschelpen uitgestald die mogelijk de opeenvolgende verblijfplaatsen van hetzelfde dier waren geweest in de loop van zijn leven. Als die schepsels uit een schelp groeien, kruipen ze eruit en maken een nieuwe.
>
> Ook wij maken schelpen. Ze worden 'overtuigingen' genoemd. Toen ik tien was geloofde ik dat het doel van het leven was een grote verzameling kaarten met honkballers te hebben... jaren later was rock en roll het doel van het leven in het universum geworden... later toen de film van de Doors uitkwam, stond ik van mezelf te kijken dat ik er niet eens naar toe ging. Ik was naar een grotere schelp verhuisd.
>
> **Alan Cohen, *I Had It All the Time.***

Verwijzing naar verwante disciplines

Nergens is het zo belangrijk te kijken naar de totale situatie als bij een rechtszaak. We kunnen ons niet langer verlaten op het strafrecht en strafinrichtingen als enige antwoord op ernstige misdrijven. Op alle niveaus, van echtscheiding tot moord en terrorisme, vereist de nieuwe Wereldvisie dat we een integrale aanpak hebben van problemen die niet alleen de direct betrokkenen raken, maar ons allemaal. Een nieuwe visie op recht zal iemand aansporen zo nodig hulp te zoeken bij deskundigen op andere terreinen, bijvoorbeeld bemiddelaars, psychiaters en psychologen, maatschappelijk werkers, integrale medische hulp, of accountants en pedagogen. In de ideale situatie zal er een samenwerking ontstaan tussen gezinszorg en maatschappelijke instellingen die adviezen en opleiding verschaffen om iemand te helpen weer onafhankelijk en productief te worden.

Mensen uit de wereld van politiek, cultureel werk en financiën zullen ertoe worden aangetrokken rehabiliterende en preventieve maatregelen te treffen, in plaats van alleen geld beschikbaar te stellen voor oplossingen die zijn gebaseerd op straf.

De juiste manier om geschillen op te lossen

In het oude denkmodel van winnen-of-verliezen is de afloop het enige dat telt. Op zielsniveau hoeft de afloop niet per se even belangrijk te zijn als de les of het doel achter de hele ervaring.

Van Zyverden zegt: 'Ik ben ervoor elke methode aan te grijpen die nodig is om een conflict op te lossen en soms is dat de rechtszaal, soms niet.' Hij geeft de voorkeur aan de term 'juiste' oplossing van geschillen in plaats van 'alternatieve' oplossing, omdat laatstgenoemde woord de indruk geeft dat het hof de enige plek is waar geschillen kunnen worden opgelost. 'Ik ben van mening dat problemen hun eigen unieke manier van oplossen hebben en alleen de betrokkene weet welke methode dat is. Soms heeft iemand alleen maar behoefte aan een verontschuldiging van de andere partij. Ons huidige systeem stelt oneerlijke verwachtingen aan het gerechtshof, als was het de plek voor de uiteindelijke oplossing. Een gerechtshof is alleen een plek die een einde maakt aan een ruzie omdat de partijen niet bereid zijn naar hun eigen verantwoordelijkheid te kijken.'[2]

Mariza Vasquez, oprichtster van de afdeling Florida van de Alliance of Holistic Lawyers zegt: 'Een van de belangrijkste dingen die mensen willen is *het gevoel dat iemand naar hen heeft geluisterd*. Een van Bill van Zyverdens cliënten was er zeker van dat ze naar de rechter wilde stappen. Ze stond niet zo sterk in haar zaak, dus Bill en ik zetten een proces in scène, zodat ze haar presentatie kon uitproberen. De juryleden in het schijnproces luisterden naar haar verhaal, maar konden niet met haar meegaan. Ze legden uit waarom haar zaak niet sterk stond en ze besloot niet naar de rechter te stappen. Maar na afloop van die ervaring voelde ze zich compleet omdat *er heel goed naar haar was geluisterd* en dat vond ze fijn.

Collaboratief recht

Kun je zeggen, hoewel het in achtennegentig procent van de civiel-rechterlijke zaken niet tot een rechtszaak komt, dat al die geschillen of relaties echt zijn geheeld, of hebben de partijen 'genoegen genomen' met iets dat sporen van rancune nalaat? In gevallen waaraan weinig emotionele lading kleeft, kan een derde vaak een oplossing aandragen die voor beide partijen bevredigend is. Maar in de meeste andere gevallen zijn de kwesties emotioneel vaak zo zwaar beladen dat een gerechtelijke uitspraak geen uitkomst biedt.

Je weg is de situatie waarin je je nu bevindt, wat je hier en nu aantreft. Dit is het eigenlijk... deze plek, deze relatie, dit dilemma, deze baan.

De uitdaging van aandacht bestaat eruit te werken met precies de omstandigheden waarin je je nu bevindt – ongeacht hoe onaangenaam, ontmoedigend, beperkt, eindeloos en vastgelopen ze ook lijken – en je ervan te verzekeren dat je alles hebt gedaan wat in je vermogen ligt om hun energieën te gebruiken voor je eigen transformatie, voordat je besluit het zinkende schip te verlaten en verder te gaan. Hier en nergens anders moet het echte werk worden gedaan.'
Jon Kabat-Zinn, *Wherever You Go There You Are.*

Van Zyverden is van mening dat noch het rechtssysteem noch de traditionele advocaten die hun cliënten door het systeem loodsen zo effectief zijn in het scheppen van een ware oplossing als de partijen zelf. Daarom moet de holistische advocaat zijn of haar cliënten ertoe brengen bij zichzelf te rade te gaan en hun overtuigingen en verwachtingen te onderzoeken. 'Ik heb ontdekt,' zegt hij, 'dat de wortel van het probleem meestal niet zozeer ligt in de daden van anderen of van uiterlijke gebeurtenissen, maar bij de cliënten zelf. In een geval van huwelijkse voorwaarden spraken we bijvoorbeeld over de voor- en nadelen van het document... maar pas toen hun jeugd ter sprake kwam, ontdekten beiden dat het geschil tussen hen het gevolg was van een innerlijk conflict over materiële onzekerheid dat ze van hun ouders hadden overgenomen. Voor een deel werd het geschil opgelost door de visie van hun ouders in het juiste perspectief en niet tussen hen in te plaatsen.'[3] Als we een innerlijk conflict hebben, zijn we snel geneigd de schuld te leggen bij anderen of omstandigheden buiten onszelf. Van Zyverden stelde voor dat de man en de vrouw gingen praten over wat elk bij het huwelijk inbracht. In plaats van uit te gaan van het negatieve idee van 'wat er bij een echtscheiding zou gebeuren', liet hij dit stel nadenken over wat ze beiden 'voor altijd wilden bewaren', en waarom dat zo belangrijk was. 'Ik zag dit voor hen beiden als een kans,' zei Bill, 'om in contact te komen met hun angsten en hoe die angsten leidden tot een gevoel van bezitsdrang.'[4]

Terwijl arbitrage een steeds populairder en rendabeler methode is geworden, gaat men daarbij nog steeds uit van een tegenstrijdig standpunt van de strijdende partijen en probeert men niet als groep te kijken naar de eigenlijke oorzaken van het conflict. Collaboratief recht daarentegen is een nieuwe integrale benadering waarbij beide partijen en hun raadsman gezamenlijk proberen vrijelijk en openlijk de aard van het geschil tussen hen te onderzoeken. Zonder elkaar uit te schelden en te beschuldigen, onderzoekt de groep waarom en hoe de relatie is geworden zoals ze is. Een dergelijke groep die probeert tot groter inzicht en betere oplossingen te komen, is een goed voorbeeld van het Tiende Inzicht. Volgens Van Zyverden 'blijven bij deze benadering normen van integriteit gehandhaafd en... worden inconsistenties en misrekeningen niet uitgebuit, maar wordt eerder geprobeerd ze te corrigeren. De methode is meer op de toekomst dan op het verleden gericht en meer op het oplossen van problemen dan op het aanwijzen van de schuldige.'[5]

Een kans om in bewustzijn te groeien

We vroegen Van Zyverden hoe hij bijvoorbeeld omgaat met twee boze partners die ruziën over hun bezittingen. 'Om te beginnen moet ik het idee laten varen dat *ik* het antwoord heb. Meestal is het mij duidelijk dat de pijn tussen hen meer te maken heeft met de relatie dan met de zaken waarover ze ruzie maken, maar meestal kun je dat niet gewoon tegen mensen zeggen. Als ze boos zijn, dringt dat gewoon niet tot hen door. Ik begin met hun dingen te laten ervaren. We bespreken wat ze willen, waardoor ze overstuur zijn, enzovoort, maar ik neem niet zomaar genoegen met hun antwoord op mijn vragen, ik ga dieper. 'Hoe ziet het eruit? Wat voor kleur heeft het? Voelt het als grint of als water?' Merkwaardig genoeg blijken deze vragen heel relevant, daar mensen het probleem beginnen te *ervaren*. Als je iets niet kunt benoemen, heb je er ook geen oplossing voor. Ik probeer hun antwoorden niet te analyseren, want het intellect is niet de enige manier om iets te begrijpen.'

Vasquez voegt daaraan toe: 'Als een cliënt binnenkomt, wil dat zeggen dat er iets in zijn leven niet goed loopt en ik wil naar hem kijken als een heel mens in plaats van alleen maar papierwerk af te handelen. Het leven van de betrokkene is ontwricht en hij wil weer rust. Meestal weerhoudt zijn eigen woede hem van die rust. Ik praat ook over de pijn en de kosten van deze weg en dat hij waarschijnlijk niet de volledige genoegdoening zal krijgen die hij verwacht. Ik weet dat sommige mensen moeten leren voor zichzelf op te komen en in die gevallen kan een rechtsgeding het juiste antwoord zijn.'

De visie vasthouden

Is het gemakkelijk een holistisch advocaat te zijn? Bill antwoordt: 'Veel van onze leden voelden zich erg tot het woord 'holistisch' aangetrokken, maar we hebben onderling heel wat meningsverschil gehad of we misschien niet een ander woord zoals 'coöperatief' moesten gebruiken om de boodschap te verzachten. Uiteindelijk kwamen we tot de conclusie dat we ons niet druk konden maken over wat anderen van onze naam of onze methoden zouden denken.

Velen van ons vinden het moeilijk niet in de concurrentie te gaan als we tegenover een advocaat komen te staan die een totaal andere benadering heeft,' zeg Vasquez. 'Als ik advocaten spreek die worstelen met het idee van een holistische werkwijze, vertel ik hun dat ze het essay dat ze schreven toen ze met hun rechtstudie begonnen maar eens op moeten duiken. Meer dan vijftig procent van die essays toont aan dat ze om humanitaire redenen rechten zijn gaan studeren. Ergens onderweg zijn velen van ons dat kwijtgeraakt. We worden ons opnieuw bewust van de reden dat we dit beroep hebben gekozen.'

Mariza Vasquez begon advocaten in haar omgeving die waren geïnteresseerd in een holistische werkwijze te bellen. Ze zei: 'Ik kon mijn spirituele weg niet in overeenstemming brengen met mijn werk als advocaat. Acht van ons woonden op rij-afstand van elkaar en waren allemaal toevallig in aanraking gekomen met de landelijke organisatie. We voelden ons allemaal aangetrokken door het woord holistisch, maar we hadden zo onze vraagtekens bij wat dat voor ons vak betekende en kwamen maandelijks bij elkaar om een en ander te bespreken. Voor mij gaat het om twee grondgedachten: *heel* en *heilig*. In de geneeskunde ontdekken we dat het lichaam als één geheel werkzaam is en ik denk dat dat voor alle andere beroepen geldt.'

Op een holistische manier werken aan een betere maatschappij is meer dan altruïsme. Al doende worden *wijzelf* getransformeerd en we ontdekken zelfs meer zegeningen voor *onszelf* dan voor de mensen die we de helpende hand hebben gereikt. Van Zyverden zegt: 'Ik besef dat ik ervoor heb gekozen advocaat te worden zodat ik bepaalde dingen kan leren die ik in geen enkel ander beroep had kunnen leren. Daarom voelde ik mij ertoe aangetrokken. De advocatuur trok me aan zodat ik me daarin dienstbaar kon maken... Er is niet één cliënt mijn kantoor binnengekomen die me niet een soortgelijk probleem of soortgelijke kwestie in mezelf heeft laten zien.'

Je ziel volgen vraagt vertrouwen in God. Je moet geloven dat er een groter plan is dan je zo op het oog kunt zien, dat het universum wordt geleid door diepere principes dan de regels die de maatschappij heeft opgelegd en een grootsere bestemming heeft dan de conditionering uit het verleden.

Dat wil zeggen dat het denkvermogen niet de enige of laatste arbiter is over wat het hoogste goed dient.

Dat betekent dat je je gedrag niet meer laat ingeven door de verwachtingen van anderen en dat je je niet meer laat leiden door eisen van buitenaf, maar door innerlijk weten.

Het betekent dat je als een pionier van de vrijheid een wereld intrekt waar gevangen-zijn de norm is geworden.. het betekent dat je *jezelf* bent en leeft zoals *jij* bent zonder verontschuldiging of verklaring.

Alan Cohen, *I Had It All The Time*.

In Bill Van Zyverden en Mariza Vasquez treffen we het soort werelddienaren aan die vanuit een verlangen naar meer persoonlijke voldoening ertoe werden aangezet mensen bij elkaar te brengen die hun visie deelden. Het werk geschiedt door de wet van aantrekking, meer dan door reclame te maken.

Vasquez vertelde ons een heel tekenende gebeurtenis tijdens een reis die ze onlangs naar het Midden-Oosten maakte, waar ze een glimp opving van hoe men in die cultuur ongeluk en tragedie benadert. De reisleider riep de hulp in van Vasquez om te bemiddelen voor een zeer jonge, doodsbange Italiaanse toerist. Een meisje van drie was voor zijn auto gesprongen en lag in het ziekenhuis, terwijl hij door de plaatselijke politie ondervraagd zou worden. 'Ik wist dat het een of andere samenloop van omstandigheden was,' zei ze, 'dus probeerde ik zo goed en zo kwaad als het ging met een beetje Spaans en Engels met de politie en de Italiaan te praten. Het was duidelijk dat de jongen er niets aan kon doen en na-

___

Hervormers en mensen die belangrijke veranderingen in de maatschappij tot stand brengen, hebben vaak zelf een soortgelijk probleem gehad of een dat verwant was met dat in de maatschappij. Terwijl ze hun eigen probleem doorwerkten, ontdekten zij een bruikbare oplossing voor het maatschappelijk probleem.

Corinne McLaughlin en Gordon Davidson,
Spiritual Politics: Changing the World From the Inside Out.

___

dat ik de politie zijn kant van de zaak zo goed mogelijk had uitgelegd, vroeg ik hun mij te vertellen wat er verder met de jongen zou gaan gebeuren. Ze vertelden me dat volgens de wet de ouders of een vertegenwoordiger van de familie van het meisje naar het politiebureau moet komen en moet besluiten of ze een aanklacht indienen, of hem *vergeven.* Dat woord gebruikten ze, vergeven. Als ze hem vergaven was daarmee de kous af. Terwijl ik dat aan de jongen uitlegde, kwam er een oude man, duidelijk de grootvader van het kleine meisje, binnen. Na slechts een kort gesprek met de oude man, hieven de politiemannen hun handen ten hemel. Ik vroeg hun wat er gaande was. Ze zeiden dat de grootvader, zonder dat hij zelfs de feiten had gehoord, zei dat hij de toerist vergaf! De jongen was duidelijk verschrikkelijk opgelucht. Dit verhaal bereikte voor mij zijn hoogtepunt toen de reisleider aan onze groep uitlegde dat men in hun cultuur beseft dat we in ons leven bepaalde ervaringen en lessen aantrekken. Voor de grootvader was het duidelijk dat het een diepere oorzaak had waarom het meisje dit drama in haar leven had geschapen. Hij was zich heel erg bewust van de beperkte rol die de toerist in het drama had gespeeld. Allah zou over het lot van het kind beslissen en de familie wilde de werkzame krachten niet veranderen en een ander scenario scheppen. Ik was heel erg onder de indruk van deze filosofie. Daardoor ontstaat een heel ander idee van slachtofferschap.'

Een holistische werkwijze gaat verder dan wat de wet in ethisch opzicht toestaat. Het is gehoor geven aan een hogere roeping, iets anders dat ons vertelt wat juist lijkt en wat onjuist lijkt. Vasquez zegt: 'Iedereen bekritiseert advocaten graag. Maar we hebben dit soort advocaten omdat we met ons allen het huidige rechtssysteem hebben geschapen uit onze eigen behoefte iets van anderen te krijgen, ongeacht wat het kost. Welke verantwoordelijkheid is ieder van ons bereid te nemen voor de manier waarop het recht wordt uitgeoefend?'

HET ONDERWIJS

Laurette Rogers, onderwijzeres in een vierde klas, had in haar klas verteld over het lot van bedreigde diersoorten. Een jongen stak zijn hand op. 'Maar mevrouw Rogers, wat kunnen *wij* doen om bedreigde diersoorten te helpen?' Die vraag leidde tot een verbazingwekkende ervaring die het leven van de leerlingen, onderwijzers en het lot van een bijna uitgestorven soort zoetwatergarnaal en zijn verslechterende habitat voor altijd zou veranderen.

De milieucrisis op aarde ziet er hopeloos uit als we er alleen vanuit het fysieke niveau of niveau van de vorm naar kijken. Maar als we haar van binnenuit bekijken zien de zaken er heel anders uit. De natuur is geen blinde kracht maar een bewuste kracht die werkt via innerlijke essentie en energievelden. De innerlijke natuurkrachten spelen een belangrijke rol en kunnen een enorme hulp zijn als we leren bewust ermee samen te werken.

Corinne McLaughlin en Gordon Davidson,
Spiritual Politics: Changing The World From The Inside Out.

Beheerders, garnalen en wilgen

Gedreven door een oprecht verlangen echt iets voor hun omgeving te doen, begonnen deze kinderen, hun bijzondere onderwijzers en een schoolhoofd dat risico's durfde te nemen, aan een ontdekkingstocht waarbij uiteindelijk ouders, beheerders, zakenmensen, biologen, journalisten en vertegenwoordigers van de provincie en de staat betrokken raakten. Binnen een half jaar had het California Freshwater Shrimp Project van de Brookside School in San Anselmo, Californië

362

lokale en landelijke erkenning gekregen, inclusief de grote prijs van $32.500 van het Anheuser-Busch theme parks environmental awards programma. De niet-tastbare beloning bleek echter nog belangrijker.

Al doende leren

In het onlangs verschenen boek waarin het project wordt beschreven, geeft Laurette Rogers de lezer een opwindende kijk op een nieuwe visie op onderwijs. Ze schrijft: 'De motivatie en het enthousiasme van de kinderen waren fenomenaal! Hun ogen schitterden. Ze praatten snel. Ze vatten hun taken heel ernstig op... Alexander zei: "Ik heb niet meer het gevoel dat ik naar school ga, ik heb het gevoel dat ik naar mijn werk ga!" '[6] Rogers beschrijft een klas die popelt om naar school te gaan, die in het weekend tijd besteedt aan hun 'garnalenwerk'. 'Opeens,' zegt ze, 'overschreed school de grenzen van de klas, breidde zich uit buiten de schooluren. Iedereen leerde.'[7]

Uit onderzoek naar de werking van de hersenen blijkt dat projectmatige lesmethoden beter werken omdat de hersenen patronen zoeken. Uit het hoofd leren (bijvoorbeeld tafels van vermenigvuldiging, spellingsregels, jaartallen) vereist geheugen en herhaling, maar de hersenen hebben voor dat soort activiteiten minder capaciteit. Anderzijds lijken de hersenen een oneindige capaciteit te hebben voor het zich herinneren van patronen, omdat je nieuwe ideeën kunt inpassen in wat je al hebt geleerd – ze passen in je leven. Ecosystemen leren ons dat netwerken sneller leren dan hiërarchieën. Daarom zal een kind het beste leren als zij *deel heeft* aan de ontdekking, de integratie en het gebruik van de informatie. In plaats van te zitten luisteren naar de onderwijzer voor de klas (hiërarchie), zal ze sneller leren als ze haar eigen ideeën kan delen met anderen in een veilige en vriendelijke omgeving van geven en nemen.

Het Center for Ecoliteracy in Berkeley, Californië, opgericht door de natuurkundige en schrijver Fritjof Capra, is begonnen aan het ontwikkelen van een revolutionair leerplan voor het basisonderwijs dat is gebaseerd op de concepten die je in levende ecosystemen tegenkomt: onderlinge afhankelijkheid, cycli, partnerschap, energiestroom, flexibiliteit, diversiteit, co-evolutie en duurzaamheid.

Laat het aan de kinderen over

Uitgaande van die principes schiepen Rogers en haar collega Ruth Hicks een democratische omgeving waarin kinderen hun eigen leerproces konden sturen. Ondertussen ervoeren en leerden ze dat alles op aarde onderling met elkaar verbonden is, en legden ze een basis van vertrouwen dat zij in de toekomst dingen

> Werk als God. Geen taak te nederig. Geen plan te groots.
>
> **Roy Doughty, dichter en projectleider voor het Center for Ecoliteracy.**

tot stand kunnen brengen. Adam van negen zegt: 'Door dit project heb ik echt een andere mening gekregen. Ik dacht dat de onderwijzers zouden bepalen wat er gebeurde en dat de leerlingen zouden volgen, maar in dit geval bepalen de leerlingen wat er gebeurt en volgen de onderwijzers.'[8]

Dit project is een voorbeeld van
1. alle elementen – beheerders, onderwijzers, kinderen, garnalen, bomen, hekken, geld, steun vanuit de samenleving – pasten moeiteloos in elkaar (ook al ging het met hard werken gepaard, het kostte geen *moeite*) als iedereen zijn of haar gevoel volgde over hun eigen bijdrage. Onderwijzers hadden niet met ordeproblemen te kampen omdat niemand tijd had ruzie te maken of in moeilijkheden te komen. Ze waren veel te druk met zich te amuseren en in dienst te staan van iets dat groter was dan zijzelf.
2. de vreugde die je ervaart als je in de natuur bent en er deel van uitmaakt.
3. een gevoel van controle (in plaats van wanhoop) herwinnen over je omgeving. Onderzoek hiernaar heeft aangetoond dat het een van de sleutelfactoren voor een goede gezondheid is. Dit was niet een gesimuleerde les binnen de muren van een klaslokaal. Iedereen, niet alleen de kinderen, ervoeren de authentieke voldoening een bijdrage te kunnen leveren aan iets wat belangrijk is – ons huis en het huis van kleine organismen die de rivierbedding gezond houden.

Deze vierdeklassers behaalden belangrijke resultaten, niet alleen voor zichzelf, maar voor hun gemeenschap en andere soorten. De kin-

deren moesten bijvoorbeeld contact opnemen met plaatselijke boe
ren die 'stadsmensen' die hun de schuld kwamen geven van de schade
aan de rivierbedding beu waren en met argwaan bekeken. Maar een
van de regels van het project – en een les in verdraagzaamheid – was
dat ze altijd goede manieren en tact *moesten* gebruiken. De onderwijzers vroegen de kinderen na te gaan hoe zij zich zouden voelen als
iemand op hun kamer zou komen en hun zou vertellen wat ze wel en
wat ze niet mochten aanraken. Doordat de kinderen hun werk zo serieus namen en omdat ze bereid waren iedereen open en met respect
tegemoet te treden, kregen ze de steun van boeren, journalisten, amb-
tenaren en geldschieters.

Ervaring van het mysterie van het leven uit de eerste hand

De kinderen leerden al doende, namen deel aan het schrijven van rapporten en persberichten, analyseerden wetenschappelijke gegevens,
deden onderzoek naar andere bedreigde soorten, belden verslaggevers, ontwierpen en verkochten T-shirts, bedachten een garnalendans, plantten jonge
wilgen, ontwierpen en bouwden hekken en bezochten andere terreinen. In alle opzichten leerden zij *uit de eerste hand* en was er geen sprake van vrijblijvende boe-
kenkennis uit de tweede hand zonder gevolgen of feedback.

> Het principe waar het hier om draait is dat de nieuwe manier totaal niets van doen heeft met de oude manier. Er is geen lineair verband; de kwantumfysica heeft zich niet ontwikkeld in het verlengde van Newtoniaanse principes.
>
> Precies zoals de nieuwe benaming aangeeft, was er een kwantumverschuiving tussen wat was en wat is. We moesten vanuit een totaal andere hoek naar het spel kijken om te zien wat er gebeurt. We spelen op een nieuw honkbalveld met gloednieuwe regels.
>
> **Alan Cohen, I Had It All the Time.**

Samenwerking, verdraagzaamheid, respect en verantwoordelijk-
heidsgevoel onwikkelen zich op organische wijze, zonder de autoritaire strakke hand waarmee zoveel energie wordt verspild in gewone
klaslokalen en die erop gericht is het kind op zijn plaats te houden.
Rogers is van mening dat 'als de leerlingen zelf het "wat", "wanneer"

en "hoe" van het leren in de hand nemen, ze ervaren besluitvormers, kritische en verantwoordelijke burgers, zachtaardige en effectieve leraren zullen worden.'[9]

Reflectie en respons

Positieve veranderingen in alle beroepen komen voor een belangrijk deel mede tot stand door gesprekken tussen progressief denkende individuen die allemaal streven naar verdieping in hun werk. Zenobia Barlow, directeur van het Center for Ecoliteracy, zei tegen ons: 'Onderwijzend personeel staat onder zo'n grote tijdsdruk dat ze in veel gevallen elkaar niet eens kennen. De versplintering van de lesprogramma's maakt van hen bijna onafhankelijke aannemers die een ruimte in het schoolgebouw huren. Ze zijn bijvoorbeeld zelden samen op retraite geweest om eens goed na te denken over waar ze mee bezig zijn of om gezamenlijke projecten te ontwerpen. Het was interessant om het garnalenproject te zien, want opeens had het klaslokaal zich uitgebreid tot het hele district, het stroomgebied van de rivier en de boerderijen. Als we meer van dit soort integraal onderwijs willen zien, moeten we onderwijzers in de gelegenheid stellen elkaar te leren kennen en te dagdromen over de ontwikkeling van hun vakgebied.'

Het eetbare schoolpleinproject

Een ander voorbeeld van de reactie van een enkeling op haar onmiddellijke omgeving – waardoor een school in Berkeley, Californië veranderde en een stimulans kreeg – is het eetbare schoolpleinproject. Alice Waters, de vernieuwende kokkin en eigenaresse van Chez Panisse (en die andere programma's ondersteunt zoals Share Our Wealth) liep iedere dag van het restaurant op weg naar huis langs het levenloze schoolterrein van de Martin Luther King school. Ze zag ook dat de lunch voor de leerlingen bestond uit pizza's en hamburgers uit de magnetron, patat en frisdrank, die ze in een snackbar kochten. Toen ze tegenover het hoofd van de school haar bezorgdheid uitsprak, daagde hij haar uit met een alternatief te komen. Zo werd het Eetbare Schoolpleinproject geboren dat een vernieuwd schoolterrein, een biologische tuin, een oven in de openlucht, een commerciële bakkerij, boomgaarden met olijf-, vijgen- en citrusbomen, kruiden- en groentebedden omvatte.

Eten en gemeenschap

De visie is een school omgeven door een de tuin. Waters ziet voedsel als een belangrijk beschaving brengend bestanddeel in ons leven, niet alleen als voeding voor het lichaam. In een brief aan president Clinton en vicepresident Gore zegt zij: '... hoe kunnen we redelijkerwijs van mensen verwachten dat ze weten hoe ze een gemeenschap moeten opbouwen als zovelen van hen ervan overtuigd zijn dat niets wat zij doen enig verschil maakt?

> Wat zou ik anders kunnen doen dan tomaten plukken, ze met water overgieten, de bovenkant er van af snijden en ze in stukken gesneden in een enorme pan op het vuur te verhitten en gaar te stoven, zodat ik ze in de groentemolen kan vermalen tot puree? De overdaad in mijn leven op dit moment is tomaten, en mijn creativiteit uit zich in het maken van tomatenpuree.'
> **Arlene Bernstein, Growing Season: A Healing Journey into the Heart of Nature.**

... Ons project, dat het Eetbare Schoolplein heet, wil een biologische tuin en een omgeving scheppen die volledig zijn geïntegreerd in het leerplan en lunchprogramma van de school. De leerlingen zullen worden betrokken bij alle aspecten van het bebouwen van de tuin – evenals bij de voorbereiding, het opdienen en consumeren van het voedsel dat zij verbouwen. Het doel hiervan is hen bewust te maken van hun zintuigen, hun de waarden te leren van verantwoordelijkheid voor de gemeenschap, goede voeding en een goed beheer van het land. Ik ben heel blij dat Delaine Eastin, de onderwijsinspecteur van Californië, heeft besloten dat een schooltuin een integraal onderdeel moet uitmaken van elke proefschool die deelneemt aan het 'Team Nutrition-programma' van het federale ministerie van landbouw voor het verbeteren van schoollunches.'[10]

Waarachtig eigenaar-zijn betekent zorgen voor het land

Precies op de dag dat dit hoofdstuk werd geschreven, verscheen er in de krant een artikel over een andere schoolklas in Noord-Californië, die het laatst overgebleven zoutmoeras in Marin County had geadopteerd. Deze schoolkinderen trokken zich het lot aan van het van vuilnis vergeven, dichtgeslibde moeras dat vroeger ongeveer de helft van het ontgonnen gebied besloeg. Het idee is om kinderen uit de buurt de komende tien jaar te betrekken bij het herstel van het moerasland. 'De kinderen voelden zich vrijwel onmiddellijk verantwoordelijk voor het gebied,' zei Maureen Parton, assistente van de inspecteur van Marin County, Annette Rose, die het restauratieproject opzette.[11]

Alles op zijn tijd

Als het onderwijs tot doel heeft jonge kinderen in contact te brengen met hun natuurlijke liefde voor leren, dienen lesmethoden hun natuurlijke vermogen tot ontwikkelen aan te spreken. Terwijl in onderwijshervormingen momenteel de prioriteit lijkt te liggen bij het kopen van computers – een trend die de computerindustrie goed van pas komt – waarschuwen onderzoekers ervoor dat een te vroeg gebruik van computers in feite het contextuele leren, dat in de vroege kinderjaren van essentieel belang is, vermindert.

> Wijnranken sturen hun wortels diep de aarde in waaraan ze de voeding onttrekken die hen tientallen jaren, soms wel een eeuw in stand houdt.
>
> Allemaal groeien ze via hun eigen verbinding met de bron, alleen, en pas als ze goed wortel hebben geschoten reiken de sierlijke nieuwe scheuten ver genoeg om zich te verstrengelen met andere.
>
> **Arlene Bernstein,** *Growing season: A Healing Journey into the Heart of Nature.*

In een onlangs verschenen artikel zegt Fritjof Capra: 'Recent onderzoek wijst duidelijk uit dat het gebruik van computers gewoon niet geschikt is voor de eerste vijf groepen, en voor alle leeftijden zorgvuldig moet worden bewaakt om een schadelijke werking op de cognitieve en neurale ontwikkeling van het kind te vermijden.'[12] Hoewel technologie heel nuttig is omdat ze mensen de vrijheid verschaft hun creatieve en spirituele interesses te volgen, vervangt ze niet de natuurlijke omstandigheden die creativiteit in ons opwekken.

Graaf en groei je rijk

Nieuwe of oude ideeën? Alice Waters citeert de pedagoog James Ralph Jewel die in 1909 een boekje schreef met de titel *Suggestions for garden work in California schools* waar staat: 'Schooltuinen brengen onder andere normen zoals persoonlijke zorg voor openbaar bezit, zuinigheid, eerlijkheid, ijver, concentratie, rechtvaardigheid, de waardigheid van arbeid en liefde voor de schoonheid van de natuur bij.' Zijn dat niet de waarden die door zowel progressieven als conservatieven de moeite waard worden geacht? Alle aspecten van wat we vruchteloos proberen op te leggen door terechtwijzingen en wettelijke voorschriften – respect voor het land, eerlijkheid, rechtvaardigheid, zinvol werk en het behoud van ons milieu – kunnen worden gevoed en totstandgebracht door onze grootste levende hulpbron – het bewustzijn van onze kinderen – op te voeden.

Een nieuw wereldpatroon

Een nieuw wereldbeeld betekent een nieuw patroon van creatieve energie. In onze problemen schuilt het antwoord. Als onze kinderen op straat en thuis vertwijfeld en zonder hoop voor de toekomst sterven, geef hun dan de ruimte om de teugels weer in handen te nemen. Ze zijn geboren met een visie, een ideaal, en het is aan ons volwassenen hun in de gelegenheid stellen die visie – de visie die de toekomst zal zijn – tot bloei te brengen. Wij moeten alles doen wat in ons vermogen ligt om kinderen te koesteren, hen aan te moedigen, ook als ze nog jong zijn, zich af te stemmen op hun eigen creativiteit en intuïtie. Met nieuwe ogen en enthousiasme in hun kleine hart verschaffen ze ons misschien wel de sleutel waarnaar we vanuit het oude paradigma – waarin de oorzaak van de problemen schuilt! – zo wanhopig op zoek zijn. In het grote plan van het leven wordt onze soort eerst met moedermelk gevoed, waarna een zinvolle opvoeding volgt die hart en geest opent om zich met enthousiasme te wijden aan de taak die voor ons ligt.

KUNST EN SCHOONHEID

Beeldende kunst en muziek zijn de dromen en diepten van de menselijke geest. Schoonheid inspireert, geeft energie en geneest ons. Kunst houdt ons in contact met wat het betekent mens te zijn, fantasie te hebben en beschaafd te zijn. Schilderijen en beeldhouwwerk dwingen ons de vragen over het leven te stellen die vaak verloren gaan in de dagelijkse bezigheden.

Vol uitbundige kleuren en wijkende oppervlakten is het werk van O'Keeffe één grote ontdekking: het hart van de bloem ligt als een duistere, mysterieuze kern in het verschoven middelpunt van deze schilderijen. Hoewel het werk uitgesproken vrouwelijk is, spreekt er een overtuigende en triomfantelijke kracht uit, een combinatie die zich tot dan toe niet had voorgedaan.

In de grote bloemen klinkt [Georgia] O'Keeffe's fascinatie uit haar kinderjaren voor de miniatuurwereld van het poppenhuis door. Daar had ze voor het eerst de magische transformatie ervaren die zich voordeed als je je focus veranderde.

'Als je een bloem in je hand neemt en er echt naar kijkt, is dat voor het moment jouw wereld. Ik wilde die wereld aan iemand anders geven.'
Roxana Robinson, Georgia O'Keeffe: A Life.

De New Yorkse schilder Robert Zakanitch heeft uitgesproken ideeën over het hogere doel van de schilder- en beeldhouwkunst. In een interview zei hij tegen ons: 'Tot nu toe bestond de rol van de kunst eruit een weerspiegeling te zijn van de maatschappij. Ik denk dat dat door de technologie is veranderd. De televisie doet dat veel beter en en wel ogenblikkelijk. Ik geloof dat de rol van de kunstenaar heden ten dage is richting te geven aan de maatschappij – onze aandacht te richten op genezende energieën in plaats van nog meer vernietigende beelden de wereld in te sturen. Kunst plant heel diepe zaden. Het brengt zaken tot uitdrukking die langzaam doordringen in de psyche van de maatschappij. Kunst spreekt je ziel aan. We weten niet wat de ziel is, maar zonder ziel bestaan we niet.' Volgens Zakanitch, wiens gigantische doeken zinderen en druipen van levende organische patronen en mysterieuze dubbelzinnige voorwerpen die je in een kosmische uitdragerij zou kunnen vinden, heeft iedere samenleving haar eigen uiterlijk, karakter en instelling en die komen allemaal tot stand via haar kunst. We maken daar onlosmakelijk deel van uit, maar zijn ons dat nauwelijks bewust. 'Kunst is bijna als magie,' zegt hij. 'Beelden zijn zo krach-

370

tig dat woorden tekortschieten om ze te beschrijven. Toen kubisme, impressionisme en Jackson Pollack op het toneel verschenen, schoten woorden tekort om hun nieuwe visie op de wereld te beschrijven.'

Bloemen en boortorens

Zakanitch laat er geen twijfel over bestaan dat het zijn bedoeling is de eeuwige, gezonde, liefdevolle delen in ons aan te spreken. 'De afgelopen twintig jaar heb ik met mijn schilderijen getracht de zorgzame, koesterende delen in onszelf die vreugde ervaren op te wekken. Mijn nieuwste serie [Big Bungalow Suite] gaat over de huiselijkheid en de gemakken waarmee wij onszelf kunnen omringen en die wij elkaar kunnen geven. Dat vind je allemaal terug in de kleine zorgzame handelingen die wij verrichten. Bloemen zijn prachtig als je naast olieboortorens woont en er zit zelfs een sprankje leven in de kleine snuisterijen die mijn moeder in de keuken en de eetkamer had. Ik heb een serie decoratieve voorwerpen gemaakt, die volgens mij heel positief uitwerken omdat ze een vonk van vreugde geven als we ze dragen of aan iemand geven van wie we houden. Mijn werk heeft te maken met het versterken van de tederheid in ons. Als ik schilder vraag ik me altijd af hoe ik uitdrukking kan geven aan het verheffen van de menselijke geest – aan herboren worden. Als je dat in je werk aan mensen kunt geven, mag je spreken van magie.'
Terwijl we proberen te ontdekken waar de nieuwe Wereldvisie ons brengt en wat de nieuwe dimensies van spiritueel leven zijn waarnaar we volgens het Tiende Inzicht op weg zijn, is het belangrijk onze aardsheid niet uit het oog te verliezen. Het doel is ons bewust te worden van al onze zintuigen, inclusief de intuïtie. Al te vaak sluiten we ons af voor onze omgeving uit angst, of om pijn, armoede of lelijkheid te vermijden. Hoe kunnen we ons dan openstellen voor mensen die misschien een boodschap voor ons hebben, voor de kracht van de natuur, of symbolische boodschappen toelaten?

De ziel opfrissen

Psycholoog en auteur James Hillman die zich bezighoudt met archetypen, wijst erop dat wij ons bewustzijn verdoven met pillen, drugs en harde muziek, of onszelf oppeppen met kicks en hoogtepunten. Onze ideeën zijn gestoeld op wetenschap en theologie in plaats van op ervaring. Kunst heeft tot taak onze zintuigen weer op te wekken en de wereld wakker te schudden. Hij zegt: 'Het oog van de kunstenaar dient om de ziel op te frissen in plaats van de maatschappij te genezen, de geest aan te scherpen of te wijzen op sociale onrechtvaardigheid, hoewel die alle zeer de moeite waard kunnen zijn. Maar ze zijn afhankelijk van een bewuste ziel. Dus fris de ziel op, dan zal er iets gebeuren. En de ziel wordt opgefrist door schoonheid, liefde en door de herinnering aan de dood.'[13]

> Terug aan de keukentafel las ze de advertenties voor huishoudelijke hulpen door, doordrongen van het verlangen haar leven op alle niveaus, in alle opzichten te veranderen – om in beweging te komen, vooruit te komen – en doelloos pakte ze een flesje nagellak op, kantelde het met een verloren blik op haar gezicht en een gapend, zwaar gat in haar borst het eerstvolgende halfuur langzaam van voor naar achter, terwijl ze keek naar de sporen in de lak, veroorzaakt door de zilveren kogeltjes, de zilverachtige inkervingen in het rood.
>
> **Anne Lamott, *Rosie*.**

Het verlangen mensen te verheffen is van toepassing op alle creatieve werk dat we doen. Als we ons innerlijk voornemen het beste in elkaar te waarderen en dat aan de oppervlakte te brengen, leven we in overeenstemming met de Wereldvisie.

ZELFSTUDIE

Curriculum Vitae

Maak een lijst van alle banen die je in je leven hebt gehad. Denk erover na hoe je in je werk bent terechtgekomen. Op wat voor manieren, groot of klein, heb je je sporen op dat terrein nagelaten? Heb je het in stand gehouden, het doel duidelijk gemaakt, bevorderd, de invloed ervan uitgebreid, vernieuwingen of hervormingen aangebracht of het met een ander terrein in verband gebracht.
Wie is je mentor of held?
Wat zou je nu willen doen?
Wat weerhoudt je?

372

Wat heb je nodig?
Welke nieuwe stap kun je zetten?
Als je zou werken aan een project ten behoeve van de aarde of de gemeenschap waar je deel van uitmaakt, wat zou het dan zijn? Zoek anderen die zich aangesproken voelen tot dat doel en steun elkaar om tot actie te komen.

Sollicitatiegesprek

Lees op pagina 342-343 de eisen na waaraan de nieuwe werelddienaar moet voldoen. Omcirkel de eigenschappen die je meent al te bezitten, ook al is het in geringe mate. Welke ontbrekende eigenschappen zou je willen ontwikkelen? Hoe kun je dat doen? Als je die kwaliteit *heel graag* in je leven wilt brengen, ook al zie je nu nog niet hoe je dat zou moeten doen, vraag dan om aanwijzingen over hoe je het moet bereiken. (Je moet het echt willen! De gedachte alleen dat het leuk zou zijn, is meestal niet sterk genoeg om het te manifesteren.)

GROEPSSTUDIE

Toen en nu

Begin de sessie door eventuele veranderingen op te schrijven die in jouw belangstellingssfeer de afgelopen vijftig, tien of vijf jaar hebben plaatsgevonden. Welke trends zie je? Laat de mensen dan de veranderingen die zij zien bespreken. Dat kan interessante informatie naar boven brengen waar voorheen niemand op lette. Het doet er niet toe of jullie allemaal werkzaam zijn op verschillende terreinen of niet. Hoe diverser, hoe interessanter dit gesprek.

Groepsontwikkeling

Enkelen van jullie kunnen zich geroepen voelen samen te komen met mensen uit je eigen netwerk en ideeën uit te wisselen over een nieuwe visie op dit werk. In plaats van elkaar te zien als concurrent, kom je bij elkaar om te brainstormen over een gemeenschappelijk probleem of een kwestie waar je persoonlijk of op je werk tegenaan bent gelopen.

Concentreer je tijdens de bijeenkomst op de overeenkomsten in wat je tot je werk aantrok. Als je eenmaal op elkaar bent afgestemd, zoals in het Achtste Inzicht is besproken, kun je gaan praten over wat je vindt van specifieke vragen, (bijvoorbeeld, nieuwe voorschriften, gebrek aan publieke acceptatie, nieuwe ontwikkelingen en hoe ze van invloed zijn op je werk, enzovoort). Misschien wil je eerst speculeren over waar het in het beroep naar toe gaat. Later kun je in stilte de hogere visie voor je beroep visualiseren en de ingevingen uitwisselen.

Ontwikkelaars, onderhouders, pioniers en bouwers

- Ga gewoon voor de lol uiteen in kleine groepjes die zijn ingedeeld naar de rol die je meestal speelt. Ben je een ontwikkelaar, onderhouder, pionier of bouwer? Maak je eigen onderverdeling, maar kom met mensen in dezelfde rol bij elkaar. Laat dus alle ontwikkelaars bij elkaar gaan zitten, alle onderhouders, enzovoort.
- Praat elk vijf minuten over wat je in die rol hebt gedaan.
- Wat vond je er fijn aan?
- Wat vond je niet fijn?
- Wat zou je nu anders doen in die rol of die baan?
- Wetende wat je nu weet, wat had je graag gezien dat er was gebeurd?
- Stel nu een nieuwe groep samen met ontwikkelaars, onderhouders, bouwers en pioniers bij elkaar. Luister naar elkaars verhalen over wat je hebt gedaan.
- Het maakt niet uit als je het gevoel hebt dat je een combinatie bent van deze rollen/activiteiten. Kies gewoon de rol waarin je vandaag het liefst zou zitten!
- Hoe zou je het aanleggen om een groep jonge mensen aan iets te laten werken dat van nut kan zijn voor een dorp in een derdewereldland (met hun toestemming en op hun uitnodiging natuurlijk)?

WAT MOET JE DOEN OM VERANDERINGEN
TOT STAND TE BRENGEN

- Neem je verlangen om iets tot stand te brengen serieus.
- Wijs het niet van de hand omdat het onmogelijk lijkt of omdat anderen denken dat het een luchtkasteel is.
- Je zou geen sterke aspiraties hebben als er langs die weg niet iets te bereiken viel. Dromen zetten ons op een bepaald spoor, maar de uitkomst kan iets zijn dat je anders nooit zou hebben bedacht of geprobeerd.
- Visualiseer jouw terrein op het hoogste niveau van dienstbaarheid. Hoe hebben anderen daar baat bij?
- Verbeter je vermogen om je intuïtieve visie vast te houden en *geef het de kans te laten zien hoe het zich wil manifesteren,* in plaats van het jouw doelstellingen op te leggen.
- Verbind je met iets waar je enthousiast over bent, niet alleen omdat het 'een goed idee' lijkt. Het vermogen om het ideaal vast te houden neemt toe als je echt bent opgepept.
- Blijf je afstemmen op je diepste gevoelens. Vertrouw er minstens evenveel op als op je ratio.
- Houd je aandacht gericht op het grote geheel. Als het ideaal zich niet ontvouwt zoals jij verwacht, zoek dan naar het hogere doel in de ervaring.
- Kijk uit naar subtiele tekenen waaruit blijkt dat je gidsen en zielengroep via jou werkzaam zijn. Je merkt misschien een toename in energie of helderheid op, of de bereidheid iets volkomen nieuws te doen. Een onverwacht telefoontje, een boek dat je vindt, of een onverwachte ontmoeting kunnen een teken zijn dat je zielengroep je helpt in je ontwikkeling.
- Vervang de verwarring over 'wat ik geacht word te doen' door een kleine concrete stap of actie ten dienste van iemand anders.

DEEL VI
DE CIRKEL IS ROND

13

De Wereldvisie

Plotseling verschoof onze aandacht naar het Hiernamaals, waar we heel duidelijk zagen dat het al die tijd onze bedoeling was geweest om niet alleen een Nieuwe Aarde, maar ook een Nieuwe Hemel te scheppen.

Het Tiende Inzicht.[1]

Havik
Boodschapper

DE EENWORDING VAN DE DIMENSIES

'Zo boven zo beneden.' Fundamentele waarheden veranderen niet. Ons probleem is ermee in contact te blijven en niet te vergeten ons dagelijks leven ervan doordrongen te laten zijn.

Naarmate ieder van ons *persoonlijk* de thema's van het Tiende Inzicht begrijpt – het bestaan van het Hiernamaals; reïncarnatie; het inzicht dat we deel uitmaken van een zielengroep; de beelden van onze intuïtieve aanwijzingen vasthouden; dienstbaar zijn; onze angsten en ongewenste conditioneringen uit de weg ruimen – bereiken we een hoger veld van potentialiteit. In feite wordt er door de verruimde gedachtepatronen in ons bewustzijn een spirituele dimensie aan de materiële dimensie toegevoegd.

Wat is de spirituele boodschap achter ras of cultuur waarin we geboren worden? Elk leven heeft het vermogen bij te dragen aan de evolutie van het geheel. Als we vanuit het Tiende Inzicht kijken naar het leven dat we leiden, beseffen we dat we in een bepaald gebied of bepaalde cultuur zijn geboren om een specifieke les te leren. Het is nu zo ver dat we ons duidelijker bewust worden hoe ieder van ons uiteindelijk de mensheid dient. Zijn we meer gericht op materialisme, consumptie en scheiding? Of leggen we er meer de nadruk op het geheel op een hoger plan te brengen?

Alice A. Bailey die in de jaren veertig schreef, is van mening dat de botsende religieuze en nationalistische ideologieën tot doel hadden de mensen in alle culturen aan het denken te zetten. Ze zei: 'In de afgelopen eeuwen werd er alleen door mensen die een opleiding hadden genoten en de mensen in de "hogere kringen" nagedacht en plannen gemaakt. Deze tendens tot nadenken luidt een nieuwe en hogere beschaving in en gaat vooraf aan spirituele gebeurtenissen van groot belang... De geest [van de mensheid] beweegt zich meestal onbewust in de richting van een spirituelere beschaving en cultuur... Maar de geestelijke vermogens [van de mens] ontwikkelen zich dagelijks en zijn [of haar] vermogen om de gebeurtenissen in de wereld te begrijpen neemt toe. Dat is een van de grootste spirituele gebeurtenissen en een grondvoorwaarde die het leven van de ziel en de toename van de intuïtieve waarneming op grote schaal mogelijk maakt. Dit is een bijverschijnsel van botsende ideologieën, en het waarachtige en mooie gevolg van het wereldomvattende onderwijssysteem dat – hoe onvolmaakt ook – het voor alle mensen mogelijk heeft gemaakt om te lezen, te schrijven en met elkaar te communiceren.'[2]

DE POTPOURRI KOESTEREN

Stel je voor hoe het leven eruit zou zien als we niet meer over mensen zouden oordelen en ons zouden afvragen: 'Welk stukje van de puzzel

---

'Ik wil u erop wijzen dat het de spirituele hiërarchie van onze aarde niet uitmaakt of een mens een democraat, een socialist of een communist is, of dat hij katholiek, boeddhistisch of op de een of andere manier ongelovig is. Het maakt haar alleen uit dat de mensheid – als geheel – gebruik maakt van de spirituele mogelijkheden. Het zijn mogelijkheden die op de dag van vandaag nadrukkelijker aanwezig zijn dan ooit tevoren.'
Alice A. Bailey, *The Rays and the Initiations*.

---

hebben zij?' 'Wat was *hun* Geboortevisie?' 'Wat kan ik van hen leren?' Door een kritische massa van mensen die het grote geheel voor ogen hadden zou eenheid op de wereld mogelijk worden *door middel van gewone mensen,* niet als gevolg van politieke wetgeving. Vanuit dit nieuwe bewustzijn zouden we het verschil in culturen en religies koesteren en niet proberen iedereen doodleuk hetzelfde te maken (als dat al mogelijk zou zijn!). Als nieuwsgierige en enthousiaste studenten die met een scheikundig experiment bezig zijn, zouden we praten over de eigen bestemming die elk mens heeft, die respecteren en met elkaar vergelijken. In het besef dat iedere onbaatzuchtige daad van dienstbaarheid of hulp aan anderen in feite een geschenk *aan onszelf* zou zijn, zouden we proberen een manier te vinden om iedereen die we ontmoeten te helpen en te koesteren.

PIONIERS OP HET GEBIED VAN UITTREDINGEN–DOOR DE BARRIÈRE HEENDRINGEN

In *Het Tiende Inzicht* wordt verondersteld dat als bepaalde individuen en groepen een niveau van bewustzijn bereiken dat de dimensie van het Hiernamaals benadert, zij heen en weer reizen, zoals de onderzoeker van uittredingen Robert Monroe en anderen al hebben gedaan.

Monroe, en samen met hem andere onderzoekers op het gebied van spiritualiteit en parapsychologie, geloven dat de meeste mensen, zoniet iedereen, een zoals hij het noemt tweede lichaam hebben – een niet-fysiek lichaam dat naar andere dimensies in het Hiernamaals reist. Hij gelooft dat de meesten van ons 's nachts in de slaaptoestand het lichaam verlaten, zonder zich daar bewust iets van te herinneren. In een van zijn uitzonderlijke uitstapjes in zijn tweede lichaam, bezocht Monroe een vriend. Terwijl hij zich in het tweede lichaam bevindt, knijpt hij die vriend, die even van pijn vertrekt. Een paar dagen later bevestigt die vriend als hij Monroe ontmoet dat hij dat knijpen wel degelijk had gevoeld. Door dit experiment toonde Monroe aan dat iemand die in het tweede lichaam actief is, zowel fysiek als emotioneel invloed op anderen kan hebben.

Zijn bevindingen waren voor hem een reden stil te staan bij de ethische aspecten van een dergelijk vermogen. Als een bepaald percentage mensen het punt in de evolutie heeft bereikt waarop ze bewust 'door de sluier tussen de dimensies heen kunnen dringen', lopen we dan gevaar dat dit vermogen wordt misbruikt? Hij speculeerde dat we tot nu toe werden beschermd door de volgende barrières: 1) onwetendheid over het feit dat we dit vermogen hadden; 2) een bijgelovige angst over het contact leggen met geesten; 3) argwaan voor transcendente ervaringen bij georganiseerde religies; 4) verachting vanuit de wetenschap waardoor de spirituele wereld niet als een waardevol gebied van onderzoek wordt beschouwd. Monroe sluit ook de mogelijkheid niet uit dat 'gebruik van een dergelijk vermogen onder toezicht en leiding staat van bezielde, intelligente of niet-menselijke wezens, waardoor een niet-constructieve inmenging is uitgesloten.'[3] – waarmee hij suggereert dat zielengroepen wellicht ons ervan weerhouden onszelf door onwetendheid of kwaadwilligheid te vernietigen.

Monroe vraagt zich af wat er zou gebeuren als de mensheid het bestaan van de spirituele dimensie accepteert en zich de techniek eigen maakt om naar willekeur de hogere trilling binnen te gaan? Een van de belangrijkste transformaties van het menselijk bewustzijn zal de transformatie zijn van *geloven* naar *weten*. Heel belangrijk is dat we onmiskenbaar zullen *weten* hoe onze relatie tot God en onze plaats in het universum in elkaar steken. Met *kennis van het goddelijke, gebaseerd op persoonlijke ervaring,* zou het nog maar een heel kleine stap zijn een groot deel van de angst (uiteindelijk is dat de angst voor de dood) en wellicht veel van de lagere emoties uit de weg te ruimen. Net als de mensen die een bijna-doodervaring hebben doorgemaakt, zouden we *weten* dat de dood een overgang is naar een andere dimensie van ons eeuwige leven, en dat we *inderdaad* meer zijn dan ons fysiek lichaam.

Zoals uit het Negende Inzicht blijkt, zou het collectief verhogen van het energieniveau leiden tot een bredere kennis in alle sferen. Het zou tevens een matrix scheppen waarop oplossingen vanzelf zouden verschijnen als mensen hun intuïtie volgden. Godsdienstconflicten zouden uitgesloten zijn daar iedere religie zich zou herinneren dat haar afzonderlijke boodschap een noodzakelijke plek inneemt in de totale visie. Zoals Monroe zegt: 'Ze zullen het allemaal rationaliseren door te zeggen: "Dat proberen we jullie nu al die tijd al duidelijk te maken."'[4]

GROETEN UIT DE HEMEL

Volgens Bill en Judy Guggenheim doet contact met overledenen zich op verschillende manieren voor. Na meer dan 3.300 gevallen te hebben bekeken, kwamen zij met een serie verslagen van mensen die in de droomtoestand en zelfs als onderdeel van een uittreding een duidelijk visioen hadden ervaren, een stem hadden gehoord, een aanraking hadden gevoeld, een geur hadden geroken. Een verpleegster uit Wisconsin had bijvoorbeeld een mystieke ontmoeting met haar dochtertje van vijf maanden dat aan een hartkwaal was gestorven: 'Ongeveer drie of vier weken nadat Amanda was gestorven, lag ik in bed, maar ik sliep niet. Opeens voelde ik hoe ik uit mijn lichaam werd getrokken. Ik voelde dat ik in de buurt van het plafond zweefde en uit het raam keek. Het hele raam raakte vervuld van een onvoorstelbaar stralend gouden licht! Het was alsof iemand in een auto met groot licht op je af komt gereden. Ik voelde me door het licht opgenomen en ervoer de aanwezigheid van mijn dochter. 'Toen zag ik Amanda! Ik zag haar ziel in dat licht! En ik kon haar horen – het was een telepathische boodschap. Ze zei: "Heel hartelijk bedankt voor alles wat je me hebt gegeven. Ik houd heel veel van je." Opeens voelde ik een zeer, zeer krachtige aanwezigheid – de aanwezigheid van God. Ik ervoer het meest onvoorstelbare gevoel van liefde en inzicht dat ik ooit in mijn leven had ervaren. En op dat moment begreep ik alles!'[5]

In een ander verslag zag Richard, een makelaar in onroerend goed uit Noord-Carolina, zijn vader die op de leeftijd van 66 was gestorven aan een hersenbloeding, en had fysiek contact met hem. 'Drie dagen na zijn begrafenis maakte iemand mij wakker. Ik kwam overeind om te zien wie het was. Het was mijn vader! De straatlantaarns die door het raam achter mij naar binnen schenen, verlichtten zijn gezicht. Ik zag hem heel goed – het stond vast dat hij het was. Hij zei: "Richard." Ik herkende de stem van mijn vader en stond op. Hij gaf me onmiddellijk een hand en zijn hand voelde heel vertrouwd en warm aan. Toen zei hij: "Ik ben zo blij dat ik je zie, Richard. Maak je nergens zorgen over. Ik houd van je." Ik hoorde zijn stem echt, het kwam recht van zijn lippen. Zijn stem klonk zo duidelijk als wat. Ik kon mijn ogen niet van zijn gezicht houden. Zo goed had hij er zijn hele leven niet uitgezien… hij leek tevreden en blij, alsof er iets veel beters bestond dat al mijn dromen overtrof. Daarop ging hij weg. Ik was stomverbaasd en verrukt. Ik had me totaal berooid gevoeld en die ervaring gaf mij de verzekering dat er leven na de dood is. Het was echt – daar twijfel ik niet aan, geen moment.'[6]

EEN NIEUWE HEMEL EN EEN NIEUWE AARDE

In *Het Tiende Inzicht* staat: 'Het is altijd onze bedoeling geweest niet alleen een nieuwe aarde, maar ook een nieuwe hemel te scheppen.'

Doordat wij ons de Wereldvisie herinneren, wordt het Hiernamaals getransformeerd. Terwijl individuen en groepen hun trilling hoog genoeg opvoeren om de spirituele dimensie te bereiken, bereiken ook zielengroepen in het Hiernamaals het vermogen de fysieke dimensie binnen te gaan, waarmee de overdracht van energie naar beide werelden compleet is. Het Hiernamaals, ons eeuwige thuis, is altijd de dimensie geweest waarin onze zielen de visie en de herinneringen vasthouden. De fysieke wereld is de dimensie waarin we de visie materieel gestalte geven.

Onze boodschap op aarde wordt ingegeven door de beslissing om mede vorm te geven aan de kosmische oorsprong van de aarde en het bewustzijn van onze hemelse identiteit te bevorderen bij anderen die minder ver ontwikkeld zijn. De ouden leerden ons dat sommige bewoners van het universum evenzeer hulp nodig hadden als anderen het nodig hadden hen te helpen. Deze aarde was een van de vele plaatsen waar zij die ernaar verlangden hulp te bieden hun verlangen gemakkelijk konden bevredigen en waar zij die hulp nodig hadden, die gemakkelijk konden vinden.

Malidoma Patrice Somé, *Of Water and the Spirit*.

Het Inzicht vervolgt: 'Toen, naarmate het bewustzijn op Aarde zich verder ontwikkelde en de bevolking toenam, was het evenwicht in die verdeling van kracht en verantwoordelijkheid langzaam gaan verschuiven in de richting van de fysieke dimensie. Dat duurde net zolang tot er in de geschiedenis een moment kwam, en dat was nu, waarop er voldoende kracht was overgegaan en men zich de Wereldvisie herinnerde. De totale kracht van het geloof in, en de verantwoordelijkheid voor, het scheppen van de geplande toekomst zou verschuiven van het Hiernamaals naar de zielen op aarde, naar de groepen die zich sinds kort vormden, naar *ons*![17] Naarmate het contact met de zielen in de spirituele wereld toeneemt, wordt het menselijk bewustzijn gedwongen het bestaan van die dimensie onder ogen te zien. Als een kritische massa de spirituele wereld accepteert, zal de drempel tussen die wereld en de onze worden verlaagd. *Door het opvoeren van de trilling op het fysieke vlak,* zal de spirituele wereld gemakkelijker tot ons kunnen doordringen.

TOEKOMSTIGE TRENDS VOOR HET AARDSE VLAK

Je iets voorstellen betekent vormgeven. Dromen betekent de vierde dimensie binnengaan. We weten al dat wat vorig jaar nog science fiction was, over een maand via telemarketing te koop wordt aangeboden. Terwijl het menselijk ras voortstruikelt, vragen we ons af waar ter wereld, of ergens anders, gaat dat heen? Wat is er aan de hand? Hoe zal het zijn als we de sluier oplichten tussen de diverse niveaus van het bewustzijn? Met wat voor lichtknop lopen we rond in ons DNA, die nog niet is omgezet? Wetenschappelijke pioniers zoals Hank Wesselman, paleontoloog en schrijver van *Spiritwalker,* het verhaal van een sjamanistische reis in de toekomst, 5000 jaar na nu, gelooft dat we allemaal een sluimerend 'softwareprogramma' in ons hebben dat ons in staat stelt naar believen de vierde dimensie binnen te gaan. Michael Murphy die in zijn boek *The Future of the Body* zeer veel voorbeelden geeft van uitzonderlijk menselijk functioneren, zegt: 'Uitzonderlijke vermogens komen het best tot ontwikkeling in samenlevingen die ze op waarde weten te schatten... omgekeerd worden zulke vermogens vaak vervormd of verboden door maatschappelijke conditionering. Sommige atleten leggen bijvoorbeeld een subtiele zelfbeheersing aan de dag waaruit valt op te maken dat ze een volleerd yogi zouden zijn geweest als zij in een Hindoecultuur hadden geleefd...'[8]

De maatschappij heeft de hand in het vormen van onze vermogens en zelfs mystieke openbaringen worden gefilterd door het maatschappelijk waardesysteem, hoewel ze afkomstig zijn van de universele energie van God. Zo gezien is de evolutie niet slechts een zich vanzelf ontwikkelend proces, maar het grote veld van creativiteit, voor een deel gevormd door ons voornemen, ons emotioneel en spiritueel lichaam. De evolutie vormt ons en wij nemen bewust deel aan het plan, hoewel wij er geen volledig beeld van hebben.

Nu wij niet meer zoals vroeger aan de letterlijke betekenis van woorden vastzitten, hoeven we ook de bijbelse profetieën van overstromingen, vuur en Apocalyps niet meer letterlijk te nemen. Wetend en ervarend hoe wij door voornemen en verlangen onze wereld scheppen, samen met de goddelijke geest de schepping vorm geven, kunnen wij de bijbelse beschrijving beschouwen als een metafoor voor deze periode van overgang.

Penney Peirce, een internationaal vermaarde helderziende die woonachtig is in Marin County, Californië, beschrijft aan de hand van ingevingen, dromen en visioenen, de toekomstige trends, waarin de principes van het Tiende Inzicht duidelijk doorklinken. Onlangs vertelde ze tijdens een lezing in de Unity Church in Walnut Creek, Californië over haar voorspellingen. Hier volgen de belangrijkste aspecten van haar visioen over de evolutie van psychische en spirituele gebeurtenissen in de niet al te verre toekomst. Wellicht prikkelen deze speculaties je eigen visionaire vermogens.

VADER HEMEL EN MOEDER AARDE — EENWORDING VAN DE DIMENSIES EN MANNELIJKE EN VROUWELIJKE ARCHETYPISCHE KRACHTEN

Peirce ziet een eenwording van de dimensies als het samenkomen van hemel en aarde, dat overdrachtelijk wordt voorgesteld door het heilige huwelijk tussen de neerdalende mannelijke energie (de hemel) en de opstijgende vrouwelijke energie (de aarde). Deze hemelse fusie zal in het 'ware leven' tot uitdrukking worden gebracht door mannen die bewust hun vermogen tot ontvangen, luisteren, meevoelen en samenwerken/voeden (vrouwelijke energieën) integreren, en door vrouwen die bewust hun vermogen tot leiding geven, afbakenen en produceren (mannelijke energieën) ontwikkelen en integreren. Volgens Peirce zul-

De mannelijke benadering, die onderscheid maakt tussen de mens en de wereld, heeft een kritiek punt bereikt. Maar we zien nu ook in veel opzichten het potentieel voor een geweldige transformatie en genezing, een tot heelheid komen door de sterke heropleving van het vrouwelijke archetype... niet alleen het voor de hand liggende vanuit het feminisme... en mannen die zich op hun beurt openstellen voor vrouwelijke waarden.

Het blijkt ook uit een totaal andere benadering van het leven – onze wetenschappelijke theorieën over de menselijke psyche, een nieuw besef van hoe de mens zich verhoudt tot de natuur en andere levensvormen op aarde – zij alle weerspiegelen het ontluiken van het vrouwelijke archetype in de hele samenleving, dat zich manifesteert als een nieuw gevoel van verbinding met het geheel... het bij elkaar komen van de mens en de natuur... het intellect en de ziel... Het transformatieproces waarin we ons op dit moment bevinden, bestaat uit zeer veel lagen en is zeer complex.'
Richard Tarnas *Towards a New World View* van Russell E. DiCarlo.

len relaties in de toekomst minder stereotiep zijn en beide partners in staat stellen in een natuurlijke rolwisseling de creativiteit van beide hersenhelften te benutten – waarbij ze alletwee dan weer meer dynamisch, dan weer meer ontvankelijk zijn. Zowel in de wisselwerking tussen mensen onderling als in de verbinding tussen de rechter en de linker hersenhelft zal zich een evenwicht voordoen van mannelijke en vrouwelijke energieën. De archetypische tendens om te *verenigen* kan er zelfs toe leiden dat meer zielsverwanten elkaar vinden, met name omdat steeds meer zielen in groepen incarneren en samenwerken.

De eenwording van de dimensies en van de mannelijke en vrouwelijke energie komt ook tot uitdrukking op bepaalde nieuwe gebieden van maatschappelijk, spiritueel en wetenschappelijk onderzoek. Er is bijvoorbeeld al een toenemende belangstelling merkbaar voor mentale en spirituele verschijnselen zoals engelen, buitenaardse wezens, bijna-doodervaringen en heilige geometrie – die alle wijzen op de hogere mentale en spirituele aard van de archetypische neerdalende mannelijke energie. Evenzo veroorzaakt de archetypische opstijgende vrouwelijke energie al een toename van aardse spiritualiteit zoals sjamanisme, kristallen, kruiden en belangstelling voor alle mogelijke natuurlijke structuren.

In vroegere agrarische samenlevingen ontwikkelde het matriarchaat ons vermogen samen te voegen en te verenigen. In de recentere technologische cultuur heeft het patriarchaat ons het vermogen verschaft onderscheid te maken tussen ideeën (een mannelijke, lineaire, rationele manier) en dingen in de uiterlijke wereld tot stand brengen (wetenschap, handel, overheersing en oorlog). Als we oog hebben voor beide aspecten zal er niet alleen waardering zijn voor ons *innerlijke* proces (vrouwelijke intelligentie), maar zal ook het vertrouwen heersen dat we nieuwe wegen zullen ontdekken om dingen te doen (mannelijke intelligentie).

VERANDERINGEN IN WAARNEMING

In het nieuwe Wereldbeeld vervangt een integrale voorstelling van lichaam/ziel/geest de lineaire voorstelling. In dit stadium van bewustzijn zullen we in staat zijn om te gaan met *paradoxale situaties,* wat wil zeggen dat we in staat zullen zijn te denken in termen van en/en, niet alleen of/of. In plaats van cirkels te zetten rondom *ideeën* (zoals meer versus minder overheidsbemoeienis), zullen we het grotere verband kunnen zien en met daadwerkelijke oplossingen komen die voor iedereen werken.

Omdat we in contact kunnen blijven met onze energiestroom [het Derde Inzicht], zullen we snel het verschil onderkennen tussen ons zwaar en ons licht voelen. We zullen begrijpen dat als we zijn afgescheiden van heelheid, (het totale beeld van ons spirituele doel vergeten), we een vermindering van energie ervaren en ons alleen voelen. Dit gevoel van leegte en eenzaamheid zal ons eraan herinneren dat ons denken vertroebeld is geraakt. Op dat moment kunnen we vragen om intuïtieve leiding teneinde weer in ons centrum te komen.

Het intellect alleen is niet in staat de volledige synchronie van de harmonie op aarde te bevatten; daar hebben we meer de intuïtie voor nodig. Het intellect kan erover praten, maar het rechtstreeks ervaren en er dagelijks naar leven, vraagt een meer diepgaande en rechtstreekse benadering. Dit is een van de gebieden waarin de meditatieve ervaring, waarin we dit eenheidsbewustzijn vanzelf en spontaan ervaren, een zeer effectieve manier is om dit bewustzijn in ons op te nemen. *In deze context is meditatie niet een luxe, maar een noodzaak om op aarde te overleven.'*
Gabriel Cousins, M.D., *Sevenfold Peace: World Peace Through Body, Mind, Family, Community, Culture, Ecology, God.*

HOGERE GEDRAGSWIJZEN EN GEVOELENS

Met het vermogen meer te zien dan alleen de zwart-witmogelijkheden, zullen onze energie en creativiteit toenemen. Vol verwachting zal iedereen het natuurlijke verlangen ervaren zichzelf te vervullen door meer verantwoordelijkheid te nemen, omdat dat in ons eigen belang is. *We zullen voldoen aan onze eigen behoefte energie te geven en energie te ontvangen.* Als we eenmaal weten dat *we onze ziel zijn,* maken we onmiddellijk contact met de universele intelligentie en begint alles weer te stromen. Verbondenheid met ons spirituele doel, verhoogt onze trilling en de trilling van elke interactie die we met zielsbewustzijn hebben. Als er energie stroomt tussen mensen, volgen mededogen en verdraagzaamheid vanzelf.

VERSCHUIVINGEN IN HET NIVEAU VAN ONBEWUSTE ENERGIE

Volgens Peirce zal een verandering van levenshouding en zienswijzen ook invloed hebben op het niveau waar we de collectieve schaduw verstoppen. Ze heeft het gevoel dat een hoger collectief bewustzijn meer verdrongen onbewust materiaal aan de oppervlakte zal brengen. Ze voorziet een overgangsperiode van beroering, nationale en internationale conflicten en een heropleving van oude angsten of een terugkeer naar negatieve patronen, een natuurlijke eerste stap om collectieve angst uit de wereld te helpen. Alles wat onderbewust was, zal naar een bewust niveau zijn gebracht. We zien dit al aan de populariteit van praatshows op de televisie, waar alle denkbare menselijke crises, trauma's en zwakheden worden blootgelegd.

HET JOURNAAL VAN ACHT UUR

Het zien van chaos op het nieuws is niets bijzonders. Peirce maakt de vergelijking tussen een toename in bomaanvallen en explosies en de uitbarsting van onze collectieve onderdrukte woede, angst en teleurstelling. Terroristische aanslagen brengen onze diepste gevoelens van kwetsbaarheid naar boven. Maar zonder een spiritueel perspectief begrijpen we deze gebeurtenissen op wereldschaal slechts ten dele en lijken angst, overheersing en vergelding de enige logische reactie. Vaak is onze eerste opwelling terug te grijpen naar wat voorheen

De Maya's kenden hun doel. Ze wisten wanneer hun einde zou komen. Net zoals de Tibetanen de invasie van hun land voorzagen... Omdat de Maya's Bewaarders van de Tijd waren waren ze in staat de aarde te verlaten, wetende dat hun doel bereikt was.

Dit is een van de diepste geheimen van de Maya's – ze kenden de datum en de tijd... Vanuit hun gezichtspunt werden zij overgebracht naar een andere fysieke dimensie... En ze wisten dat hun kennis, hun sleutels, eens blootgelegd en ontdekt zouden worden door de Familie van het Licht... door jullie. Wij suggereren dat er mensen zijn die deze sleutels al ontdekt hebben.
Barbara Marciniak, *Onze levende bibliotheek: Aarde – lessen van de Pleiaden.*

werkte – wat je zou kunnen beschouwen als een conservatieve reactie. De verschuiving in de collectieve schaduw zou ook kunnen blijken uit meer nationale schandalen, of een heroverwegen van oude taboes (ook dit zien we gebeuren in praatshows). Het zou ook kunnen zijn dat we meer horen over buitenaardse ontvoeringen die ons dwingen de grenzen van onze overtuigingen te verleggen.

KEUZEMOGELIJKHEDEN – VECHTEN OF VLUCHTEN, OF?

Instinctieve reacties op dreiging (beroering in de wereld) zijn vechten of vluchten (onderdrukking en ontkenning). Zonder kennis van de Wereldvisie hebben we geprobeerd de mensen die we als onze vijanden beschouwen te onderdrukken en overheersen. Het *vluchtsyndroom* of de ontkenning omvat ook het zoeken naar (stemmen op) een

> Beschouw jezelf als één cel in het kosmisch lichaam. In plaats van de mensheid te zien als het levensweb, begin je de mensheid te beschouwen als één enkele draad in het kosmische levensweb.'
> **Gabriel Cousens, M.D., *Sevenfold Peace*.**

krachtige ouderfiguur die voor ons zorgt. Peirce voorspelt dat er in ons zoeken naar veiligheid sprake zal zijn van een tijdelijke opleving van charlatans en dictators.

Als we onszelf de tweede reactie van *vechten* toestaan, zullen we terugkeren tot het dualistische denken. 'Ik probeer via geweld en oorlog van jou af te komen.' Wat volgt zal een strijd zijn over ideeën en de toegespitste standpunten die we al hebben besproken. Voor een deel zal de vechtrespons – bendes, splintergroeperingen, heftige tweepartijenpolitiek en racisme – overheersers en slachtoffers blijven scheppen.

PSYCHISCHE EN FYSIEKE REACTIES

In het model van Peirce leidt de nasleep van de reacties die horen bij het oude paradigma, zoals vechten of vluchten, onvermijdelijk tot desillusie. Alle polarisatie die we tegenwoordig zien is een ontkenning van de chaos die zich vlak om de hoek lijkt voor te doen. Maar chaos is een belangrijke fase in onze ontwikkeling als we die zien als het loslaten van oude waarden en gedragspatronen die niet meer passen in het volgende millennium. Op persoonlijk niveau voorziet Peirce een toename van somberheid en berusting bij de mensen. We hebben al een toename gezien van het aantal zelfdodingen

> De vleesindustrie is verantwoordelijk voor meer dan vijftig procent van ons waterverbruik, vijfentachtig procent van het verlies van grond en verbruikt twintig keer meer land dan nodig is voor een veganistisch dieet. Een veganistisch dieet bespaart ongeveer een halve hectare bomen per jaar.
>
> **Gabriel Cousens, M.D.,** *Sevenfold Peace.*

bij tieners en werklozen, evenals een toename van het gebruik van anti-depressiva zoals Prozac. Er zou zich ook een toename kunnen voordoen van ziekten als het chronisch vermoeidheidssyndroom of ME, paniekaanvallen, allergie als gevolg van milieuverontreiniging en verslaving.

Ten tijde van chaos zie je vaak onduidelijke grenzen en angst voor invasie. Illegale immigratie vormt al een controversieel probleem in de Verenigde Staten. Verschuivingen in wereldeconomieën en gebieden roepen de behoefte op om opnieuw te definiëren wie waar hoort. Op kleinere schaal zijn thuislozen een teken dat mensen niet 'thuis zijn' in zichzelf, geen eigenwaarde hebben, en ze symboliseren op een zeer indringende manier een gebrek aan identiteit en ergens bijhoren. Doordat het ons ontbreekt aan zelfregulerende stammengrenzen die de bevolking in evenwicht hielden, zien we ons op macroniveau geconfronteerd met overbevolking (ongecontroleerde groei), terwijl wij op microniveau strijd voeren tegen wildgroei als kanker. Zelfs een verminderde vruchtbaarheid bij mannen en vrouwen kan een microreactie zijn op de chaos in de wereld.

OPNIEUW IN JE CENTRUM KOMEN — EERSTE NIVEAU

Nadat we zijn overweldigd door al deze chaos, voorziet Peirce een periode van opnieuw in je centrum komen, waarvan het eerste niveau bestaat uit een reactie van opnieuw voor het ego opkomen. De eerste stap zal zijn dat we ons door de industrie niet meer van alles laten

opdringen en onze macht niet uit handen geven aan traditionele politieke partijen. De mensen zullen zeggen: 'Ik verdien respect en ik pik het niet langer.'
Een teken van een toenemend verlangen naar individualiteit kan misschien wel worden gezien in de huidige opkomst van espressobars – de adrenaline oppeppen – en het gebruik van persoonlijke computers, telecommunicatie en psychotherapie om een minder eenzijdig mens te worden. Op wereldschaal zal het verlangen naar individualiteit zich uiten in de opkomst van nationalisme en patriottisme.

OPNIEUW IN JE CENTRUM KOMEN—TWEEDE NIVEAU

Om te beginnen maken we een snelle groei door naar een hoger niveau van individuatie, waarna we een diepere laag van authenticiteit bereiken. In dit stadium beseffen we: 'Ik ben hier. Ik ben altijd mezelf geweest. Ik ben verbonden met iets veel groters dan ik dacht.' We beginnen te ontspannen en voelen de universele wetten in ons werkzaam (het Zevende Inzicht). We beseffen ook dat iedereen deel uitmaakt van dezelfde energie als wij (het Achtste Inzicht). Met dit stadium van bewustzijn zijn we in het nieuwe paradigma aanbeland. Peirce voorziet, en daarin klinkt het Eerste Inzicht door, dat de mensen één voor één zelf nieuwe inzichten met betrekking tot het wereldbeeld zullen ervaren en aan zich geopenbaard zien, wat van invloed is op het verenigd veld. Terwijl we de volgende stap nemen om deze nieuwe energie positief te gebruiken, zullen we komen tot nieuwe vormen van onderwijs, gezondheidszorg, wetgeving, sociale zorg, architectuur en overheid.

GENEZING EN INTEGRATIE

De laatste stap in het model van Peirce is het genezen van persoonlijk leed en wereldleed, naarmate een kritische massa van mensen beseft dat we allemaal onderling verbonden zijn. Een kritische massa van mensen zal ervoor gaan kiezen geen pijn aan de wereld toe te voegen, maar zoals de boeddhisten het uitdrukken, vaardig te leven. Als zich situaties voordoen die ons beangstigen, zullen we beter toegerust zijn om positieve keuzes te maken, omdat we innerlijk zicht hebben op het grote beeld (het ideaal). We zullen de voorkeur geven aan samenwerken. In plaats van denktanks zullen er volgens Peirce meditatietanks komen waar mensen leren zich af te stemmen op een liefdevolle, genezende frequentie om veranderingen tot stand te brengen. Deze multidisciplinaire meditatiegroepen zullen komen met nieuwe vaardigheden en nieuwe methoden om problemen op te lossen. Ze voorziet dat er meer per satelliet vergaderd zal worden. De toegenomen samenwerking zal de waardering voor mensen die vermogens hebben waaraan het ons ontbreekt voeden en er zal zich een nieuw gebied van *diversity management* ontwikkelen.

Ze heeft sterk het gevoel dat het dualistische en lineaire idee van tegenstelling zal worden veranderd in

---

We denken dat wij, levende wezens, anders zijn dan onbezielde voorwerpen, maar volgens het principe van inter-zijn bestaan levende wezens uit elementen van niet-levende wezens... Waarom zouden we dat wat we onbezield noemen, discrimineren?

Om levende wezens te beschermen, moeten we de stenen, de aarde, en de oceanen beschermen. Voordat de atoombom op Hiroshima werd geworpen, waren er veel mooie stenen banken in de parken. Toen de Japanners hun stad aan het herbouwen waren, ontdekten zij dat deze stenen dood waren, dus droegen zij ze weg en begroeven ze. Vervolgens haalden ze levende stenen.

Denk niet dat die dingen niet levend zijn. Atomen zijn altijd in beweging... Die atomen en stenen zijn het bewustzijn zelf.

Thich Nhat Hanh, *Love in Action.*

---

de paradox van *en/en*. Hiërarchieën die zijn gebaseerd op hoog versus laag zullen worden omgevormd tot kringen en raden waar iedereen een gelijke stem heeft. We zullen automatisch zoeken naar de hogere eenmakende factor of het derde alternatief bij het oplossen van problemen. In plaats van bijvoorbeeld te strijden om mannenproblemen en vrouwenproblemen, zullen we kijken naar het *menselijk* probleem. Mensen zullen eisen dat de politiek het tweepartijsysteem van tegenstelling verandert in een en/en zoektocht naar wat goed is voor alles en iedereen.

De hospice- en vrijwillige euthanasiebeweging zullen groeien naarmate mensen zich er meer van bewust worden dat de dood een overgang is naar het spirituele bestaansniveau. Als mensen ernaar verlangen zich bewust te blijven van hun doel en de lessen die ze op aarde hebben geleerd, zal er meer onderzoek naar en technologie op het gebied van dood en sterven komen. Er zal een evenwicht ontstaan tussen iemands leven redden en het stervensproces langs natuurlijke weg zonder overmatige weerstand of angst te laten verlopen. Terwijl wij ons afstemmen op wereldomvattende energiepatronen, analoog aan ons eigen toegenomen vermogen ons op energie af te stemmen, zullen weerpatronen worden gezien als tekenen van de toestand van het collectief emotioneel lichaam, en zullen valutaschommelingen worden gelezen als tekenen van verschuivingen in waardesystemen.

NIEUWE ZIELENGROEPEN

Peirce ziet ook, evenals andere spirituele leraren en opvoedkundigen, dat er een nieuwe groep van zielen naar de aarde komt. Het kunnen zielen zijn die lange tijd niet zijn geïncarneerd en beter thuis zijn in de hogere frequenties van het mentale/spirituele niveau. Sinds ongeveer 1970 lijkt het aantal kinderen dat wordt omschreven als hyperactief, dat allergisch is voor bepaalde verbindingen in het milieu, of leerstoornissen heeft, toe te nemen. Verre van dom, zijn deze zielen vaak briljant, maar hebben moeite zich aan te passen aan de bestaande structuren van gezin en school. Peirce veronderstelt dat zij misschien op een ander niveau trillen dan wat wij als 'normaal' beschouwen. Het kan zijn dat ze moeite hebben met het aanpassen van hun frequentie aan de dichtheid van het aardse niveau.

Het begon allemaal toen ik hun aan het begin van het schooljaar vroeg hoe zij zich voelden. Ongeacht hun achtergrond hadden ze er geen zin in en zeiden: 'Ik voel me rusteloos.' Een klein meisje zei: 'Mijn ziel kan niet stilzitten.'

Dat raakte bij mij een gevoelige snaar. Ik wist dat we het over de ziel hadden. Ze waren dol op alles wat het woord ziel, mysterie of iets onbekends dat ons op de een of andere manier bestuurt in zich had. Ze hoorden ook graag dat ze verantwoordelijk zijn voor hun ziel.

Toen ik las: 'Mana is de levenskracht die afkomstig is van een grote universele bron – een hogere macht – en de reis op aarde is een spirituele reis,' slaakten alle kinderen een diepe zucht.

Shirley Richardson, mede-oprichtster van de Summit Intermediate School.

Maar het kan ook zijn dat ze deel uitmaken van de transformatie van de aarde en de frequentie van het bewustzijn opvoeren. Door een hogere frequentie van de hersenactiviteit kunnen zij zich aangetrokken voelen tot bijvoorbeeld videospelletjes, computers en virtuele werkelijkheid. Hun uitdaging zal eruit bestaan zichzelf in evenwicht te houden, dus is het mogelijk dat zij meer hulp nodig hebben bij hun emotionele ontwikkeling, of meer behoefte hebben aan fysiek contact en aanraking. Zonder fysieke gronding of het stil maken van de geest door meditatie, kunnen ze moeite hebben in contact te blijven met de aarde-energie. Onderzoek heeft al aangetoond dat hyperactieve kinderen tot rust komen met bètagolven, in tegenstelling tot 'normale' mensen, die tot rust komen met alfa- en thètagolven.

...Iedere vijfentwintighonderd jaar zenden de Kumara's een enorm versterkte stroom van kosmische liefde, wijsheid en energie uit. Door dit opvlammende licht en deze transcendente straling die de aarde en haar bewoners overspoelen en alles doordringen, vindt een enorme verheffing plaats die een impuls geeft aan de ontwikkeling van alles en iedereen op aarde.

Onmiddellijk voorafgaand aan elk van die grote uitbarstingen vindt grote fysieke beroering plaats en nemen de mensen overal een algemene onrust waar. Zo'n beroering is te wijten aan de disharmonie die tijdens de voorgaande periode is toegenomen... een dergelijke disharmonie is altijd te wijten aan het zich afkeren van het fundamentele 'levensprincipe'.

Godfré Ray King, *Unveiled Mysteries*.

Aangezien er steeds meer eenoudergezinnen komen, gelooft Peirce dat we een nieuw soort school zullen ontwikkelen. Ze stelt zich deze nieuwe ontwikkeling voor als een kruising tussen een school en een pleeggezin met veel activiteiten waar de intuïtieve vaardigheden van de kinderen en het vermogen om samen te werken met verschillende soorten mensen, worden ontwikkeld. Ouders zouden worden opgeleid in het ouderschap of therapie krijgen terwijl hun kinderen naar school gaan.

Deze zielen kunnen zo gewend zijn aan het functioneren als groep in de spirituele dimensie, dat ze moeite hebben zonder een soortgelijke groep op het fysieke niveau te functioneren. Door in te spelen op hun speciale behoeften, kunnen we methoden ontwikkelen om toegang te krijgen tot de groepsgeest, één groot brein dat een technologie kan brengen die totaal afwijkt van wat we nu kennen. Misschien zullen kinderen in de toekomst octrooi nemen op nieuwe middelen en zelf leren dingen te produceren.

EEN GROEP VAN LICHTZIELEN

Peirce maakt ook melding van een visioen dat zij had en dat duidelijk aansluit bij het idee van het Tiende Inzicht van ondersteunende zielengroepen die in het Hiernamaals onze Geboortevisie vasthouden. In haar visioen hield een grote groep zielen toezicht op de aarde en naderde ons bestaansniveau steeds dichter. Ze zag ook mensen die hun ogen ten hemel hieven en zich intuïtief bewust waren van die onzichtbare zielen. Ze zag de band van licht om de aarde stralender worden en zag hoe de zielen aan de andere zijde en de zielen op aarde elkaar steeds dichter naderden. Uiteindelijk ontstond er een zone waar de geïncarneerde en onstoffelijke zielen telepathisch kennis konden uitwisselen.

Volgens Peirce zal het bewustzijn van deze tijd zich in twee richtingen ontwikkelen: enerzijds zullen mensen helderder worden en zich meer met elkaar verbonden voelen, anderzijds zullen mensen meer verdicht raken en zich meer geïsoleerd voelen. Zij die zich dichter bij de pool van negativiteit bevinden, zullen zich uitgeput en wanhopig voelen vanwege gebrek aan energie. Naarmate de polarisatie het punt van kritische massa bereikt, zal zich een opsplitsing in energie voordoen. Mensen met een meer verdicht bewustzijn zullen sterven omdat ze niet in staat zijn te overleven in de hogere frequentie van het fysieke niveau. Als zij reïncarneren zullen ze terugkomen naar het oude niveau dat zij zich herinneren en niet het gevoel hebben dat er iets bijzonders is gebeurd. Zielen die meer licht in hun energielichaam hebben, zullen op aarde een dimensie voor zichzelf scheppen die vervuld is van licht en hun lichaam zal doorschijnend zijn. De verschillende vibraties zullen in parallelle werelden leven, wat lijkt te passen in het model van de kwantumfysica. De kwantumfysica vertelt ons dat licht zowel een deeltje als een golf is. Naar de mens toe vertaald betekent dat dat hij schommelt tussen zichzelf kennen als individueel bewustzijn en intuïtief aanvoelen dat hij bestaat als het veld van bewustzijn. Om de Wereldvisie vast te houden moeten we ons bijgevolg blijven richten op mensen en interessegebieden die trillen op het niveau dat wij willen bereiken of waarop we willen bestaan. We moeten het *ideaal* waarnaar wij streven altijd in ons hart vasthouden.

Volgens voorspellingen uit de Andes heeft de wereld tussen 1990 en 1993 een *Pachakuti* ondergaan, een gebeurtenis die wordt beschouwd als een 'kosmische transmutatie waarmee de voorbereidingen zijn getroffen voor de komst van een nieuw tijdperk van kosmische herordening'. Elizabeth Jenkins, directeur van de Wiraqocha Foundation for the Preservation of Indigenous Wisdom werkt al sinds 1987 aan de mystieke traditie van de Andes. Sinds 1990 werkt ze samen met de Peruaanse antropoloog Juan Nuñez del Prado, die zelf al meer dan dertig jaar in de leer is bij de Q'ero indianen uit Peru.

Jenkins zei tegen ons: 'De profeten van de Andes, de heilige mannen en vrouwen die zieners van hun volk zijn, zeggen dat de periode van 1993 tot 2012 een 'kritische periode' is in de evolutie van het menselijk bewustzijn. We zijn een tijd binnengegaan die zij de *Taripay Pacha* noemen, de 'tijd van onszelf weer ontmoeten'. Tot voor kort werd er niet openlijk over deze voorspellingen gesproken. Maar nu zeggen de mensen uit de Andes: 'Het is tijd om over de *angst* heen te stappen en ons te verenigen ten behoeve van ons gemeenschappelijk belang.'

De bewoners van de Andes geloven dat het nieuwe tijdperk zijn intrede zal doen als er een leider komt met volmaakte genezende krachten. Dat zal een aanwijzing zijn dat het verenigd veld van bewustzijn de voorwaarden heeft geschapen waarbij individuen minder aan individueel karma werken dan aan het collectieve karma van de aarde. Volgens de profetieën maken tegenwoordig veel mensen een overgang in hun psychospirituele ontwikkeling door van wat het derde niveau van bewustzijn wordt genoemd naar het vierde. Op het derde niveau van bewustzijn is er nog steeds op grote schaal sprake van angst, conflict en een gevoel van afgescheiden-zijn. Op het vierde niveau, dat overeenstemt met de veranderingen waarvan ook in het Tiende Inzicht sprake is, leren we vriendschap te sluiten of een bondgenootschap aan te gaan met de angst en met de krachten in de natuur. Omdat de mens in staat is de collectieve schaduw, de plek waar de angst huist, te integreren, beginnen mensen bij te dragen aan de collectieve transformatie in de evolutie. Op het vierde niveau leren we ook rechtstreeks te communiceren met de energieën van de natuur—bergen, rivieren, bomen, lucht en aarde, zoals we hebben gezien in het Derde Inzicht van *De Celestijnse Belofte*.

De uitdaging bestaat eruit de collectieve energie te zuiveren van angst en van het bewustzijn van het derde niveau, en voldoende spirituele energie omlaag te halen om collectief de overgang naar het vierde niveau te maken. Maar deze oude profetieën laten er geen twijfel over bestaan dat de transformatie zich niet zal voltrekken als wij er niet in slagen de angst te overwinnen.

Door menselijke psychische energie te verzamelen geloven de priesters uit de Andes dat we de toekomstige evolutie *zaaien*. Alle menselijke vermogens van lichaam, geest en ziel zullen dan worden versterkt zoals we in het Negende Inzicht hebben gezien. Volgens de mystiek uit de Andes bestaan momenteel de juiste voorwaarden – is het stadium aangebroken – waarin het bewustzijn van de mensheid getransformeerd kan worden.

Ironisch genoeg heeft de gemiddelde burger, naarmate onze problemen complexer worden en ogenschijnlijk onoplosbaar lijken, steeds minder het gevoel dat hij iets kan doen. Maar dit is in feite precies het signaal dat betrokkenheid van de burgers bij de gemeenschap onmisbaar en vereist is. Pas als we deze fundamentele waarheid onderkennen en ernaar handelen, zullen we in staat zijn aanwijsbare veranderingen tot stand te brengen in de maatschappelijke omstandigheden die we het hoofd moeten bieden.

Bill Shore, *Share Our Strengths*.

DE WERELDVISIE IN EEN NOTENDOP

- Het leven op aarde is meer dan wat de vijf zintuigen ons kunnen vertellen.
- Tot nu toe hebben we slechts beschikt over gedeeltelijke informatie over de wereld.
- Er zijn veel lagen van intelligent bestaan (hoger en lager).
- Die lagen bestaan in de natuur (buiten ons) en in ons eigen bewustzijn.
- We beginnen de andere bestaansniveaus te kennen door bijna-doodervaringen, uittredingen, contact met overledenen, tussenkomst van heiligen en engelen (en wellicht zelfs buitenaardse ontvoeringen).
- Onze fixatie op het materiële niveau had een doel, maar is nu aan het afbrokkelen.

- Uitzonderlijke ervaringen die niet passen in onze overtuigingen over de werkelijkheid dwingen ons intellectueel, emotioneel en fysiek te groeien. Dat is de paradigmaverandering.
- Alles heeft een doel. Er bestaat een Wereldvisie waar we ons nauwelijks een voorstelling van kunnen maken.
- Een kritische massa van zielen is geïncarneerd om de Wereldvisie vast te houden.
- De Wereldvisie bestaat voor een deel uit het optillen van de sluier tussen de dimensies.
- De sluier wordt nu opgelicht.

ZELFSTUDIE

Kun je je de laatste keer herinneren dat je op een bijeenkomst was – een picknick, een barbecue, een uitvoering op school, ergens op vakantie, een bruiloft, een doopplechtigheid, een heilige plek – en dat je wilde dat er nooit een einde aan de dag zou komen omdat je je gelukkig, bemind en verbonden voelde? Op zulke momenten verblijf je in het continuüm van energie dat het oneindige vermogen heeft tot verfijning en vreugde.

Sluit je ogen en herschep het gevoel van grote blijdschap dat je in het verleden hebt ervaren. Adem energie en licht in dat gevoel. Breng het nu zelfs nog verder omhoog.

14

De Visie vasthouden

Buffel
Overvloed

…als we op de juiste manier bidden, [vragen we] God niet iets te doen. God inspireert ons ertoe om in zijn plaats op te treden en zijn wil op Aarde ten uitvoer te brengen. Wij zijn in deze wereld de afgezanten van het goddelijke. […] …elke gedachte, elke verwachting die we hebben – alles wat we ons voorstellen dat in de toekomst kan gebeuren – [is] een gebed waarmee we juist die toekomst creëren. Maar geen enkele gedachte, geen enkel verlangen en geen enkele angst is sterker dan een visie die op één lijn staat met het goddelijke.

Het Tiende Inzicht.[1]

PRATEN MET DE GEEST VAN DE RIVIER

Als je eenmaal het onmogelijke hebt ervaren, wordt je definitie van de werkelijkheid opengebroken. Op dat punt weet je gewoon niet wat er zal gebeuren als de collectieve energie door je heen begint te stromen om je levensweg open te stellen.' Elizabeth Jenkins, de vrouw die bij de priesters uit Peru in de leer was geweest, belde *precies op het moment* dat dit hoofdstuk werd herschreven. Ze was juist teruggekeerd van een bezoek aan New York. Voordat ze ging had ze ons nog opgebeld en wist ze niet zeker of het wel het juiste moment was om te gaan. Haar intuïtie bleef haar zeggen: 'Ga nu!'
'Het bleek dat het absoluut nodig was dat ik ging,' zei Jenkins. Blijkbaar was ze in iets dat ze aan het schrijven was vastgelopen en de reis stelde Jenkins in staat de moeilijkheden op de enige manier die mogelijk was op te lossen. 'Hoe meer ik op die gevoelens vertrouw en mijn

hart volg, hoe meer ik sta te kijken van de toevalligheden die zich opstapelen. Ik hoef me alleen maar open te stellen voor de goddelijke wind die in mijn oor blaast en mij voert naar de volgende ingeving, het volgende teken.'
Jenkins volgt al acht jaar de wonderbaarlijke weg die ze is ingeslagen nadat ze door een bijzondere samenloop van omstandigheden in contact kwam met de mystieke traditie van de Andes. Haar ongebruikelijke ervaringen hebben de manier waarop zij de 'werkelijkheid' ziet veranderd en ieder-

Als we hedendaagse denkers en onderzoekers serieus nemen... zouden we moeten openstaan voor de mogelijkheid dat mensen als Indiase yogi's, Tibetaanse lama's en sommige monniken op de berg Athos in contact staan met werkelijkheden die niet toegankelijk zijn voor gewone mensen die zich richten op en gehecht zijn aan wat zich voordoet in het dagelijks leven in de grofstoffelijke materiële wereld. Dat in overweging nemende is het een verstandig alternatief niet op voorhand de verhalen die de monniken op de berg Athos ons over wonderbaarlijke gebeurtenissen vertellen, af te wijzen als zijnde slechts waanbeelden of hallucinaties. We zouden gewoon moeten luisteren.

Kyriacos c. Markides, *Riding with the Lion*.

een die een bijdrage wil leveren aan de overgang kan iets leren van de manier waarop zij die oude krachtige praktijken verbindt met 'het gewone leven'. We vroegen haar welk advies ze ons zou willen geven. 'Het is mij opgevallen hoe onze filters ons ervan weerhouden nieuwe informatie op te nemen. Als ik bijvoorbeeld vertel over mijn ervaringen met de priesters van de Andes, kunnen mijn meer behoudende vrienden moeilijk vatten wat ik zeg – over krachtvoorwerpen om maar iets te noemen. De informatie over een andere cultuur kan ergens ver weg wel interessant zijn, maar het past niet in hun leven. Dus ga ik in sommige gevallen niet verder in op de betekenis van een *symbool*, maar vertel ik over de betekenis die erachter ligt. Als iemand vastloopt op de letterlijke betekenis van iets, probeer dan te komen tot de essentie van de informatie. Als ik bijvoorbeeld tegen een vriendin zou zeggen: 'Men zegt dat dit voorwerp die en die vermogens heeft,' komt dat beeld van een 'magisch voorwerp' vast te zitten in haar hoofd en haar rationele kant moet met mij in discussie of een voorwerp wel of niet die vermogens kan bezitten. Daar gaat het eigenlijk niet om. Als ik ons gesprek weer vlot wil trekken, er weer beweging in wil krijgen, zeg ik iets in de trant van: 'Het doet er niet toe of we dit een steen of de

heilige graal noemen. Waar het om gaat is hoe ik door dat voorwerp die en die ontmoette.' *De betekenis van een voorwerp of een idee zit in het feit dat het mij in beweging brengt.* De energetische beweging die voortkwam uit het feit dat ik over dat voorwerp beschikte, kan wel of niet afkomstig zijn van het voorwerp zelf. Het gaat niet om het voorwerp op zich. 'Op die manier ontving ik boodschappen en bleef ik mijn weg vervolgen,' zei Jenkins. 'Ik volgde symbolen die voor mij energie uitstraalden. Die leidden mij naar het volgende punt in mijn verhaal. Dan wist ik wat mij te doen stond. Ik kon me openstellen voor nieuwe mensen die ik moest ontmoeten. De letterlijke betekenis van iets doet er niet zozeer toe. Het gaat erom dat je de tekenen en symbolen als boodschappen ziet. Je gaat mee op het energiepatroon. De vorm is niet belangrijk en moet ondergeschikt blijven aan de energiestroom. 'Als je door die ontmoetingen met het spirituele heengaat en vervolgens in de wereld terugkeert, valt het me op dat mijn ego zich uitbreidt en samentrekt. De ene dag voel ik me als Jezus Christus. De volgende dag voel ik me een waardeloze worm die iets over het leven leert. Ik denk dat het gewoon bij het proces hoort. Daar moeten we doorheen – niet gehecht raken aan de schommelingen van het ego. We kunnen perplex staan van de samenloop van omstandigheden, maar we moeten ook gewoon door kunnen gaan, zelfs als alles weer saai lijkt.'
Het was heerlijk te horen hoe Elizabeth Jenkins enkele van onze eigen gevoelens uitsprak en voor iedereen die dit boek leest de ervaring verwoordde van iemand die op weg is. Welke weg? vraag je. Jouw weg! We kunnen niet zeggen waarnaar je moet uitkijken, of waarnaar je op zoek bent. Dan zou het geen mysterie zijn, nietwaar? Wees er gewoon zeker van dat je een van de bruggenbouwers bent. Wat je ook kunt doen om de kracht in jezelf op te wekken, de innerlijke zekerheid over wat het belangrijkst voor jou is, zal je over alle drempels tillen waar je overheen moet. Laten we horen wat Elizabeth heeft te vertellen over haar reis naar New York.
'De Pachamama [geest van de aarde] in New York is heel, heel krachtig,' vertelde ze ons rustig. 'De mensen denken dat New York een plek van grote gebouwen is, maar het *land* waarop New York is gebouwd, is ongelooflijk krachtig [overigens, precies wat Joseph Campbell zei]. Daarom heeft de stad zo'n gigantische hoeveelheid creatieve menselijke energie aangetrokken. Ik logeerde bij mijn vriendin Linda Michaels en ik ging op zaterdagochtend de deur uit in de veronderstelling dat ik naar het Metropolitan Museum of Art zou gaan. Ik begon te lopen in de richting van het museum. Opeens hoorde ik de stem van de rivier [de Hudson] tegen me praten. Ik hoorde haar in mijn hoofd zeg-

gen: "Neem me niet kwalijk, je hebt me nog niets aangeboden. Je bent nog niet naar me toegekomen en hebt me nog niet begroet." 'Ik had geen idee waar ik me bevond,' zei Elizabeth. 'De rivier had overal kunnen zijn. Ik kocht een plattegrond in een kiosk. De rivier bevond zich twee straten bij mij vandaan. Ik ging recht naar haar toe en bood iets aan. Het was een grote, prachtige, krachtige geest en ze vertelde me alles wat ik moest weten voor mijn afspraak met mijn uitgever. Ze zei ook tegen me: "De mens maakt deel uit van de natuur, daar kun je

'Pater Maxime, kent u een gerontas [leraar] die Vasilios heet?' vroeg ik toen hij naast me kwam zitten. Hij glimlachte en zweeg. 'Nou?' drong ik aan. 'Pater Vasilios is mijn gerontas. Ik werk met hem samen.' Het was zo'n samenloop van omstandigheden waardoor je je afvraagt of het in feite toevalligheden zijn of dat ze het gevolg zijn van een onnoembare oorzaak die is verborgen voor het gewone bewustzijn... De berg Athos is een Byzantijns overblijfsel, een deel van een oude beschaving waar ze geloven in wonderen. Daar gebeuren kleine, bijna onzichtbare wonderen, aaneenschakelingen van toevalligheden die een statisticus niet zou geloven. Soms volgen die aaneenschakelingen je naar buiten in de wereld en veranderen je leven.

Kyriacos C. Markides, *Riding with the Lion.*

niet omheen. De mens blijft proberen de natuur te overheersen, maar toon me iemand die de kracht van een vulkaan of een wervelstorm kan weerstaan of een aardbeving tot stilstand kan brengen. Waarom sluiten jullie je niet aan bij de natuur? Erken haar kracht en werk met haar samen. Als je met mij samenwerkt," zei de rivier, "heb je toegang tot al die kracht." Ik stond in New York, twee straten verwijderd van Central Park,' zei Elizabeth zacht, 'en ik kon de natuur *voelen als een geweldige kracht*, en de stad was gewoon een vlekje op deze natuurkracht. De stad was niet volkomen onbelangrijk, maar betrekkelijk onbelangrijk. De rest van dat weekend ervoer ik de stad totaal anders dan anders. Ik had het geweldig naar mijn zin. Meestal vind ik steden afschuwelijk en denk ik dat ik in de natuur wil zijn. Maar ik besefte dat ik *waar ik ook ben*, in de natuur ben. Waar kun je op aarde heen, waar je niet op aarde bent?' Ze was even stil, voordat ze verderging.

'Ik was net terug uit Brazilië, waar ik onderricht had gevolgd bij Don Manuel, mijn leermeester. We zaten aan de Rio Negro, niet ver van de Amazone. We liepen naar de rivier en hij begon me te vertellen wat de geest van de rivier zei. Hij leerde mijn "energiebel" te communiceren met de geest van de rivier. Dus dit was precies de ervaring die ik nodig had toen ik naar New York ging. De energie van alle rivieren heeft een bewustzijn en als je er contact mee leert maken, kun je informatie of zelfs genezing ontvangen. Tussen haakjes, toen ik naar de Hudson liep had ik buikpijn en toen ik er vandaan kwam was het over.'

DE VISIE ZIJN

De Wereldvisie vasthouden betekent de Wereldvisie *zijn*. De visie vasthouden wil zeggen dat je er voor jezelf naar *leeft*, je het hoogste goed voorneemt en het op de toekomst projecteert. In het laatste hoofdstuk van *Het Tiende Inzicht* zegt David: 'Het belangrijkste aspect van die Visie is niet alleen dat je haar moet kunnen zien, hoewel dat al moeilijk genoeg is. Het is een Visie op de toekomst en het gaat erom hoe we die *richten*, hoe we haar in gedachten *vasthouden* voor de rest van de mensheid. Daar gaat het Tiende Inzicht in wezen om.'[2] Houd de Visie vast door te beseffen dat je hier bent met een doel. Leer te praten met de geesten van de aarde. Leer de wind te ruiken. Luister naar het geluid dat uit de mensenmenigte opstijgt. Leer je geest nieuwe informatie op te nemen, laat die los op je overtuigingen, totdat je ziet wat op dit moment in je leven bij jou past. Volg het spoor dat door synchrone gebeurtenissen wordt aangegeven, snuffel, luister, sta stil als een hert, kijk toe, wacht – en neem dan als Pegasus, het gevleugelde paard, een grote sprong over het ravijn.
Bedenk ook dat timing een beslissende rol in je plannen speelt. Stel je voor dat je midden in een grot zit die is uitgehouwen uit okerkleurig zandsteen. De muren, waarin de rivier die er een miljoen jaar doorheen heeft gestroomd, diepe groeven heeft uitgesleten, zijn zwart. Maar een klein stukje van de wand van de grot is verlicht. Vijfentwintig meter boven je hoofd bevindt zich een opening in de grot die een streep geel zonlicht op die plek op de muur laat vallen. Je gaat er dichterbij staan om de afbeeldingen op dit duidelijk verlicht stukje muur te bestuderen. Je ziet daar symbolen en beseft dat de symbolen staan voor *jou*, precies op dit moment in je leven. Pas als de zon in zijn baan opschuift zul je de symbolen voor de toekomst zien. Alles is perfect getimed in overeenstemming met de mate van bewustzijn die je hebt bereikt.

EEN BRUG BOUWEN ZODAT WE ELKAAR KUNNEN BEREIKEN

In *Het Tiende Inzicht*, worstelt de groep tegen het einde van het verhaal om hun concentratie voldoende te bundelen teneinde het experiment in de vallei stop te zetten. Hoe hard ze het ook proberen, ze kunnen de Visie niet vasthouden. Er is iets fout. De fout is dat ze Feyman, de man die tegen elke prijs probeerde een technologie te ontwikkelen voor het opwekken van energie, als hun vijand zagen – iemand tegen wie ze moesten vechten en die verslagen moest worden. Ze gaven hem energie door zich op hem te concentreren en hem macht te geven. Dat is de valkuil die ons wacht als we blijven steken in vijandige 'anti-energie'. De groep beseft dat het effectiever zou zijn als ze zouden visualiseren dat Feyman zich herinnerde *waarom* hij met energietechnologie werkte, en op dié manier energie zouden sturen naar zijn oorspronkelijke, positieve Geboortevisie.

1. Laat de machtsstrijd los en 'schaar je aan dezelfde kant'

Uit dit voorbeeld blijken drie principes waar je bij het vasthouden van je visie je voordeel mee kunt doen. Ten eerste, als je anderen behandelt alsof ze je vijand zijn maak je hen sterk, *omdat onze 'vijandigheid' hun iets geeft om tegen te vechten.* Dat wil niet zeggen dat we het met hen eens moeten zijn, maar dat we vanuit een positief standpunt proberen te begrijpen wat hun doel is. Wat is hun uiteindelijke voornemen? Wat is de positieve kracht achter hun voornemen? Als we *hun* energie sturen om zich hun oorspronkelijke doel te herinneren, proberen we hen niet te verbeteren of te veranderen.

Het belangrijkste is dat we onze aandacht gericht houden op ons ideaal en samenwerken op een manier die de mensheid vooruit helpt. Het draagt niet bij aan het werk dat je doet en het is ook niet efficiënt, om vast te lopen op mensen en persoonlijkheden en standpunten verder uiteen te drijven. Als we ons alleen op de buitenkant richten, blijft het probleem bestaan. Door te werken op de innerlijke niveaus, aan onze eigen ontwikkeling en openheid, openen we de telepathische kanalen voor de steun en informatie waarnaar we op zoek zijn. Gebed en visualisatie om ons voornemen te richten, vormen samen de meest krachtige scheppende dynamiek van het universum. Door begrip te hebben voor de angsten of afwijkende standpunten van anderen, kunnen we de afstand die we tot hen voelen overbruggen.

2. Geen 'zij daar'

Het tweede punt in het verhaal was dat de groep leerde dat iedereen bij de Visie moet worden betrokken. Hun strijd met Feyman herinnerde hen eraan dat we allemaal van elkaar afhankelijk zijn. We kunnen ons niet meer veroorloven te denken in termen van 'wij' en 'zij'. 'Zij' bestaan niet. Er is alleen wij. Wat één persoon doet, wat één groep volbrengt, wat één land ontwikkelt – *iedere gedachte* – heeft invloed op ieder van ons, ongeacht hoe ver weg de persoon, de groep of het land fysiek ook van ons afstaan. Bewustzijn, de basis en het verbindende element van alle leven, is overal.

Herinnering is niet een begrip dat door fysici wordt gebruikt, maar toch treffen we het in de quantumwereld overal aan – deeltjes die zich op enorme tijdruimtelijke afstanden van elkaar bevinden weten van elkaar wat ze doen. Wanneer een elektron naar een nieuwe schil aan de buitenzijde van een atoom springt moet het daaraan gepaarde anti-elektron (of positron) reageren, ongeacht waar in de kosmos het zich bevindt. In feite is alles in het universum door een dergelijk netwerk van herinneringen 'aaneengebreid'.

Deepak Chopra, *Quantumgenezing*.

---

3. Bezielen en heel maken

De derde les die de groep ons leerde, was dat genezing en herinnering energetisch veel met elkaar gemeen hebben. Als we de wereld proberen te veranderen, zouden we te werk kunnen gaan volgens het model van helen – heel maken. In plaats van misdaad, armoede, oorlog en ecologische vernietiging te 'bestrijden', komen we wellicht verder als we uitgaan van het idee dat we het ontbrekende toevoegen – dat we wat is verscheurd en lijdt liefhebben en koesteren. Met ons niveau van bewustzijn tot nu toe hebben we de oplossingen in de confrontatie gezocht, wat maar al te vaak uitloopt op conflict of strijd. Zoals we hebben gezien met het paradigma van oorlog of conflict in de gezondheidszorg, lijken we nu in staat patronen te herkennen, waardoor we meer overzicht en diepgang krijgen. Door rekening te houden met het patroon van wat we proberen te bereiken, verspillen we minder energie in het conflict en kunnen we de energie bijsturen in de richting van een positieve uitkomst.

Door te bedenken dat wij allemaal een deel van God (of Alles Wat Is of Allah) zijn, naar mensen te luisteren, hun standpunt te respecteren en hun te laten weten dat je hen hoort, wordt de hele mensheid op een hoger trillingsniveau gebracht. In het boek merkt Wil op: 'Toen jullie met z'n vijven je energieniveau verhoogden en je bewust een groot deel van de Wereldvisie in herinnering brachten, hebben jullie dit hele gebied naar een hoger trillingspatroon gebracht. Het is dichter bij het trillingsniveau van het Hiernamaals gekomen en dat betekent dat ik jullie nu duidelijker voorkom, net zoals jullie mij duidelijker voorkomen. Zelfs de zielengroepen zullen in deze vallei nu makkelijker zichtbaar worden.'[3]

> Als je auto rijdt kun je vrede beoefenen. Adem en glimlach met aandacht. Als je van je werk naar de bushalte loopt, kun je wat wij loopmeditatie noemen beoefenen, nergens aan denken, alleen genieten van het feit dat je op deze prachtige planeet loopt. Als je op die manier drie tot vijf minuten loopt, kom je op krachten en word je weer rustig. Dat noemen we het beoefenen van meditatie in het dagelijks leven.
>
> **Thich Nhat Hanh in een interview met Jerry Brown in *We the People*.**

DOEN WAT JE ZEGT

Je kent dat wel, je staat in de supermarkt en een bediende roept: 'Kassa drie is open, u kunt zo doorlopen' Je herinnert je ongetwijfeld de kortstondige opluchting dat je niet meer hoeft te wachten, je boodschappen kunt betalen en verder kunt. Stel je voor dat kassa drie open is. Je hoeft niet te wachten. Nu is het tijd om alles waarover je hebt nagedacht en gelezen in praktijk te brengen. Je bevindt je precies op de plek waar je geacht wordt te zijn en je hebt alle kans anderen te ontmoeten. Onderzoek toevallige ontmoetingen. Houd je hart open en je geest wakker voor waar je het meeste goed kunt doen.

De manier waarop je de volgende telefonische verkoper te woord staat, de manier waarop je een kind liefdevol begeleidt, de rustige volharding waarmee je je werk doet, allemaal vormen ze jouw aandeel in de Wereldvisie. Liefde en zachtmoedigheid versterken elke ziel in zijn of haar doel.

De verdienste is niet hoeveel je doet, maar dát je iets doet en het doet vanuit je hart. Bekijk het holistisch, dat wil zeggen dat je een 'probleem' beschouwt als slechts een deel van een groter geheel. We hebben het vermogen de *cycli* van armoede, misdaad, geweld en werkloosheid te doorbreken als we één iemand tegelijkertijd de helpende hand reiken. Houd het gevoel van liefde tussen jou en anderen gaande. Bewaar het contact met de *hartstocht*, die de drijfveer is van wat je doet. Deze hartstocht is jouw verbinding met de ziel. Als je geen verbinding meer hebt met de *waarde* daarvan, zul je snel opbranden in je ijver anderen te dienen. Of je raakt gehecht aan succes en roem en verlies je de reden waarom je begon met wat je nu doet uit het oog. Probeer niet de wereld te redden terwijl je jezelf verliest. De truc is te werken vanuit verlicht eigenbelang. Dat wil zeggen dat je er een kick van krijgt de mensheid te helpen!

Het besef dat elke hindernis ons iets waardevols kan leren dat we moeten weten, voorkomt dat we opgebrand raken. Meestal willen we een hindernis zo snel mogelijk uit de weg ruimen. Denk na over wat de hindernis je te zeggen heeft. Wat werkt er niet? Wat zie ik niet? Wat moet ik van deze hindernis leren, waarvan ik me nu nog niet bewust ben? Onthoud de woorden van A.T.: 'Het zijn allemaal boodschappen.'

VERWIJT OF DIENSTBAARHEID

Als we niet meer toegeven aan de angst en niet voortdurend het ergste verwachten, houden we ermee op de buitenwereld of 'het gezag' de schuld te geven van de manier waarop de zaken ervoor staan. In plaats daarvan merken we op welke wegen zich voor ons openen om zelf iets te doen.

Word je bewust van andere mensen die zelfs op kleine schaal manieren ontwikkelen om lijden te verminderen. Is er een organisatie waartoe je je voelt aangetrokken? Kun je op een nieuwe manier aankijken tegen iets dat voor jouw gevoel aandacht nodig heeft?

Zen-roshi Bernard Tetsugen Glassman verhuisde naar Yonkers in New York om een zengemeenschap te beginnen. Zijn ideaal heeft geleid tot projecten en bedrijven die betaalbaar onderdak verschaffen aan daklozen, huisvesting en diensten aan mensen met aids, werkervaringsprogramma's en een zencentrum. In een interview voor *Inquiring Mind* zegt Glassman: 'De ware leer van een leraar is zijn of haar leven en leerlingen voelen zich aangetrokken tot een bepaalde leraar door datgene waarin hij is geïnteresseerd en waarmee hij zich bezighoudt... Ik doe veel zogenaamde straatretraites of werk dat een vorm is van 'getuigenis afleggen'. Sommige mensen komen hier naartoe om samen met mij die retraites te doen, terwijl anderen komen om te werken in onze diverse projecten in Yonkers.' Glassman laat mensen geld inzamelen bij vrienden, zodat ze kunnen voelen hoe het is om geld te vragen en achterdochtig te worden bekeken. Nadat het geld ingezameld is, gaat het naar het huisvestingsproject en bereidt de persoon zich erop voor een week op straat te gaan leven. Glassman zegt: 'Als je bedelt, zie je dat de mensen bijna altijd hun ogen afwenden. Het is een gevoel van afwijzing waaraan wij, gewone burgers, niet gewend zijn, en niemand die bij mij op straat is geweest kan ooit nog

Een vrouw die ik ken zat iedere dag in een rustig vertrek in haar huis, keek uit over het dichtgevroren meer en schreef zorgvuldig op wat ze dacht en wat er dag in dag uit gebeurde – wat haar dochtertje zei, wat haar man zei, de kleine gebeurtenissen in hun leventje.

Ze typte dit op vellen geel papier en borg ze op – een steeds groter wordende stapel in een lade en keek er – bijna een jaar lang – niet meer naar om.

Het gekke was dat ze, terwijl ze daar zat te schrijven en uitkeek over het meer, zichzelf beschouwde als een aardige vrouw van middelbare leeftijd met een rustig, gewoon, comfortabel, tamelijk oninteressant leven.

Maar een jaar later toen ze het overlas – toen ze er afstand van had genomen, alsof een vreemde het had geschreven, was ze stomverbaasd. Om te beginnen kon ze het nauwelijks geloven omdat het zo goed was!

'Het is heel goed – verbijsterend, uitzonderlijk!' schreef ze mij...' En ik ontdek dat ik niet een rustig, prettig, gewoon leven leid, maar een heel heftig, bijzonder, fantastisch leven... En het beeld van mijn dochtertje springt eruit als een schilderij van Goya.'
Brenda Ueland, *If You Want to Write: A Book About Art, Independence and Spirit.*

op dezelfde manier met een zwerver omgaan. Als je op straat leeft, begin je al snel te stinken, geen mens wil naar je kijken en je bent niet welkom in restaurants waar je normaal gesproken een kop koffie gaat drinken. Het is een zeer indringende ervaring.'[4]

Of we ons er bewust van zijn of niet, we worden allemaal door innerlijke ingevingen geleid om te helpen. Moed is het vanzelfsprekende gevolg van honderd procent voornemen. We hebben een aantal verhalen geselecteerd over het werk en de programma's van gewone mensen die met hun moed een heel bijzondere bijdrage hebben geleverd.

VISIE – IN DEZE WERELD

DE KINDEREN REDDEN

In 1993 sprak wiskundeleraar en mede-oprichter van de Omega boys Club, Joseph Marshall Jr., een congrescommissie toe bestaande uit een senaatscommissie van Christopher Dodd voor gezinnen, drugs en alchoholisme en de senaatscommissie voor kinderen, jongeren en gezinnen. Hij doet verslag van de ervaring in het boek dat hij schreef samen met Lonnie Wheeler, *Street Soldier: One man's struggle to save a generation – one life at a time.* ' "Het is grappig," zei ik in de senaat.... "maar dit heeft wel iets weg van naar een gevangenis gaan of een straathoek opzoeken waar ik de jongens ervan moet overtuigen dat ze moeten ophouden met wat ze aan het doen zijn – dat ze moeten ophouden met het verhandelen van drugs, met groepsverkrachtingen, met mensen neerschieten. En in alle gevallen is de sleutel hen ervan te overtuigen dat het mogelijk is... Je moet weten dat het mogelijk is. En het *is* mogelijk. Dat moet ik als eerste zeggen. Het *is* mogelijk." '[5]
En Lonnie Wheeler zegt: 'Waar wij aantallen zien, ziet Marshall kinderen. Hij ziet intelligentie, talent, gevoeligheid en ambitie. Waar wij gebrek zien, ziet hij potentieel. Waar wij hopeloosheid zien, ziet hij moed.'[6] Zonder heel veel moed en overtuiging maken de aantallen moedeloos. Om welke aantallen gaat het?[7]

- In 1990 kwamen er in Groot-Brittannië 22 mensen om bij een vuurgevecht, in Canada 68, in Japan 87, en in de Verenigde Staten 10.567.
- Iedere vier uur wordt er in Amerika een zwart kind doodgeschoten.
- Van de zwarte mannen tussen vijfentwintig en vierendertig die de middelbare school niet hebben afgemaakt, zit 75 procent in de gevangenis, is voorwaardelijk vrijgelaten of heeft een proeftijd.

● Hoewel zwarten slechts 12,4 procent van de totale bevolking van de Verenigde Staten uitmaken, vormen zij meer dan 50 procent van de gevangenen.

En de statistieken gaan maar door. Joseph Marshall Jr. en Jack Jacqua zien die aantallen als teken van een ziekte waarmee het land besmet is. In de afgelopen vijfentwintig jaar zijn er *drie keer* zoveel Amerikanen omgekomen bij een zelfmoord of moordaanslag dan tijdens alle buitenlandse oorlogen van de twintigste eeuw samen. Marshall en Jacqua zijn van mening dat deze besmetting van geweld voortkomt uit omstandigheden en overtuigingen die kunnen worden veranderd. In een interview met

Het is herfstachtig guur buiten. De loszittende golfplaten op het dak van de schuur rammelen en klepperen; de voorbode van een ander jaargetijde. De eikenbomen laten hun bladeren vallen en de wind blaast ze met een ritselend geluid over het dak van het huis. De rode en gele herfsttinten van de druivenbladeren zijn op hun mooist... Eén fatale vorst zal de bladeren dor en bruin maken en dan zullen ook zij afvallen.
Arlene Bernstein, *Growing Season: A Healing Journey into the Heart of Nature*.

Catherine Bowman van de *San Francisco Chronicle* zegt Marshall: 'Ik ben opgegroeid in Los Angeles. En als kind had ik altijd een baantje... die baantjes zoals in mijn jeugd bestaan niet meer voor kinderen. Zodra ze één voet buiten de deur zetten, zitten ze midden in de illegaliteit. Veel kinderen raken daar al op hun achtste of negende in verzeild en komen er nooit meer uit.

'De tweede grote verandering [sinds mijn jeugd] is de verspreiding van wapens... deze kinderen beschikken op straat over Uzi's, Ak-47 machinepistolen, 9mm-oorlogswapens... en ik denk dat het ergste, in ieder geval het meest vernietigende... de aanwezigheid van crack is. Ik denk dat het de ergste misdaad is die zwart Amerika treft sinds de slavernij.'[8] Marshall vertelt het verhaal van een jongen van negen wiens moeder hem begon te verwaarlozen toen ze verslaafd raakte aan crack. 'Er stierven mensen in zijn huis die in de keuken hun drugs verhitten en de rook van crack in zijn gezicht bliezen. Zijn vrienden zeiden dat hij dope moest roken en alcohol moest drinken. Ze zeiden dat hij aan een pistool moest zien te komen en de mensen die zijn moeder iets hadden aangedaan moest vermoorden.'[9] Uiteindelijk

411

schoot deze jongen een politieagent dood en kreeg zeven jaar. Terwijl hij in de jeugdgevangenis zat ontmoette hij een van de leden van de Omega Boys Club en inmiddels heeft hij bijna zijn algemene vorming afgesloten met ruim een 9 gemiddeld en hoopt komend schooljaar naar de middelbare school te kunnen.

Marshall ziet zichzelf als 'de volwassene op straat die de kinderen in het oog houdt', net zoals de volwassenen op straat hem in het oog hadden gehouden. Hij heeft er door het werk van de Omega Club voor gezorgd dat meer dan honderd jongeren naar de middelbare school konden. Volgens hem wordt het succes van zijn programma bepaald door het feit dat de jongens in leven en op vrije voeten blijven. De middelbare school is de slagroom op de taart.

Toen Marshall en zijn partner keken naar het milieu waarin geweld zich voordeed, films bekeken, boeken lazen en hun onderzoek richtten op kinderen, ontdekten zij dat er bepaalde dingen zijn die zich altijd voordoen als er sprake is van geweld. 'We probeerden een tastbare lijst samen te stellen van dingen die het risico van geweld zouden verminderen door ze te vermijden. Zelfs als je opgroeide in een gewelddadige buurt... zou je evengoed kunnen verhinderen dat het erger werd.'[10] Hun programma werkt volgens een recept waarmee de kans dat deze jongens in leven en op vrije voeten blijven aanmerkelijk toeneemt.

Aan de hand van hun ervaring hebben ze 'vier leefregels' opgesteld waar kinderen iets aan hebben en die de negatieve straatcodes die mensenlevens kosten vervangen. Allereerst, aldus Marshall, 'is onze definitie van een vriend iemand die je nooit in gevaar zou brengen.' Ten tweede, aangezien respect zo'n belangrijk onderdeel uitmaakt van de dynamiek op straat, zegt hij: 'We houden hun voor dat respect van binnenuit komt. Je kunt het van niemand anders krijgen.' Ten derde: 'We moeten met hen praten over verandering. Als je wilt dat er iets verandert, moet je zelf veranderen.' Ten slotte: 'De voornaamste leefregel is dat er niets belangrijkers is dan iemands leven.'[11]

De twee mannen begonnen met de Omega Boys Club 'zonder één rooie cent'. Nu worden ze gesubsidieerd door stichtingen en krijgen schenkingen van particulieren en bedrijven. Marshall zegt trots: 'Een kind in de jeugdgevangenis kost ongeveer 40.000 dollar per jaar. Voor dat bedrag kan ik tien kinderen naar school sturen – en dat doen we.'[12]

DE MENSEN REKENEN OP ONS

Als we mensen niet langer van hun waarde beroven door hen onder te brengen in hokjes en statistieken, of door hen als slachtoffer of dader te zien, kunnen we weer gaan beschikken over ons gevoel. Als we ons afstemmen op wat we met elkaar gemeen hebben, kunnen we niet langer toekijken en leed voor lief nemen. Het meest spirituele dat we kunnen doen is de kloof te verkleinen tussen 'wij' en 'zij', of het nu gaat om een buurt, het kantoor, of de politiek. Dat is iets dat zich in onszelf afspeelt, doordat we ons standpunt veranderen en oog hebben voor de ervaring van anderen.

Net als Joseph Marshall Jr., Jack Jacqua en anderen in onze zielen-groepen, kunnen wij gaan onderkennen dat mensen op onze hulp re-kenen. Voor mensen die meer dan een oppervlakkig leven leiden, worden apathie en ontkenning vervangen door één onverwachte glimlach, een kind dat onze hand vastpakt of iemand die we midden in de nacht kunnen opbellen. We kunnen werken als een bever, als een slang onze huid afwerpen, onvermoeibaar als een mier ons werk doen, als een kraai een signaal laten horen, of vliegen als een vogel.

Als we in kleine daden eenmaal een beetje succes hebben geproefd, is er geen weg terug. Dat is wat spiritueel ontwaken wil zeggen: er is geen weg terug. Onze intuïtie zal ons op natuurlijke wijze richting en kracht geven om 'de tijd te nemen om in conflicten op alle niveaus van de menselijke samenleving tussenbeide te komen.'[13] Het Tiende Inzicht herinnert ons eraan dat we met meer moed zullen handelen omdat we weten dat we het onvermijdelijke levensoverzicht het hoofd zullen moeten bieden 'waarin we de tragische gevolgen van onze terughou-dendheid [of het feit dat we hebben nagelaten tussenbeide te komen] onder ogen moeten zien.' Het herinnert ons er ook aan dat iedere po-sitie die we innemen en die eerder buitensluit dan insluit, averechts werkt.

In het boek zegt Wil: 'We kunnen spiritueel te hulp komen en bemid-delen! Dat wil zeggen dat we hen helpen zich het proces bewust te worden, zoals die zielen hier (in het Hiernamaals) doen voor degenen die verstrikt zijn in illusies [door gewoonte gevormde destructieve mentale constructies]. [...] We weten dat, hoe onacceptabel het ge-drag van anderen ook is, we moeten inzien dat ze gewoon zielen zijn die proberen de ogen te openen, net als wij.'[14]

Teruggeven

Op haar eenentwintigste keek Palena Dorsey in de spiegel en zag een geraamte. 'Ergens wist ik dat ik twee mogelijkheden had,' zei ze. 'Ofwel ik moest veranderen en een andere weg inslaan, of ik zou *echt* een geraamte worden.' Meer dan tweeëntwintig jaar later heeft ze meer dan 112 jonge mensen in moeilijkheden op de nieuwe weg geholpen die ze zelf ook was ingeslagen. Als alleenstaande moeder met twee kinderen van zichzelf, heeft Palena de deur van haar huis wijd opengezet voor de opvang van kinderen van alle rassen

Een school bouwen in noordelijk Baltistan [Noord Pakistan] is niet gemakkelijk. Het gebied is zo ruig en afgelegen dat er eerst een brug van 85 meter moest worden gebouwd over de rivier de Braldu om de bouwmaterialen te vervoeren naar de plaats waar de school zou worden gebouwd.
De brug is nu klaar en de funderingen voor de eerste school zijn gelegd, er zijn bevoegde plaatselijke onderwijzers aangetrokken en op een dag lopen van Korphe is een tweede school in aanbouw voor het dorp... de naam van het project is heel toepasselijk Lam Bela – de weg van morgen.
American Himalayan Foundation Newsletter,
zomer 1996.

en leeftijden. 'De jongste was een prostituee van negen jaar die de straat op werd gestuurd om haar verslaafde vader aan drugs te helpen. De meesten van mijn kinderen hebben drugs gebruikt, waren het slachtoffer van misbruik of mishandeling en zijn met de wet in aanraking geweest.' Op een bepaald punt had Palena, die ook een volledige baan had, tweeëntwintig kinderen in haar huis met acht slaapkamers. Haar filosofie is dat geen enkel kind prostituee of drugverslaafde wil zijn.

Het enige dat kinderen willen weten is dat je hen gelooft en vertrouwt,' zei ze. 'Ze willen weten of je echt bent. Ik heb hun mijn hele levensverhaal verteld en ze weten dat ik geloof dat zij óók kunnen veranderen. Als ze eenmaal voelen dat je in hen gelooft, zien ze zichzelf in een ander licht en verandert hun houding totaal. Als ze lid waren van een straatbende omdat ze die groepsidentiteit nodig hadden, zullen ze die straathouding laten varen. Ze hoeven zich niet meer achter de bende te verbergen.'

Hoe is ze begonnen? 'In 1978 belde mijn pastor me op om te vragen of

414

ik een meisje kon opnemen dat naar de jeugdinrichting ging. Ik ging akkoord want ik wilde graag iets terugdoen omdat ik zelf zoveel had overwonnen. In het begin was het niet gemakkelijk. Ik leerde wat werkte en wat niet werkte. Ik geloofde dat het belangrijkste wat je kunt doen is luisteren naar kinderen. De meeste mensen praten *tegen* kinderen, niet *met* hen. Dus leerde ik met hen te praten en naar hen te luisteren. Ik liet hun weten dat ik hen vertrouwde en bepaalde dingen van hen verwachtte. We hebben een aantal regels in ons huis waar niet over te onderhandelen valt. Als ze de regels overtreden, vliegen ze eruit en dat weten ze. We hebben ook een groot bord met alle namen erop en wat ze moeten doen. Eén persoon draagt de verantwoordelijkheid en als iemand zijn werk niet doet moet die persoon het doen, ook al moet hij of zij tot middernacht doorwerken. Er zijn ook allerlei consequenties aan verbonden – zoals een maand lang geen extraatjes of meer taken. We hebben twee bijeenkomsten per dag, één 's morgens voor we gaan werken en één na het eten. De vergadering heeft geen structuur. Ik vraag gewoon: "Heeft iemand iets in te brengen?" Een van de regels van Palena was dat ieder kind zelf het geld moest verdienen voor zijn of haar eigen bed of kamermeubilair en het zelf moest verhuizen. "Ik maak het hun niet gemakkelijk, maar als ze eenmaal iets hebben bereikt, kan niemand hun dat meer afnemen." Het gaat er bij haar altijd om de kinderen zelfrespect bij te brengen, waarbij ze hun ontwikkeling stimuleert door heel veel liefde te geven en te verwachten dat ze zich aan hun afspraken houden.

In het begin was ik als de dood dat ik misschien mijn eigen kinderen in gevaar bracht door hen in contact te brengen met kinderen die ervaring hadden met drugs. Maar gelukkig is het heel goed met hen gegaan; ik heb zelfs twee kleinkinderen.' Afgezien van de voortdurende hulp van de pastor van haar kerk, kreeg Palena ook veel tastbare hulp uit de samenleving waardoor ze haar kinderen kon kleden en voeden. Ze heeft nog steeds contact met zestig tot zeventig van de kinderen die ze heeft opgevoed en die nu volwassen zijn. 'Er is altijd een klein percentage dat uit de boot valt, maar de meesten van mijn kinderen zijn

Het is opmerkelijk dat Dr. Hoerni, een van de grondleggers van de microchip industrie, besloten heeft kinderen te helpen die nog in het zand schrijven.
American Himalayan Foundation Newsletter,
zomer 1996.

415

niet meer van de nieuw ingeslagen weg afgeweken en sommigen helpen nu andere straatkinderen.'

Wat zou ze mensen adviseren die graag met kinderen in nood willen werken? 'Ik geloof dat alles een reden heeft en dat als er iets scheef zit, er een manier moet zijn om het recht te zetten. Mijn kinderen waren altijd het belangrijkste in mijn leven, belangrijker nog dan de angst dat ik mijn baan zou kunnen verliezen als mijn verleden bekend werd. Je moet bereid zijn naar de kinderen te luisteren en hun laten weten dat je er echt op vertrouwt dat ze doen wat moet worden gedaan. Ze moeten de vrijheid hebben te zeggen wat ze denken. Je moet ook geduld hebben. Je hebt geduld of je hebt het niet en ik geloof niet dat je dat kunt leren. Ik heb heel veel mensen gezien die niet met kinderen zouden moeten werken, maar ze doen het toch en dan vragen ze zich af waarom het niet lukt.' Heeft ze nog andere adviezen?

...de dorpen in het westen van Nepal... zijn zo arm dat wanhopige gezinnen vaak hun jonge dochters verkopen aan Indiase bordelen. Ieder jaar worden er op deze manier vijf- tot zevenduizend Nepalese meisjes in de prostitutie gedwongen. Velen lopen aids op en de meesten zien hun huis nooit meer terug omdat hun jonge leven op brute wijze wordt afgebroken.

Er is een opvanghuis geopend waar meisjes die zijn gered of in gevaar verkeren hun toevlucht kunnen zoeken; als ze nergens anders heen kunnen, kunnen ze daar ook wonen en naar school gaan... met een kleine toelage is het mogelijk dat het meisje op school blijft. Hoe langer ze op school blijven, hoe kleiner de kans dat ze als prostituee zullen worden verkocht.

In het dorp Syangja werd op deze manier een proefproject opgezet met 56 meisjes en het was zo'n succes dat er dit jaar met steun van het AHF een tweede dorp bijkomt. Het is haast niet te geloven dat zo weinig geld [$100 per meisje per jaar] zo'n enorm verschil maakt.

American Himalayan Foundation Newsletter,
zomer 1996.

'Neem, als je naar een weeshuis gaat, in plaats van het aantrekkelijkste kind het minst aantrekkelijke kind. De kinderen die je echt nodig hebben, zijn de kinderen die niemand anders wil.'

Mensen als Palena Dorsey, Joseph Marshall en Jack Jacqua zijn levende voorbeelden van de voorspelling in *Het Tiende Inzicht* dat 'vrijwilligers die [optreden] als "grote broers", "grote zussen" en mentoren –

allen gedreven door het innerlijke gevoel dat ze [willen] helpen, om-dat ze zich [herinneren] dat ze van plan waren iets te doen waardoor er voor één gezin, één kind iets ten goede zou veranderen.'[15]

ZADEN ONTKIEMEN OP DONKERE PLAATSEN

Onlangs werd in de *San Francisco Chronicle* aandacht besteed aan het werk van de Delancey Street Foundation, die wordt beschouwd als het belangrijkste Amerikaanse zelfhulpproject dat onderdak en scholing biedt aan voormalig verslaafden en ex-gevangenen. Hoewel de gemiddelde bewoner in feite analfabeet is en geen vak kent als hij Delancey Street binnenkomt, krijgen alle bewoners een opleiding op middelbaar niveau en kunnen ze uit drie beroepen kiezen waar op de arbeidsmarkt vraag naar is.

> En allemaal droegen ze het virus van de Inzichten bij zich en kwamen ze met de cruciale boodschap dat, hoe moeilijk de omstandigheden ook waren, hoe diep de gewoonten waarmee je jezelf ondermijnde ook waren ingesleten, eenieder de ogen kan openen en zich zijn opdracht en zijn doel kan herinneren.
>
> *Het Tiende Inzicht.*

In de tijd dat de bewoners op school zitten en een vak leren, krijgen ze tevens les in omgangskunde en maatschappelijke vaardigheden om zich staande te houden; daarnaast wordt hun ook de juiste instelling en een gevoel voor waarden, verantwoordelijkheid en onafhankelijkheid bijgebracht die nodig zijn om zonder drugs, met succes en legaal in de maatschappij te leven. Een van de unieke kenmerken van Delancey Street is dat deze 'grote familie' de belastingbetaler geen cent heeft gekost.

De stichting bedruipt zichzelf hoofdzakelijk door een aantal opleidingsprojecten zoals een restaurant, een cateringdienst, een verhuisbedrijf, een copyshop, die alle bewoners de gelegenheid bieden een vak te leren. Iedereen werkt volgens het principe 'al doende leer je'. Na vijfentwintig jaar ex-gevangenen, drugverslaafden en prostituees te hebben gerehabiliteerd, vormt de organisatie een officieel erkend onderdeel van de campus van de Golden Gate universiteit.[16] In hun logo komen de woorden *Verere Vertute* voor, wat betekent 'verandering door moed'. Shirley LaMarr die een sprekend voorbeeld is van het soort verandering waar Delancey Street beroemd om is geworden, was op haar veertigste een aan drugs verslaafde prostituee met vier kinderen en een lange reeks aanhoudingen. Haar volgende station was de gevangenis, maar ze sloot een overeenkomst met de politie en de aanklager en koos in plaats daarvan voor Delancey Street. Voor haar kwam de verandering met kleine stapjes. Na verloop van tijd maakten simpele, kleine dingen – 'zoals de waarheid spreken, toegeven dat je er een puinhoop van had gemaakt en vragen hoe kan ik dit oplossen' – dat ze anders tegenover haar mogelijkheden kwam te staan. 'De filosofie van Delancey Street is eenvoudig,' zei LaMarr. 'Er is niets geheimzinnigs aan. Het gaat om verantwoordelijkheid, integriteit, karakter tonen, geen compromissen sluiten. Het gaat erom mensen te behandelen zoals je zelf behandeld wilt worden en het gaat om discipline. Gezonde, stevige, harde discipline. Niks lief en aardig. Het is liefde met de harde hand.' Op de vraag wat ze graag zou neerzetten, geeft ze als antwoord de woorden uit het nieuwe logo, *Vertere Vertute*. 'Daar ben ik gelukkig mee,' zei ze. 'Dat raakt de kern.' Deze opmerkelijke organisatie is een eerbetoon aan het principe dat gewone mensen bijzondere – zelfs onmogelijke – dromen waar kunnen maken door hun mogelijkheden te bundelen, elkaar te steunen en doelbewust en integer te leven.

GEVANGENISMISSIE

De hoofdpersoon in *Het Tiende Inzicht* herinnert ons eraan dat een overgang een evolutionair proces is. Hij begrijpt bijvoorbeeld (bij het zien van de Wereldvisie): 'op korte termijn zou er behoefte zijn aan meer gevangenissen en huizen van bewaring, naarmate de aloude waarheid weer erkend werd dat een te vroege terugkeer van overtreders in de maatschappij, of een soepele vrijlating teneinde ze nog een kans te geven, hun ongewenste gedrag versterkte. Maar op hetzelfde moment zagen we in de werkwijze in deze instellingen een integratie van de Inzichten waardoor een golf van persoonlijke betrokkenheid ontstond met degenen die er gedetineerd waren. Dat veranderde de criminele cultuur en gaf de aanzet tot de enige vorm van rehabilitatie die echt werkt: besmet worden met het virus van de herinnering.'[17]
Traditionele oplossingen die alleen gericht zijn op straf, beantwoorden niet meer aan wat onze samenleving nodig heeft. De maatschappij

als geheel is nooit gebaat bij het opbergen van wetsovertreders zonder enige vorm van opvoeding, training of psychische rehabilitatie.

Volgens Peter Breen, directeur van Centerforce, een dienstverlenend netwerk dat zich inzet voor kinderen en gezinnen van gevangenen, 'komt 55 procent van de kinderen van wie de ouders in de gevangenis zit, daar uiteindelijk ook zelf terecht'. In de overtuiging dat deze risicogroep afgebracht kan worden van de weg die hun ouders hebben gevolgd, bestaat het werk van Centerforce eruit deze kinderen te helpen de wonden te genezen die hen scheiden van de meerderheid van hun leeftijdgenoten. In Californië alleen al zijn momenteel meer dan 350.000 kinderen van wie één of beide ouders in de staatsgevangenis zit en daar zijn niet de kinderen bijgeteld van wie de ouders in een districts- of plaatselijke gevangenis zitten. Naar verwachting zal het aantal kinderen met ouders in de gevangenis in de komende twee jaar verdubbelen. Momenteel zijn er in de Verenigde Staten naar schatting 2,5 miljoen kinderen van wie één of beide ouders in de gevangenis zit.

Centerforce begon in 1975 met eenvoudigweg vervoer en kinderopvang te verschaffen aan gezinnen die gedetineerden in San Quentin bezochten. Momenteel is dit uitgegroeid tot een netwerk van 27 centra die zijn aangesloten bij 30 staatsgevangenissen.

Dit soort programma's zullen, naarmate we in onze samenleving ophouden misdaad en *het effect ervan op de totale samenleving* te ontkennen, een belangrijke rol gaan spelen in een nieuwe Wereldvisie. In holistisch opzicht is het zonder meer zinvol deze beschadigde gezinnen – die worden buitengesloten en veroordeeld, door vrienden, klasgenootjes en de gemeenschap met de nek worden aangezien – samen met de gedetineerde moreel en financieel te helpen. Gedetineerde ou-

> Kraai is een voorteken voor verandering. De Oude Opperhoofden vertellen ons dat kraai tegelijkertijd verleden, heden en toekomst ziet. Als de kracht van de kraai in je [leven] verschijnt, moet je eens nadenken over je opvatting van de wetten van de Grote Geest met betrekking tot de wetten van de mensheid. De kracht van Kraai betekent kennis uit de eerste hand van goed en kwaad. Deze kennis is van een hogere orde dan de kennis die tot uitdrukking komt in de wetten die in de menselijke cultuur werden geschapen. Als je met de kracht van kraai spreekt, spreek je met krachtige stem over gebrek aan harmonie, evenwicht, heelheid en rechtvaardigheid.
> **Jamie Sams en David Carson, *Medicijnkaarten.***

ders en echtgenoten ontbreekt het vaak zelf aan een opvoeding en ze weten niet hoe ze met hun kinderen moeten omgaan. Echtgenoten hebben zelf ook enorm te lijden onder de financiële en emotionele druk. Het welzijn van deze gezinnen maakt onlosmakelijk deel uit van onze eigen toekomst. Als een gevangene in contact blijft met hoop en liefde, is de kans dat hij terugkeert naar een normaal leven het grootst. Hij moet zijn kinderen kunnen zien opgroeien, met zijn vrouw kunnen praten, inzicht krijgen in zichzelf en de keuzes die hij maakt en vaardigheden ontwikkelen om in zijn eigen levensonderhoud en dat van zijn gezin te voorzien als hij terugkeert in de maatschappij. Met ons technisch vernuft vergeten we weleens hoe belangrijk gewoon lezen en schrijven, discipline, je ergens voor inzetten zonder onmiddellijke beloning, persoonlijke verantwoordelijkheid – en liefdevol vergeven, zijn.

Vier jaar geleden werd in San Quentin met een nieuwe project gestart, Boot Camp, een alternatief regime voor niet-gewelddadige overtreders bij wie sprake was van een eerste veroordeling. Dit unieke proefproject dat werd afgekeken van een project in New York, is een combinatie van exercitie-oefeningen, gymnastiek op de vroege ochtend, werken voor de gemeenschap, onderwijs en intensieve begeleiding. In een recent artikel in de *San Francisco Chronicle*, zei Erika Zak Bencich, die als psychologe aan het project is verbonden, dat veel van de gedetineerden 'voor het eerst in hun leven te maken krijgen met discipline en positieve voorbeelden. We leren hun om te beginnen hoe ze moeten leven'.[18] Tot nu toe is nog geen van de gedetineerden die het volledige programma – van trainingskamp tot en met voorwaardelijke vrijlating – hebben afgewerkt, opnieuw in de gevangenis terechtgekomen. Dit soort projecten is in grote mate afhankelijk van regeringssubsidies en vrijwilligers. Voel je je geroepen om les te geven, mensen te begeleiden, voor vervoer of kinderopvang te zorgen? Heb je de mogelijkheid om één keer per maand met een groep van vrouwelijke gedetineerden bij elkaar te komen om gewoon gevoelens, hoop of goede boeken uit te wisselen?

Milieumissie

Vervuiling bestaat omdat we er stilzwijgend mee instemmen, onwetend en apathisch zijn. We zien afval in rivieren. We hangen kuchend achter iemands walmende uitlaat. We blijven ook autorijden en hebben alleen oog voor onze eigen problemen. Door op een andere manier aan te kijken tegen onze 'aangeleerde verdraagzaamheid' kan een individu er wel degelijk iets aan veranderen.

Zoals de 'geïnspireerde getuige' die in de Wereldvisie wordt vermeld, zagen de mensen in onderstaande verhalen wat nodig was en kwamen in actie.

Er loopt een prachtige weg van Ixopo tot in de heuvels. Het zijn met gras begroeide golvende heuvels en ze zijn met geen lied te bezingen, zo mooi... het gras is mals en dicht, je kunt de bodem niet zien. Maar de toestand van de vruchtbare groene heuvels is aan het verslechteren. Ze gaan over in het dal beneden en naarmate ze lager gelegen zijn, veranderen ze van karakter. Want ze worden rood en kaal; ze kunnen de regen en mist niet vasthouden en de stromen in de kloven zijn droog... Ze worden niet onderhouden, behoed of verzorgd, ze kunnen geen plaats meer bieden aan de mens, de mens niet meer beschermen, niet meer voor de mens zorgen. De roep van de titihoya klinkt hier niet meer.

De indrukwekkende rode heuvels staan er verlaten bij, ruw ontdaan van hun huid van aarde. De bliksemschichten flitsen erboven, de wolken storten zich erover leeg, de dode stromen komen tot leven, vol van het rode bloed van de aarde. Beneden in de dalen schrapen de vrouwen de grond die er nog over is en de maïs komt nauwelijks menshoog. Het zijn dalen met oude mannen en oude vrouwen, met moeders en kinderen. De mannen zijn weg, de jongens en meisjes zijn weg. De bodem kan hen niet meer onderhouden.

Alan Paton, *Cry, the Beloved Country*.

BOSWACHTERS

Forest Guardians, een milieu-organisatie in Nieuw Mexico, heeft meer dan 1000 hectare land aangekocht om de in gevaar verkerende bossen langs het water te beschermen tegen begrazing. John Horning, de conservator van de stichting die door Salle Merrill Redfield in *The Celestine Journal* werd geïnterviewd, zei: 'We zijn ontstaan uit protest. In 1989 stelde staatsbosbeheer voor het laatste oerbos in het nationaal park van Santa Fe te kappen. Sam Hitt, de initiatiefnemer van de stichting, was van mening dat de houtverkoop niet in het algemeen belang was en dus ontstond de stichting uit het verlangen het oerbos te behouden. Uiteindelijk wonnen we het en dit unieke bos bestaat op de dag van vandaag nog steeds.'[19]

In recenter dagen heeft Forest Guardians zich ingezet om schade te voorkomen aan oevers, veroorzaakt door vee dat de begroeiing weggraasde en het water vervuilde. 'We beseften dat het een heel moeilijke en gevoelige kwestie zou worden, als we het terrein van de cowboy/ranch zouden betreden. Dus kozen we voor de vrije markt om de kwestie zo weinig mogelijk controversieel te maken. Op die manier konden we ons doel, bedreigde bossen langs rivieren beschermen, nastreven zonder afhankelijk te zijn van rechtszaken – niet dat we geen weerstand hebben ondervonden.

Wolven – voogdijschap, rituelen, loyaliteit en geestkracht

Wolven zijn de belichaming van de ongetemde vrijheid... de ware geest van de vrije en onbedorven wildernis. De wolf is uitzonderlijk intelligent... heeft een reukzin die hem een enorm onderscheidingsvermogen verschaft... en beschikt over een bijzonder gevoelig gehoor.

[De wolf] herinnert ons eraan te luisteren naar innerlijke gedachten en woorden. De wolf heeft het vermogen snel een sterke emotionele band aan te gaan. Leren vertrouwen op je eigen inzichten en in overeenstemming daarmee een band met anderen aangaan, maakt deel uit van wat wolfmedicijn ons leert.

Ted Andrews, *Animal-Speak*.

De ironie wil dat de boerengemeenschap, die toch uit geharde individualisten heet te bestaan, een beroep heeft gedaan op de lokale, nationale en zelfs federale overheid om milieu-activisten ervan te weerhouden zich op de vrije markt te begeven.' De organisatie heeft zo'n 1000 hectare land aangekocht tegen ongeveer een dollar per hectare per jaar.

Hier is sprake van een situatie waar de oude manier van leven – boeren – moet wijken voor een hogere visie om het land te dienen. Volgens Horning en de Forest Guardians zijn er veel gebieden waar begrazing niet in het algemeen belang is. Afgezien van de schade die wordt aangericht aan openbare grond, wordt de vernietiging met wel 70 miljoen dollar aan belastinggeld gesubsidieerd.

Andere pogingen om het kappen van staatsbosbeheer te verminderen, hebben geholpen maar er moet nog meer gebeuren om de restanten van het oerbos te beschermen tegen multinationale bosbouwbedrijven. Het is niet te geloven, maar staatsbosbeheer weigert misschien een kapvergunning af te geven aan de Northwest Ecosystem Alliance, de hoogste bieder, omdat ze niet van plan zijn te kappen. Horning zegt: 'Voor mij duidt dat erop dat staatsbosbeheer onder één hoedje speelt met de multinationale bosbouwbedrijven. ...de reden dat we in deze situatie quitte staan, is dat het Congres en president Clinton een wet hebben doorgevoerd waarmee alle milieuwetten over staatsbossen zijn opgeschort onder het mom dat kappen op de een of andere manier een bijdrage zal leveren aan een gezond ecosysteem. Het is een excuus om de laatste oerbossen te kappen. We proberen de mensen zoveel mogelijk een band te geven met de plek. In de mate waarin we daarin slagen, zullen de mensen de plekken die zij kennen en koesteren, hartstochtelijk verdedigen.'[20]

Op het niveau van bewustzijn zoals we dat in het Tiende Inzicht zien, kunnen we nieuwe verbintenissen verwachten zoals tussen 'jagers van de oude stempel, mensen met een nostalgie naar oude tijden en mensen die de plekken in de natuur zagen als heilige poorten,' waardoor natuurlijke hulpbronnen zoals oerwouden en regenwouden voor ondergang behoed worden. Dit veranderde gezichtspunt zal deels tot stand komen als intuïtie, bewustzijn en geheugen toenemen en ontwikkelde samenlevingen de mystieke kennis van inheemse volkeren zullen integreren.

GELAUWERDE MILIEUHELDEN

Vier winnaars van de Goldman Environmental Prize van 1996 staan model voor het soort van bewustzijn, wilskracht en moed ten overstaan van grote persoonlijke risico's dat de voorhoede van de Wereldvisie kenmerkt.

[De specht] is een vogel die verbonden is met de hartslag van de aarde zelf… Hij kan ook staan voor de behoefte om roffelend nieuwe veranderingen en ritmes in je leven te brengen.

[De specht] vliegt op een manier en met een ritme die op zich al uniek zijn. Dat dient allemaal om het feit te benadrukken dat het voor jou steeds belangrijker wordt om je eigen unieke ritme en vlucht te volgen. Doe wat voor jou werkt op de manier die voor jou het beste is. Als de specht in je leven verschijnt, duidt dat erop dat de basis aanwezig is. Het is nu veilig om je eigen ritmes te volgen. **Ted Andrews, *Animal Speak*.**

Jaguars, wolven, papegaaien en mensen

Nadat hij drie aanslagen op zijn leven had overleefd bij gewelddadigheden rondom de handel in drugs, richtte de eenendertigjarige Edwin Bustillos in 1992 een organisatie op voor mensenrechten en milieu, de adviesraad voor de Sierra Madre, CASMAC genaamd. De bedoeling is in de Sierra Madre Occidental in Noord Mexico een biosfeer van 400.000 hectare te creëren om de zwaar bedreigde ecosystemen en de vier verschillende indianenvolkeren die al tweeduizend jaar in de bergen wonen te beschermen. In dit land, waar de Tarahumara-indianen wonen – wier vermogen om lange afstanden hardlopend af te leggen legendarisch is – evenals jaguars, Mexicaanse grijze wolven, grootbekpapegaaien en honderden soorten pijnbomen en eiken, werd tot voor kort overheerst door militante drugkwekers. De oorspronkelijke inheemse gemeenschap die wordt omgeven door een oerwoud, heeft onlangs officieel de status van reservaat verworven als gevolg van de aanhoudende lobby van Bustillos en zijn kleine organisatie. Bustillos gelooft dat 'temidden van dichte wouden en diepe ravijnen, temidden van het geluid van vogels en vallend water en temidden van een overdaad aan planten- en diersoorten, er verder niets nodig is om te leven. Om die reden leven mensen die in harmonie met hun omgeving leven, verstandig.'[21]

> Van de papegaai kunnen we op een heel mooie manier de kracht van licht en kleuren leren. Sommige papegaaien hebben geleerd mensen na te doen. Vanwege dit vermogen wordt de papegaai wel beschouwd als een schakel tussen het mensenrijk en het vogelrijk. Je kunt een papegaai in dat opzicht vergelijken met ambassadeurs, diplomaten en tolken voor het vogelrijk. Ze beschikken over de magische eigenschap die je in staat zal stellen anderen effectiever te begrijpen. Ze kunnen je helpen een gevoel van diplomatie te ontwikkelen.
>
> **Ted Andrews, *Animal-Speak*.**

Moed in het Amazonegebied

De achtendertigjarige Marina Silva bracht haar jeugd door met het vervaardigen van rubber, jagen en vissen om haar vader te helpen hun grote gezin te onderhouden. Ze is geboren in het hart van het Braziliaanse Amazonegebied en verhuisde op haar zestiende naar de stad. Hoewel ze analfabeet was en aan een ziekte leed, studeerde ze 's avonds en behaalde snel een graad aan de universiteit. In de jaren tachtig keerde ze terug naar de staat Acre en samen met Chico Mendes, de leider van de rubbertappers, hielp ze bij de organisatie van de vreedzame demonstraties van plaatselijke rubbertappers tegen ontbossing en het verdrijven van gemeenschappen van hun land. Nadat Mendes in 1988 was vermoord, bleef Silva zich inzetten voor het totstandkomen van levensvatbare reservaten voor rubberwinning. Momenteel brengen twee miljoen hectare bosgebied die worden beheerd door inheemse gemeenschappen, rubber en noten op. Ondanks problemen met haar gezondheid, is Silva de eerste rubbertapper die is gekozen in de federale senaat van Brazilië. Ze zegt: 'Het beste wat we op het ogenblik kunnen doen, is ons verblijf op deze aarde te verlengen. We zullen al onze technische en wetenschappelijke mogelijkheden moeten gebruiken om het vernietigingsproces dat we in gang hebben gezet te keren. Daarom ben ik er trots op uit het Amazonegebied te komen, waar we nog steeds de kans hebben een leefbare geschiedenis te beginnen.'[22]

> Olifanten zijn de belichaming van kracht en macht. Ze werden beschouwd als symbolen van wolken en velen geloofden dat olifanten de wolken schiepen... ze zijn het symbool van de mist die de werelden van vorm scheidt van de vormloze werelden.
>
> De olifant... verlaat zich op zijn reukorgaan. Mensen die de olifant als totemdier hebben, moeten letten op wat goed ruikt en wat slecht ruikt. Ben je niet zo oplettend als je zou moeten zijn? En anderen? Ruikt iets vreemd? Reageer je niet, ook al ruiken dingen niet goed?
> **Ted Andrews, *Animal-Speak*.**

'Ik ben gewoon altijd vóór het milieu'

In 1984 bracht de negenenveertigjarige Mahesh Chander Mehta, momenteel een van de belangrijkste advocaten die opkomen voor het algemeen belang in de wereld, een bezoek aan de Taj Mahal. Hij zag dat het marmer geel was geworden en vol gaatjes zat als gevolg van de vervuiling door de plaatselijke industrieën. Hij deponeerde zijn eerste milieuzaak bij het hooggerechtshof van India, gevolgd door een tweede ten behoeve van de ernstig vervuilde rivier de Ganges, die vlam vatte als gevolg van fabrieken die hun afvalwater op de rivier loosden. Sindsdien wordt er iedere vrijdag een rechtszaal gereserveerd alleen voor de rechtszaken van Mehta.

Na tien jaar procederen gelastte het hooggerechtshof in 1993 de sluiting van 212 kleine fabrieken in de omgeving van de Taj Mahal, omdat ze hadden nagelaten maatregelen tegen vervuiling te treffen. Nog eens 300 fabrieken kregen een waarschuwing. Mehta, die meestal alleen werkte, bezocht de fabrieken en deponeerde aanklachten als reactie op het leed dat hij zag. Als gevolg daarvan heeft hij in zijn eentje ongeveer veertig belangrijke milieuzaken gewonnen. Mehta is verantwoordelijk voor voorschriften waardoor 5000 fabrieken maatregelen tegen vervuiling moeten treffen en 250 steden rioolzuiveringsinstallaties moeten bouwen. Hij verzocht het hooggerechtshof de federale regering opdracht te geven ervoor te zorgen dat er in de vier grootste steden loodvrije benzine beschikbaar kwam en eiste dat 9000 vervuilende industrieën zich opnieuw zouden vestigen buiten New Delhi. Zijn inspanningen hebben ook geleid tot verplichte milieukunde op scholen en in buurthuizen. Hij is mede-oprichter van de Indian Council for Enviro-Legal Action, een non-profitorganisatie van advocaten, wetenschappers en artsen die het milieubewustzijn bevordert en ernaar streeft andere advocaten te betrekken bij rechtszaken betreffende het milieu. Hij zegt: 'Ik ben nooit tegen iemand, zoals vaak wordt gedacht. Ik ben alleen altijd vóór het milieu. De mensen die in de rechtszaal mijn tegenstander zijn, zullen zelf op een dag beseffen dat ook zij en hun kinderen profijt hebben gehad van de bescherming van het milieu.'[23]

Aan de kaak stellen

Amooti Ndyakira, een journalist van de onafhankelijke Afrikaanse krant *New Vision*, is onophoudelijk bezig om milieukwesties onder de aandacht van het grote publiek te brengen. Hij zegt: 'Alleen als mensen worden geïnformeerd, zullen zij weten wat er aan de hand is. Alleen als zij weten wat er aan de hand is, zullen zij tot actie overgaan, en alleen als zij tot actie overgaan, zullen bedreigde diersoorten en het milieu worden gered.'[24] Zijn publicatie over het illegaal vangen van berggorilla's en het eveneens illegaal kappen van bomen leidde tot betere beschermende maatregelen. Amooti hielp bij een operatie om een smokkelaarsbende van wild in de val te lokken, waarbij hij persoonlijk groot risico liep. Hij was ook een van de mensen die de regering onder druk zetten om een internationaal verdrag over bedreigde diersoorten te tekenen.

REVOLUTIE TEMIDDEN VAN HONGER

Duizenden organisaties en groeperingen zetten zich onvermoeibaar in om mensen voedsel en onderdak te verschaffen. Share Our Strength, een groep met een nieuwe visie, verschaft niet alleen voedsel voor de maag, maar voorziet in een heel nieuw model van dienstbaarheid aan de gemeenschap. In een tijd waarin de meesten van ons er geen vertrouwen meer in hebben dat het regeringsbeleid of liefdadigheidsorganisaties voldoende middelen kunnen verschaffen voor mensen in echte nood, is er sprake van een nieuwe visie op het scheppen van welvaart in de gemeenschap die al heeft aangetoond dat we in staat zijn opnieuw geïnspireerde oplossingen te bedenken voor vastgelopen problemen.

Na jarenlang in de politiek werkzaam te zijn geweest als assistent van de senatoren Gary Hart en Bob Kerry, kwam Bill Shore op een kruispunt in zijn leven. Zijn werk voor de regering had hem niet alleen geleerd hoe hij moest organiseren en contacten leggen, maar had hem ook getoond wat hij wel en niet van de regering kon verwachten. Rond 1987 nam hij het besluit om zijn ervaring en energie te investeren in het ontwerpen van een nieuw model om honger en armoede aan te pakken. Samen met zijn zus Debbie Shore richtte hij de organisatie Share Our Strength op, die in tien jaar tijd is uitgegroeid tot een instelling die voor 30 miljoen dollar aan subsidies verstrekt en daarbij geheel onafhankelijk van de regering is. In zijn boek *Revolution of the Heart: A New Strategy for Creating Wealth and Meaningful Change*, verschaft Shore ons een effectieve blauwdruk om het hele idee van de non-profitorganisatie volledig te herzien. Het eerste deel van zijn plan bestaat eruit de non-profitsector niet meer afhankelijk te laten zijn van schenkingen en subsidies die afhankelijk zijn van de kruimels van budgetten die al onder grote druk staan, maar om te vormen tot zichzelf bedruipende, ondernemende instellingen. Ten tweede houdt zijn strategie rekening met onze persoonlijke behoefte om op een zinvolle manier niet alleen hier en daar een paar dollar te schenken, maar iets te geven van waar we heel goed in zijn.

Als we een lijst zouden opstellen van wat in de wereld de hoogste prioriteit heeft, zou het voeden van onszelf en onze kinderen bovenaan staan, naast geboortebeperking en vreedzame coëxistentie. Kinderen die ondervoed zijn, zijn niet alleen vatbaarder voor ziekte, maar als ze niet voldoende voeding krijgen op het moment dat een bepaald orgaan moet groeien – de hersenen bijvoorbeeld – kan de schade onvoorstelbaar en onherstelbaar zijn. Deze kinderen zullen minder lang hun aandacht ergens bij kunnen houden, zich minder goed kunnen concentreren en minder nieuwsgierig zijn. Wat de gevolgen op de lange termijn van deze tekorten zijn, mag duidelijk zijn. Terwijl in andere delen van de wereld honger afkomstig kan zijn van oorlog of hongersnood, is de honger in de Verenigde Staten niet alleen afkomstig van economische armoede, maar van een gebrek aan inzicht over wat er mogelijk is om hem op te heffen.

'Voordat Share Our Strength een organisatie was, was het een idee. En daarvoor was het een gevoel, een reflex, een reactie,' schrijft Bill Shore. 'Ik heb altijd gedacht dat mijn reactie op de verschrikkingen van de Ethiopische hongersnood aan de wieg stond van SOS, maar ik zie nu dat dat niet het enige was. Het was ook een reactie op de tien jaar die ik had doorgebracht in de loopgraven van de Amerikaanse politiek, op de triomfen en teleurstellingen, een reactie op de oppervlakkigheid van de presidentiële politiek, een reactie op een comfortabele jeugd dankzij zorgzame en liefdevolle ouders. Het was een keerpunt. Waar ik eerst altijd de hoofdverantwoordelijkheid voor het oplossen van maatschappelijke problemen bij de regering, het zakenleven of andere instellingen had gelegd, was ik de verantwoordelijkheid en de belofte gaan zien, die ik en anderen zoals ik in zich droegen.'[25]

Geen enkel dier, afgezien misschien van de wolf, is een betere belichaming van het idee van gemeenschap dan de prairiehond. In een gemeenschap van prairiehonden gonst het altijd van activiteit. De hele stad is verdeeld in klieken of individuele gemeenschappen waarbinnen de leden van elkaar afhankelijk zijn.

Ze zijn heel sociaal voelend... ze groeten elkaar door elkaar te kussen en te omhelzen... Met open mond raken zij elkaars tanden. Ze vinden het heerlijk om genegenheid te tonen.

Onderzoek je gemeenschapszin... neem je volledig deel?

Ted Andrews, *Animal-Speak.*

Aanvankelijk organiseerde SOS een aantal landelijke evenementen met lekkere hapjes en wijn, Taste of the Nation genaamd, waaraan koks, restaurateurs, wijnhandelaren en koffie- en dranken-bedrijven met hun talenten, tijd en middelen een bijdrage leverden. Sindsdien heeft SOS het idee ontwikkeld van wat een Creative Wealth Enterprise wordt genoemd – een kruising van onderne-mingsvormen die 'een product of dienst verschaffen aan mensen die willen kopen om redenen die niet door liefdadigheid worden ingege-ven.'[26]

> Als iedereen ter wereld per dag vijf tot tien minuten de tijd zou nemen om stil te staan en na te denken, zou ons dat allemaal helpen bij het verrichten van Gods werk. We hebben bespiegeling nodig, we moeten God dagelijks om Zijn zegen vragen en we moeten Hem in ons leven brengen zodat we Hem aan anderen kunnen geven. Als God in ons leven is, krijgt ons leven zin en wordt ook alles de moeite waard en vruchtbaar. De minder-dan-volmaakte dingen in ons leven gaan meestal gepaard met afwezigheid van God.
>
> **Lucinda Vardey,** *Mother Teresa: A Simple Path.*

Shore en zijn collega's ontdekten dat mensen liever bijdroegen in de vorm van tijd en deskundigheid dan in de vorm van geld. Bekende schrijvers zoals Anne Tyler schreven bijvoorbeeld verhalen die werden uitgegeven en waarvan het honorarium naar SOS ging. Auteurs zamelen ook geld in door lezingen over hun werk en de publicatie van bloemlezingen. 'Momenteel leveren meer dan 100.000 mensen een bijdrage aan SOS. Door een vernieuwende samenwerkingsvorm met American Express is de organisatie meer dan twee keer zo groot geworden en is de weg vrijgemaakt voor het totstandkomen van andere samenwerkingsverbanden met Northwest Airlines, Universal Studios, Seagram's, Fetzer Vineyards, Barnes and Noble, Starbucks Coffee, Calphalon Cookware, Gallo Wines en vele andere. In 1996 zal Share Our Strength meer dan zestien miljoen dollar inzamelen en uitgeven aan initiatieven vanuit de samenleving, met als doel honger te verlichten en te voorkomen. Niets van dit geld is afkomstig van de overheid en zal ook niet komen van andere stichtingen of direct mail. In plaats daarvan zal er nieuw vermogen worden gegenereerd en zullen nieuwe dollars in de projecten worden geïnvesteerd, zodat alle groeperingen die honger en armoede bestrijden daarvan kunnen profiteren.'[27]

In *Revolution of the Heart* staat onder andere het volgende praktische voorstel: kies een product in je bedrijf uit waarvan de opbrengst voor een deel gaat naar een doel dat je na aan het hart ligt. Shore zegt: 'Daarmee vestig je niet alleen de aandacht op en zamel je geld in voor belangrijke problemen in de samenleving, maar het stelt je cliënten in de gelegenheid een keuze te maken, zodat ook zij blijk kunnen geven van hun maatschappelijke verantwoordelijkheid.'[28]

Neem producten af van Community Wealth Enterprises zoals Newman's Own (het levensmiddelenbedrijf van Paul Newman schenkt 100 procent van de winst na aftrek van belasting aan een breed scala van liefdadigheids- en onderwijsprojecten), Working Assets, Timberland, American Express, House of Seagram's en FILA.

Maak gebruik van je deskundigheid of geef die door aan anderen. Zoek een school, gemeenschapscentrum of non-profitorganisatie waar je je deskundigheid of creativiteit aan anderen kunt doorgeven of je als vrijwilliger kunt inzetten. Als je je door deze benadering voelt aangetrokken, lees dan het boek van Bill Shore of zie voor het adres en telefoonnummer van Share Our Strength de adressenlijst achter in het boek.

Als we erop gericht zijn anderen, hetzij een inefficiënte overheid of multinationals, de schuld te geven, ontnemen we anderen onbewust hun menselijkheid en voeden we de polarisatie van goed en kwaad. Als we uitkijken naar oplossingen van een hogere orde – zoals met anderen delen wat we het best kunnen – en persoonlijk verantwoordelijkheid nemen, houden we de Visie vast. We voelen ons goed over onszelf, we blijven vol energie en er worden mensen geholpen. Dan zijn we verbonden met ons oorspronkelijke voornemen.

DE BEWUSTWORDING GAAT VERDER

In *Het Tiende Inzicht* brengt Wil ons een belangrijke boodschap: 'Dit soort ervaringen overkomt mensen over de hele wereld. Nadat we de eerste negen inzichten hebben begrepen blijft iedereen op hetzelfde punt steken – we proberen van dag tot dag naar deze werkelijkheid te leven, maar worden geconfronteerd met iets wat eruitziet als groeiend pessimisme en verdeeldheid alom. Tegelijkertijd echter blijven we een steeds hoger perspectief en steeds meer duidelijkheid krijgen over onze spirituele toestand, over wie we in wezen zijn. We weten dat we onze ogen aan het openen zijn voor een veel weidser plan voor de Aarde.[29] Het gebeurt stap voor stap.

Janine Echabarne is alleenstaande moeder en ambachtsvrouw en woont al twintig jaar in midden Californië. Zij en haar twee tieners wonen in een klein maar knus oud huis temidden van amandelboomgaarden. Janines verhaal toont ons hoe iets dat voor haar een belasting was, een geschenk uit de hemel was voor iemand die niet alleen familie en vrienden, maar ook haar identiteit en vaderland was kwijtgeraakt. 'Ik heb een grote tuin,' vertelde ze ons.

> We kunnen de uitdagingen van het laatste decennium vóór de eeuwwisseling met succes het hoofd bieden, als we de noodzaak inzien dat we onze wereld daadwerkelijk opnieuw in moeten richten, gebaseerd op hogere principes en dat we niet alleen wat moeten aanrommelen met de huidige systemen.
>
> **Corinne McLaughlin en Gordon Davidson,**
> *Spiritual Politics: Changing the World from the*
> *Inside Out*

'Nadat ik een jaar was weggeweest, stond het onkruid in juni tot aan mijn middel. Voor mij is de tuin het belangrijkste van het huis en ik wilde dat er weer bloemen zouden bloeien. Ik had mijn buren gevraagd of zij hem samen met mij nieuw leven in wilden blazen, maar ze waren niet geïnteresseerd. Op een dag kwam het in me op dat ik een Hmong-gezin kon uitnodigen om de tuin met mij te delen. Er is een grote gemeenschap van Hmong die zich hier in Merced County hebben gevestigd nadat zij na de oorlog in Vietnam uit hun vaderland moesten vluchten. Het was me opgevallen dat sommigen van hen een prachtige tuin hadden. Ik belde met de Lao Family Community, Inc., een agentschap dat Zuid-Oost-Aziaten helpt zich aan te passen aan de Amerikaanse cultuur. Ze zetten mijn naam op de kabel en de volgende dag al kreeg ik een telefoontje van een meisje van twaalf, May Der, die zei dat haar moeder was geïnteresseerd omdat haar eigen tuin door kinderen uit de buurt was vernield. Nadat ik de telefoon had neergelegd, begon ik erover na te denken en werd ik bang. Er zijn hier in de buurt enkele Aziatische bendes door het uiteenvallen van hun oorspronkelijke familiestructuur als gevolg van overplaatsingen. Het ging door me heen: 'Waar begin ik aan?' Toen herinnerde ik mij dat ik die angst altijd ervaar als ik een nieuwe stap zet. Het lijkt een natuurlijke reactie op het openstellen van je hart. Zodra mijn hart opengaat kan er ook angst naar binnen. Dus liet ik het door me heengaan. De volgende dag kwamen Gee Vang en haar dochter en we maakten afspraken over het delen van de tuin. Het belangrijkste vond ik dat er geen gif of kunstmest zou worden gebruikt. Voor de rest zouden we gewoon beginnen en zien hoe het ging. Binnen een maand zag de tuin eruit alsof hij altijd zo was geweest. Alles wat Gee in de grond stopt groeit als bij toverslag. Ik heb heel veel van haar geleerd! Vers voedsel is heel belangrijk voor de Hmong. Zelfs als ze

> ... we proberen de dingen die we nodig hebben niet op te slaan en de dingen die zich voordoen het hoofd te bieden zoals ze zich voordoen. Ik denk dat we op die manier Gods zegen blijven ontvangen, met name als we niets verkwisten en als we ons niet blindstaren op de toekomst in plaats van op dit moment in het heden te leven.
> **Lucinda Vardey, _Mother Teresa: A Simple Path_.**

op een flat wonen zullen ze elk beetje grond gebruiken. Ik heb de hele familie leren kennen en soms geef ik de kinderen les. Ik help ook als er problemen zijn met de taal, bij verzekeringen enzovoort. Omdat ik via Gee de Hmong heb leren kennen, besefte ik hoeveel persoonlijk leed ze allemaal hebben ondergaan. De meesten hebben in de vlucht uit Laos familieleden verloren. Hier hebben ze het gevoel dat ze hun ziel en cultuur zijn kwijtgeraakt, maar ik denk dat ze in hun prachtige tuinen veel van hun ziel en hun verbondenheid met hun cultuur behouden. Gee heeft zaden van planten die oorspronkelijk uit Laos afkomstig zijn en die al vele seizoenen in Amerika hebben gebloeid. Ik voel me zeer vereerd dat ze die met mij deelt en dat ik haar zo nu en dan kan helpen. Ik geniet van de vriendschap met Gee, haar man Chue, hun negen kinderen en hun enorme familie. We eten samen, doen samen boodschappen en ik ga vaak naar schoolevenementen met al onze kinderen. Gee zegt: "We wisselen ideeën uit als moeder en dochter. Ik kan Janine vertrouwen en zij kan mij vertrouwen. Als ik iets niet weet probeert ze mij het uit te leggen en vertelt ze me wat ik moet doen. Het is heel belangrijk dat ik die informatie goed onthoud."'

Dit verhaal laat zien hoe iemand ondanks haar angst iets deed. Haar actie is een brug naar mensen die buiten hun schuld om wreed zijn ontworteld en een voorbeeld voor de rest van de samenleving.

Er bestaat geen recept voor actie. Let alleen op je gevoelens en vraag om leiding over wat een goede eerste stap zou kunnen zijn. Let op wat zich voor _jou_ voordoet.

Kim Burroughs uit Toronto volgde ook haar intuïtie. Op een dag besloot ze een idee dat al een hele tijd aan haar 'knaagde' uit te voeren. Kim zei: 'Het liet me maar niet met rust hoe jammer het was dat al die ouderen die nog steeds helder van geest waren en veel energie hadden, maar niet in staat waren er op eigen kracht op uit te trekken, in bejaardenhuizen woonden. Ik stelde me voor hoe fantastisch het zou zijn als ze tijd konden doorbrengen met kinderen die ook die een-op-een aandacht nodig hebben die tegenwoordig in gezinnen zo zeldzaam is. De meesten van ons brengen niet veel tijd door met hun grootouders en die vormen zo'n belangrijke schakel in ons erfgoed. Ik was vastbesloten te kijken of ik die twee op de een of andere manier met elkaar in contact kon brengen.

Mary, die als vrijwilligster bij de Missionaries of Charity in een gaarkeuken werkt, zegt: 'Ik heb ontdekt dat daadwerkelijke hulp mensen in feite onderuit kan halen, tenzij hij met liefde wordt gegeven... contact komt in fasen tot stand... het beste is proberen niet te druk te zijn met het uitdelen van het eten en het opruimen van de borden, maar je voor te nemen te praten met iemand terwijl je er bent, of naast iemand te gaan zitten – proberen contact te maken van mens tot mens.'

Lucinda Vardey, *Mother Teresa: A Simple Path*.

'Eerst raadpleegde in het telefoonboek voor adressen van bejaardenhuizen en lagere scholen. Op een zaterdag reed ik rond met een vriendin. Tegen de middag hadden we precies gevonden waarnaar ik op zoek was – een school en een bejaardenhuis die letterlijk tegenover elkaar stonden. Ik belde het hoofd van de school op, maakte een afspraak met haar en enkele leerkrachten en vertelde hun wat mijn idee was. We keken wat er voor nodig zou zijn om het uit te voeren. Vervolgens had ik een gesprek met de coördinatoren van het bejaardentehuis en we kwamen allemaal bij elkaar om de details uit te werken. Niemand wist of het zou werken of niet, maar we besloten het te proberen. Het was heel spannend om de kinderen de eerste middag buitelend het bejaardenhuis binnen te zien komen. Ik had tegen de ouderen gezegd: "U hoeft alleen maar naar de kinderen te luisteren. U hoeft ze niet te corrigeren of zo, maar laat ze iets voorlezen of lees ze zelf iets voor. Beschouw ze gewoon als bijzondere en vrolijke kleine kinderen." Met opzet vertelde ik de ouderen geen bijzonderheden over de kinderen, of ze verlegen waren, of herrieschoppers, traag in hun ontwikkeling, begaafd, of wat ook. Ik wilde niet dat ze een etiket kregen opgeplakt. Ik moedigde de ouderen aan de kinderen te vertellen over hoe het er in Toronto aan toeging toen zij jong waren en de kinderen waren gefascineerd door wat er tussen toen en nu veranderd was. Soms speelden ze alleen bingo samen. Nadat deze wekelijkse bezoeken vier maanden hadden geduurd, waren we allemaal verbaasd. Het hoofd van de school kon niet uit over de positieve veranderingen in deze kinderen. Met name één jongen die erg agressief was, kalmeerde helemaal en lette beter op, maar alle kinderen gaven blijk van een of andere verbetering. We hielden een kleine slotbijeenkomst en ik vroeg de kinderen in het kort op te schrijven wat ze bij de ouderen hadden ervaren, waarna ik het hardop voorlas. Het was fantastisch – ze zeiden dingen als: "Oude mensen zijn niet saai." "Ik vond het echt hartstikke gaaf." "Ik vond het leuk te horen over vroeger." Het personeel van het bejaardenhuis was heel erg onder de indruk van de veranderingen in de houding van de ouderen die aan het programma hadden deelgenomen. We doen het volgend jaar beslist weer. Margaret, die nooit zelf kinderen had gehad, kwam altijd vroeg naar de bijeenkomsten en had al haar boeken klaarliggen. Op de dag van de slotbijeenkomst bleef ze in haar kamer omdat ze niet wilde dat het programma afgelopen was. Twee van de kinderen gingen naar boven, lazen hun verklaring aan haar voor en zeiden: "Jij bent onze beste vriendin." Daarna gaven ze haar een dikke knuffel.'

> Ze verlangen niet alleen naar voedsel, ze verlangen er ook naar te worden gezien als mens. Ze verlangen naar waardigheid en willen worden behandeld zoals wij worden behandeld. Ze verlangen naar onze liefde.
> **Lucinda Vardey, *Mother Teresa: A Simple Path*.**

ONOPHOUDELIJK GEBED

Het grootste deel van dit boek is gewijd aan beschrijvingen van gewone mensen die zich openstellen voor hun spirituele leiding om het hogere goed van de mensheid *hier op aarde* te dienen. Sommige zielen worden geboren om in volledige anonimiteit en afzondering te werken ten behoeve van de Wereldvisie. Kluizenaars en nonnen en monniken in een klooster hebben zich uit het gewone leven teruggetrokken en hun leven gewijd aan rechtstreeks en onophoudelijk contact met de goddelijke geest. De literatuur staat vol met

Ik zat een keer achter de piano toen een musicus die mij hoorde spelen zei: 'Het gaat nergens *heen*. Je moet altijd voor *iemand* spelen – dat kan zijn voor de rivier, voor God, voor iemand die dood is of voor iemand in de kamer, maar het moet ergens heen gaan.'

Brenda Ueland, *If You Want to Write: A Book About Art, Independence and Spirit.*

verhalen over wonderen en genezingen door mystici die door vele levens van volharding een bijzondere staat konden bereiken, voorwerpen konden materialiseren en middels telekinese konden verplaatsen, wonderbaarlijke reddingen konden verrichten en veel meer.

Maar iedere achtenswaardige en spirituele volgeling zal dergelijke vermogens ontkennen! Deze vermogens zijn ironisch genoeg het gevolg van een staat 'waarin men geen enkele persoonlijke verlangens heeft, waarin men zuiver wordt, vrij van enig egoïstisch verlangen, [en] vervolgens wordt wat men vraagt gegeven omdat zijn wil één wordt met de wil van God. Wat de heilige verlangt is precies wat God verlangt en daarom wordt het gegeven. Dat is het doel van *askesis* [een ascetische manier van leven].'[30] Markides vervolgt dat degene die deze zeer gerichte levensweg volgt alle fixatie op persoonlijke hartstocht en verlangen overwint opdat de Heilige Geest een zuiver kanaal heeft, dat vrij is van egoïsme, waar hij doorheen kan stromen. Markides kreeg een esoterische tekst van een orthodoxe Fin, Tito Collianter. In dit boek: '*The Way of the Ascetics*, leest hij: "Voor hem die geen individuele, hartstochtelijke verlangens heeft, gaan alle dingen in de richting waarin hij wil dat ze gaan... Zijn wil komt samen met de wil van God en alles wat hij in gebed vraagt wordt hem gegeven." Om die reden begon ik te begrijpen dat als gerontes of staretzs zoals pater Vasilios bidden voor het welzijn van de wereld, hun gebeden ontzettend belangrijk zijn. En om die reden bidden zij onophoudelijk.'[31] We hebben allemaal onze eigen plek in de werelden van bewustzijn. 'En je moet weten dat als zij die bidden verdwijnen, dat het einde van de wereld zal betekenen.'[32]

JIJ BENT EEN GROOTS EN MACHTIG WEZEN VAN LICHT

Neem de tijd om de ogen te sluiten en keer terug naar de grot waarin je de symbolen van je leven zag. Ga naar binnen en ga precies in het midden van de grot zitten, in de bundel van licht die door de opening hoog boven je hoofd naar binnen valt. Als je in de lichtbundel zit, voel je hoe je doorschijnend wordt terwijl het gouden licht over je heenspoelt.

Jouw doorschijnendheid kaatst terug op de gegroefde okerkleurige wanden van de grot en verlicht de grot in alle richtingen. Je bent één met het licht.

Adressen

Center for Ecoliteracy
2522 San Pablo Avenue
Berkeley, CA 94702
Tel: 510-845-4595
Fax: 510-845-1439

Het Ecoliteracy project van het Elmwood Institute bevordert kennis van ecologie op scholen door te helpen bij het samenstellen van een moduul milieukunde en door scholen om te vormen tot gemeenschappen waar leren geschiedt op basis van samenwerking.

Foundation for Global Community
222 High Street
Palo Alto, CA 94301
Tel: 415-328-7756
Fax: 415-328-7785

Publiceert *Timeline*, een tweemaandelijks tijdschrift gewijd aan het ontdekken, het in praktijk brengen en het uitdragen van wat nodig is om aan een wereld te bouwen waarin plaats is voor alle leven.

Institute of Noetic Sciences
475 Gate Road, suite 300
Sausalito, CA 94965
http:/www.noetic.org

Verstrekt subsidie aan baanbrekend wetenschappelijk onderzoek, organiseert lezingen en conferenties en publiceert eens per kwartaal de *Noetic Sciences Review*.

Integral Health Professional Network
Richard B. Miles, executive coordinator
6876 Pinehaven Road
Oakland, CA 94611
rbmihpn@aol.com
Tel: 510-655-9951
Fax: 510-654-6699

Publiceert een tweemaandelijkse nieuwsbrief, *New Health Catalyst,* dat de onontgonnen gebieden van de integrale gezondheidszorg bestudeert.

International Alliance of Holistic Lawyers
William van Zyverden
P.O. Box 26
Middlebury, VT 05753
Tel: 802-388-7478

Bevordert oplossingen op de lange termijn – in plaats van procesvoering op de korte termijn – als manier om geschillen op te lossen.

Religious Science International
P.O. Box 2152
Spokane, WA 99210
Tel: 509-624-7000
Fax: 509-624-9322

Bevordert nieuwe denkmodellen op het gebied van spiritualiteit.

Summit Intermediate School
Shirley Richardson
5523 Santa Cruz
El Cerrito, CA 94804

Benadrukt het feit dat studeren plezierig is, moedigt respect aan voor het individu en voor onze maatschappij en bevordert het besef dat ons leven een hoger doel heeft.

The Natural Step
4000 Bridgeway D102
Sausalito, CA 94965
Tel: 415-332-9394
Fax: 415-332-9395
natstep@nature.org

Wijdt zich aan het ontdekken en toepassen van duurzame methoden van zakendoen en goederen produceren.

The Spirit of Health!
114 Washington Avenue
Point Richmond, CA 94801
khnow@aol.com
Tel: 510-236-2075
Fax: 510-236-1979

Publiceert de *Work and Spirituality Guide,* een uitgebreide bron-
nengids om managers te helpen hun functioneren te verbeteren
door een beroep te doen op de spirituele betrokkenheid van perso-
neelsleden.

Unity School of Christianity
1901 NW Blue Parkway
Unity Village, MO 64065-0001
Tel: 816-251-3535
Fax: 816-251-3550

Een baken van spiritueel licht voor de hele wereld

Universal Foundation for Better Living
11901 South Ashland Avenue
Chicago, IL 60643

Een christelijke stichting die ernaar streeft de principes van het
nieuwe denken vorm te geven.

Noten

Hoofdstuk 1

1. Redfield, James, *Het Tiende Inzicht,* De Boekerij, Amsterdam, 1996, pag. 17.
2. Ray, Paul H., 'The Rise of Integral Culture', *Noetic Sciences Review,* nr. 37, Voorjaar, 1996, Sausalito, Californië, pag. 11.
3. Ibid., pag. 8.
4. Ibid.
5. Goleman, Daniel, *Emotionele Intelligentie,* Uitgeverij Contact, Amsterdam/ Antwerpen, 1996, pag. 16.
6. Brief, Patricia Hurley, *The Celestine Journal,* januari 1996, pag. 7.
7. Brief, Marla Cukor, *The Celestine Journal,* januari 1996, pag. 7.
8. Markides, Kyriacos C., *Riding with the Lion: In Search of Mystical Christianity,* Arkana, Penguin Group, New York, 1955, pag. 337.

Hoofdstuk 2

1. Redfield, James, *Het Tiende Inzicht,* De Boekerij, Amsterdam, 1996, pag. 23.
2. Ibid., pag. 12.
3. Stenzel, Alvin, M.D., brief aan *The Celestine Journal,* December 1995, pag. 7.
4. Myss, Caroline, *'Why People Don't Heal: How You Can Overcome the Hidden Blocks to Wellness,'* Sounds True Studios, Boulder, Colorado 1994.
5. McCabe, Michael, 'A Decade of Opportunity,' *San Francisco Chronicle,* 8 maart, 1996, pag. A-4.
6. Dossey, Larry, *Healing Words: The Power of Prayer and the Practice of Medicine,* Harper, San Francisco, 1993, pag. 86-87.
7. Kornfield, Jack, *A Path with Heart: A Guide Through the Perils and Promises of Spiritual Life,* Bantam Books, New York, 1993, pag. 162.
8. Waslenko, Pat Brady, brief aan *The Celestine Journal* 2, nr. 2, februari 1995, pag. (

Hoofdstuk 3

1. Redfield, James, *Het Tiende Inzicht,* De Boekerij, Amsterdam, 1996, pag. 12.
2. Ibid., pag. 32.
3. Fry, Sandra, brief aan *The Celestine Journal* 2, nr. 3, maart 1995, pag. 7.
4. Redfield, James, *Het Tiende Inzicht,* De Boekerij, Amsterdam, 1996, pag. 77.
5. Whiting, Sam, 'A Friend for Life', *San Francisco Chronicle Datebook,* 7 april, 1996, pag. 35.

6.   Ishac, Allan, Brief aan *The Celestine Journal* 2, nr. 6, juni 1996.
7.   Redfield, James, *Het Tiende Inzicht,* De Boekerij, Amsterdam, 1996, pag. 80.
8.   Allan, Maily, brief aan *The Celestine Journal* 2, nr. 11, november 1995, pag. 7.
9.   Redfield, James, *Het Tiende Inzicht,* De Boekerij, Amsterdam, 1996, pag. 88.
10. Von Franz, Marie-Louise, *On Divination and Synchronicity: The Psychology of Meaningful Chance,* Inner City Books, Toronto, 1980, pag. 81.
11. Redfield, James, *Het Tiende Inzicht,* De Boekerij, Amsterdam, 1996, pag. 222.
12. Ibid., pag. 77.
13. Andrews, Ted, *Animal-Speak: the spiritual & magical powers of creatures great & small,* Llewellyn Publications, St. Paul, MN, 1994, pag. IX.
14. Ibid., pag. x.
15. Ibid, pag. x.
16. Ibid, pag. 13.
17. Redfield, James, *Het Tiende Inzicht,* De Boekerij, Amsterdam, 1996, pag. 220.
18. Miller, Dan, brief aan *The Celestine Journal* 2, nr. 6, juni 1995, pag. 7.
19. Houston, Jean, *Meer Mens,* Ankh Hermes, Deventer, 1984.
20. Ibid., pag. 221.
21. Wing, R.L. *Het I Tjing Werkboek,* Bigot & van Rossum bv, Baarn, 1986.
22. Vittum, Nancy, brief aan *The Celestine Journal,* juni, 1995.
23. Swan, James A., *Sacred Places: How the Living Earth Seeks our Friendship,* Bear & Company, Inc., Santa Fe, Nieuw Mexico, 1990, pag. 33.

Hoofdstuk 4

1.   Redfield, James, Het Tiende Inzicht, De Boekerij, Amsterdam, 1996, pag. 160-161.
2.   Myss, Caroline, *Why People Don't Heal: How You Can Overcome the Hidden Blocks to Wellness,' Sounds True Adio, Boulder, Colorado 1994.*
3.   Ibid.
4.   DiCarlo, Russell E., *Towards a New World View: Conversations at the Leading Edge,* Epic Publishing, Erie, PA, 1996, pag. 148.
5.   Ibid., pag. 150.
6.   Ibid.
7.   Redfield, James, *Het Tiende Inzicht,* De Boekerij, Amsterdam, 1996, pag. 180.
8.   Ten Dam, Hans *Een Ring van Licht,* Bres, Amsterdam, 1983, pag. 109.
9.   Redfield, James, *Het Tiende Inzicht,* De Boekerij, Amsterdam, 1996, pag. 177.
10. Weiss, Dr. Brian, *Many Lives Many Masters,* Simon & Schuster, New York, 1988, pag. 69.
11. Ibid., pag. 176-177

Hoofdstuk 5

1.   Redfield, James, *Het Tiende Inzicht,* De Boekerij, Amsterdam, 1996, pag. 64.
2.   Ibid., pag. 171.
3.   Dossey, Larry, *Healing words,* pag. 49.
4.   Ibid., pag. 109-110.
5.   Altea, Rosemary, *Stemmen van de overzijde,* Forum, Amsterdam, 1996, pag. 186.

6. Redfield, James, *Het Tiende Inzicht,* De Boekerij, Amsterdam, 1996, pag. 73.
7. Leonard, George en Michael Murphy, *The life we are given, a long-term program for realizing the potential of body, mind, heart, and soul,* Jeremy P. Tarcher/Putnam Books, New York, 1995, pag. xv.
8. Ibid., pag. 20.
9. Ibid., pag. 22.
10. Ibid., pag. 29.
11. Dreher, Henry, 'The healing power of confession,' Natural Health, Juli/Augustus 1992.
12. Redfield, James, *Het Tiende Inzicht,* De Boekerij, Amsterdam, 1996, pag. 71.
13. Overlijdensberichten, *San Francisco Chronicle,* April, 1996.
14. 'Who says there are no heroes anymore?' *San Francisco Chronicle,* 4 mei, 1995, pag. C14.

Hoofdstuk 6

1. Redfield, James, *Het Tiende Inzicht,* De Boekerij, Amsterdam, 1996, pag. 32.
2. Monroe, Robert, *Journeys out of the body,* Doubleday, New York, 1971, pag. 74.
3. Ibid., pag. 75.
4. Ibid.
5. Moody, Raymond A., Jr., M.D., *Leven na dit leven,* Naarden, Strengholt, 1978, pag. 120. [Paginanummer verwijst naar Engelse tekst – vert.]
6. Montgomery, Ruth, *A search for truth,* Ballantine Books, New York, 1966, pag. 177.
7. Ibid., pag. 178.
8. Ibid., pag. 86.
9. Ring, Kenneth, Ph.D., *Heading toward omega: in search of the meaning of the near-death experience,* William Morrow, New York, 1985, pag. 39-40.
10. Moody, *Leven na dit leven,* pag. 68. [Paginanummer verwijst naar Engelse tekst – vert.]
11. Ten Dam, Hans, *Ring van licht,* Bres, Amsterdam, 1983, pag. 172
12. Weiss, Brian, *Only love is real: a story of soul mates reunited,* Warner Books, New York, 1966, pag. 54-55.
13. Ibid., pag. 85.
14. Guggenheim, Bill, en Judy Guggenheim, *Hello from heaven!: a new field of research confirms that life and love are eternal,* Bantam Books, New York, 1995, pag. 20.
15. Moody, Jr., Raymond A., M.D., *Leven na dit leven,* Strengholt, Naarden, 1978, pag. 135. [Paginanummer verwijst naar Engelse tekst – vert.]
16. Ibid.
17. Ten Dam, Hans, *Ring van licht,* Bres, Amsterdam, 1983, pag. 217.
18. Redfield, James, *Het Tiende Inzicht,* De Boekerij, Amsterdam, 1996, pag. 88.
19. Guggenheim, Bill, en Judy Guggenheim, *Hello from heaven!: a new field of research confirms that life and love are eternal,* Bantam Books, New York, 1995, pag. 342.
20. Ten Dam, Hans, *Ring van licht,* Bres, Amsterdam, 1983, pag. 146.
21. Moody, Raymond A., Jr., M.D., *Leven na dit leven – het onderzoek naar een verschijnsel,* Strengholt, Naarden, 1978, pag. 24. [Paginanummer verwijst naar Engelse tekst – vert.]

22. Moody, Jr., Raymond A., M.D. *Leven na dit leven – gedachten over leven na dit leven,* Strengholt, Naarden, 1977, pag. 23. [Paginanummer verwijst naar Engelse tekst – vert.]
23. Ibid., pag. 26.
24. Ring, Kenneth, *Heading toward omega: in search of the meaning of the near-death experience,* William Morrow, New York, 1985, pag. 111.
25. Ibid., pag. 111-112.
26. Ibid.
27. Ibid., pag. 114.
28. Montgomery, Ruth, *A world beyond,* Ballantine Books, New York, 1971, pag. 65-66.
29. Ibid., pag. 70.
30. Weiss, Brian L., M.D., *Only love is real: a story of soul mates reunited,* Time Warner, New York, 1996, pag. 168-169.
31. Ten Dam, Hans, *Ring van licht,* Bres, Amsterdam, 1983, pag. 316-317.
32. Ibid., pag. 219.
33. Somé, Malidoma Patrice, *Of water and the spirit: ritual, magic, and initiation in the life of an african shaman,* Penguin Books, New York, 1995, pag. 18-19.

Hoofdstuk 7

1. Redfield, James, *Het Tiende Inzicht,* De Boekerij, Amsterdam, 1996, pag. 87.
2. Moore, Thomas, *Zielsverwanten: het mysterie van liefde en relaties,* Servire, Cothen, 1994, pag. 8.
3. Redfield, James, *Het Tiende Inzicht,* De Boekerij, Amsterdam, 1997, pag. 117.
4. Ibid., pag. 117.
5. Ibid., pag. 84.
6. Ten Dam, Hans, *Ring van licht,* Bres, Amsterdam, 1983, pag. 146.
7. Ibid., pag. 244-245. [Paginanummer verwijst naar de Engelse tekst – vert. J.M.]
8. Redfield, James, *Het Tiende Inzicht,* De Boekerij, Amsterdam, 1996, pag. 86.
9. Brief aan *The Celestine Journal.*
10. Brief aan *The Celestine Journal.*
11. Ten Dam, Hans, *Een Ring van Licht,* Bres, Amsterdam, 1983, pag. 146.
12. Ibid., pag. 150.
13. Redfield, James, *Het Tiende Inzicht,* De Boekerij, Amsterdam, 1996, pag. 116.
14. Montgomery, Ruth, *A search for truth,* Ballantine Books, New York, 1996, pag. 100.
15. Williston, Glenn en Judith Johnstone, *Discovering your past lives: spiritual growth through a knowledge of past lifetimes,* Aquarian Press, Wellingborough, Engeland, 1983, pag. 207.
16. Ibid., pag. 208.
17. Montgomery, Ruth, *A search for truth,* Ballantine Books, New York, 1996, pag. 95.
18. Savedra, Albert, *San Francisco Chronicle,* febr. 1996.
19. Rasmussen, Ross Sondergaard, *San Francisco Chronicle,* febr. 1996.
20. McGhee, Brownie, *San Francisco Chronicle,* febr. 1996.
21. Clark, Eleanor, *San Francisco Chronicle,* febr. 1996.
22. Taylor, Rosalie E., *San Francisco Chronicle,* febr. 1996.
23. Panti, Eligio, *San Francisco Chronicle,* 1996.

24.   Smith, Page en Eloise Smith, *San Francisco Chronicle,* 1996.
25.   Ong. Benny, *San Francisco Chronicle,* 1996.

Hoofdstuk 8

1.   Redfield, James, *Het Tiende Inzicht,* De Boekerij, Amsterdam, 1996, pag. 148.
2.   Monroe, Robert, *De ultieme reis,* Ankh Hermes, Deventer, 1994, pag. 78. [Paginanummer verwijst naar Engelse tekst – vert.]
3.   Williston, Glenn en Judith Johnstone, *Discovering your past lives:* Aquarian Press, Wellingborough, England, 1983, pag. 210.
4.   Monroe, Robert, *De ultieme reis,* Ankh Hermes, Deventer, 1994, pag. 83.
5.   Ibid., pag. 91.
6.   Redfield, James, *Het Tiende Inzicht,* De Boekerij, Amsterdam, 1996, pag. 138.

Hoofdstuk 9

1.   Redfield, James, *Het Tiende Inzicht,* De Boekerij, Amsterdam, 1996, pag. 34.
2.   Schmooker, Andrew Bard, *Onze innerlijke gespletenheid erkennen, ontmoeting met je schaduw: de potentiële kracht van de onderdrukte kant van je psyche,* onder redactie van Connie Zweig en Jeremiah Abrams, Servire, Utrecht, 1993, pag. 281.
3.   Bly, Robert, *A little book on the human shadow,* Harper & Row, San Francisco, 1988, pag. 26-27.
4.   Redfield, James, *Het Tiende Inzicht,* De Boekerij, Amsterdam, 1996, pag. 102-103.
5.   Ibid., pag. 110.
6.   De Dalai Lama en Jean-Claude Carriere, *Violence and compassion,* Doubleday, New York, 1996, pag. 7-11.
7.   Ibid., pag. 23.
8.   McLeod, Ramon G. 'U.S. population expected to be half minorities by 2050,' *San Francisco Chronicle,* 15 maart, 1996.
9.   Peavey, Fran, met Myrna Levy en Charles Varon, 'Wij en zij,' *ontmoeting met je schaduw,* onder redactie van Conny Zweig en Jeremiah Adams, Servire, Utrecht, 1993, pag. 303.
10.   Ibid.
11.   Ibid.
12.   Ibid.
13.   Ibid.
14.   Monroe, Robert, *De ultieme reis,* Ankh-Hermes, Deventer, 1994, pag. 149. [Paginanummer verwijst naar Engelse tekst – vert.]
15.   Ibid., pag. 150.

Hoofdstuk 10

1.   Redfield, James, *Het Tiende Inzicht,* De Boekerij, Amsterdam, 1996, pag. 211
2.   Wheatley, Margaret, The unplanned organization: learning from nature's emergent creativity, *Noetic Sciences Review,* voorjaar 1996, pag. 19.

3. Ray, Paul H., Ph.D., 'The rise of integral culture' *Noetic Sciences Review,* voorjaar 1996, pag. 13.
4. Redfield, James, *Het Tiende Inzicht,* De Boekerij, Amsterdam, 1996, pag. 175-176.
5. Ibid., pag. 177-178
6. Ibid., pag. 179.
7. Ibid., pag. 181.
8. Barber, Benjamin, 'The global culture of McWorld', *The Commonwealth,* 26 februari 1996, pag. 12.
9. Redfield, James, *Het Tiende Inzicht,* De Boekerij, Amsterdam, 1996, pag. 184.
10. Hays, Walt, The natural step: what one person can do: the story of Karl-Hendrik Robèrt,' *Timeline,* The Foundation for Global Community, Palo Alto, Ca, maart/april 1995, pag. 2.
11. Ibid., pag. 5.
12. Redfield, James, *Het Tiende Inzicht,* De Boekerij, Amsterdam, 1996, pag. 184.
12. Ibid., pag. 184
13. Ibid., pag. 186.

Hoofdstuk 11

1. Redfield, James, *Het Tiende Inzicht,* De Boekerij, Amsterdam, 1996, pag. 201.
2. Bailey, Alice B., *A treatise on white magic or the way of the disciple,* Lucis Publishing Company, New York, pag. 400.
3. Redfield, James, *Het Tiende Inzicht,* De Boekerij, Amsterdam, 1996, pag. 206.
4. Sher, Barbara en Annie Gottlieb, *'Teamworks!: Building support groups that guarantee success,* Warner Books, New York, 1989, pag. 44.
5. Ibid., pag. 46.
6. DiCarlo, Russell E., interview met Dr. Beverly Rubik, *Towards a new world view: conversations at the leading edge,* Epic Publishing, Erie, PA, 1996, pag. 50.
7. Drozdiak, William, *Washington Post,* 'Onetime "sewer of Europe", the Rhine is reborn,' gepubliceerd in *The San Francisco Chronicle,* 1 april, 1996, pag. A9.
8. Hurley, Tom, 'Community groups,' *Noetic Sciences Bulletin,* voorjaar 1996, Institute of Noetic Sciences, Sausalito, Californië, pag. 2.
9. Ibid., pag. 3.
10. DiCarlo, Russell E., interview met Peter Senge, *Towards a new world view: conversations at the leading edge,* Epic Publishing, Erie, PA, 1996, pag. 217.
11. Murphy, Michael H. en Rhea A. White, *In the zone: transcendent experience in sports,* Penguin Books, New York, 1995, pag. 75.
12. Ibid., pag. 76.
13. Ibid.
14. Ibid.
15. Redfield, James, *Het Tiende Inzicht,* De Boekerij, Amsterdam, 1996, pag. 89.
16. Montgomery, Ruth, *A search for truth,* Ballantine books, 1966, New York, pag. 95.
17. Redfield, James, *Het Tiende Inzicht,* De Boekerij, Amsterdam, 1996, pag. 190.

Hoofdstuk 12

1. Redfield, James, *Het Tiende Inzicht,* De Boekerij, Amsterdam, 1996, pag. 206.
2. 'Holistic Lawyering', *Legal Reformer,* januari-maart 1994, pag. 5.
3. Van Zyverden, William, 'Collaborative law – moving settlement toward resolution', *The Vermont Bar Joural & Law Digest,* februari 1994, pag. 35.
4. Ibid., pag. 36.
5. Ibid.
6. Rogers, Laurette, *The California freshwater shrimp project: an example of environmental project-based learning,* Heyday Books, Berkeley, Californië, 1996, pag. 3.
7. Ibid., pag. 3.
8. Ibid., pag. 35.
9. Ibid., pag. 14.
10. Waters, Alice, '*Dear Mr. President...*,' monografie, 1995, The Center for Ecoliteracy, Berkeley, Californië.
11. Minton, Torri, 'Schoolkids help save marin salt marsh,' *San Francisco Chronicle,* 4 mei, 1996, pag. A13.
12. Capra, Fritjof, 'Hyping computers in education,' *San Francisco Chronicle,* 12 maart, 1996, redactionele pagina.
13. Hillman, James, interview, *Sculpture,* maart-april 1992, pag. 16.

Hoofdstuk 13

1. Redfield, James, *Het Tiende Inzicht,* De Boekerij, Amsterdam, 1996, pag. 214.
2. Bailey, Alice A. *The rays and the initiations, vol. 5, A treatise on the seven rays* , Lucis Publishing Company, New York, 1960, pag. 749.
3. Monroe, Robert, *Journeys out of the body,* Doubleday, New York, 1971, pag. 267.
4. Ibid.
5. Guggenheim, Bill en Judy Guggenheim *Helllo from heaven!,* Bantam Books, New York, 1995, pag. 146.
6. Ibid., pag. 94.
7. Redfield, James, *Het Tiende Inzicht,* De Boekerij, Amsterdam, 1996, pag. 215.
8. Murphy, Michael, *The future of the body: explorations into the further evolution of human nature,* Jeremy P. Tarcher, Los Angeles, 1992, pag. 160.

Hoofdstuk 14

1. Redfield, James, *Het Tiende Inzicht,* De Boekerij, Amsterdam, 1996, pag. 223-224.
2. Ibid., pag. 218.
3. Ibid., pag. 234.
4. Gates, Barbara en Wes Nisker, 'Street-wise zen: an interview with Bernard Tetsugen Glassman,' *Inquiring Mind,* Berkeley, 1996, pag. 11.
5. Marshall, Jr. Joseph en Lonnie Wheeler, *Street soldier: one man's struggle to save a generation – one life at a time,* Delacorte Press, New York, 1996, pag. xxv.

6. Ibid., pag. xiv.
7. Ibid., pag. xiii-xiv.
8. Bowman, Catherine, 'A man Malcolm could be proud of,' *San Francisco Chronicle*, weekendbijlage, 28 april 1996, pag. 5.
9. Ibid.
10. Ibid.
11. Ibid.
12. Ibid.
13. Ibid.
14. Redfield, James, *Het Tiende Inzicht*, De Boekerij, Amsterdam, 1996, pag. 153.
15. Ibid., pag. 205.
16. Raine, George, '25 Years of tough love at Delancey,' *San Francisco Chronicle*, 17 maart, 1996, pag. B1, B3.
17. Redfield, James, *Het Tiende Inzicht*, De Boekerij, Amsterdam, 1996, pag. 207-208.
18. Horowitz, Donna, 'Out of San Quentin by their bootstraps,' *San Francisco Chronicle*, 5 mei, 1996, pag. A1, A6.
19. Merrill Redfield, Salle, 'Visionaries at work: an interview with John Horning,' *The Celestine Journal* 3, nr 4, april 1996, pag. 4.
20. Ibid., pag. 7.
21. Persbericht, Goldman Environmental Foundation, San Francisco, CA, 1996.
22. Ibid., pag. 4.
23. Ibid.
24. Ibid.
25. Shore, Bill, *Revolution of the heart: a new strategy for creating wealth and meaningful change* , Riverhead Books, New York, 1995, pag. 66.
26. Ibid., pag. 83.
27. Ibid., pag. 72-73.
28. Ibid., pag. 130.
29. Redfield, James, *Het Tiende Inzicht*, De Boekerij, Amsterdam, 1996, pag. 234.
30. Markides, Kyriacos C., *Riding with the lion*, Penguin Books, New York, 1995, pag. 282.
31. Ibid., pag. 282-283.
32. Ibid., pag. 304.

Over de auteurs

James Redfield woont met zijn vrouw Salle in Alabama. Hij is de auteur van *De Celestijnse belofte* en *Het Tiende Inzicht*.

Als u informatie wilt weten over, of zich wilt abonneren op *The Celestine Journal*, een maandelijkse nieuwsbrief, bel 1-205-620-9972 in de Verenigde Staten.

Carol Adrienne, M.A. heeft samen met James Redfield *Het Celestijnse werkboek* geschreven. Zij is ook de schrijfster van *The Numerology Kit* en *Your Child's Destiny*. Al sinds 1976 geeft zij lezingen en is zij werkzaam als intuïtief counseler en lerares.